U0939997

汝信文集

第二卷

西方哲学史（上）

商务印书馆
创于1897 The Commercial Press

图书在版编目(CIP)数据

西方哲学史．上/汝信著．—北京：商务印书馆，2021
（汝信文集；第 2 卷）
ISBN 978-7-100-19529-4

Ⅰ．①西…　Ⅱ．①汝…　Ⅲ．①西方哲学－哲学史－文集　Ⅳ．①B5-53

中国版本图书馆 CIP 数据核字(2021)第 032407 号

汝信文集
第二卷
西方哲学史(上)

商　务　印　书　馆　出　版
(北京王府井大街 36 号　邮政编码 100710)
商　务　印　书　馆　发　行
北京新华印刷有限公司印刷
ISBN 978-7-100-19529-4

2021 年 6 月第 1 版　　　开本 710×1000　1/16
2021 年 6 月北京第 1 次印刷　　印张 26¾
定价：158.00 元

目　录

车尔尼雪夫斯基的社会政治观点

在俄国革命思想史上，伟大的革命民主主义者车尔尼雪夫斯基占有一个突出的位置。列宁在谈到俄国革命思想的发展时说："在上一世纪四十－九十年代这大约半个世纪期间，俄国进步的思想界，处在空前野蛮和反动的沙皇制度的压迫之下，曾如饥如渴地寻求正确的革命理论，孜孜不倦地、密切地注视着欧美在这方面的每一种'新发明'。"[①] 在这些进步思想家中间，车尔尼雪夫斯基是努力从西方学习革命理论并试图把它应用于俄国的最卓越的人物。

尼古拉·迦夫里洛维奇·车尔尼雪夫斯基——这沙皇政权和农奴制度的死敌、资本主义的热烈批判者、农民群众利益的坚决捍卫人，是以伟大的思想家出现在俄国文坛的。他继承了以赫尔岑和别林斯基为代表的最优秀的俄国革命民主主义传统，把俄国革命思想发展到空前的高度。他的主要活动时期为1855-1863年，在这不到十年的期间内，他写出了一系列光辉的著作，无论在哲学、经济学、文学、社会学、美学上都发挥了极其杰出的创见，

---

① 《列宁全集》，第31卷，第7页。

他的令人炫目的才华，他的思想的明晰和深刻、言语的尖锐，就是连他的敌人也不得不惊倒。马克思和恩格斯认为他的著作“予俄罗斯以真正的光荣”。罪恶的沙皇政权将车尔尼雪夫斯基监禁和流放了27年，在这近半生的期间内，他的坚贞不屈的性格，富贵不能淫、威武不能屈的品质，使他成为好几代俄国革命青年的崇拜人物。民粹派运动把他奉为思想前驱，他对以后俄国革命思想发展的影响的确是不可估量的。

第一个以马克思主义观点去全面地评价车尔尼雪夫斯基的是普列汉诺夫，普列汉诺夫虽然基本上正确地评价了车尔尼雪夫斯基在俄国革命思想发展史上的地位，但他在某些观点上有重大的缺点，这正是他以后发展成为孟什维克机会主义者的主要错误，这些错误在他于1909年出版的《车尔尼雪夫斯基》一书中表现得尤为明显，原因是十分清楚的，普列汉诺夫害怕农民革命，而车尔尼雪夫斯基却是农民革命的竭力鼓吹者，普列汉诺夫没有足够估计到资产阶级自由派之反动性，因此也就不能正确地估计车尔尼雪夫斯基反对资产阶级自由派的斗争的意义。只有伟大的列宁才正确地、完整地评价了车尔尼雪夫斯基，虽然列宁并没有专论车尔尼雪夫斯基的著作，但对他的各方面的估价散见于列宁的许多论著内，因此我们研究车尔尼雪夫斯基的思想及其在俄国革命思想发展中的作用时，就必须要以列宁的指示为基础。在这篇短文里不可能详尽地来分析车尔尼雪夫斯基的社会政治思想，我只想指出他作为俄国马克思主义诞生前的最伟大的革命思想家的主要特点。

一、车尔尼雪夫斯基时代的俄国社会经济、政治情况

按照列宁的意见，车尔尼雪夫斯基属于俄国革命运动的第二代，代表着继十二月党人和赫尔岑等贵族革命家之后登上历史舞台的平民知识分子革命家。车尔尼雪夫斯基的革命民主主义思想比贵族革命家的进步思想大大地前进了一步，它的产生并非偶然，而是有深刻的社会历史背景的。

十九世纪中叶，专制的俄罗斯帝国面临着深刻的革命危机，这危机是从十八世纪末期就已经开始的农奴制度解体过程的必然后果。

新的资本主义的生产关系在俄国封建农奴制度社会内部逐渐增长着，商品交换和货币流通的规模和范围在不断扩大，“根据个别近似的较低估计，国内贸易的流转额，仅在十九世纪前廿五年中几乎增加到四倍，即达九亿卢布，而贸易的纯利每年显然不下二亿到二亿五千万卢布。”[①] 对外贸易也在增长，虽然在绝对量上还是不大的，1791-1795年间贸易顺差每年为九百五十万卢布，而1856-1860年间则每年达一千九百七十万卢布，俄国输出的以农产品特别是粮食为大宗，1856年由黑海港口输出的谷物达三千八百万普特。这种商品交换和货币流通的扩大和国内国外贸易的增长不能不日益地破坏着自然经济，而自然经济却是以前

① 梁士琴珂：《苏联经济史》，中译本，第2卷，第14页。

几百年来俄国封建农奴制度的经济基础。俄罗斯终于慢慢地走上了商品生产的轨道，国内市场在形成着，并且在相当程度上加入了世界市场。为市场服务的农民手工业在急速地发展，接着又出现了手工业工场和现代性的工厂，“1804年俄罗斯的工厂数目为2423所，雇佣工人95000名，……到1825年，工厂数目增加到5261所，工人数目到211000名”，[①]“到1858年，工厂数目增加到12259所，工人数目为549000名”[②]。这些工厂绝大部分是由外国机器装备起来的，“在1835年至1860年的25年间，机器输入增加到25倍。”[③] 俄国经济比起当时先进的欧洲虽然还是十分落后，但毫无疑问，俄国经济中已经出现了不容忽视的强有力的新因素。这就是所谓“农民改革”前夜的经济背景。

社会生产力在不断地发展，遇到了腐朽的生产关系和社会上层建筑的强烈反抗，农奴制阻碍着社会生产力的发展，封建农奴主阶级恣心所欲地压榨农民，甚至有时夺去他们必要的生活资料，使俄国农民陷于不可想象的贫穷和饥饿的境地，农民被紧紧地束缚在俄罗斯的土地上，各种专横残暴的法律被用来惩治那些敢于脱离土地逃跑的农民。俄国资本主义的发展受到了限制，它既找不到满意的国内广大市场，也得不到足够的“自由”劳动力。于是以资产阶级为代表的新兴市民阶层与封建农奴地主阶级陷入深刻的矛盾。

---

① 潘克拉托娃主编：《苏联通史》，第二卷，山东大学翻译组译，三联书店，第176页。

② 同上，第196页。

③ 同上。

另一方面，由于农奴地主阶级对农民剥削的加强，农民与地主阶级的矛盾也愈益尖锐了。农民起义的次数自从普加乔夫领导的大规模起义被镇压以后仍未减少，反有增加，自1826-1834年，农民起义145次，1845-1854年为348次，而至1855-1861年则竟达474次。农民起义从根本上震撼了俄国封建社会制度，俄罗斯农民的英勇斗争不能不对当代的社会思想产生巨大的影响。

1853-1856年克里米亚战争以沙皇俄国的失败告终，克里米亚战争的失败剥夺了俄国在欧洲政治中的领导地位，它完全暴露了俄国在经济、政治及军事上的落后，既存的社会制度对广大的人民特别是革命的知识分子变得愈来愈难容忍了。

但全部沙皇政权却支持着农奴制度，沙皇一向把它看作是自己政治权力的最可靠的基础，并且沙皇本身就是封建农奴地主的集中代表人。政府既腐败、又贪污，但却顽强而残酷地压迫着一切敢于反对它的势力，窒息任何新的思想。在半个世纪里，沙皇把雷列耶夫和伯斯特尔送上了绞刑台，把拉吉舍夫送去西伯利亚流放，把波列查耶夫和谢夫钦柯罚去当兵，把陀思妥耶夫斯基判处服苦役，甚至用阴谋的枪弹杀死了普希金和莱蒙托夫。在漫长的黑暗岁月里，俄国最优秀、最有天才的代表们很少有一个能够在镇压下幸免的。

尽管全部沙皇俄国的国家机器以全力支持着旧的生产关系，但生产关系一定要适合于生产力性质的法则还是在起着作用，虽然是迟缓而痛苦地，但终于造成了1859-1861年的革命形势，农奴制的废除提到日程上来了。

正是在这种社会政治形势下，俄国沙皇政府于1861年实行了所谓的"农民改革"。关于实行改革的原因,列宁曾经作了这样的分析:"什么力量迫使他们搞改革呢?这就是把俄国拖上资本主义道路的经济发展的力量。地主农奴主不能阻挠俄国同欧洲商品交易的增长,不能保持住旧的崩溃中的经济形态。克里米亚战争显示出农奴制俄国的腐败和无能。解放以前,农民的'叛乱'每十年都要高涨一次,这使头号大地主亚历山大二世不得不承认,从上面解放比等待从下面推翻要好些。"[①] 车尔尼雪夫斯基就是生活在这样的时代,他的革命民主主义思想的形成和发展,归根到底反映了时代的要求。

二、车尔尼雪夫斯基是农民革命的鼓动者

十九世纪五十－六十年代间俄国社会政治生活的最基本的问题就是农奴制的废除问题,各种政治思想和政治派别,政府派的、反政府派的、妥协的、革命的,都以对这个基本问题的观点和态度为分水岭而组成各个不同的营垒。沙皇政府永远是坚决支持农奴制度的,它只在绝对必要的情况下作一些微小的让步。由于形势所迫,它为了维持自己的统治,不得不去解放农奴。"可是,政府在进行解放的时候,为了满足'受委屈的'农奴主的贪欲,一切可能做到和不可能做到的事情它都做到了。"[②] 因此,所谓"农民改革"实质上是由农奴主实行的资产阶级改革。至于在争取解决

---

① 《列宁全集》,第17卷,第103页。

② 《列宁全集》,第4卷,第377页。

农民问题时站在政府反对派方面的，则基本上划分为两个政治派别：第一个是代表着新兴资产阶级及新式地主利益的资产阶级自由派，第二个则是以车尔尼雪夫斯基为首的代表着广大农民群众利益的革命民主派。列宁认为这两个政治派别是在马克思主义政党诞生前为解决俄国农民问题和整个社会问题而斗争的基本派别，“60年代的自由派和车尔尼雪夫斯基是两种历史倾向、两种历史力量的代表，这两种倾向和力量从那时起一直到今天都在决定着为建立新俄国而进行的斗争的结局。”①

资产阶级自由派是政治上新的资产阶级要求的主要代表者，所以他们反对阻碍资本主义发展、妨害资产阶级利益的封建农奴制度，也不能不反对封建农奴制度的支持者——沙皇专制政府。但由于俄国资产阶级的软弱和革命的农民阶级的强大，他们害怕农民革命更甚于沙皇的压迫，他们担心农民革命会根本推翻沙皇政权和地主土地所有制，从而根本地影响到整个“神圣的私有财产”制度和剥削制度。因此他们没有革命要求，从来也不敢公开号召群众起来反对沙皇政权，而只限于向上层统治阶级宣传“改革”的必要，只敢向沙皇刽子手乞求“良好的法律”。列宁指出：资产阶级自由派与农奴制拥护派之间的斗争完全是统治阶级内部的斗争，主要是地主阶级内部的斗争，只不过是为了让步的程度和方式而作的斗争。这样看来，在革命风暴已经逼近的时期，资产阶级自由派在本质上不能不是妥协投降、叛卖革命和群众利益的。

---

① 《列宁全集》，第17卷，第104页。

在政治上与自由派互相对立的是车尔尼雪夫斯基的革命民主派。革命民主派代表着农民的革命要求，坚决主张发动群众，号召“罗斯(俄罗斯的古称——作者)拿起斧头来”，以武装起义来推翻沙皇政权并剥夺剥削者。列宁说，车尔尼雪夫斯基“善于用革命的精神去影响他那个时代的全部政治事件，通过书报检查机关的重重障碍宣传农民革命的思想，宣传推翻一切旧权力的群众斗争的思想”[①]。他不仅是农奴制和沙皇政权的死敌，并且也是资产阶级自由派的最坚决、最彻底的批判者。自由派吹捧“农民改革”，美化所谓“沙皇－解放者”，车尔尼雪夫斯基则把“农民改革”称之为丑事，因为他清楚地看出了它的农奴制性质，清楚地看出了农民正被自由派解放者老爷们像菩提树那样地剥着皮。列宁指出，车尔尼雪夫斯基把六十年代的自由派称之为“空谈家、吹牛家和蠢货”，因为他清楚地看出了他们在革命面前的恐惧，在有产者政权面前的毫无气节和奴颜婢膝。这样看来，虽然在十九世纪六十年代车尔尼雪夫斯基派只是一个人数很少、主要只是在知识分子中有着影响的小集团，但却是当时政治运动中的革命派，也只有它，有着充分的决心和准备去发动和领导农民革命，以求彻底地解决俄罗斯的新的前途问题。

列宁强调指出，1861年的所谓“农民改革”是农奴制的改革，因为它是由农奴制拥护派所实施的改革，改革的内容则是资本主义性质的。也就是说这次“改革”主要的目的就是要在毫不触犯封建地主阶级利益的条件下，以资本主义的剥削方式来逐步代替

---

① 《列宁全集》，第17卷，105页。

已经陈旧的封建的剥削方式。这次"改革"使俄国走上了资本主义发展的道路，但这是一条依靠牺牲广大农民群众的利益，让他们陷于贫穷和破产，使资本主义发展显得特别痛苦、特别漫长、特别不彻底的道路，也就是所谓农业资本主义发展的"普鲁士道路"。资产阶级自由派一开始就支持这次"改革"，他们和封建地主阶级在共同剥削劳动群众的基础上达成了协议，从而暴露了他们是农民利益的叛卖者。革命民主派既然是农民利益的代表者，所以不能不坚决反对任何的所谓"改革"，他们号召农民直接以革命手段来占有土地，根本铲除封建的土地占有制和地主阶级。车尔尼雪夫斯基是空想社会主义者，他以为这样就可以过渡到社会主义，这当然完全是空想，客观的经济发展规律注定俄国要走上资本主义的道路，问题的重点是在于车尔尼雪夫斯基所主张的坚决的农民革命，必然会使俄国更快地摆脱封建主义的束缚，更彻底地、迅速地走上资本主义发展的道路，这是一条更进步的道路，也就是所谓农业资本主义发展的"美国道路"。因此车尔尼雪夫斯基所遵行的路线和自由派路线是在原则上对立的。

车尔尼雪夫斯基极其清楚地看出了俄国农民问题的本质，他指出封建地主阶级是俄国的统治阶级，而地主和农民之间的阶级矛盾是不可调和的，他说："问题的本质是在于：为了生存和工作的权利，农民就必须付给私人——土地占有者——以赋贡，实物或货币、劳役租或代役租……而地主既然有着获取这赋贡的权利，自然也就拥有行政政权。"[①] 他认为农奴制是"可怕的邪恶"，他把

---

① 《车尔尼雪夫斯基全集》，俄文版，第13卷，第241-242页。

农奴制比作一个筛子，经过它一切值钱的东西都被封建地主搜刮了去，它不仅阻碍了俄国经济的发展，并且还是整个社会生活落后的根源。车尔尼雪夫斯基看到了在俄国经济发展后农奴制废除的必然性，他多少有些隐晦地说：“不管愿意或者不愿意，我们总将在物质生活上生活得像其他文明民族一样”。应该指出，在他之前已经有不少俄国进步思想家发表过反农奴制的言论，最有名的如拉吉舍夫的《彼得堡至莫斯科旅行记》和别林斯基的《给果戈理的信》，对于启迪人们的思想都起过重大的作用。但是，这些思想家主要是揭露和谴责农奴制的野蛮落后和反人道的性质，并没有深入地从理论上去认识农奴制和对它进行经济的分析。车尔尼雪夫斯基在这方面前进了一大步，他没有停留于对农奴制表示道义上的愤慨，而开始着手去具体地探究如何废除农奴制和解放农民的问题。

车尔尼雪夫斯基已经看出解放农民的问题实质上是如何解决农民的土地问题，但他对这个问题的认识前后是有一个过程的。开始时他是主张赎买土地的，因此曾试图劝说政府通过赎买的方式连同土地一起解放农民。他在“赎买土地困难吗？”一文中指出，赎买分给农民的份地不会给政府造成困难，只要在确定赎金时保持尽量适中的价格就行了。[①] 他甚至还提出了八个赎买计划，供政府考虑采用。然而无情的现实却粉碎了他的希望，沙皇政府在“农民改革”中的所作所为，证明它只顾封建国家和地主阶级的利益，而根本不考虑广大农民群众的利益。车尔尼雪夫

① 《车尔尼雪夫斯基全集》，俄文版，第5卷，第502页。

斯基很快就认清了这一点，他抛弃了赎买的想法，转而对沙皇政府的所谓“改革”采取坚决反对的态度。在《对反对村社占有制的哲学偏见的批判》一文中，他坦率地做了自我批评，揭穿了沙皇政府的赎买土地计划的欺骗性，因为这种高价赎买只能使农民套上新的沉重的债务枷锁。他借助于比喻的方法说：“我们假定，我很关心设法保存您所食用的粮食。不言而喻，假如我这样做是出于自己对您的好感，那么，我的热心便是基于这样一种假定：粮食系属于您，用粮食所做成的饭食是对您健康有益和有好处的。当我知道，粮食完全不属于您，而用这种粮食所做成的每一顿饭，人家都要向您要钱，不仅饭食本身不值您所付的钱，而且如不是极端紧缩您就根本付不起那样多，这时候，请您想象我的心情如何。”① 迫使农民付出他们所无法负担的代价去赎买土地，这只能有利于地主阶级。当车尔尼雪夫斯基理解了这种赎买的掠夺性实质后，他就明确表示，除了傻子以外，谁也不会去为这种只会使农民破产的事情奔忙了。在他后来写于流放地的小说《序幕》（这部小说真实地反映了他自己在废除农奴制时期的思想）中，他尖锐地指出，俄罗斯人民再也不能默默忍受屈辱，向他们隐瞒真相是不行的，“必须承认，万恶之源乃是以往的制度；必须同意，应该推翻这个制度。必须进行根本改革。整个国家机体是一台赝制的腐朽的机器，没有任何真正有生命的东西，没有任何新鲜而又坚固的东西，所以全部社会力量都被压在这台僵死的机器下面。必须承认：机械压迫制度是致命的错误，要给人民以发展的

---

① 参见《车尔尼雪夫斯基选集》，下卷，三联书店，第90页。

自由。”① 但车尔尼雪夫斯基的真正伟大处却并不止是他认识了农奴制是俄国落后的根源，而是他进一步提出了消灭一切地主土地所有制。他认为地主阶级是最反动的阶级，是必须消灭的阶级，这一点就表明他是最彻底的民主主义者，他写道：“分取地租的阶级永远是保守的阶级，反对一切改善的阶级。它的这个历史作用的根源是在于它的经济地位的本质。”② 在未经检查的传单《致领地农民书》里，车尔尼雪夫斯基就直接号召农民起来消灭地主的土地所有制，根本反对任何赎买。

车尔尼雪夫斯基完全理解沙皇政权是地主阶级统治的政治形式，他对沙皇已经不存任何幻想，并且竭力讥笑自由派认为沙皇是超阶级力量的天真想法，他问道：如果沙皇自己不是地主，那么他算是什么人呢？“地主是沙皇的仆从，沙皇是在他们之上的地主，这意思就是说：他、他们，都是一回事。”③ 他始终认为要消灭地主阶级的前提就是要推翻沙皇政权，他的一切革命活动都是以此为目标的。

车尔尼雪夫斯基是一个坚决的革命家，他是那种为了信仰可以贡献一切的人，还在年青求学时代他就在自己的日记中写道：“为了自己信念的胜利，为了自由、平等、友爱和富裕、消灭贫困和屈辱的胜利，我一点也不吝啬自己的生命，只要我相信，我的信念是正义的并且是一定会胜利的。”④ 他深信一次深刻的人民革命

---

① 车尔尼雪夫斯基：《序幕》，新华出版社，第191页。

② 《车尔尼雪夫斯基全集》，俄文版，第9卷，第515页。

③ 《车尔尼雪夫斯基全集》，俄文版，第7卷，第521页。

④ 《车尔尼雪夫斯基哲学选集》，俄文版，第3卷，第843页。

是不可避免的，在沙皇检查官的严密监督下，他往往只能用伊索寓言式的言语来表达他的这种信念："在冬天之后紧接着春天，但它早些还是晚些开始，以怎样的气候在怎样的环境下开始——这是无法预料的。"[①]车尔尼雪夫斯基渴望着革命，期待着革命时刻的来临，在他的日记里充满了这种革命家的激动的心情。他，正像莱蒙托夫曾经歌颂过的理想中的英雄：

> 而他，叛逆的他，却企求着风暴，
> 似乎在风暴里倒有着安宁！[②]

在克里米亚战争中，车尔尼雪夫斯基希望沙皇俄国在战争中失败，但他和自由派截然不同，自由派希望沙皇政府的失败会更有利于他们所提出的"改革"要求，从而根本地防止革命。而车尔尼雪夫斯基则希望沙皇政府的失败会加速革命的到来，他是真正伟大的爱国主义者，他看出了战争的不义性质和沙皇政权的反人民性质，因此认为只有沙皇政府的失败才符合革命的利益，才能使推翻沙皇政权成为可能，从而把俄罗斯从贫困和落后中解救出来。在所谓"农民改革"时期，车尔尼雪夫斯基希望改革失败，希望农民早些认清改革的实质，而坚决地与之作斗争。列宁写道："车尔尼雪夫斯基懂得，俄罗斯的农奴制的官僚主义国家没有能力解放农民……所以他反对这种改革，咒骂这种改革，希望这种改革不能成功，希望政府纠缠在它那向自由派和地主两面讨好

① 《车尔尼雪夫斯基全集》，俄文版，第3卷，第827页。

② 莱蒙托夫的抒情诗《帆》。

的把戏中而一败涂地，从而把俄国引上公开的阶级斗争大道。”[①]由此可见，在各个不同时期内车尔尼雪夫斯基的革命宣传策略虽也有所不同，但在战略上主张以农民革命来推翻沙皇地主政权的立场是一贯的、坚决的。

车尔尼雪夫斯基竭力攻击自由派，以致和屠格涅夫等著名的自由派分子公开决裂。他完全明白在发动革命斗争的同时进行反对自由派斗争的必要性，他看破了自由派的实质是反对革命的，他写道：“我不喜欢这些嘴里说着自由呀、自由呀的老爷，这种自由只限于在嘴上说说和写在法律上，而不在生活中实施，只限于消灭不平等的法律，而不去消灭那个十分之九的人民是奴隶和无产者的社会制度。”[②]在这里，革命民主派和自由派的全部原则分歧都完全暴露了。自由派永远是长于空谈改革，他们既害怕真正的实践，更恐惧群众性的革命。车尔尼雪夫斯基坚决反对自由派的功绩是普列汉诺夫所忽视的，而这一点却正是他作为最伟大的革命民主主义者的显著特点。列宁说：“继赫尔岑之后发展了民粹主义观点的车尔尼雪夫斯基，比赫尔岑更前进了一大步，车尔尼雪夫斯基是彻底得多的、更有战斗性的民主主义者。他的著作散发着阶级斗争的气息。他毅然决然地实行了揭发自由派叛变行为的路线”[③]。赫尔岑虽然是杰出的革命民主主义者，但他在很长的时期内没有割断自由派幻想，而不断地在革命民主主义和自由主义之间动摇着。他曾因为杜勃罗留波夫的一篇反对自

① 《列宁全集》，第1卷，第260页。

② 《车尔尼雪夫斯基哲学选集》，俄文版，第3卷，第821页。

③ 《列宁全集》，第20卷，第241页。

由派的文章而和车尔尼雪夫斯基派发生意见分歧，以致促成了车尔尼雪夫斯基的伦敦之行。

车尔尼雪夫斯基不仅是一个革命的宣传家和鼓动家，并且还是一个实际革命斗争的卓越的组织者。新发现的材料证明他是当时俄国的地下革命组织的领袖[①]，这个地下组织组成了俄国的革命中心，和以赫尔岑和奥加廖夫为首的伦敦革命中心有着密切联系，并且计划着推翻沙皇政权的武装起义，车尔尼雪夫斯基不仅在一般的革命知识分子中，而且也在一些倾向革命的军官中有着很大的影响，在某些部队的军官中间甚至还组成了车尔尼雪夫斯基派小组。因此有必要对他在俄国革命运动史上的地位作出新的评价。

三、车尔尼雪夫斯基对资本主义的批判和他的空想社会主义思想

车尔尼雪夫斯基不仅是封建专制主义和农奴制的坚决反对者，而且是资本主义社会的伟大的批判者，也是杰出的空想社会主义者。他把资产阶级社会的各个方面——经济、政治、意识形态，看成一个有机的、相互联系着的整体，揭穿了资产阶级的经济利益与政治法律机构、科学及艺术之间的密切关系，指出了资本主义社会的本质就是资产阶级的统治、资产阶级的专政。正因为车尔尼雪夫斯基是当时农民革命意识的代表，所以他的空想社会

① 参见“在革命形势年代（1859-1861年）里车尔尼雪夫斯基为团结俄国民主运动力量而作的斗争”一文，载苏联《历史问题》杂志，1953年第7期。

主义也无非是广大的农民群众的要求的反映：农民群众的平等要求、摆脱封建压迫的渴望和希望避免新的资本主义剥削的幻想。车尔尼雪夫斯基处于比他的前驱更有利的地位，在他的时代，西欧资本主义国家的内部阶级矛盾已经尖锐化，傅立叶、圣西门和欧文的学说已经广为传布，因此使他能更深刻地认识资本主义社会的本质；另一方面，他处于俄国农民革命的前夜，革命形势向他提出了更为尖锐、迫切的政治问题，因此使他的空想社会主义纲领具有非常革命的性质。

车尔尼雪夫斯基看出了商品生产和商品关系支配着资本主义社会里的一切，他说：在资本主义社会里"爱情也成了商品，劳动也成了商品——但按它们的本质来说——这不是出售的东西，如果一个人的本身也不是出售的东西的话"。[①] 他极其深刻地理解到资产阶级的相互噬人的狼性和无产阶级在资本主义制度下的悲惨命运，他这样逼真地描画了资本主义社会的图景："谁有更多的资本，谁就发财，而其他一切人就遭到破产；从自由本身里产生了奴役一切的百万富翁们的独占组织；土地为债务所苦；从前自己是主人的手工业者变成了雇佣的工人；投机精神把社会引向以商业危机结束的绝望冒险；人人的利益都互相对立……找不到销路的商品充斥着市场，工厂关门，工人没有饭吃。一切科学发现都成为奴役的工具，并且随着每一个进步而愈益加剧；无产者们简单地成为机器的把柄……并且不断地被迫乞求着施舍；到了六十岁他就失去了一切生活的依靠；他的女儿由于饥饿而出卖自

① 《车尔尼雪夫斯基经济学著作选集》，俄文版，第3卷，第2部，第285页。

己，他的儿子从七岁起就呼吸着工厂的染毒的空气。”[①]因此他就得出了这样的结论：西欧的资本主义制度，对广大的无产者群众说来，全然不是天堂。

车尔尼雪夫斯基透彻地揭穿了西欧资本主义国家政权的阶级性质，在那里形式上的政治自由和民主只不过是资产阶级专政的遮羞布，全部所谓“自由”和“民主”对广大的被剥削阶级来说完全是高不可攀的政治奢侈品。他写道：“人民是无知识的，在几乎所有的国家里他们多数是不识字的，他们没有钱来受教育，也没有钱让自己的子女受教育，他们怎么珍视言论自由的权利呢？匮乏和无知剥夺了人民的任何了解国事和过问政治的可能，请问，他们会珍视他们能运用在国会里进行辩论的权利吗？”[②]他把资产阶级社会里的自由，讽刺地比拟为“用金汤匙吃饭的自由”，这种所谓“自由”对人民来说是毫无价值的，而统治阶级却假“自由”之名进行剥削和压迫。

车尔尼雪夫斯基广泛地批判了资产阶级伪科学的反人民性质，他清楚地看出了全部资产阶级理论都是为资本主义制度作辩护，他在经济学、哲学和社会学等方面对资产阶级学说的批判都是相当深刻的。他认为自从斯密以来的资产阶级经济学家无非是资本主义经济制度的辩护人，他特别着重地揭露了庸俗学派抹杀和调和资产阶级和无产阶级利益的对立和矛盾的企图，指出他们不能从斯密的劳动学说中得出任何正确的结论。马克思非常重视他在和庸俗学派的斗争中的功绩，说道：“这宣告了‘资产阶

① 《车尔尼雪夫斯基全集》，俄文版，第7卷，第157页。

② 转引自普列汉诺夫：《我们的意见分歧》，人民出版社，第39页。

级'经济学的破产，关于这一点，俄国的伟大学者和批评家尼·车尔尼雪夫斯基在他的《穆勒政治经济学概述》中已作了出色的说明。"[①]车尔尼雪夫斯基还严厉地申斥了马尔萨斯主义，径直地把它称之为"杀人体系"。

但车尔尼雪夫斯基毕竟是一个空想社会主义者，尽管他对资本主义进行了辛辣的、尖锐的批判，却看不到它的历史必然性和进步作用，看不到资本主义发展自身为全社会的最终解放创造着必要的物质先决条件——庞大的社会生产力和无产阶级；尽管他对被剥削的无产阶级寄予热烈的同情，但却始终不能了解无产阶级作为资本主义掘墓人的作用、作为社会革命的领导阶级的作用。普列汉诺夫在这方面批评他是完全正确的。但列宁更深刻、更确切地评论了车尔尼雪夫斯基的这个局限性，一方面把他称为"杰出的深刻的资本主义的批判者"，另一方面也指出：车尔尼雪夫斯基"没有看见而且也不能在上一世纪的60年代看见：只有资本主义和无产阶级的发展，才能为社会主义的实现创造物质条件和社会力量"。[②]

作为一个空想社会主义者，车尔尼雪夫斯基是高于他的西欧的思想前驱们的，普列汉诺夫指出，"西欧的空想社会主义学说不能满足像他那样极富批判能力的思想家"，车尔尼雪夫斯基虽然极高地评论了傅立叶、圣西门等人的社会主义思想，但他认为他们的学说正像重商主义、重农主义之类的学说一样地过时了，因此他创造了怎样实现社会主义的新途径和新理论，他的新理论的

---

① 《马克思恩格斯全集》，第23卷，第17-18页。

② 《列宁全集》，第17卷，第105页。

主要特点就是企图通过组织农村公社而过渡到社会主义，并且认为这在俄国实行起来更有利得多，还可以避免资本主义的前途。列宁说他梦想通过旧的、半封建的农村公社过渡到社会主义，正是指出了他的空想社会主义的本质。

车尔尼雪夫斯基认为，在俄国的农民革命胜利以后应当立即实行农村公社的组织原则，以俄国既存的农村公社为基础，组织以一千五百至三千人为单位的生产组织，这些生产组织既从事农业，也从事工业生产。每个社员的报酬应当根据他的劳动日数量和生产物质量来确定。照他看来，在这种生产之下，就既不会有生产过剩，也不会有危机和失业，而群众的生活水平也就能日益提高。在这里，他恰恰没有看到：在保留生产资料私有制的情况下，公社内部会发生分化，会产生剥削的可能性和必然性。并且他的农村公社理想完全与进步的生产力的要求相矛盾，因此也不能不只是一个空想。但在研究车尔尼雪夫斯基的空想社会主义思想时，也必须注意到他比其他空想社会主义者卓越的地方：第一，他始终认为要实现他的纲领的先决条件是社会革命的胜利，他的空想社会主义充满了阶级斗争的精神，而与西欧的空想社会主义学派相反，后者认为社会主义是可以用和平的方式，用说服统治阶级的办法实现的；第二，他赞成在公社中采用先进技术，在农业生产中采用机器，他并不认为个人的小私有财产和小规模的分散的经营是新社会的基础，因此他就比普鲁东、赫尔岑都更为优越，而和欧文的见解相接近；第三，他不认为农村公社是俄国历史特点下的特殊道路，而把它当作是一切民族走向社会主义的必经阶段，在这方面他和反动的斯拉夫派和后继的民粹派也有明显的区别。

必须指出，车尔尼雪夫斯基的空想社会主义思想在当时具有革命意义，但他的观点有许多是错误的，如认为俄国可以避免走资本主义的道路，认为农村公社可以阻止像西欧那样的无产阶级化的“溃疮”等等，这些错误观点被民粹派所继承和发展了，为以后马克思主义和无产阶级政党在俄国的发展造成了阻碍，扫除这些阻碍、从理论上粉碎民粹派谬论的工作，是由普列汉诺夫开始、由列宁完成的。

四、车尔尼雪夫斯基对社会发展及阶级斗争的观点

列宁指出在车尔尼雪夫斯基的著作里散发着阶级斗争的气息，这是他的政治思想和社会观点的一个重要的特点。车尔尼雪夫斯基的全部社会政治观点的基础是彻底的革命民主主义，在哲学观点上，他是坚决的唯物论者，因此，革命民主主义和哲学唯物论的密切结合就形成了他对社会发展和阶级斗争的总的看法。他的见解在某些场合接近于认为社会发展是由一定的经济条件下的阶级斗争所决定的观点，但总的说来，他始终没有达到历史唯物主义的理解，他对社会发展问题的看法还不能摆脱唯心主义的影响。

车尔尼雪夫斯基认为社会全部成员是依照他们的经济利益而划分为不同阶级的，但他没有能根据各种不同的生产关系科学地来划分阶级，而只是简单地把人们划分为剥削阶级与被剥削阶

级，他以为被剥削阶级“到处在一百个人中占九十个”，他们竭力想推翻剥削制度，占有自己的全部劳动生产物，因此就和剥削阶级产生矛盾和斗争，一切政治斗争正是经济利益的对立和矛盾的反映。他非常正确地理解了各种哲学和政治学说的阶级性和党性，他写道：“政治理论，并且一切哲学学说，永远是在它们所属于的那个社会地位的强大影响下形成的，并且每个哲学家也总是某个在当时为了在他所属的社会中获取统治地位而斗争的政党的代表。”[①] 他以为任何一个哲学家都是他所属阶级的利益的代言人，至于他自己是从不讳言他是代表着俄国被剥削阶级利益的。他强调革命在历史发展中的作用，认为历史是向前发展的，“历史进展得很慢，但几乎总是以跳跃前进”，他责备西欧的空想社会主义者厌恶采取暴力，而主张使用正当的暴力完全是实现新社会所必须。

车尔尼雪夫斯基认为国家的形成是一个历史的过程，每个民族都先经过土地公社所有制而逐渐过渡到公社联合和氏族组织和国家。但他未能上升到历史唯物论，因此不能理解国家的产生与社会之划分为阶级和私有财产制出现之间的关系。他的国家定义是唯心主义的：“一切组成一个民族的人群，作为一个整体来看，就叫做国家。”[②] 他解释法律的产生也是唯心主义的：“按人的本质来说是倾向于对别人友好的，但每个人在世界上总是最爱他自己，每个人要满足自己的需求，而自然所提供的手段却不够去满足一切人，由此就产生了人与人之间的仇恨，人的相互友爱的

① 《车尔尼雪夫斯基哲学选集》，俄文版，第3卷，第163页。

② 《车尔尼雪夫斯基哲学选集》，俄文版，第2卷，第467页。

天性的混乱。利益的冲突使得有必要去经一致的同意订立一些规则来规定人与人之间在他们各方面活动中的关系。在每一个社会中必须有关于国家机构的规则，关于各个私人间的关系的规则，保卫这一切规则的规则。这样，就产生了政治法律，民法和刑法。”① 他根据这种看法因此就主张合理的利己主义，显然，这是完全错误的，因为这样就会抹杀国家和法律的阶级性质。但他在某种程度上又理解了经济利益和法律的密切联系，因此又常常作出另一种结论来，就是法律是为统治阶级的经济利益服务的。他对国家政权的观点中也仍有调和阶级矛盾企图的残余影响，在1848年以前他认为绝对君权主义可能会阻止上层阶级对下层阶级的压迫和剥削，这是极端错误的，但到了1850年他就彻底批判了自己过去的观点，看清了君主制的本质是封建地主阶级的政治统治。不过他仍认为新的国家政权的任务应当是将土地平均分配给每一个社会成员，使他们享受同等的利益，显然，这样的国家只是农业社会主义的空想，同时也证明了他始终未能理解国家之作为阶级统治机关的本质。

车尔尼雪夫斯基的著作一方面散发着阶级斗争的气息，但另一方面又表明他常常不能和不善于用阶级的观点去观察和分析问题。造成这种情况的根本原因在于他的哲学世界观所固有的缺陷。在哲学上，车尔尼雪夫斯基是费尔巴哈的人本主义哲学的信奉者。就自然观来说，他坚持了唯物主义，而在社会历史观方面，他就像费尔巴哈一样，基本上仍是一个历史唯心主义者。在他看

---

① 《车尔尼雪夫斯基哲学选集》，俄文版，第2卷，第593页。

来，存在着永恒不变的人类本性，这种人类本性是衡量一切事物的最高标准。他认为，“人类生活的物质的和道德的条件，支配着社会生活方式的经济规律，都要从这个目的来研究：明确它们适应人类本性要求的程度。”[①]他还是停留在把人理解为自然的人，也就是说，主要把人看作生物学的抽象，而不是看作社会关系的总和。在他的哲学名著《哲学中的人本主义原理》中写道：“哲学所看到的人，和医学、生理学、化学所看到的人一样”，并且强调指出，科学所说的“是人，而不是法国人或英国人，也不是商人或官僚。只有那构成人的本性的东西，科学才认为它是真理”[②]。用这种抽象的人性论的观点去看问题，自然与阶级分析的方法相距甚远而不可能得出正确的结论。他在研究社会经济现象时，曾提倡所谓“假设法”，这种方法的特点在于把所研究的特定现象从一切具体条件中抽象出来，由历史的现实领域转移到抽象思维的领域。他以为用这种“假设法”可以得出明白无误的真理，其实却根本违背了他自己所赞同的主张真理的具体性的辩证法精神。

由于车尔尼雪夫斯基未能摆脱唯心史观的束缚，因此他对社会发展的动力也缺乏正确的理解。作为一个革命者，他对社会发展和人类前途一向抱有乐观的看法，坚信社会在向美好的未来不断地前进。尽管在前进的道路上荆棘丛生，充满艰难险阻，还是无法阻挡历史发展的潮流。但是，究竟是什么力量推动社会发展和历史前进呢？车尔尼雪夫斯基对这个根本性的问题却作出

---

① 《车尔尼雪夫斯基选集》，上卷，三联书店，第387页。

② 《车尔尼雪夫斯基选集》，下卷，三联书店，第233、289页。

了错误的回答。在《论罗马灭亡的原因》一文中，他说："进步是以智力发展为基础的；它的根本方面也简直就是知识的臻进和传布。由于好的知识被运用到了实际生活的各方面，于是进步也就在这些方面产生了……可见进步的基本力量是科学；进步的成绩是与知识臻进的程度及传布的程度相适合的。所以要问进步是什么，那就可以说：进步是知识的成果。"① 在这里，我们可以看到，车尔尼雪夫斯基完全离开生产力和生产关系的发展，把知识看作决定社会发展的独立的力量，认为一切社会进步都可以归结为智力的发展。他甚至认为，只要历史知识被发掘，那些妨碍人们安排其社会生活的错误概念便因而减少，人们的社会生活也就会比以前安排得更妥善。这种看法仍然属于过去十八世纪法国唯物主义者所主张的"意见决定世界"的观点，这导致了他作出这样的历史唯心主义的结论："让政治和工业去喧嚷地在历史的首位上前进吧，历史总会证明：知识是基本的力量，政治、工业和人类生活中的其他一切都得服从它。"②

车尔尼雪夫斯基的这些看法当然是错误的，但在当时沙皇俄国十分愚昧落后的社会环境下，也是完全可以理解的。作为一个启蒙运动者，他把宣传和普及知识作为自己的任务，因而过分夸大了知识在社会发展中的作用。这就使他犯了新的错误，即认为在人类智力发展过程中，逐渐分化出一些智力高度发展的人，而大多数人则落在后面，让这些先进分子担负起发现真理和传布真

---

① 《车尔尼雪夫斯基选集》，下卷，三联书店，第387-388页。

② 《车尔尼雪夫斯基全集》，俄文版，第4卷，第6页。

理的全部任务。后来的民粹派正是把车尔尼雪夫斯基的这种不正确的观点推向极端，而提出所谓“英雄与群氓”的理论。至于车尔尼雪夫斯基本人，虽然他对社会发展动力的见解是唯心的，可是他对人民群众在历史上的作用还是比较重视的。他批判地研究了俄国的历史和西欧的革命经验后指出：“只有那些为人民群众所拥护的意图才是有力的，只有那些为人民群众所拥护的制度才是巩固的。”[①] 这也说明民粹派究竟是怎样去继承车尔尼雪夫斯基的思想遗产的。

在其他一些政治问题上，车尔尼雪夫斯基也发表了进步的言论。在沙文主义、大俄罗斯主义极端猖獗的年代里，他始终坚决地捍卫着弱小民族的利益，他指出各民族的根本利益是统一的，而民族压迫只是为了统治阶级的利益。他这样地阐述了他的原则：“全人类的利益高于个别民族的利益，整个民族的共同利益高于个别阶层的利益，多数人阶层的利益高于少数人阶层的利益。”[②] 这原则贯彻着崇高的国际主义精神和维护被压迫阶层利益的精神。车尔尼雪夫斯基极其同情沙皇压迫下的少数民族的起义，他鼓吹各民族之间的平等和友谊的思想，号召它们共同起来斗争推翻共同的压迫者。他尖锐地驳斥了种族主义者的谬论，认为黑种人与白种人的分别全是由于他们的历史命运的不同，而不是由于人机体上的差异，他把美国当时盛行的奴隶买卖称之为“美国的耻辱”。

---

① 转引自普列汉诺夫：《我们的意见分歧》，第39页。

② 《车尔尼雪夫斯基全集》，俄文版，第7卷，第286页。

车尔尼雪夫斯基对战争的见解特别深刻，他看穿了战争的阶级性质，而把战争分为正义的和不正义的，写道："对劳动人民来说，一切战争都是破坏性的；只有这种战争才是对他们有利的，那就是为了把敌人从祖国边境击退的战争"[①]。因此他认为1812年的反拿破仑卫国战争是正义的，对俄国人民是必须的。他坚决地指责侵略战争，认为发动这种战争完全只是为了统治阶级的利益，他竭力反对对弱小民族进行的殖民地掠夺战争，讥笑了资产阶级学者公然宣传以暴力干涉其他民族的生活而毫不感到可耻。由于他清楚地理解了战争的根源，因此他指出，要消灭战争，人们必须起来掌握政权，否则战争是不可避免的。

这样看来，车尔尼雪夫斯基无论在民族问题上或是在战争问题上，都一贯地站在彻底的革命民主主义立场上为广大的群众的利益而斗争，他不愧为马克思主义诞生前的俄国劳动人民的最杰出的政治思想家。

（原载《文史哲》1956年第1期）

① 《车尔尼雪夫斯基哲学选集》，俄文版，第2卷，第198页。

从右面批判黑格尔的克罗齐
——《黑格尔哲学中的活东西和死东西》中译本序言

意大利的现代资产阶级哲学家克罗齐(1866-1952年),是新黑格尔主义学派的一个重要角色。他的《黑格尔哲学中的活东西和死东西》一书(1906年)系统地表述了新黑格尔派对黑格尔哲学的态度,这本书在某种程度上代表了新黑格尔派修正黑格尔学说的总的趋势。

克罗齐本人只承认自己是一个黑格尔主义者,不承认自己是新黑格尔主义者,他在1945年所写的《我的哲学》一文中,甚至还对人们称他的哲学为"意大利新黑格尔主义"一事提出抗议。[①]《大英百科全书》里的《克罗齐》条中也说,他往往被人称为新黑格尔派乃是一种误解。其实,新黑格尔主义学派并不是"正统的"黑格尔派,甚至也不是一个在理论上严密一致的学派,新黑格尔主义者一般是从主观唯心主义的立场出发来阉割黑格尔哲学中的合理内核,发展黑格尔哲学中的保守的、神秘主义的因素,并且把凑合各家各派的学说看作自己了不起的"新发明"。克

① 克罗齐:《我的哲学》,英译本,1951年,第19页。

罗齐也不例外,他虽然建立了包括四卷著作的所谓“心灵哲学”(Filosofia dello Spirito),但这并不是什么真正具有独创性的哲学体系,而只不过是新黑格尔主义、康德主义、马赫主义和柏格森主义的杂拌。

在这里,我们不打算来详细批判克罗齐的“心灵哲学”体系,而仅限于考察他与黑格尔哲学的关系,只在必要时才涉及他本人的体系。我们的目的在于指出:克罗齐从什么立场来批判黑格尔,他所赞扬的黑格尔哲学中的“活东西”究竟是不是“活的”,他所批判的黑格尔哲学中的“死东西”究竟是不是“死的”。

一

克罗齐曾经在许多著作中说明他和黑格尔的关系。《黑格尔哲学中的活东西和死东西》一书是他的新黑格尔主义思想刚刚形成时期的作品。他后来在《自传》中谈到他的哲学观点与黑格尔的关系时写道:“如果人们认为黑格尔哲学中的最重要的东西,是在自然世界中无意识地实现自身、并且在精神世界中重新发现自身的逻各斯概念,是经历一长串辩证的三段式以便在理念中达到顶点,从而转为自然的这种逻各斯的逻辑学的联合概念,是先于这种逻辑学并作为借以达到逻辑学最高阶梯而形成的现象学的联合概念,最后,是自然和人类历史的先验结构和黑格尔的学生与模仿者所主要地献身的那些类似伪形而上学的事业——这些东西在过去一般被人认作最重要的东西——,那末,我所叙述的作为心灵科学的哲学并不是黑格尔主义的继续,而是它的完全灭亡。

因为作为心灵科学的哲学否认现象学和逻辑学之间的区别；它不仅否认自然哲学和历史哲学的辩证结构，而且也同样否认逻辑学的辩证结构；它否认逻各斯、自然和精神的三合体，而主张精神是唯一的实在，在精神中，自然只不过是精神自身的辩证法中的一个方面。但是，如果相反地，人们认为黑格尔的最重要的东西是他追求内在性和具体性的有力趋向，以及他关于哲学逻辑的概念（根本不同于自然主义的逻辑），那末作为心灵科学的哲学当然虽不认为黑格尔是它的父亲（因为显然它的父亲只能是它的作者），但却认为黑格尔是它的伟大先驱。"[①] 上面这一段话是理解克罗齐的《黑格尔哲学中的活东西和死东西》一书的重要线索。克罗齐自以为他从这个角度提出问题，便超越于黑格尔左派和右派的争论之上，"创造性"地继承了黑格尔哲学，其实只不过是幻想而已。克罗齐没有抓住、也不可能抓住黑格尔哲学中的基本矛盾，虽然有时他也多少看出了矛盾的所在，但他不能或不愿理解这种矛盾的实质，而想用一些治标不治本的办法来弥补这种矛盾，以便强化整个黑格尔哲学体系的唯心主义原则。

在克罗齐看来，黑格尔的错误是在应用原理的地方，而不在于原理本身，他虽然认为黑格尔的错误的原因不在他的哲学原理之外，本质上或大部分是哲学上的错误，而不是偶然的粗枝大叶的结果，但他却断定，这些错误的原因存在于哲学逻辑之中，存在于逻辑理论的一种错误之中。[②] 照他说来，对立概念和相异概念的混同是"一种根本的错误"，而且是"黑格尔体系在哲学上所犯

---

① 克罗齐：《自传》，英译本，1927年，第99-101页。

② 克罗齐：《黑格尔哲学中的活东西和死东西》，第46-47页。

的所有错误"的根源。[①]这样,黑格尔哲学内部的根本矛盾就被他一笔轻轻抹杀,变成单纯的逻辑上的错误了。

马克思列宁主义认为,黑格尔哲学中不可调和的内在矛盾是辩证法和客观唯心主义体系的矛盾。黑格尔的辩证方法是他的学说中的进步的或革命的方面,而他的哲学体系则是保守的方面。当然,不可忽略的是,黑格尔的辩证法是不彻底的,始终带有唯心主义的性质,只有经过唯物主义的根本改造后才能成为人们认识世界和改造世界的强有力的武器。黑格尔往往为了迁就他的形而上学的唯心主义的体系而违背辩证法的一些基本原则。例如,辩证法把整个世界的发展看作一个过程,"在辩证法哲学看来,并没有什么一成不变的、绝对的、神圣的东西。辩证法哲学认为一切和任何事物中都有着不可避免的灭亡的印迹;在它看来,除了不断的发生和消灭的过程,除了无穷的由低级进到高级的上升过程以外,没有任何东西是永存的。"[②]在辩证法面前,没有任何最终的绝对真理,也没有发展的绝对终点,所以说它的革命性质是绝对的。但在黑格尔那里,辩证法却没有发挥到这样彻底的地步,而是半途而废的。黑格尔的唯心主义体系并不把辩证法看作世界发展过程在人的头脑中的反映,而相反地,在黑格尔那里,人的思维过程转变成一个独立的主体,成为现实世界的创造主,似乎整个世界的发展都只不过是"绝对理念"(或"绝对精神"、"世界精神")认识自己和恢复到自身的活动过程。因此,他的体

---

① 克罗齐:《自传》,英译本,1927年,第56页。

② 恩格斯:《路德维希·费尔巴哈和德国古典哲学的终结》,人民出版社,1957年,第9页。

系要求他设想一个发展的终点，于是他便以“绝对理念”来实现这一任务，这样就与他的辩证方法发生深刻的矛盾。在政治方面也同样如此，黑格尔的辩证法并没有使他作出必须以新制度来代替旧制度的革命结论，而是倾向于和旧制度妥协。由于哲学体系的要求，他在《法哲学原理》一书中作出了这样的结论，似乎德意志等级制君主政体是国家发展的最高峰，充分体现了“绝对理念”。所以恩格斯指出，在黑格尔的哲学中，“革命方面闷死在过分增长的保守方面的重压之下”①，也就是说，为了唯心主义的体系而牺牲了辩证方法。

为什么说克罗齐是从右面来批评黑格尔哲学的呢？因为在他看来，黑格尔的错误不在于他的唯心主义原理，而在于他的唯心主义还不彻底，即所谓在论证这种原理的方法上有缺陷。的确，在主观唯心主义者看来，客观唯心主义是不彻底的，有着所谓“二元论”的残余，从前面引证的克罗齐的一段话中可以看出，他对黑格尔的自然是绝对理念的“异在”（或“外化”）的说法还感到不能满意，而索性主张精神是唯一的实在，自然只不过是精神自身的辩证法中的一个方面。黑格尔尽管也把精神看成是“唯一的实在”，但他终究还没有完全否认自然的存在和现实性，而认为它是“绝对理念”的发展过程中的一个必要的阶段。克罗齐则更为“彻底”，他要消灭物质世界，把心灵活动的世界当作唯一真实的世界，这充分表现出克罗齐对黑格尔的批评的实质。

应该指出，黑格尔的根本错误不在于方法而在于体系，即在

① 恩格斯：《路德维希·费尔巴哈和德国古典哲学的终结》，人民出版社，1957年，第7页。

于他把精神看成先于物质的唯心主义观点。克罗齐没有能避免这种错误，反而发展了这种错误。克罗齐曾经在许多地方指责黑格尔的独断主义，但他作为一个唯心主义者却看不到这样一个千真万确的事实：唯心主义是最大的独断主义，一切唯心主义者为了自圆其说，不能不乞求于独断主义。这是唯心主义哲学的性质所决定的，而不是什么单纯的逻辑错误的结果。与黑格尔相比，克罗齐的独断主义是有过之而无不及的。

恩格斯曾经对黑格尔的历史功绩作了很高的评价，他指出："黑格尔的最大功绩是在于他第一个把整个自然的、历史的及精神的世界想象成一种过程，即认为它处在不断的运动、变化、改造和发展中，并且曾企图发现出这种运动和发展的内在联系。"[①] 但他又指出，黑格尔并没有解决他所提出的这个任务，原因之一就在于："黑格尔是个唯心主义者，换句话说，他认为人脑的思想不是真实事物和真实过程多少抽象的反映；恰巧相反，黑格尔认为事物及其发展只是在世界尚未出现以前已存在于某个地方的某种'观念'所体现出来的反映。这样一切都被颠倒过来了，世界现象的真实联系完全被曲解了。"[②] 正由于黑格尔哲学的唯心主义性质，所以辩证法在他的手里是神秘的、头脚倒置的，他的整个体系也不能不是牵强附会的、虚构的。我们的任务就在于粉碎黑格尔哲学的唯心主义外壳，以拯救它的合理的内核——辩证法。在其原有的唯心主义形式下，黑格尔的辩证法不仅与马克思主义的唯物辩证法不同，而且是互相对立的。

---

① 《马克思恩格斯文选》，第2卷，中文版，莫斯科，1955年，第133页。

② 同上。

马克思主义对黑格尔哲学的这种分析是与克罗齐完全相反的，马克思主义之所以批评黑格尔，是因为他是一个唯心主义者，而克罗齐之所以批评黑格尔，却完全是由于黑格尔的唯心主义不彻底。列宁曾经说过，一种唯心主义对另一种唯心主义的批评，往往是有利于唯物主义的。在这个意义上来说。克罗齐对黑格尔的批评也不是完全没有意义。但是，如果我们来看一下克罗齐本人所鼓吹的所谓“心灵哲学”体系，就可以更加明白他究竟是从什么立场来批评黑格尔了。

根据克罗齐的“心灵哲学”，整个现实界都是心灵活动的显现，除了心灵之外，就没有任何其他的实在。“自然”的概念根本是不必要的，它只不过是心灵的虚构，研究自然的自然科学也只是为了实用目的而造成的理智的虚构。一切知识都起源于直觉，都是心灵活动的产物。“在直觉界线以下的是感受，或无形式的物质。这物质就其为单纯的物质而言，心灵永不能认识。心灵要认识它，只有赋予它以形式，把它纳入形式才行。单纯的物质对心灵为不存在，不过心灵须假定有这么一种东西，作为直觉以下的一个界线。”[①] 从这里我们可以看到，克罗齐怎样仿效新康德主义者，企图用主观唯心主义的精神来消灭物质和自然。他自己也知道用宣布“单纯的物质对心灵为不存在”的廉价手段究竟是消灭不了物质的，于是他又不得不走折衷主义的小路，把物质从后门偷运进来，说必须要假定有这么一种东西云云，可是又转过来说心灵对这种单纯的物质是不能认识的。显然这只能是自欺欺人的一种自圆其说而已。

---

① 克罗齐：《美学原理》，作家出版社，1958年，第5页。

在黑格尔的体系中，物质世界是理念的外化，这确实是虚构的、神秘的、荒谬的，克罗齐也觉得这种说法有点神秘，所以对这种说法表示反对。但在唯心主义的基础上，除了客观唯心主义的这种解答以外，还可能有巴克莱主教那样的主观唯心主义的解答，那就是把物质看作个人的主观的产物。克罗齐就是用主观唯心主义来反对黑格尔的客观唯心主义的，虽然为了掩护他的主观唯心主义，他竭力想把他的所谓心灵说成普遍的心灵，可是这样做就与他的直觉说相抵触，所以连英国学者约德也说，克罗齐努力想摆脱唯我论能否算得成功是值得怀疑的。[①]

马克思曾经批判黑格尔哲学是“儿子生出母亲，精神产生自然界……结果产生起源”[②]。克罗齐的所谓体系又何尝不是如此，他对黑格尔的批评只是想用主观唯心主义的原则来代替黑格尔的客观唯心主义原则，所以他的批评在本质上是错误的，是从右面进行的。在思维对物质的关系问题上，克罗齐也和黑格尔完全一样，把思维看作“最高的实在”、“实在的实在”[③]。因此，在我们看来，克罗齐批评黑格尔并不意味着他避免了黑格尔的基本错误，相反地，克罗齐的批评完全没有涉及这种基本错误，而仅限于不很重要的次要方面，因此黑格尔所犯的基本错误、即颠倒精神和自然界的主从关系的错误，不但没有得到纠正，反而被加深了。

克罗齐在评介黑格尔哲学时故意抹杀它的阶级本质。照他

---

① 参见约德：《近代哲学引论》，伦敦，1924年。

② 《马克思恩格斯全集》，第2卷，人民出版社，1957年，第214页。

③ 克罗齐：《黑格尔哲学中的活东西和死东西》，第19页。

说来，必须把历史上的黑格尔和哲学家黑格尔严格区分开，因为哲学真理是没有阶级性的，没有党派性的，凡是我们可以从其中引申出一种特定的政治态度的立场，都不是纯粹的哲学真理。这种抹杀哲学的阶级性和党派性的说法，可说是一切资产阶级哲学家和哲学史家的共同特征，他们竭力想掩饰他们为特定阶级服务的真面目，伪装成超阶级、超时代的“纯粹哲学真理”的代表者。马克思主义在历史上第一次公开揭示出哲学的阶级性和党派性，马克思主义者认为，哲学思想属于社会意识形态，它是时代精神的反映，在阶级社会里，它必然属于某个特定的阶级，为这个阶级的利益服务。因此，超阶级、超时代的所谓“纯粹哲学真理”是没有的，是捏造出来的。在马克思主义者看来，包括黑格尔哲学在内的十八世纪末至十九世纪初的德国古典哲学，乃是1789年法国资产阶级革命的德国理论、德国的解释。黑格尔是德国资产阶级的思想家，他的学说中的进步方面和保守方面正是反映了当时德国资产阶级的两面性、软弱性和不彻底性。只有马克思主义理论才正确地分析了黑格尔哲学的阶级性质，而抹杀这种阶级性质的克罗齐所鼓吹的“纯粹哲学真理”这一套，则完全是不科学的。

二

我们来进一步考察一下克罗齐对黑格尔的批评，我们将把主要的注意力放在克罗齐对黑格尔辩证法的“修正”上。

前面已经提到，克罗齐认为黑格尔的根本错误是把对立概念和相异概念互相混淆。他说:“我们不能把对立的概念跟相异的概念等同起来,亦不能把对立的概念看作是相异的概念的特例,是相异的概念之一个种类,……两个相异的概念甚至在它们的相异中自行联合起来,……至于两个对立的概念便好像互相排斥;这个呈现时,另一个便完全消灭,……对于对立的概念,可以应用‘你死我活’这句格言。”[①] 克罗齐把矛盾与对立的范围大大地缩小了,在他看来,对立只存在于作为具体共相的相异概念内部,而不存在于相异概念之间。相异概念之间既没有矛盾,也没有对立,它们之间只有高与低的度的关系。克罗齐用双分法把心灵活动分为两种:“知”和“行”,而“知”和“行”又各分为两个阶段,“知”分为直觉和概念两个阶段,“行”分为经济和道德两个阶段,它们都是独立存在的,高的阶段包含低的阶段,并以低的阶段为依据,但低的阶段可以离开高的阶段而单独存在。在相异概念内部的对立面是绝对的,“唯一的真理便是统一,并不是有一种相反与它对立,而是把相反包涵在自身中”[②]。如何能从对立达到统一呢?照克罗齐的说法,“用一个概念的形式来思维这对立。这个概念的形式便是最高的统一”[③]。黑格尔的辩证法是概念的辩证法,克罗齐对这一点是极其强调的。事实上,克罗齐所看到的所谓辩证法,就是概念中包含正、反两项,由第三项加以综合,这个合题便是对立面的统一,只有统一才代表真理。所以克罗齐虽然把对立面的辩证法作为黑格尔哲学中的有生命力的部分,而主张

① 克罗齐:《黑格尔哲学中的活东西和死东西》,第6页。

② 同上,第12页。

③ 同上,第9页。

予以保留，但实质上他所说的辩证法只是黑格尔辩证法中的次要成分，辩证法中的精华和灵魂，即关于矛盾和发展的学说都被他抛弃了。

克罗齐没有真正弄懂辩证法的实质，用形而上学的观点严重地歪曲了黑格尔的辩证法学说。黑格尔的辩证法虽然是唯心主义的，并与唯物辩证法根本相反，但它毕竟包含着许多合理的辩证因素、丰富的思想和天才的猜测，它与克罗齐所说的辩证法显然有天渊之别，可说是“播下的是龙种，收获的却是跳蚤”（海涅语）。作为新黑格尔派的克罗齐，对黑格尔哲学中的最强有力的方面是弃之不顾的。只有马克思主义才真正批判地改造了黑格尔的辩证法，并把它发展到新的高度。

黑格尔认为，矛盾是普遍存在的，“天地间绝没有任何事物，我们不能或不必在它里面指出矛盾或相反的特性”[①]。黑格尔驳斥了古希腊哲学家芝诺指出运动既然具有矛盾，所以就没有运动的说法，而作出了“运动就是矛盾”的结论。在他看来，没有什么事物不具有矛盾，没有矛盾就没有世界，也没有生命和运动。列宁非常重视黑格尔的这个杰出的思想，他在“谈谈辩证法问题”一文中开头就指出：“统一物之分解为两个部分以及对其矛盾着的各部分的认识，是辩证法的实质。黑格尔也正是这样提问题的。”[②]

黑格尔并不限于指出每个事物都包含矛盾，而且认为构成矛盾双方的对立面是统一的或同一的，这种统一不仅不妨碍对立，

---

① 黑格尔：《小逻辑》，三联书店，1954年，第210页。

② 列宁：《哲学笔记》，人民出版社，1956年，第361页。

而且还是对立的结果，因为除了对立面的统一之外，就没有真正的统一，不是对立面所组成的统一，只是机械的拼凑。因此，列宁在总结这个思想时写道："对立面的同一……就是承认（发现）自然界（精神和社会都在内）的一切现象和过程具有矛盾着的、相互排斥的、对立的倾向。"[1] 黑格尔这样描述了对立面双方的既互相排斥和斗争、又互相联系和统一的关系："在对立中，相异者，不是任一别物，而是与它正相反对的别物，这就是说，每一方面只由于与另一方面有了关系方得到它自己的性格，此一方面只有从另一方面反映回来，方能自己照映自己。"[2] 的确，在这里我们应当注意到，黑格尔没有明确提出对立面的统一是相对的、对立面的斗争是绝对的这种思想，这种思想是马克思主义对辩证法的新发展。但黑格尔毕竟提出了对立面的统一和斗争的基本原则，尽管由于他的唯心主义体系的要求，他最后强调的是对立面的统一和协调，达到所谓"绝对"，不过一般地说他是并不否认对立面斗争的。

黑格尔批判了形而上学关于对立的理解，形而上学正是把对立面看作绝对的、彼此不相干的东西。黑格尔则不仅认为对立面互相依赖，而且还能互相转化。当然，对立面转化的思想在黑格尔那里没有得到透彻的发挥。我们知道，马克思列宁主义创始人以及毛泽东同志根据丰富的革命实践经验，在这方面作出了极其重要的、创造性的发展。

---

① 列宁：《哲学笔记》，人民出版社，1956年，第362页。

② 黑格尔：《小逻辑》，三联书店，1954年，第263页。

承认矛盾的普遍性和对立面的统一和斗争，还只是黑格尔辩证法的合理内核的一部分，黑格尔还发挥了一个极其重要的思想，就是事物的内在矛盾是发展的动力的思想。

黑格尔经常爱说下面这句话："矛盾引导前进"，他到事物的内部去寻找发展的泉源，强调事物的自己运动。他在谈到发展时，显然暂时摆脱了他的"绝对唯心主义"的枷锁，他在《逻辑学》一书中写道："同一和矛盾相反，它只是简单的直接的僵死存在的规定，而矛盾却是一切运动和生命力的根源；事物只因为在本身中包含着矛盾，所以它才能运动，才具有趋向和活动。"[①] 又写道："抽象的自我同一，还不是生命力，但因为肯定的东西在自身中就具有否定性，所以它可以超越自身之外，并引起自己的变化。可见某物之所以是有生命的，只是因为它本身包含着矛盾，因为它正是那种包括于自身并把它保持下来的力量。"[②] 黑格尔还这样辩证地阐述了矛盾和自己运动的关系："矛盾……是一切自己运动的原则，而自己运动就是矛盾的表现。"[③] 列宁极其重视黑格尔的矛盾是发展动力的思想，他把这个思想称为"黑格尔主义的实质"。毛泽东同志进一步发展了这个思想，他在《矛盾论》中写道："事物发展的根本原因，不是在事物的外部而是在事物的内部，在于事物内部的矛盾性，……事物内部的这种矛盾性是事物发展的根本原因，一事物和他事物的互相联系和互相影响则是事

---

① 黑格尔：《逻辑学》，转引自列宁：《哲学笔记》，人民出版社，1957年，第119页。

② 同上，第120页。

③ 同上。

物发展的第二位的原因。"[①]在这里，我们也可以清楚地看到，只有马克思主义才真正批判地继承了黑格尔辩证法。

克罗齐对黑格尔辩证法的歪曲，首先在于他否认矛盾是普遍的，他形而上学地把相异和对立看作两种截然不同、互相排斥的东西，而不懂得"世界上的每一差异中就已经包含着矛盾，差异就是矛盾"[②]。他不承认这样一个简明的真理：在一定条件下，差异可以发展成为对立，因之差异中就已包含着矛盾。这正是克罗齐反辩证法的形而上学思想。

克罗齐的另一个歪曲就是他只承认对立面的统一，而否认对立面的斗争和互相转化。他把对立面的统一绝对化，认为统一是"唯一的真理"，根本看不到这种统一的相对性和暂时性。他所理解的对立面的统一，只是机械地综合正反两项来达到真理的手段，这种统一是僵死的、自身不能发展的、一成不变的。这也正是反辩证法的形而上学思想。

克罗齐对黑格尔辩证法的第三个歪曲就是他根本抹杀矛盾作为发展动力的作用。克罗齐心目中的发展不是通过矛盾而进行的，发展的原因和泉源不在事物内部，而在事物外部。在他看来，高级阶段和低级阶段是度的关系，从低级到高级的发展不是由于事物内在矛盾的运动的必然结果。显然，这同样还是反辩证法的形而上学思想。

因此，我们可以作出结论说，克罗齐对辩证法的最重要的规律，即对立面的统一和斗争的规律，作了粗暴的歪曲，阉割了它

---

① 《毛泽东选集》，第1卷，人民出版社，1952年，第289-290页。

② 同上，第295页。

的灵魂和革命精神，这就是这个名噪一时的新黑格尔主义者发挥“独立思考”的结果！

至于说到辩证法的其他两条规律，即质量互变的规律和否定之否定的规律，则在克罗齐手里遭到了更为悲惨的命运。

大家知道，从量变过渡到质变的规律在黑格尔辩证法中占有重要的地位。马克思对于黑格尔的这一贡献曾给予很高的评价，他说：“黑格尔因对德意志人阐明质量等等的范畴……而永垂不朽。”[①]黑格尔认为，质与量是统一的，在一定的范围内，量的增减不会影响到质，这就是发展中的渐进过程；但一旦达到度量关系交错线后，量变就会引起质变，于是旧的质就消灭，产生新的质，这就是发展中的飞跃。黑格尔极其强调飞跃在发展中的意义，他驳斥有些人关于自然界没有飞跃，而只有逐渐的发生和消灭的说法。他指出：“存在的变化从来都不仅是从一个量转化为另一个量，而且是从质转化为量和从量转化为质，是他物的生成，即渐进过程的中断以及与先前的存在有质的不同的他物。”[②]黑格尔所阐明的这条辩证法规律具有重大的革命意义，把这条规律运用于社会生活，就会得出革命不可避免的结论。无怪乎克罗齐对它默不作声，一字不提。具有形而上学观点的克罗齐是不可能容忍这条规律的，照他看来，一切事物都是天生下来就是如此，美就是美，丑就是丑，真理就是真理，错误就是错误，彼此之间绝对不能转化。但是，回避并不等于解决问题，克罗齐绝口不谈这条规律，而暗地里

---

① 《马克思恩格斯通信集》，第1卷，三联书店，1957年，第368页。

② 黑格尔：《逻辑学》，转引自列宁：《哲学笔记》，人民出版社，1957年，第101页。

偷运形而上学的思想，只是暴露了他自己的反辩证法观点。

否定之否定的规律和黑格尔关于矛盾发展的学说有着紧密的联系。应该指出，在黑格尔那里，这条规律往往被他描述成正题-反题-合题的三段式，其中当然含有杜造的、独断的成分。但是，黑格尔关于否定之否定的思想也包含着很丰富的辩证思想。他所说的否定不是简单的否定，否定旧事物的新事物，在自身中包含了从旧事物继承的某些因素，也就是他经常爱用的"扬弃"，否定之否定的思想不把发展看作一条直线，而把它看作螺旋线，这是极其深刻的。克罗齐恰恰不是从发展的观点来看这条规律的，而仅仅把它理解成为庸俗的三段式。他还歪曲恩格斯的原意，对恩格斯在《反杜林论》一书中有关这条规律的阐述进行攻击，这种作伪手法证明他反对马克思主义辩证法是不择手段的。

黑格尔辩证法中关于本质和现象、必然性和偶然性、自由和必然、原因和结果、形式和内容、个别与一般等范畴之间的辩证关系的学说，也是克罗齐所不屑一顾的，在这里我们不可能一一叙述黑格尔在这些问题上的卓越贡献，我们只想指出克罗齐完全撇开这些问题不谈，表明他毫不重视黑格尔辩证法的精华，因为在他看来，这些东西是有害无益的。

经过上面的考察，我们可以清楚地看到，克罗齐所谓批评和继承黑格尔哲学，就是用形而上学来代替辩证法，他口头上虽然也接受辩证法，但这种所谓"辩证法"可说是名存实亡，与真正的辩证法相距甚远。

普列汉诺夫在评论克罗齐的《历史唯物主义与马克思主义经

济学》一书时，曾把他评为“辩证方法和唯物主义的死敌”[①]。克罗齐在《黑格尔哲学中的活东西和死东西》一书中对黑格尔辩证法的歪曲，充分证明了普列汉诺夫的这个评价的正确性。顺便指出，克罗齐的这部著作虽然不是用来专门反对唯物主义的，但对唯物主义也进行了攻击，照他说来，唯物主义似乎是否认一切价值，甚至否认历史的价值的，这表明他对唯物主义抱有强烈的资产阶级偏见，达到了不顾事实的程度。[②]

尽管克罗齐是反辩证法的形而上学的拥护者，他却竟然把形而上学的帽子硬扣在马克思头上，他在1944年所写的《论共产主义哲学》一文中对辩证唯物主义大肆污蔑。据他说，唯物主义就是机械论和决定论，与辩证法绝不相容，马克思对黑格尔辩证法的改造取消了“逻辑学中划时代的革命和历史思维的逻辑基础”，而保存了“老朽的形而上学的残余”，马克思的“物质”与黑格尔的“理念”是同一件东西云云。这就是这个曾经自称为“马克思主义者”的克罗齐的“新发明”，虽然他自诩对马克思主义著作有精深的研究，但事实却证明他对马克思主义缺乏起码的理解。

事实是最无情的见证人，真正保存“老朽的形而上学的残余”的不是马克思，正是克罗齐。这里可以举一个例子。他这样写道：“哲学所考察的是在永恒状态里的精神，是在时间之外的永恒的理想史。它是生和灭的永恒形式的系列。像黑格尔所说过的，这是永远不生不灭的。”[③] 难道这不叫作形而上学？在这儿哪

---

① 《普列汉诺夫哲学选集》，俄文版，第2卷，第715页。

② 克罗齐：《黑格尔哲学中的活东西和死东西》，第39页。

③ 转引自《普列汉诺夫哲学选集》，俄文版，第2卷，第53页。

里还有什么辩证法!

三

克罗齐在批评了黑格尔的辩证法以后,紧接着就来讨论所谓辩证法形式的误用。

这里,克罗齐主要是批评黑格尔的泛逻辑主义和理念发展的先天程序。他认为黑格尔的体系是独断的,他说:"如果不求助于死记硬背的机械方法,便不容易把黑格尔的《逻辑学》保留在记忆里。它的逻辑的各部分并不是以必然性互相引发出来的。"[①]照他看来,黑格尔的《逻辑学》中的"粗暴而独断的排列是被一种关于错误的先天演绎的不正确的观念所强制形成的"。[②]他认为黑格尔的体系从纯有开始是缺乏根据的,哲学是一个"圆环",没有一个必然的起点,因此他劝人们不要按照黑格尔所指出的程序去进入"女神"(或理念的秘密)的神殿,只有从各方面向神殿冲锋,才能登堂入室。

在表面上看来,克罗齐的批评似乎是有道理的,黑格尔的泛逻辑主义和人为的体系确实是独断的、神秘的。但是,产生这些错误的原因是由于黑格尔所遵循的唯心主义原则,他既然不把辩证思维看作客观事物的辩证法在人的头脑中的反映,就只能从虚无缥缈的精神本源中把它人为地演绎出来。克罗齐完全没有接触到事情的本质,因此他的批评既不深刻,也不彻底。要把辩证

① 克罗齐:《黑格尔哲学中的活东西和死东西》,第64页。

② 同上,第66-67页。

法从专断的泛逻辑主义和人为的体系中解放出来，首先就应该使辩证法有一个坚实的、唯物的基础，克罗齐狂热地反对唯物主义，因此他对黑格尔的批评并没有纠正黑格尔的错误，也没有任何建设性的意义。

黑格尔的泛逻辑主义和独断的体系，与马克思在《神圣家族》一书中所批判的思辨的创世说有着密切的联系，黑格尔的思辨的创世说在实际上把整个宇宙的运动归结为脱离物质运动的自我意识的观念运动，似乎从这观念运动中才产生出一切。[①] 但是，宇宙运动既然是自我意识的观念运动或纯思想的运动，那末它就不能摆脱思想所固有的预先设定的逻辑的圈套，就不能不是神秘的。克罗齐正是看不到这一点，所以他对黑格尔的批评归根结底是用另一种神秘主义来代替黑格尔的神秘主义，克罗齐的神秘主义正在于他的反理性主义的直觉说，我们在后面还要对它进行考察。

克罗齐在批评黑格尔把特殊概念变相为普遍概念时，涉及美学、历史哲学和自然哲学。克罗齐对黑格尔的美学和历史哲学的批评特别表现出浓厚的主观唯心主义观点。

克罗齐认为，黑格尔由于把辩证法运用于相异概念，便降低了艺术的地位，似乎艺术只是绝对精神发展中的初级阶段，他指出："黑格尔所描写的艺术的目的，便在于指出，在我们的时代再不能深刻地使我们发生兴趣的艺术形式，相继地解体。"[②] 他把黑格尔这种看法称为"惊人的怪说"，并认为这比其他例证更好地阐

① 参见《马克思恩格斯全集》，第2卷，第179页。

② 克罗齐：《黑格尔哲学中的活东西和死东西》，第69-70页。

明了黑格尔的逻辑的预先设定本身的错误。就这一点而论，克罗齐是不错的，黑格尔的美学确实披着神秘的外衣。例如，在黑格尔看来，美只是绝对理念的特殊表现形式，即感性形式下的表现，而在精神自身的进一步发展中，艺术就被超越了。但是，应该指出的是，克罗齐的美学观点，比起黑格尔来，是更加向唯心主义前进了。

克罗齐在他的《心灵哲学》的第一部《美学，表现与普遍语言的科学》（中译本改名为《美学原理》）中，发挥了他的美学观点，并且阐明了美学在他的整个体系中的地位。照他说来，美学的研究对象应该是基本的心灵活动、即直觉。他认为艺术的真正领域就是直觉的领域。

克罗齐批评黑格尔《精神现象学》一书的起点——感性的确定性（Die sinnliche Gewiβheit）还不是原始的、纯粹的，而已经掺杂了理智的反思。克罗齐认为审美冥思中的感性的确定性“没有主体和客体的区别，没有一种事物跟另一种事物的比较，没有时空系列中的分类”，“我们可以离开空间时间而有直觉品[①]……它们的形成都与空间时间无关”。[②]直觉知识是一切知识的基础，它是离理智作用而独立的，因此“审美的知识完全不依靠理性的知识”[③]。而且直觉就是表现，就是艺术，表现是对于殊相的思想，心灵一想到共相，就破坏了表现。

克罗齐的直觉说最充分地暴露了他的反理性主义思想，他反

---

① 所谓“直觉品”即指感性的确定性。

② 《美学原理》，第4页。

③ 同上，第21页。

对艺术的思想性，不承认艺术作品的思想内容的首要意义，当然更谈不上艺术的社会作用了。他的美学理论教导艺术家在创作时诉诸个人的主观直觉感受，排除理性的思考，不去考虑艺术与社会的关系。显然，这种崇尚直觉的反理性的美学理论是现代资产阶级艺术的理论表现，它为现代资产阶级艺术中的神秘主义、个人主义、无思想性、反社会倾向、“为艺术而艺术”等等思想，作了理论上的论证。

克罗齐的直觉说美学理论在哲学上暴露出极端的主观唯心主义思想。他不承认有“美的事物”或“物理的美”，“因为美不是物理的事实，它不属于事物，而属于人的活动，属于心灵的力量”[①]，换句话说，自然界根本无所谓美丑，美只是人的主观创造。但克罗齐并没有到这里停步，在他看来，岂止客观事物无所谓美丑，而且连客观事物本身也只是人凭感官印象创造出来的产物，感官印象并不来自客观事物，而是来自主体的感受和情感，经心灵赋以形式而外射为对象。一句话，对象就是对象化了的主体，这与贝克莱的主观唯心主义的“存在就是被感知”的原则在实质上又有多大区别？曾经写过一本《克罗齐的哲学》的英国人威尔登·卡尔虽然竭力为克罗齐开脱，也终究不得不承认克罗齐会在某种形式下承认这个原则。[②]

黑格尔的美学尽管是唯心主义的，但它毕竟包含了许多合理的成分和天才的猜测，正因为这样，所以它博得了恩格斯和普列汉诺夫的很高的评价。黑格尔的美学理论强调艺术作品的思想

---

① 《美学原理》，第90页。

② 参见卡尔：《克罗齐的哲学》，伦敦版，第7页。

内容，反对形式主义，反对主观主义的审美评价，他虽然轻视自然美，但他终究没有达到根本否认自然美的荒谬地步。克罗齐所反对的正是黑格尔美学中的合理成分，这就说明了他对黑格尔美学的批评是从主观唯心主义立场出发的。

克罗齐根据同样的出发点来批评黑格尔的历史哲学，他指出，“由于黑格尔不懂得艺术的自主性，因而妨碍了他对于历史（历史学）的自主性的了解”[①]。克罗齐甚至还反对黑格尔用“历史哲学”这个名词，他认为历史本身就是哲学，因此历史哲学这个名词就是赘词，如果把历史哲学理解为“第二度的历史”以别于只叙述史实的“第一度的历史”，那末这意思就是消灭历史，因为它一旦出现，历史家的历史在相形之下便表现为一种错误，而不得不解体。克罗齐认为黑格尔“是要确立，而实际上已经确立了一种历史哲学的观念；他是要否认历史家的历史……他的逻辑的预先设定要他这样做”[②]。克罗齐多少发现了黑格尔历史哲学的矛盾：黑格尔既要顾及历史事实，强调要依照历史的真相来进行研究，却又根据先天早已决定的理念发展程序的需要来任意取舍历史材料，任意宣布某些事实是本质的和必然的，另一些事实是非本质的和偶然的。

但是，克罗齐无法理解也不愿理解黑格尔历史哲学的根本错误。马克思曾经指出：“黑格尔历史观的前提是抽象的或绝对的精神，这种精神正在以下面这种方式发展着：人类仅仅是这种精神的有意识或无意识的承担者，……人类的历史变成了抽象的

① 克罗齐：《黑格尔哲学中的活东西和死东西》，第76页。

② 同上，第78页。

东西的历史，因而对现实的人说来，也就是变成了人类的彼岸精神的历史。”[①]黑格尔的历史哲学虽然包含着一些对个别问题的卓越见解和个别历史唯物主义的萌芽，但由于它贯彻着唯心主义精神，所以是不科学的，有时甚至是违背历史事实的。正因为这个缘故，列宁认为黑格尔的历史哲学所提供的东西非常之少。

克罗齐用一种更唯心的历史观来代替黑格尔的历史哲学。在他看来历史经常是一种“艺术的作品”，他认为每一个历史的命题或判断都不是单纯的个别客观事实，每个命题都具有执行主词功能的直觉原质和执行谓词功能的逻辑原质，因此任何一个命题都是个别形相（直觉原质）和普遍性（逻辑原质）的融合，史实并不是独立于人的主观意识而存在的，而是历史家在思想时所下的判断。因此，思想产生历史，历史只能存在于历史家的思想中，思想的发展本身就是历史。从这一点出发，他又得出结论说，一切历史都是现时史，因为只有当我去思索历史，依照我的心灵需要去整理历史的时候，历史才成为历史。

毫无疑问，克罗齐宣扬的是极端主观主义的历史观，他不仅为人们凭主观愿望去任意歪曲和解释历史敞开了大门，而且还根本否认有客观的、铁一般的历史事实的存在，更不用说历史规律的存在了。黑格尔的历史哲学虽然在本质上不能真实地反映历史发展的真相，但他毕竟并不否认客观的历史事实的存在，而且还发挥了历史规律性的思想，尽管他对这种规律性的解释完全是唯心主义的。克罗齐认为黑格尔的唯心主义还不够彻底，索性把

① 《马克思恩格斯全集》，第2卷，第108页。

历史说成是人的主观活动的产物。克罗齐的这种主观唯心主义的历史理论,反映了现代资产阶级在客观历史规律面前的恐惧,为他们任意曲解历史作了理论上的论证。

克罗齐还批评黑格尔的自然哲学,认为黑格尔的自然哲学和谢林的自然哲学一样,都错误地把精确科学(即自然科学)看作半哲学,而要把它们融摄在哲学中,他还批评了黑格尔以为自然没有历史的主张。

克罗齐的批评在一定的意义上来说是正确的,黑格尔的自然哲学虽然包含着一些辩证思想,但整个说来是不科学的,如同他的整个哲学体系一样,它的出发点是唯心主义的,它的体系是任意构成的。他的许多论断在现代科学看来甚至是可笑的,他想用自然哲学来融摄自然科学的妄想,即使在当时的自然科学发展水平下也是不能实现的。

但是,把自然界都看成心灵的产物的主观唯心主义者克罗齐决不比黑格尔高明,他虽然以帮自然科学争取权利的斗士姿态出现,但这并不能证明他是自然科学的拥护者。他既然把自然看作方便假设,把自然科学看作理智的虚构,宣传主观主义和神秘主义,就根本谈不上什么科学精神了。

克罗齐批评黑格尔的二元论也是从主观唯心主义出发的,他认为黑格尔未能克服二元论,这种二元论表现在理念转为自然的过程中。产生这种二元论的原因,照他说来,在于“黑格尔的绝对唯心主义,由于犯了严重的逻辑上的错误”,因而“被束缚于未被克服的二元论中,不能自拔”。

应该指出，马克思也批评了黑格尔的二元论，但马克思是从辩证唯物主义出发的，马克思在《黑格尔法哲学批判》中指出："黑格尔不是把普遍物看做一种现实的有限物（即现存的固定物）的现实本质……这正是二元论。"[①] 因此，马克思认为黑格尔的二元论在于他把普遍和个别割裂开来，把它们对立起来，而实际上普遍是寓于个别之中的，它只能在个别中存在。克罗齐所谓黑格尔的二元论，其实并不是什么二元论，只不过是客观唯心主义而已。作为唯心主义者的黑格尔，是人所共知的一元论者，而不是二元论者。克罗齐实质上是批评黑格尔的唯心主义不够彻底，没有像他那样用主观唯心主义精神来把自然"消灭"掉，因此这个批评也同样是站不住脚的。

四

现在我们来对克罗齐的《黑格尔哲学中的活东西和死东西》一书作一个简短的结论：克罗齐的所谓活东西实质上就是黑格尔哲学的唯心主义糟粕；而克罗齐对黑格尔的批评的实质则在于：用形而上学来代替辩证法，用主观唯心主义来代替客观唯心主义，用反理性的神秘的直觉主义来代替理性主义。

克罗齐哲学之产生于帝国主义时代，决不是偶然的。资本主义上升时期的资产阶级哲学已经不适用了，资产阶级思想家们为了维护现存的社会制度，竭力扼杀过去哲学中的一切进步因素和

---

① 《马克思恩格斯全集》，第1卷，第273页。

合理成分，特别是反对辩证法。正如马克思所说，辩证法引起了资产阶级及其代理人的烦恼和恐惧，因为它在现存事物的肯定的理解中，包含着它的否定的理解，它的必然消灭的理解。[①]对资产阶级来说，那本质上是批判的和革命的辩证法像一个魔影似的威胁着他们，使他们辗转不安。为了对抗辩证法，各种形而上学衣衫又被当作最新式的时装拿出来展览。克罗齐正是反映了这种社会需要，用形而上学的精神来反对和歪曲辩证法。现代资产阶级已经对前途丧失了信心，他们不敢面对客观事实和客观的社会规律，而力求到主观主义中去寻求暂时的安慰。在过去，资产阶级的思想代表曾经举起理性的火炬，来反对封建的思想压制；在今天，他们害怕理性的力量，拜倒在信仰主义脚下，于是神秘主义和非理性主义就成为流行品。克罗齐对黑格尔的批判正是适应了这种新思潮。

毫无疑问，我们必须采取批判的态度来阅读这部所谓《黑格尔哲学中的活东西和死东西》，揭露它的本质，使我们更有成效地对现代资产阶级哲学（其中也包括新黑格尔主义）进行正确的评论。

（本文原为克罗齐《黑格尔哲学中的活东西和死东西》
中译本序，王衍孔译，商务印书馆1959年）

---

① 马克思：《资本论》，第1卷，人民出版社，1953年，第18页。

西方哲学史中的主观能动性问题

人的主观能动性问题，是关涉到主体和客体、人和周围世界的相互关系的重大哲学问题。这个问题和人改造自然、改造社会的斗争有着密切的联系，因此，它不仅具有理论意义，而且具有实践意义。

在西方哲学史上，人的主观能动性问题，曾经引起不同派别的哲学家们的热烈探讨。但是在马克思主义哲学诞生以前，这个问题从来没有得到正确而彻底的解决。为了系统地理解人的主观能动性问题，说明马克思主义哲学在这方面的伟大历史贡献，有必要对哲学史作一个简略的回顾。

一

在西方哲学史上，严格地说，人的主观能动性只是近代才出现的哲学概念。西方哲学思想肇始于奴隶占有制时期的古希腊。由于当时社会生产力水平极为低下，人类对自然的认识处于幼稚的神话时代，支配和改造自然的能力十分微弱，因此，人们对主体和客体之间的关系还缺乏明确的理解，还不能在真正科学意义上提出人的主观能动性的问题。另一方面，古希腊的哲学家们，不论唯心主义者还是唯物主义者，都是当时社会的统治阶级，即奴隶主阶级的思想代表。他们脱离生产劳动，鄙视物质生产实践，把脱离实践的纯理论活动奉为最高的生活理想。古希腊最著名的唯心主义哲学家柏拉图，认为人生的最高幸福，在于观照所谓理念世界。[①]另一个古代伟大的哲学家亚里士多德，把认识或观照置于实践行动和创造之上，把它看作是高级的人类活动。在他看来，理性的沉思活动是“人的最完满的幸福”，因为它“既有较高的严肃的价值，又不以本身之外的任何目的为目标，并且具有它自己本身所特有的愉快”[②]。这种静观的哲学观点，在当时进步的唯物主义者身上也同样可以看到。例如古希腊唯物主义的杰出代表德谟克里特就认为，平静安泰的生活是人的理想，“生活的目的是灵魂的安宁”[③]。显而易见，古希腊哲学的这种静观性质，使它不可能认真地探讨人的主观能动性问题。

应该指出，我们在个别古希腊哲学家的著作里，也可以看到关于人的主观能动性思想的萌芽。例如亚里士多德在关于形式和质料的学说中，把形式看作积极的、能动的本原，似乎由于形式的作用，才使包含在消极的质料中的可能性转化为现实。比如说，建筑材料(质料)之所以成为一座建筑，是由于建筑家的设计图(形式)的作用。这种看法在某种程度上表现了他对于人的主观能动作用的素朴的理解。但是，在亚里士多德那里，所谓形式

---

① 参见《柏拉图文艺对话集》，新文艺出版社，1956年，第176-178、284-287页。

② 亚里士多德：《尼各马可伦理学》，第10卷，第7章，见《古希腊罗马哲学》，三联书店，1957年，第327页。

③ 参见《古希腊罗马哲学》，三联书店，1957年，第97页。

是一个很广泛的概念，是一切存在的本质，而不是专指人的主观能动作用，并且归根到底和神学的目的论观念结合在一起，他认为神是“一切形式的形式”、“第一推动力”。因此，我们很难说亚里士多德已经明确地认识到主体对客体的能动作用。

大致说来，这种情况在整个欧洲中世纪哲学中并没有发生多大的变化。在经院哲学占统治地位、宗教蒙昧主义势力横行的条件下，哲学沦为神学的侍婢。经院哲学家们大多对现实生活不感兴趣，他们极端鄙视自然，鄙视物质实践，甚至连带到鄙视肉体。他们沉溺于抽象的思辨和烦琐的形式主义的争论，鼓吹禁欲主义，追求“灵魂解脱”和神秘的内心生活。在这种宗教思想体系的支配下，一切都被归结为上帝的安排，人对客观世界的能动作用几乎完全被抹杀了。

在西方哲学史上，明确地提出人的主观能动性问题，是在封建制度开始崩溃、资本主义关系初步形成的时期。早期的资产阶级先进思想家们，对封建主义及其思想支柱经院哲学进行了坚决的斗争，他们尖锐地批判了宗教哲学家们脱离实际、蔑视自然和贬低科学知识的观点，为资产阶级革命作了理论准备。他们反映当时生产力巨大发展和新兴资产阶级的需要，强烈地要求认识和支配自然，提倡实践，宣传科学精神。这样，关于人的主观能动作用的问题，就自然而然地提到议事日程上来了。

一般认为，十七世纪的英国著名唯物主义者弗兰西斯·培根是在西方哲学史上第一个强调指出人的主观能动性的哲学家。马克思把他称为“英国唯物主义和整个现代实验科学的真正始祖”[1]，充分肯定了他的历史功绩。

“知识就是力量”，这是培根的一句脍炙人口的名言。培根推崇知识，强调知识在人类生活中的巨大作用；他认为，知识是人们驾驭自然、支配自然的力量的泉源。在他看来，以往的哲学，特别是古希腊哲学的主要缺陷，就是它的思辨的、静观的性质。培根反对脱离实践的空谈，要求知识服务于实践。他认为人类应该确立大志，凭借科学知识的帮助，努力扩展人类对于宇宙的权利和统治，也就是说，他要求人们尽可能发挥主观能动作用，去掌握知识，征服自然。因此他讴歌一切发明创造，把它看作是最高贵的人类活动；他鼓励人们破除迷信，大胆追求科学知识，反复强调知识的伟大威力；他号召人们从事改造自然的实践，最大限度地提高人类控制自然的能力。

作为唯物主义的捍卫者，培根阐述了一个非常宝贵的思想，那就是，人要发挥主观能动作用，必须以认识客观规律为前提，必须充分尊重客观现实，从实际出发，才能收到实际的效果。人在自然面前并不是无能为力的奴隶，但要驾驭自然，首先必须认识自然，掌握自然的各种规律。因此，对自然的正确的知识，是人们在改造和控制自然的过程中发挥主观能动作用的真正基础。他说：“人的知识和人的力量结合为一，因为原因如果没有知道，结果也就不能产生。要命令自然就必须服从自然。在思考中作为原因的东西，在行动中便构成规则。”[2] 这些话表明，培根已经注

---

① 《神圣家族》，见《马克思恩格斯全集》，第2卷，人民出版社，1957年，第163页。

② 《新工具》，见《十六－十八世纪西欧各国哲学》，三联书店，1958年，第9页。

意到人的主观能动性和客观规律性的关系问题，并且指出，前者必须以后者为基础。可以说，提出这个问题是培根的贡献。

由于受到时代的限制，培根虽然提出了人的主观能动性问题，但他的理解却是朴素的、直观的。这主要是由于他对实践的理解还很狭隘。他所承认的实践只限于科学实验，只是单纯的技术活动，他不了解广泛的生产斗争和阶级斗争的社会实践的重要性。因此，在他那里，人的主观能动作用主要限制在科学实验室里。尤其是，培根离开人的社会性、离开人的历史发展去探讨主观能动性，所以他不能了解认识和实践的辩证关系。培根的哲学观点带有“神学的不彻底性”[①]，承认“双重真理”，为宗教信仰留下了地盘，这也妨碍了他对人的主观能动性达到更高的理解。

在十七、十八世纪的唯物主义哲学的发展过程中，培根的后继者没有进一步发挥关于人的主观能动性的思想。形而上学的思想方法取得了统治地位以后，在主客观的关系问题上，流行着机械决定论的看法。无论霍布斯、洛克或者斯宾诺莎，他们都片面地强调自然对人的制约作用，忽视人对外部世界的反作用。这种形而上学观点在十八世纪法国唯物主义者那里，发展到登峰造极的地步。

正如恩格斯所指出的：十八世纪法国唯物主义主要是机械的唯物主义，它的第一个特有的、在当时不可避免的局限性，就是把力学的比例尺用于化学过程和有机界的过程，广泛地用纯粹机械的原因去解释各种现象。这个学派的创始人之一拉美特利写过

---

① 《神圣家族》，《马克思恩格斯全集》，第2卷，人民出版社，1957年，第163页。

一部以《人是机器》为题的名著，在他看来，人是“一架会自己发动自己的机器”，“一架巨大的、极其精细、极其巧妙的钟表”。[①]这种把人看作机器的观点，在十八世纪法国唯物主义者中间得到了普遍的支持。霍尔巴赫认为可以用纯粹的机械作用来解释各种生理现象和精神现象，而狄德罗则把人叫作“由血肉组成的机器”，似乎人与铁制机器的区别，仅在于人是由血肉组成的，人在运行时是有意识的。应该承认，这种观点在当时反对宗教神秘主义的斗争中起过巨大的进步作用，可是把人当作机器，就不可避免地会把人看作纯粹由外力刺激所推动的被动的东西，这样就必然会片面地夸大人对周围世界的消极的承受性，而忽视人的积极的能动作用。

法国唯物主义者强调指出，人是自然界的一部分，因此不能不受自然规律的支配。他们认为：人是自然界的创造物，他生活在自然界里，受自然规律的支配，他不能摆脱自然界，甚至他的思想也不能超出自然界。就承认客观规律对人的制约作用这一方面来说，这个思想是正确的，但是法国唯物主义者只是强调了自然界对人的决定作用，没有充分重视人们也能依据客观规律能动地改造世界这一面。

法国唯物主义者认为，人的意识活动完全由外部世界所造成的印象而引起，人们在行动时，表面上似乎出于他自己的意志，实际上却只是一系列外部原因支配他的结果。在他们看来，世界上的一切都服从于自然界的铁的必然性，人的意志不能影响

---

① 拉美特利：《人是机器》，三联书店，1956年，第20、65页。

事物的进程，一切都已经预先决定。这样，他们就由反对唯心主义的“意志自由说”，而倒向了另一个极端，即形而上学的机械决定论。

从机械决定论不可避免地会走向宿命论。大多数法国唯物主义者都是宿命论者。这种宿命论的倾向在霍尔巴赫的巨著《自然体系》中表现得最为明显，在他看来，我们所有的行动都是“命定如此的”。他这样写道：“所有在我们身上经过的一切，或是通过我们而发生的一切，就像在自然中产生的一切，或我们归之于自然的一切一样，都应该归因于一些必然的原因，这些原因按照一些必然的法则而活动并且产生一些结果，而其他的一些结果又从这些结果中产生。定命，就是在自然中建立起来的永恒、不变而必然的秩序……支配物理世界种种运动的必然，也同样支配着道德世界内的种种运动，因而在道德世界内一切都服从于定命。”① 从这里可以看得很清楚，既然一切都是命中注定，非人力所能影响，那末谈论人的主观能动性当然也就没有什么意义了。

法国唯物主义者忽视人的主观能动性的观点，贯彻在他们的哲学学说的各个方面。在认识论方面，他们大多坚持唯物主义感觉论的立场，把整个认识过程归结为通过我们的感官被动地从外界接受印象、消极地反映外部世界的过程，而忽视了人在高级认识阶段，即理性认识阶段上的能动作用。在社会伦理学说方面，他们强调人是社会环境的产物，而不理解环境是可以由人来改变的。正因为不能正确地解决社会存在决定社会意识，社会意识反

---

① 霍尔巴赫：《自然体系》，上卷，商务印书馆，1964年，第191-192页。

作用于社会存在的辩证关系，所以他们终于陷入无法自拔的循环论：一方面认为，“意见支配世界”，另一方面又认为意见单纯是社会环境的结果，最后不得不到“人性”中去寻找出路，沦为唯心主义的俘虏。总之，他们的根本缺陷就是不理解人的实践活动在认识和改造世界的过程中的积极作用，因此他们不可能对人的主观能动性作应有的估价，对周围世界采取了消极直观的态度。

与十八世纪法国唯物主义哲学相反，德国古典唯心主义哲学着重探讨了人的主观能动性问题。可以说，这个倾向是从康德开始的。

康德的所谓“批判哲学”的出发点，就是认为在研究人的认识之前，必须先对人的认识能力作批判的考察。康德企图脱离具体的认识过程去考察人的认识能力，黑格尔恰当地讽刺说，这是教人在下水以前学会游泳。康德的观点虽然极其错误，却提出了一个值得注意的问题，即认识主体在认识过程中的能动作用问题。

康德认为，人们要认识自然，要受教于自然，就必须接近自然，可是理性不能听任自己为自然所支配，它受教于自然，决不能像一个小学生那样唯教师之言是听，而要充当法官，强迫证人回答它自己所提出的问题。[①] 这也就是说，人在认识过程中不应当处于消极被动的地位，而应该积极地发挥主观能动性。

康德在认识论方面是主观唯心主义者。他断定说，客观事物本身，即所谓“物自体”是我们永远不能认识的，我们只能认识现

---

① 参见康德：《纯粹理性批判》，第2版序言，三联书店，1957年，第11页。

象，而这个现象世界则是人的意识的产物，认识的对象是由主体的主观认识能力和创造活动所创造的。康德强调的是“意识从其自身产生观念的能力，认识的主动性”[①]，他把它叫作知性。在他看来，物本身并没有什么规律性和因果联系等等，这些东西都是知性形式加在物身上的，因此知性是真正的“自然的立法者”。从这里可以看到，康德虽然重视人在认识中的能动作用，但把这种作用片面地夸大到荒谬的程度，以致把许多客观存在的东西都歪曲成主观的产物。

一般说来，康德也主张实践，他认为实践理性与纯粹思辨理性相比是占着优先地位的，因为“一切利益终归属于实践范围，而且甚至思辨理性的利益也只是有条件的，并且只有在实践运用中才能圆满完成”[②]。但是，康德所说的实践只局限于抽象的道德意识的活动范围内。他强调人在实践中的主动性，反对被动性，指的只是人在道德方面的自由的“自律”，也就是说道德律的遵守出于人们的自由意志，不带任何利己的动机，也不问效果如何。康德的这种脱离现实的空洞的道德说教，正是当时怯懦的德国资产阶级不敢真正地参加社会革命实践而沉溺于自由的幻想的绝妙写照。可想而知，在这样的情况下谈论人的主观能动性，当然也就不能不带有极端抽象的性质了。

德国古典唯心主义哲学的另一个著名代表费希特，在探讨人的主观能动性方面比康德走得远一些。

---

① 康德：《纯粹理性批判》，见《十八世纪末－十九世纪初德国哲学》，商务印书馆，1960年，第30页。

② 参见康德：《实践理性批判》，商务印书馆，1960年，第124页。

费希特哲学的一个基本范畴就是行动。在他看来,整个世界只是自我意识的实现,因此应该从"自我"出发。"自我"不是存在,而是行动,它是绝对的、毫无任何限制的东西,它不是事实(Tatsache),而就是行动本身(Thathandlung)。费希特高唱:"行动,行动——这就是我们存在的目的。"[①]

在费希特那里,这种对于主观能动性的强调,是同他的整个主观唯心主义的世界观密切结合的。在他看来,作为他的哲学的出发点的"绝对的自我"是绝对无条件的,不为任何更高的东西所决定。"绝对的自我"的第一个行动就是设定自己,但要使"自我"的活动成为自觉的活动,就必须遇到反作用。因此,"绝对的自我"的第二个行动就是设立"自我"的对立面:"非我",亦即人周围的整个客观世界。费希特认为,"自我"与"非我"的对立、主客体的对立,完全是通过"自我"的活动才建立起来的,而且只存在于"自我"之中。这样,"自我"就成为整个世界和永恒运动的唯一来源,一切都决定于"自我"的活动和意志,因此费希特就不可避免地陷入了唯我论和唯意志论的泥沼。

从上面可以看出,人的主观能动性被费希特极端夸大了,甚至被他说成是整个世界的创造者;外部世界及其规律的客观存在,即人的主观能动性的现实的客观基础完全被他取消了。费希特的错误不仅在于片面地夸大主观能动性的作用,而且还在于把主观能动性看作纯理论的精神活动。马克思主义创始人早已指出,费希特的"自我"无非是"形而上学地改了装的、脱离自然的

① 费希特:《论学者的使命》,1935年俄文版,第63页。

精神”[①]。因此，费希特所说的那种“自我”的能动性，也始终没有能超出精神、自我意识的范围。

人的主观能动性问题，在德国古典唯心主义哲学的完成者黑格尔那里得到了更深刻的探讨，应该说，黑格尔对于主观能动性的理解是比他的先驱者们更接近于真理的。

早在《精神现象学》一书的著名的序言中，黑格尔就已发挥了绝对即主体的思想。在他看来，“一切问题的关键在于：不仅把真实的东西或真理理解和表述为实体，而且同样理解和表述为主体”[②]，而活的实体，只有当它是建立自身的运动时，它才真正是主体。在这里，黑格尔是针对斯宾诺莎而言的。黑格尔批评斯宾诺莎的实体只有客观性，缺乏能动性，因此他用唯心主义观点改造了斯宾诺莎的实体，把实体说成是主体。作为主体的实体，本身是积极能动的，它从自身中树立起对立面，自身分裂为二，异化为客体，然后又克服这种异化，征服客体，在这整个过程中自始至终贯彻着主体的主观能动性。大家知道，在黑格尔那里，主体指的是自己发展的“绝对精神”。他认为“绝对精神”按其本性来说是一种活动的本原、能动的力量。它在自己的发展过程中经历三个主要阶段：在第一个阶段上，它表现为逻辑概念的发展；在第二个阶段上，它向自己的对立面转化，而“外化”为自然；最后在第三个阶段上，又扬弃这个对立面而回复到自身，终于达到了自我认识的目的。因此，在黑格尔看来，整个世界的发展就是主体凭

---

① 《神圣家族》，《马克思恩格斯全集》，第2卷，人民出版社，1957年，第117页。

② 黑格尔：《精神现象学》，商务印书馆，1962年，第10页。

着自己的力量发挥能动的创造作用的结果，精神从自身中“外化”出自然界，最后又把自然界“据为己有”。黑格尔哲学的庞大体系——《逻辑学》、《自然哲学》、《精神哲学》，就是描述精神的这个自己运动的历史。

黑格尔认为，人不仅要理解世界，而且还要去“宰制”世界。他说：“人类的努力，一般地讲来，总是趋向于理解世界，能自己适应并宰制世界，目的总在于将世界的实在加以陶铸锻炼。换言之，加以理想化，使符合自己的准则。”① 在《逻辑学》里，黑格尔以抽象晦涩的形式，表述了人在改造客观世界的过程中发挥主观能动性的思想。根据黑格尔的说法，认识可以分为两个阶段，即理论活动和实践活动。在理论活动中，人们主要是研究客观世界，获得知识，以纠正自己的主观片面性；在实践活动中，人们就要按照自己的观念来改造客观世界。在他看来，理论和实践应该是统一的，绝对理念便是“理论的和实践的理念的统一”②。列宁对黑格尔的这些思想给予很高的评价，并且作了高度的概括和唯物主义的改造：“人的意识不仅反映客观世界，并且创造客观世界”，“世界不会满足人，人决心以自己的行动来改变世界”。③

黑格尔强调思维和存在的同一性，认为两者是可以互相转化的。在他看来，由于思维具有主动性和创造性，它可以转化为存在，又从存在返回到自身，这种转化正是人、精神的主观能动作用

---

① 黑格尔：《小逻辑》，三联书店，1954年，第133、421页。

② 同上。

③ 《黑格尔〈逻辑学〉一书摘要》，《列宁全集》，第38卷，人民出版社，1959年，第228、229页。

的明显表现之一。唯心主义者黑格尔坚持精神第一性的原则，把存在统一于思维，这当然是完全错误的。但是，他反对把思维和存在绝对割裂开来和对立起来的形而上学观点，强调思维对存在的能动作用的辩证法思想，却包含着"合理的内核"。所以列宁说："观念的东西转化为实在的东西，这个思想是深刻的……，那里有许多真理。反对庸俗唯物主义。"[①]

黑格尔对于人的活动和客观条件的辩证关系已经有了相当的理解，例如他在研究从可能性向现实性的转化时，指出必然性的三个环节是：条件、实质和活动。有了条件和实质，还必须通过活动才能使实在的可能性变成现实；反过来说，活动之所以可能，也仅仅是由于有了条件和有了实质。黑格尔写道："活动仅是一种从条件里建立起实质（实质本来潜伏在条件里）的运动。"[②] 这就是说，人的活动是离不开客观条件的，然而单具备了客观条件而不经过人的活动，可能性仍然不会转化为现实。这个看法确实是相当深刻的、辩证的。

但是，作为一个唯心主义者，黑格尔没有也不可能对人的主观能动性作真正科学的解释。问题在于，"在黑格尔看来，思维过程，即他所称为观念而甚至将其变成独立主体的思维过程，是现实事物的创造主，而现实事物不过是思维过程的外部表现。"[③] 正因为这样，黑格尔哲学就有着"儿子生出母亲，精神产生自然

---

① 《黑格尔〈逻辑学〉一书摘要》，《列宁全集》，第38卷，人民出版社，1959年，第117页。

② 黑格尔：《小逻辑》，三联书店，1954年，第318页。

③ 《资本论》，第2版"跋"，见《马克思恩格斯文选》，第1卷，中文版，莫斯科，1954年，第435页。

界”[1]的神秘主义色彩。在他那里,“一切都颠倒过来了,整个客观世界、客体只不过是精神、主体的‘异在’,因而出现在主体面前、与主体相对立的客体,只是主体自身,即对象化了的自我意识”。这样看来,主体对客体的主观能动作用、对客观世界的改造,归根到底始终只是在主体的自我意识的范围内进行,始终只是思辨的实践活动。

黑格尔对劳动的理解,也说明他未能正确地解释人的主观能动性问题。马克思曾经指出,黑格尔的伟大之处在于他“认识到劳动的本质,把对象化的人……了解为他自己的劳动的结果”,但是“黑格尔所认识的并承认的劳动乃是抽象的精神的劳动”。[2]因此,尽管黑格尔看到了劳动在历史发展和人的形成过程中的作用,可是他所理解的劳动,归根到底仍然只是思维活动,只是自我意识使自己“异化”为对象又克服这种“异化”的精神活动。由此可见,人在改造世界的过程中的真正的主观能动作用,仍然是黑格尔所没有理解的。

黑格尔哲学的批判者费尔巴哈,抛弃了德国古典唯心主义的传统路线,而重新恢复了唯物主义的“王位”。费尔巴哈在新的历史条件下继承和发展了法国唯物主义者的学说,并且比他们更前进了一步,可是他的人本主义哲学,没有摆脱忽视人的主观能动性的缺陷。

---

① 《神圣家族》,《马克思恩格斯全集》,第2卷,人民出版社,1957年,第214页。

② 马克思:《黑格尔辩证法和哲学一般的批判》,人民出版社,1955年,第14、15页。

费尔巴哈不再把人当作机器，这确实是一个进步。但是，“费尔巴哈谈到的是‘人自身’，而不是‘现实的历史的人’”[①]。他所说的人，指的是自然的、“一般的人”。因此，在他看来，人与人之间的关系除了纯粹自然的关系、即两性关系外，就只有“爱”和“友谊”。他只看到生物学的人，而看不到社会的人。这样，他当然就不可能理解人们的生产实践和社会实践的意义。

费尔巴哈也谈到主体和客体之间的相互作用，但是他把主体、人只看作“感性的对象”，而不看作“感性的活动”。马克思指出，费尔巴哈不理解，人的感性活动，即不断的劳动和创造，乃是整个现存感性世界的非常深刻的基础。在他那里，人对周围客观世界始终只采取感性直观的态度，似乎人不能改变和创造对象，只能观察和使用对象。因此，从根本上说，人在自然界面前仍然处于被动的地位。

费尔巴哈所以忽视了人的主观能动性，归根到底是由于他不理解认识对实践的依赖关系。当然，他有时也谈到实践的作用，例如他说过：“理论所不能解决的那些疑难，实践会给你解决。”[②]但是他把实践狭隘地理解为人们之间的生活关系，而且他总是贬低实践活动，把它放在理论活动之下，认为“理论的直观……是令人喜悦的、令人满足的、幸福的直观”，而实践的直观则是“一种不纯洁的、被利己主义玷污了的直观”[③]。因此，马克思批评费尔

---

① 《德意志意识形态》，《马克思恩格斯全集》，第3卷，人民出版社，1960年，第48页。

② 《费尔巴哈哲学著作选集》，上卷，三联书店，1959年，第248页。

③ 《基督教的本质》，《费尔巴哈全集》，第6卷，德文版，1960年，第237页。

巴哈说，他“仅仅把理论的活动看作是真正人的活动，而对于实践则只是从它的卑污的犹太人活动的表现形式去理解和确定。所以，他不了解‘革命的’、‘实践批判的’活动的意义”[①]。

从以上所述，我们可以看出：马克思主义以前的哲学家们，无论是唯物主义者，还是唯心主义者，都在人的主观能动性问题上抱着这样或那样的片面观点。马克思在著名的《关于费尔巴哈的提纲》中，曾经对这段历史作了概括，他说：“从前的一切唯物主义——包括费尔巴哈的唯物主义——的主要缺点是：对事物、现实、感性，只是从客体的或者直观的形式去理解，而不是把它们当作人的感性活动，当作实践去理解，不是从主观方面去理解。所以，结果竟是这样，和唯物主义相反，能动的方面却被唯心主义发展了，但只是抽象地发展了，因为唯心主义当然是不知道真正现实的、感性的活动的。”[②] 在这里，马克思指出了以往两个基本哲学派别的缺陷：旧唯物主义者对客观世界持感性直观的态度，因而忽视了人的主观能动性；有些唯心主义者虽然强调了主观能动性一方面，却又对它作了抽象的、歪曲的解释。彻底纠正他们的错误，对这个问题作出科学的辩证唯物的答案，这个历史任务是由马克思主义担负起来的。

二

由于以大工业为基础的近代生产力的巨大发展，以及伴随

---

① 《关于费尔巴哈的提纲》，《马克思恩格斯全集》，第3卷，人民出版社，1960年，第3页。

② 同上。

着它而登上历史舞台的无产阶级的出现，人类的生产实践和社会革命实践都达到了空前未有的规模。在这个基础上产生了马克思主义。人们第一次可能对社会历史的发展作全面的历史的了解，科学地理解客观规律性和人的主观能动性，以及二者的辩证关系。

在人的主观能动性问题上，马克思主义和以往各种哲学体系的根本区别大致有以下几点：

第一，与旧的形而上学的唯物主义相反，马克思主义在肯定"物质先于精神"、"社会存在决定社会意识"的基本前提下，充分强调精神对物质、意识对存在的反作用，这种反作用也就是人对客观世界、主体对客体的主观能动作用。恩格斯在《自然辩证法》中曾经指出，人在对自然的关系方面不同于一般动物，动物只能利用外面的自然界，单纯以自己的存在来改变自然界，它们作用于周围环境完全是无意识的；而人则逼使自然界服务于自己的目的，对自然界的作用带有经过思考的、有目的、有计划的性质。[①] 人不是消极无为的生物，他不仅有意识地积极改造自然环境，而且也有意识地积极改造社会，同时也就改造了他自己的主观世界。在认识论方面，马克思主义同形而上学的唯物主义也有本质的区别。形而上学的唯物主义者只承认思维、意识是存在的反映，否认它对存在的能动作用，因此他们所主张的是消极的反映论。马克思主义者则把辩证法彻底应用于认识论，认为思维、意识不仅是存在的反映，而且对存在可以起巨大的改造作用（在一定条件下甚至起着决定的主要的作用），可以能动地指导实践，

---

① 参见恩格斯：《自然辩证法》，人民出版社，1955年，第144、145页。

并通过实践而转化为存在，因此辩证唯物主义的反映论是“能动的革命的反映论”。在马克思主义的认识论中，认识和实践是辩证地统一的，而在认识和实践的整个过程中，自始至终贯彻着人的主观能动作用。毛泽东同志说：“思想等等是主观的东西，做或行动是主观见之于客观的东西，都是人类特殊的能动性。这种能动性，我们名之曰‘自觉的能动性’，是人之所以区别于物的特点。”①

第二，与主观唯心主义和唯意志论相反，马克思主义在承认人的主观能动作用的同时，着重指出这种能动作用必须符合不以人的意志为转移的客观规律，才能收到预期的效果。唯心主义者和唯意志论者不是根本否认客观规律的存在，便是把规律说成是人的主观思维的产物或“方便假设”。马克思主义者驳斥了这种荒谬观点，认为无论自然规律或社会规律都是客观存在的，它们既不能为任何人所创造，也不能为任何人所废除。这种客观规律的存在，就是人的主观能动性的现实基础，只要离开了这个基础，人的主观能动性就会向坏的方面转化，变成主观盲动。列宁说：“外部世界、自然界的规律，……乃是人的有目的的活动的基础。”②

正因为这样，所以在马克思主义者看来，正确地认识客观世界、掌握客观规律，是正确地发挥主观能动性的必要条件。只有认识了自然规律和社会规律，才能在人的活动中运用这些规律，

---

① 《论持久战》，《毛泽东选集》，第2卷，人民出版社，1952年第2版，第467页。

② 《黑格尔〈逻辑学〉一书摘要》，《列宁全集》，第38卷，人民出版社，1959年，第200页。

以达到预定的目的。所以人的主观能动性是受客观条件和认识水平所制约的。唯心主义者不顾客观条件来谈人的主观能动性，结果往往把人的主观能动作用片面地夸大到荒谬的程度，仿佛一切都取决于人的主观意志，人可以为所欲为。马克思主义者尖锐地批判了这种唯意志论观点，指出了它的严重危害性。马克思主义认为，人的主观能动性的发挥不可能脱离一定的客观条件，只有充分估计到必要的条件，从现有条件出发，利用现有条件，并根据客观规律去创造那些可能创造的条件，才能正确地发挥人的主观能动作用。正如毛泽东同志所说："指导战争的人们不能超越客观条件许可的限度期求战争的胜利，然而可以而且必须在客观条件的限度之内，能动地争取战争的胜利。"[①] 在这里，重要的问题在于，正确的行动要以正确的思想为根据，而思想则必须符合于客观实际。马克思主义者认为，要充分发挥人的主观能动性，不仅应有正确的行动，而且应有正确的思想，即对客观世界的正确的认识。因此，坚持从实际出发，实事求是，重视调查研究的唯物主义态度，是正确发挥人的主观能动性的重要前提。

第三，与以往一切哲学体系相反，马克思主义认为，哲学的任务不仅在于解释世界，而且更重要的还在于改变世界。因此，在马克思主义者看来，人的主观能动作用不能局限于脱离实践的抽象思辨的领域，不能局限于个人的理智活动，而首先应该表现在改造自然和改造社会的具体的社会实践中。实践的观点是马克思主义认识论的首要的和基本的观点。过去的哲学家不是根本

---

① 《论持久战》，《毛泽东选集》，第2卷，人民出版社，1952年，第2版，第468页。

看不到实践的作用，便是停留于对实践作抽象的、直观的理解，他们都不能在现实的历史发展中具体考察人的主观能动作用，都不能真正地了解认识和实践的辩证的统一。只有马克思主义者才对这个问题作了正确的解决："认识从实践始，经过实践得到了理论的认识，还须再回到实践去。认识的能动作用，不但表现于从感性的认识到理性的认识之能动的飞跃，更重要的还须表现于从理性的认识到革命的实践这一个飞跃。"① 毛泽东同志的这段话，是对实践、认识、再实践、再认识这个循环往复的无限发展过程中的人的主观能动作用的一个很好的说明。

第四，与以往一切历史唯心主义观点相反，马克思主义不把人的主观能动性局限于个人的范围内，而把它首先理解为人民群众在物质生产和社会阶级斗争实践中的能动作用。唯心主义者以及在社会历史观方面陷入唯心主义的旧唯物主义者，都不理解人民群众在历史上的伟大作用，所以当他们谈论人的主观能动性的时候，至多只是指"杰出的"个人的能动作用。只有马克思主义者才真正科学地解决了个人和人民群众在历史上的作用问题。马克思主义者一方面充分承认杰出人物在体现历史发展趋势时所起的重大作用，另一方面则肯定人民群众是历史的真正创造者。"人民，只有人民，才是创造世界历史的动力。"② 是否尊重人民群众的革命实践，尊重人民群众的首创精神，相信在革命时期"人民能够作出从市侩的渐进主义的狭小眼光看来是不可思议的奇

---

① 《实践论》，《毛泽东选集》，第1卷，人民出版社，1952年，第2版，第281页。

② 《论联合政府》，《毛泽东选集》，第3卷，人民出版社，1953年，第2版，第1031页。

迹”[1]，这是识别真假马克思主义的试金石之一。无产阶级政党的群众路线，就是以承认人民群众的革命的能动性为基础的，而党的领导则集中体现了人民群众的主观能动作用。

在整个哲学史上，除了马克思主义者以外，谁也没有对人的主观能动性问题作这样科学的、唯物辩证的解释。但是，直到如今，资本主义世界里的一些反马克思主义的“理论家”们，还在竭力散布一种早已破产了的神话，诬蔑马克思主义抹杀人的主观能动性，胡说什么马克思主义者眼里只有冷冰冰的物质、规律，没有人的地位。甚至某些自称并不反对马克思主义的人，例如法国存在主义者萨特，在1960年出版的《辩证理性批判》一书中，指责马克思主义忽视人的主观因素，把人弄成“公式化的图式的傀儡”，并提出要用存在主义来“修正”马克思主义，“恢复”人的地位，把“主观性因素”加入到马克思主义哲学中去。这种论调显然是毫无根据的，也是完全错误的。

马克思主义者不仅在理论上重视人的主观能动性，而且更重要的还在革命的实践中把人的主观能动作用提到应有的高度。历史已经证明而且还将继续证明，在革命的马克思列宁主义思想指导下，以无产阶级为首的革命群众，在改造世界的伟大实践中，能够遵循着客观规律，充分发挥主观能动作用，以排山倒海之势、雷霆万钧之力做出惊天动地的事业来。

（原载《红旗》1962年第11期）

---

① “社会民主党在民主革命中的两种策略”，《列宁全集》，第9卷，人民出版社，1959年，第98页。

赫拉克利特与辩证法

在西方哲学史上，辩证思维最早产生于古希腊。恩格斯说过，“古希腊的哲学家都是天生的自发的辩证论者”[①]。他们往往在素朴的形式下对周围的各种现象作生动的辩证的猜测和探索，处处显露出辩证法的萌芽，而其中最卓越的思想家则已经比较自觉地用辩证的观点去解释世界（当然，由于当时认识水平的限制，他们的解释往往是十分幼稚的、原始的），并涉及辩证法的基本原理，赫拉克利特便是他们之中最早而又最突出的一个，因此列宁称他为“辩证法的奠基人之一”[②]。

赫拉克利特的辩证法思想形成的社会历史背景

古希腊成为辩证法的故乡，赫拉克利特成为最早的辩证法的奠基人，并非偶然，而是有其深刻的社会历史原因的。

关于赫拉克利特的生平，我们所知甚少。根据第欧根尼·拉尔修的记载，他的鼎盛年约在第六十九届奥林比亚赛会时，亦即公元前504-501年间。据此推断，他生活在公元前六世纪至五世

---

① 《马克思恩格斯选集》，第3卷，第59页。

② 《列宁全集》，第38卷，第390页。

纪，这正是古希腊奴隶制蓬勃发展的时期。从原始公社的崩溃到奴隶制的建立，是人类社会发展史上的一个重要的转折，对哲学思维的产生和发展起了莫大的作用。亚里士多德曾说过，首先要生活上的需要得到了满足以后，人们才开始从事哲学的探索。[①] 亚里士多德的这一看法是有道理的。哲学和一般实用的技艺不同，它是人们对周围世界各种现象的本质的抽象思考。由于古代社会生产力水平极端低下，少数人要能脱离生产劳动而专门从事哲学研究，就必须以能够养活他们的一个广大生产劳动的阶级的存在为前提。奴隶制的出现，为哲学的诞生准备了客观物质条件。正如恩格斯指出，"只有奴隶制才使农业和工业之间的更大规模的分工成为可能，从而为古代文化的繁荣，即为希腊文化创造了条件。没有奴隶制，就没有希腊国家，就没有希腊的艺术和科学。"[②]

在古希腊哲学思想的产生和发展中，雅典及其影响下的小亚细亚各城邦曾占有重要的地位，这是和奴隶主民主制的建立分不开的。公元前594年，梭伦在雅典执政后厉行改革，进一步打击了原始的氏族制度，为奴隶主民主制奠定了基础。在梭伦改革以后，雅典社会无论在经济上或政治上都得到了迅速的发展。虽然那时仍进行着激烈的党派斗争，但经过反复的较量，发生于公元前509年的克利斯提尼革命终于彻底消灭了氏族制度的最后残余，使奴隶主民主制取得了最终的胜利。[③] 奴隶主民主制虽

---

① 亚里士多德：《形而上学》，第1卷，第2章（9826）。

② 恩格斯：《反杜林论》，《马克思恩格斯全集》，第20卷，第196页。

③ 参见恩格斯：《家庭、私有制和国家的起源》。

然只是古希腊城邦中少数人的民主，但它毕竟在自由民内部保障了一定的思想自由，这就为哲学思维的发展和各种哲学学派的出现创造了有利的条件。赫拉克利特是爱非斯人，该地处于小亚细亚伊奥尼亚地区。这个地区是当时东西方的会合点，交通比较方便，贸易发展较早，这里的希腊移民区十分富庶，经济发达，因此成为古希腊文化的摇篮。正如一位西方历史学家所说，“新的希腊文明是在伊奥尼亚兴起的”[①]。荷马的史诗和最早的古希腊哲学思想都发源于伊奥尼亚，赫拉克利特继承和进一步发展了前人的学说（主要是米利都学派的思想），他的辩证法思想正是在总结和综合以前的哲学思考的基础上提出来的。此外，赫拉克利特所处的古希腊社会正值大变动时期。奴隶制国家的诞生是靠火与剑来为自己开辟道路的，奴隶制取代原始氏族社会的斗争，奴隶制社会内部各种势力为争夺统治权而进行的斗争，新出现的剥削阶级和被剥削阶级之间的殊死搏斗，以及希腊奴隶制国家之间的武装冲突和它们同东方专制国家的大规模战争，不可能不影响人们的思想。在某种程度上说，赫拉克利特的辩证法无非是他那个时代的社会变动和矛盾斗争在思想上的一种素朴的反映。

过去历来有一种看法，认为赫拉克利特是奴隶主贵族派的思想代表，反对民主制，在政治上是保守的。因此就产生了这样的问题：为什么辩证法在历史上最早出现的形态会和保守的、落后的政治立场联系在一起？其实，对这个问题是不难回答的，因为

① 霍尔：《近东古代史》，英文版，第79页。

把赫拉克利特说成政治上的保守派本来就缺乏足够的事实根据，在颇大程度上是机械的阶级成分论加主观臆断的产物。

赫拉克利特并没有积极参加当时的政治活动，据留传下来的少量历史资料来看，他虽然曾经发表过一些有关时政的言论，但基本上是脱离政治斗争的。他性格孤僻高傲，离群索居，独自浸沉于哲学冥思之中。按黑格尔的说法，赫拉克利特"献身于学术，完全为了哲学而生活在孤寂之中"，并且指出，"从他起始，哲学家才从公共事务和祖国的利益分离"。[①] 对于这样一位哲学家，既然缺乏充分的材料，就大可不必去对他的阶级属性和政治立场妄加判断。如果我们进一步去认真考察过去把他列为奴隶主贵族派思想家的理由，就不难发现这些理由都是站不住脚的。

理由之一是赫拉克利特出身于氏族贵族，他的家庭拥有世袭"王"位的权利，而根据第欧根尼·拉尔修的说法，赫拉克利特把"王"位让给了他的兄弟。[②] 赫拉克利特的家庭属于当时上层社会，这看来是没有疑问的，但不能根据他的出身而简单地把他划入奴隶主贵族派的阵营。有必要指出，他家继承的所谓"王"位乃是古希腊氏族社会遗留下来的巴赛勒斯（Basileus）[③]，而巴赛勒斯是原始部落社会中自然长成的民主制基础上产生的军事首长，除军事权限以外，还有祭祀的和审判的权限，但未掌握后世所谓的统治权力。马克思曾批评某些欧洲学者是"天生的宫廷奴

---

① 黑格尔：《哲学史讲演录》，第1卷，三联书店，1956年，第295页。

② 参见《第欧根尼·拉尔修》，第9卷，第6节。

③ 根据语言学家的考证，巴赛勒斯源出梵文"ganaka"，意即"家长"。参见缪勒：《语言科学讲稿》，英文版，第2卷。

才”,因为“他们把巴赛勒斯变为现代意义上的君主”。[①] 后来,随着旧的氏族制度的瓦解和奴隶制国家的产生,一部分氏族贵族利用手中把持的权力掠夺奴隶和财富,转化成为新的特权阶级——奴隶主贵族,而巴赛勒斯一职则已丧失了它的意义,国家首脑人物已由贵族中所选出的执政官来充任了。关于巴赛勒斯的地位和作用的演变过程,恩格斯在《家庭、私有制和国家的起源》中已经作了阐述。因此,到了赫拉克利特的时候,巴赛勒斯只是徒有虚名,并不享有统治城邦的实权,而且我们现在也没有任何材料说明他的家庭拥有大量奴隶或财富,已经转化为奴隶主贵族,相反,倒有材料说他过着非常艰苦的隐居生活,吃草根树皮过活,最后因营养不良而死于浮肿病。[②] 何况赫拉克利特自己放弃继承巴赛勒斯的权利,并拒绝参加公共事务的管理,那么除了他的显贵的出身以外,究竟有什么根据说他是奴隶主贵族呢?

另一个理由是赫拉克利特蔑视人民群众,认为这正是他的奴隶主贵族立场的表现。这个理由也是经不起仔细推敲的。从现存的材料来看,赫拉克利特确实有自高自大、孤芳自赏的毛病,他的某些言论表现出一种自我优越感,对广大群众是不够尊重的。据普罗克洛说,赫拉克利特曾骂当时的爱非斯人愚蠢无知、没有思想,指责他们没有理智和深识远见,说他们之中“多数人是坏的”。特别是由于爱非斯人放逐了赫拉克利特的朋友赫尔谟多罗,他就勃然大怒,说要把爱非斯的成年人都吊死,把城邦让给未成年的少年去管理。这些言论当然表明他对当时的奴隶主民

---

① 《马克思恩格斯选集》,第4卷,第101页。

② 参见《第欧根尼·拉尔修》,第9卷。

主制怀有某种程度的不满和反感，但很难判定这就是奴隶主贵族的立场和观点，因为他虽然鄙视多数爱非斯人没有思想，却并不认为思想只是少数优秀分子的特权，相反倒强调指出“思想是人人所共有的”，“人人都秉赋着认识自己的能力和思想的能力”。[①] 如果他真是站在保守的奴隶主贵族的立场上，也就很难想象他会说出要把爱非斯的一切成年人都吊死而让少年来管理城邦那样的话来。况且他为之抱不平的那位赫尔谟多罗，看来也不是思想反动的保守派，他被放逐去罗马后参加了制订著名的“十二铜表法”，因此在那里还为他竖立了塑像。[②] 赫拉克利特替这样的一位朋友鸣冤叫屈，难道能说他是站在奴隶主贵族一边反对民主制吗？

由此可见，把赫拉克利特列为保守的奴隶主贵族派是证据不足的。相反，在保存下来的残篇中，他的有些言论不仅不是保守的，而且在当时来说还是相当进步的。这主要表现在：第一，他大胆地向长期以来统治着人们思想的传统的神话观念和宗教迷信提出挑战，他指责赫西阿德，甚至主张把荷马从赛会中逐出并加以鞭笞。按希罗多德的说法，荷马和赫西阿德是古希腊宗教神话传说的创始者，赫拉克利特居然敢于攻击这两位历来受人崇敬的人物，是需要有很大勇气的。他还反对偶像崇拜和向神灵祭献，说“人们用为祭神而宰杀的牺牲的血涂在身上来使自己纯洁是徒然

---

① 《古希腊罗马哲学》，三联书店，以下引自赫拉克利特残篇的言论均引自该书，一律不注。

② 参见柏奈特：《早期希腊哲学》，英文版，1965年，第131页。“十二铜表法”的制订对早期罗马共和国的巩固和发展起了重大的作用，它反映了罗马平民反对贵族的斗争所取得的成果，在历史上具有进步意义。

的，这正像一个人掉进污泥坑却想用污泥来洗净自己一样"[①]。这种称得上"思想解放"的言论，同竭力维护旧传统、旧思想的奴隶主贵族派又有什么相同之处呢？第二，赫拉克利特虽然拒绝人们请他为城邦立法的要求，但他是非常重视和拥护法律的。他说，"人民应当为法律而战斗，就像为自己的城垣而战斗一样"[②]。一般地说，在早期奴隶制社会的发展中，立法问题往往是贵族和平民斗争的焦点之一。贵族们为了保持自己的特权，总是倾向于维护不成文的旧习惯法或所谓神的法律，而平民则要求制订新的成文法以保障自己的利益和权利。赫拉克利特对法律所采取的态度，也很难说他是持有奴隶主贵族派立场的。

实事求是应该是马克思主义的基本观点，离开实事求是就不可能得出正确的结论。我们应该根据历史资料实事求是地对赫拉克利特进行重新评价，去掉强加于他的奴隶主贵族派的帽子，使他的辩证法思想彻底摆脱所谓落后保守的政治立场的污垢，而放射出它原有的光辉。

赫拉克利特对辩证法的贡献

赫拉克利特的辩证法思想虽然在辩证法的发展史上还处于原始的初级阶段，但内容丰富，涉及辩证法的一些本质的方面。我们在这里只能扼要地对以下这几点作一论述。

---

① 《古希腊罗马哲学》，第 19 页（D5）。

② 同上，第 23 页（D44）。

一、对立面的统一与斗争的思想

在哲学史上，赫拉克利特最大的功绩便是最早以素朴的形式表述了对立面的统一与斗争这个最重要的辩证法规律，并初步运用这个规律去观察自然现象与社会现象。

据犹太哲学家斐洛记载，赫拉克利特认为，“统一物是由对立面组成的，所以在把它分为两半时，这两个对立面就显露出来了”。赫拉克利特就是把这个原理作为自己哲学的中心，并作为一个新发现而引以自豪。这段话确实抓住了赫拉克利特哲学思想的核心。列宁很重视这一点，他在引证斐洛的话时，对辩证法的实质作了经典式的阐明：“统一物之分为两个部分以及对它的矛盾着的部分的认识，是辩证法的实质。”①

对立面统一的思想像一根红线似地贯串在赫拉克利特的哲学学说中，从他本人的话中可以清楚地看出这点。他曾经说，“对立物存在于同一东西中”，②“互相排斥的东西结合在一起，不同的音调造成最美的和谐”。

这种对立的统一，是普遍的现象。它既表现在自然界，也表现在社会中。赫拉克利特认为，结合物既是整个的，又不是整个的；既是协调的，又不是协调的；既是和谐的，又不是和谐的；从一切产生“一”，从“一”产生一切。这意思就是说，任何结合物都是对立面的统一。因为是“统一”，所以是整个的、协调的、和谐的；因为包含着对立面，所以又不是整个的，不是和谐的和协

---

① 《列宁全集》，第38卷，第407页。

② 引自《皮罗学说概略》。

调的。从对立的统一产生万物，而万物都又可以归结于对立的统一。由此可见，赫拉克利特对于对立统一规律的普遍性已经有了一定的理解。

赫拉克利特也已经理解到相反相成、对立面互相依存和联系的原理。他指出："如果没有那些非正义的事情，人们也就不知道正义的名字"。他批评人们不了解如何相反者相成，在他看来，没有疾病就无所谓健康，没有好就无所谓坏，饿才使饱舒服，疲劳才使休息舒服。对立面是互相依存的，没有正就没有反，反之亦然。

赫拉克利特认为，不仅对立面的统一是普遍的，而且对立面的斗争也是普遍的、绝对的。他多少已经猜测到矛盾斗争是发展的动力。他说："应当知道，战争是普遍的，正义就是斗争，一切都是通过斗争和必然性而产生的"。应当指出，在他以前，有些希腊思想家也已经看到了对立面斗争的事实，但他们总认为这不是"正常的"，如阿那克西曼德就把对立斗争称为"不正义"，诗人荷马也曾祈求过神人之间的斗争最好停止。赫拉克利特却把对立斗争看作是正常的情况，把斗争看作正义，并且把斗争当作产生万物的泉源。他批评荷马说："荷马祈求斗争从地上消失，这是错误的；因为如果他的祈求得到承诺的话，那末一切事物都将消失了"。在他看来，离开对立面的斗争，就没有万物，就没有世界。

根据斐洛的记载，赫拉克利特曾用许多例子来证明他的对立面斗争的原理。因此我们可以断定，他曾把这个原理应用于解释许多现象。这里举一个比较突出的例子："战争是万物之父，也是万物之王。它使一些人成为神，使一些人成为人，使一些人成为奴隶，使一些人成为自由人”。在当时，奴隶的主要来源是战争中的俘虏，他的话反映了当时的历史实际情况。值得注意的是他把奴隶和自由人作为对立面来看，因为奴隶在当时是不算人的，只是“说话的工具”而已。他把奴隶和自由人对立起来，确实猜测到了奴隶社会阶级分化的实质。正因为赫拉克利特用对立的统一和斗争的观点来观察事物，所以他的见解往往比同时代的希腊思想家高出一筹。

但是我们也不应过高估计赫拉克利特对于对立统一规律的理解。赫拉克利特主要是从一些自然现象和日常生活现象中看到了这个规律，而没有作更深刻的概括和探究。在今天看来，他当时所举的例子有的是很幼稚的（例如他认为宇宙中各个部分都可分为相互对立的两半：地分为高山和平原，水分为淡水和咸水等等），有的则只是文字游戏（如说：“弓的名字是生，它的作用是死。”），不能作为对这一规律的有力证明。因此，如果把他对这一规律的阐述和现代辩证法的理解相提并论，那是不适当的。

二、“一切皆变”的思想

恩格斯在《反杜林论》引论中关于赫拉克利特写道：“当我们深思熟虑地考察自然界或人类历史或我们自己的精神活动的时候，首先呈现在我们眼前的，是一幅由种种联系和相互作用无穷无尽地交织起来的画面，其中没有任何东西是不动的和不变的，而是一切都在运动、变化、产生和消失。这个原始的素朴的但实质上正确的世界观是古希腊哲学的世界观，而且是由赫拉克利特第一次明白地表述出来的：一切都存在，同时又不存在，因为一切都在流动，都在不断地变化，不断地产生和消失。”[①]

赫拉克利特的“一切皆流，无物常住”的理论，在哲学史上是很著名的。显然，在当时，他是埃利亚学派的反对者。埃利亚学派的学说中虽然也有辩证法因素，但就其整个世界观来说是形而上学的。他们认为，只有存在，没有非存在，“变易”只是假象，真正的存在是不生、不灭、不变的。而赫拉克利特的看法却正好相反：真正存在的只有“变易”本身，不生不灭的存在倒反而只是幻影。

赫拉克利特喜欢用河流作比喻来说明一切皆变的思想。柏拉图曾经说，赫拉克利特把万物比作一道川流，断言人不能两次走下同一条河。在赫拉克利特的著作残篇中也有这样的话：“我们既踏进又不踏进同样的河流”。这也就是说，一切事物都处于川流不息的变化过程中，只有“变易”才是真理。上面这句话后来成为人们广泛引证的名言，这并不是偶然的。

实际上，作为变易的基础的是存在与非存在的同一性，这也就是对立统一规律在最广泛意义下的应用。赫拉克利特说：“我们既存在又不存在”。因此不能像形而上学论者那样把存在和非存在抽象地割裂开和对立起来，两者是统一的，这种统一就是“变易”。

“变易”的思想也就是运动的世界观。据艾修斯说：“赫拉克利特否认宇宙间是静止和常住不变的，因为这种状态只有包含着死亡；他认为万物都在运动：永恒的事物永恒地运动着，暂时的事

---

① 《马克思恩格斯选集》，第3卷，第60页。

物暂时地运动着”。因此，绝对的不变的事物是没有的，只有运动、变易过程本身才是绝对的。有生必有死，连“不死的”（神）也是有死的。这样他就根本否定了形而上学认为世界静止不变的观点。

当然，他的看法总是带有古代人的幼稚素朴的色彩。例如，他说：“太阳每天都是新的”。据一个柏拉图派的经院哲学家的解释，赫拉克利特的意思是，太阳在傍晚落入海中，在水中熄灭，经地下转至东方，第二天早晨又重新燃起。第欧根尼则说太阳的火燃完变成水，然后转至东方重新补充可燃的气体。用这些方式来说明太阳的变易当然十分幼稚。因此我们在看待他的“实质上正确的世界观”时，也不应该忘记恩格斯的指示：“这种见解虽然正确地把握了现象的总画面的一般性质，却不足以说明构成这幅总画面的各个细节”①。

值得注意的是，赫拉克利特的变的思想，主要只被应用于自然界，而并未应用于社会变革。黑格尔说赫拉克利特对他的“理念”的说明主要是自然哲学的，这说得很对。实际上，作为奴隶主阶级的思想家，赫拉克利特也不可能把变的思想彻底应用于社会变革，否则奴隶制本身就会被他根本动摇。这也说明他的辩证法有历史的、阶级的局限性。

关于赫拉克利特的变的思想，历来还有一个争论不休的问题，那就是所谓“世界焚烧”的问题。在这个问题上，基本上有两派主张，一派以蔡勒、狄尔斯和龚佩兹等人为代表，肯定赫拉克利

---

① 《马克思恩格斯选集》，第3卷，第60页。

特持有“世界焚烧”的观点。另一派如黑格尔、施莱尔马赫、拉萨尔和伯奈特等人，则采取否定的态度。双方都作了许多烦琐的考证，似乎都有一些根据。但即使在主张赫拉克利特持有“世界焚烧”之说的人中间，他们对“世界焚烧”的解释也很不一致。有人（如布兰狄斯）认为这指的是世界的毁灭（似乎类似基督教所说的世界末日）；有人（如蔡勒）则认为这指的是定期的燃烧，在燃烧中万物复归于原始物质——火，然后又重新再生出万物；又有人（如狄尔斯）企图冲淡它的意义，认为这种燃烧只限于顷刻之间。根据现有材料来看，“世界焚烧”的说法最初见于斯多葛派的记载，后来柏拉图曾经谈到过，亚里士多德还反驳过，虽然各种说法不一，但“世界焚烧”这个观点看来确实是属于赫拉克利特的。根据我的不成熟的看法，“世界焚烧”的观点与赫拉克利特的整个世界观是一致的，既然他认为凡物有产生必有消灭，那末整个地球当然也有灭亡的一天，这是按逻辑必然得出的结论。问题在于他本人究竟在何等程度上达到或接近于这个结论。当然，把“世界焚烧”说成基督教的世界末日，那是一种歪曲，因为两者之间并无共同之处。据亚里士多德在《论天》中说，赫拉克利特认为世界只是在某一个时期内处于目前状态，然后它将遭到毁灭，进入新的状态，如此以往，永不停止。这样看来，旧世界的死灭，只是为新世界的诞生创造条件，从这里是得不出悲观厌世的消极结论来的。至于黑格尔企图把“世界焚烧”解释成持久的燃烧、“友谊的生成”，那就显然与他自己关于“渐进性的中断”、质变、飞跃的辩证观点相矛盾，而陷入了他自己批判过的否认突变的庸俗进化论的错误。

三、事物的相互转化和事物的相对性

事物的转化在赫拉克利特那里有两重意义：首先，任何事物不是固定不变的，它可以转化为他物；其次，它不是随便转化为他物，而是转化为自己的对方。黑格尔首先看到这一点。另一位著名的古希腊哲学研究者蔡勒也指出：在赫拉克利特看来，“每一个变化都是从一种状态到相反状态的转变”[①]。有的西方学者是不同意的，如舒斯特（Schuster），他认为赫拉克利特所说的变化只是从一种状态到与此不同的另一种状态的转变，这就说明他既不理解赫拉克利特，也不懂得辩证法。

赫拉克利特关于对立面转化的思想最明显地表现在下面这句话中：“在我们身上，生与死、醒与梦、少与老，都始终是同一的东西。后者变化了，就成为前者，前者再变化，又成为后者”。因为它们是同一的，所以能互相转化，这种转化就是对立面的转化。“我们生于灵魂的死，灵魂生于我们的死”，这也同样是对立面的转化。

赫拉克利特的宇宙论也贯彻着对立面的转化的思想：“万物都从火产生，也都消灭而复归于火”（艾修斯），“一切事物都换成火，火也换成一切事物，正像货物换成黄金，黄金换成货物一样”。因此，火与其他一切事物，是两个对立面，火的熄灭产生万物，最后万物在总的焚烧中又变成火。同时，火－气－水－土的

---

① 蔡勒：《希腊哲学史》，第2卷，英译本，第30页。

变化过程（下降的路）和土－水－气－火的变化过程（上升的路）也是同一的，这两种过程也构成两个对立面，也可以互相转化。

由于赫拉克利特承认事物的变易和转化，因此他也承认事物在一定条件下的相对性。例如：

“海水是最纯洁的，又是最不纯洁的：对于鱼，它是能喝的和有益的；对于人，它是不能喝的和有害的”。

“蜂蜜是甜的也是苦的”，因为“健康的人说蜂蜜是甜的，害黄疸病的人说它是苦的”。

在他看来，事物的性质并不是绝对的，它们随着条件的变化而变化，只具有相对的意义。真理是具体的，而不是抽象的。这正是辩证法的观点。

赫拉克利特的某些门徒，如克拉底鲁把辩证法弄成了诡辩，说什么一切都在运动，什么都不是真理的，因此关于任何东西就绝对不可能说出什么来。这样，他就仅仅从辩证法得出否定的结论，陷入了相对主义的泥沼。

有的西方学者如龚佩兹把赫拉克利特本人也描写成相对主义者（参看他的《希腊思想家》第1卷），说他既不无条件接受、也不无条件拒绝任何东西，不承认任何东西有绝对的好坏，只有作相对性判断的习惯等等。这是对赫拉克利特的歪曲。列宁指出，赫拉克利特的原则与相对主义恰巧相反，“一切都是真理的”，一切东西中都有（部分的）真理。[①] 列宁认为，辩证法当然包含着相对主义、否定和怀疑论的因素，可是并不归结为相对主义。[②] 在理

---

① 《列宁全集》，第38卷，第390页。

② 《列宁全集》，第14卷，第136页。

解赫拉克利特的辩证法时，我们必须牢记列宁的这一指示。

四、规律的思想

辛普里丘在《物理学》中说，赫拉克利特“承认世界的转化有一个一定的次序和一个确定的周期，适应着不可避免的必然性”。这种必然性有时称为命运、逻各斯。“命运就是那循着相反的途程创生万物的逻各斯”，“赫拉克利特断言一切都遵照命运而来，命运就是必然性。——他宣称命运的本质就是那贯穿宇宙实体的‘逻各斯’”（艾修斯）。

逻各斯究竟何指，是一个长期争论的问题。蔡勒对此作过考证[①]，他的结论是：赫拉克利特认为理性统治着世界，而宇宙的理性就叫作逻各斯。这种解释接近于黑格尔和拉萨尔，显然是唯心主义的。

逻各斯是赫拉克利特所独创的名词，它的含义不是十分明确，在这里我们只限于指出它的几个主要特征。

首先，逻各斯是在客观的、规律性的意义上被使用的，它是不依赖于人的意识的、永恒的、普遍的。“这个逻各斯，虽然永恒地存在着，但是人们在听见人说到它以前，以及在初次听见人说到它以后，都不能了解它”。万物都根据逻各斯而产生，逻各斯实际上指的是客观世界中运动和发展的规律性。当然，在赫拉克利特的时代还没有规律这个概念，因此规律的思想往往是披着神秘的外衣出现的（所以称之为命运）。

其次，逻各斯也支配人的主观世界，它是“人人所共有的”，

---

① 蔡勒：《希腊哲学史》，第2卷，第43-44页。

是“灵魂所固有的,它自行增长”。因此,它同时也是普遍的思维规律。

再次,逻各斯并不神秘,它可以被认识,虽然多数人不容易认识到它。“对于逻各斯,对于他们顷刻不能离的那个东西,对于那个指导一切的东西,他们格格不入”。这是由于“自然喜欢躲藏起来”,“找金子的人挖掘了许多土才找到一点点金子”,也就是说认识逻各斯需要一个艰巨的过程。

赫拉克利特的逻各斯和他关于火的学说是有密切联系的(蔡勒也承认这点),因此我们应当联系下面这段名言来理解逻各斯:

> 这个世界对一切存在物都是同一的,它不是任何神所创造的,也不是任何人所创造的;它过去、现在和未来永远是一团永恒的活火,在一定尺度上燃烧,在一定尺度上熄灭。

列宁曾把这句话称为“对辩证唯物主义原则的绝妙的说明”。世界是永恒的活火,没有开端和终结,它遵循着逻各斯发生变化。逻各斯就是支配世界永恒变动的规律,只有它本身是超时间的、永恒的。它是普遍的、抽象的规律性,同样反映在人的主观意识上;但我们必须注意,主观辩证法始终只是客观的事物辩证法的反映,赫拉克利特当然还不可能达到这样的认识。

由于赫拉克利特尊重客观,所以他号召人们要从实际出发,反对主观主义。他说:“智慧就在于说出真理,并且按照自然行事,听自然的话”,又说:“可以看见、听见和学习的东西,是我所喜爱的”。这些话清楚地表现出他的哲学的唯物主义精神,也可以说明他对逻各斯的理解是以“按照自然行事，听自然的话”为基础的。他的这种观点在当时反对宗教神秘主义的斗争中，不能不起重大的影响。

赫拉克利特的辩证法的历史命运

像一切历史上的伟大思想家的命运一样，赫拉克利特的学说曾经受到各式各样的攻击和曲解。人们长期不理解他（也许一部分原因是由于他的晦涩），甚至他的信徒们也没有真正把握住他的辩证法。据柏拉图说，在四世纪初的伊奥尼亚、特别是爱非斯，赫拉克利特派的人数相当多，但柏拉图把他们描写得很糟：诡辩、头脑空洞、目空一切。的确，赫拉克利特学说并未在他的学派中得到进一步的健康发展。克拉底鲁把这种学说弄成诡辩，甚至责备赫拉克利特没有充分清楚地说明事物的可变性。但是，柏拉图攻击赫拉克利特的时候完全歪曲了他的真面目，特别是在《泰阿泰德》篇中把他和普罗塔哥拉混同起来，似乎“一切皆流”的学说是“人是万物的尺度”这种主观唯心主义理论的基础。照柏拉图的解释，“一切皆流”就是绝对否定一切。这种指责当然是毫无根据的，连著名的柏拉图研究者焦威特也认为，赫拉克利特的残篇决不能证明柏拉图对他的解释是正确的。显然，柏拉图是用把赫拉克利特歪曲成相对主义者的办法来反对他的辩证法，宣扬自己的形而上学的客观唯心主义理念论。

当然，柏拉图并不是简单地否定赫拉克利特，他在一定意义上也承认赫拉克利特所说的变易。但他认为，变易仅限于感性世界，而感性世界的一切事物却不是真实的存在，它们变化无常，只是真实的理念世界的幻影；理念世界才是唯一真正的实在，它居于感性世界之上，是感性世界的原型。在柏拉图看来，理念世界是处于变易之外、永恒不变的，只有关于理念世界的认识才是真知识，而关于感性世界的认识只能算是“意见”。他就是用这种抬高理念世界、贬低感性世界的办法，用形而上学来代替辩证法。

亚里士多德是同赫拉克利特斗争的另一个希腊大哲学家。他是从形式逻辑的角度来批判赫拉克利特的，主要批判后者的对立同一的学说和一切皆变的思想。亚里士多德虽然不乏辩证思想，曾经得到马克思主义经典作家很高的评价，但他对赫拉克利特的批判却说明他始终未能冲出形而上学的樊笼。

亚里士多德激烈地反对赫拉克利特关于“同一事物可以既是而又非是”的主张，认为“这是任何人所不能置信的”。他说：“我们现在认为任何事物不可能在同时既是而又非是，并且认为这原理能自明为一切原理中最是无可争论的原理。有些人甚至要求将这些原理也加以证明，实在这是因为他们缺乏教育”[①]。在他看来，矛盾律是不证自明的，“两个相反显然不能同时都真”[②]，倘若肯定与否定同样真实，那么人与非人就同样真实了。因此，他认为世界上如有真是非，就必将拒绝这些“完全破坏合理语法的异说”。

亚里士多德同样尖锐地反驳赫拉克利特的“变”的思想：“凡认为世上一切事物皆变动不息，没有一刻能保持相同的情态，用

---

① 亚里士多德：《形而上学》，第63页。

② 同上，第81页。

这样的观念作为我们判断真理的基础，这是荒谬的。探索真理必以保持常态而不受变改之事物为始”[①]。因此，亚里士多德认为必须向赫拉克利特派证明，要他们认识：“宇宙间必有全无变动性质的事物存在”。

柏拉图和亚里士多德虽然都是用形而上学观点来批判赫拉克利特，但前者从客观唯心主义的理念论出发，后者从形式逻辑的思维规律出发，因此我们对他们也应区别对待。柏拉图的批判是完全错误的，亚里士多德的批判则在一定范围内（即形式逻辑起作用的范围内）有合理的一面，但他没有理解形式逻辑的局限性，因而未能上升到辩证思维的高度。

在哲学史上除了从形而上学立场对赫拉克利特的批判外，还有人确认赫拉克利特的辩证法，但把它歪曲成唯心辩证法，这就是黑格尔和拉萨尔。

黑格尔在阐明赫拉克利特在辩证法史上的地位和作用及其辩证法的真正意义方面，是有贡献的。在这点上，黑格尔远远超出了以往的一切哲学家。黑格尔把他看作自己辩证法的先驱，说：“没有一个赫拉克利特的命题，我没有纳入我的逻辑学中”[②]。

黑格尔在他的逻辑系统中，把赫拉克利特哲学看作相当于“变易”范畴的历史阶段。他在《逻辑学》中说，埃利亚学派（特别是巴门尼德）只承认存在，不承认非存在，而东方哲学（主要是佛教）则把无、空当作绝对的原则。“思想深刻的赫拉克利特与上述简单片面的抽象相反，提出了更高的完整的‘变易’概念，并

---

① 亚里士多德：《形而上学》，第219页。

② 黑格尔：《哲学史讲演录》，第1卷，第295页。

说：'存在和非存在同样的少'或是说：'一切皆流动'，即一切都是变易。用通俗的讲法（特别是用东方的说法），就是说：一切东西在其诞生中就含有灭亡的萌芽，反过来说，死亡就是进入新生命，它在本质上表现着存在和无的同样的结合。"在这里可以看到，黑格尔对赫拉克利特的辩证法确有非常深刻的理解。

此外，黑格尔在《哲学史讲演录》中对赫拉克利特的对立同一的思想，也作了精辟的阐述和很高的评价。我们对这些是应该肯定的。

但是，黑格尔为了凑合他自己的客观唯心主义体系，竭力把赫拉克利特也装扮成客观唯心主义者，说什么哲学存在的开端必须自赫拉克利特始，"这开端便是长存的理念"。接着又批评赫拉克利特的所谓"理念"（过程）还没有把理念的本质、理念的单纯性当作概念、当作普遍性来认识，批评他缺乏"自身反省的抽象的概念"。显然，黑格尔是竭力把他拉向唯心主义阵营，但又嫌他不够唯心，因此把他的学说叫作"朴素的唯心论"。

拉萨尔在这方面完全继承了黑格尔的衣钵，歪曲赫拉克利特比黑格尔有过之而无不及。列宁尖锐地斥责拉萨尔说："唯心主义者拉萨尔掩盖了赫拉克利特的唯物主义或唯物主义趋向，牵强附会地把他弄成黑格尔的样子"①。

拉萨尔不仅纯粹抄袭黑格尔关于赫拉克利特的论点，而且任意歪曲原文，把一切解释成黑格尔哲学的样子。例如他把赫拉克利特的火解释成"变易的观念本身"、"存在和非存在在过程中的

① 《列宁全集》，第38卷，第401页。

统一”，说什么这种火不是感觉得到的确定的实质，而是抽象的原则，是非物质的。他大量使用“意译”的作伪手法，牵强附会，窜改原意，千方百计地妄图把赫拉克利特歪曲成唯心主义者。例如他把 ignis sine materioe permixtione 故意曲解成“非物质的火”，而原意却是不掺杂任何可燃物的火。至于列宁在《哲学笔记》中指出的拉萨尔用“意译”来窜改原意的一些例子，如把“永恒的活火”译成“变易”，把“在一定尺度上燃烧、在一定尺度上熄灭”译成“均衡地由存在转化为非存在，由非存在转化为存在”，更足以说明拉萨尔的反科学态度。而某些西方学者如蔡勒，虽然在一定程度上揭露了拉萨尔的伪造（例如他驳斥了拉萨尔的谬论，证明赫拉克利特的火是物质的、确定的实质），但也并不承认赫拉克利特是唯物主义哲学家，而把他描述成“最明显不过的泛神论者”，这说明蔡勒自己也带有同样强烈的资产阶级偏见。

现代西方学者对赫拉克利特的研究，除了在考证方面有些收获（但也陷于烦琐）外，基本上没有摆脱上述的两种不正确的态度，他们不是从形而上学立场来反对他的辩证法，便是以唯心主义精神来歪曲他的辩证法。他们有的竭力企图证明赫拉克利特的学说没有逻辑意义，从而否认和贬低他的辩证法，有的则仍然照抄黑格尔的观点，如史泰斯在《批评的希腊哲学史》中所做的那样。

只有马克思主义经典作家才恢复了赫拉克利特的辩证法的历史真面目，对它作出了真正科学的、客观的、合乎历史事实的评价。特别是列宁在《哲学笔记》中有关赫拉克利特的评述，向我们提供了运用马克思主义观点创造性地研究哲学史的光辉榜样。

在今天研究赫拉克利特的时候应该注意，我们虽然承认他的辩证法与唯物辩证法的历史联系，但是任何把赫拉克利特哲学加以现代化的企图都是极其错误的、反历史主义的。正如列宁所说，不应破坏赫拉克利特的生动性、新颖性、素朴性和历史的完整性。如果把原始的、素朴的赫拉克利特的辩证法与马克思主义的科学的革命辩证法混同起来，那就会降低马克思主义在哲学史上完成的革命变革的伟大意义。我们感兴趣的主要是辩证法的继续向前的运动，不能停留在向遥远的古代去学习辩证法。但是在阐明辩证法的起源和它的原始形态方面，研究赫拉克利特哲学仍然具有十分重要的意义。

（原载《赫拉克利特哲学思想》纪念文集，
商务印书馆1962年）

费尔巴哈
——伟大的唯物主义者和无神论者

伟大的德国唯物主义哲学家和无神论者路德维希·费尔巴哈与世长辞已经90年了，他在反对唯心主义和宗教蒙昧主义的斗争中所建立的不朽的历史功绩，至今仍深深地铭记在全世界进步人士的心里。

费尔巴哈是当时德国资产阶级的最激进的思想代表。由于德国资产阶级的软弱性，它对封建制度的斗争主要采取了哲学批判的形式。费尔巴哈反映着这种时代要求，对“官方哲学”进行了坚决的斗争。在当时以黑格尔主义为代表的唯心主义哲学在德国居于绝对统治地位的条件下，费尔巴哈敢于首先挺身而出，批判唯心主义，捍卫唯物主义，“直截了当地恢复了唯物主义的王位”。这是一个不可磨灭的巨大贡献。

正如恩格斯所说，“费尔巴哈的发展进程是一个黑格尔主义者……走向唯物主义的发展进程。”[①] 在青年时代，费尔巴哈曾经信奉过黑格尔哲学，虽然他从来也不是完全正统的、即保守的黑格尔主义者。但是，费尔巴哈的思想的进一步发展，终于使他逐

① 恩格斯：《路德维希·费尔巴哈和德国古典哲学的终结》，人民出版社，1957年，第16页。

渐转向唯物主义。至十九世纪三十年代末,他就和唯心主义哲学彻底决裂,并且开始对它进行尖锐的批判。

费尔巴哈对唯心主义的斗争是从批判黑格尔哲学开始的。在他看来,黑格尔哲学集一切唯心主义学说之大成,因此要战胜唯心主义,首先必须彻底批判黑格尔哲学。用他的话来说,“黑格尔哲学是近代哲学的完成。因此新哲学的历史必然性及其存在理由,主要是与对黑格尔的批判有联系的。”①

为了在思想上和黑格尔的唯心主义彻底划清界线,费尔巴哈在1839年写了《黑格尔哲学批判》一文。这篇论文表明,费尔巴哈已经坚定地走上了唯物主义的立场,最后摆脱了黑格尔哲学的影响。随后他又陆续发表了《基督教的本质》、《未来哲学原理》等著作,无情地批判了唯心主义哲学,并且论证了他的唯物主义哲学的基本原理。

费尔巴哈对黑格尔的批判主要是围绕着哲学的最重大的基本问题,即思维对存在的关系问题而展开的。作为一个唯心主义者,黑格尔坚持精神先于自然界而存在的观点。在黑格尔看来,整个世界的发展归根到底无非是绝对理念的自我发展和自我认识的过程。绝对理念首先表现为逻辑概念,然后“外化”为自然,最后又通过精神的发展返回到自身。因此,根据黑格尔的说法,整个物质自然界是从精神中派生出来的,只不过是绝对理念的“异在”,从而得出了这样的结论:精神是自然的真理,因而是自然的绝对第一性。②

---

① 《费尔巴哈哲学著作选集》,上卷,三联书店,第147页。

② 参见黑格尔:《精神哲学》。

与黑格尔相反，费尔巴哈坚决主张物质自然界是第一性的，而意识、思维是第二性的。费尔巴哈强调指出，世界按其本性来说是物质的，是不依赖于意识而独立存在的。自然界是它自身的原因，它不是精神的产物，而相反地精神倒是自然界的产物。人不能脱离自然界而存在，自然界是人及其精神赖以成长和发展的真正基础。这样，费尔巴哈就驳斥了黑格尔的唯心主义理论，提出了唯物主义地解决哲学基本问题的原则。他断定说："思维与存在的真正关系只是这样的：存在是主体，思维是宾词。"[①] 列宁对费尔巴哈的这种唯物主义立场曾经赞许地指出，费尔巴哈剪掉了哲学唯心主义的辫子，把自然界当作基础，而完全根除了绝对理念这个黑格尔的"代换物理自然界的心理的东西"[②]。

费尔巴哈的这种唯物主义观点像一根红线似地贯串在他对黑格尔的全部批判中，这在他对于黑格尔哲学的开端的批判中表现得特别明显。我们知道，在《逻辑学》中，黑格尔的整个逻辑体系是以所谓纯粹的存在作为开端的，而这种纯粹的存在就等于无。费尔巴哈指出，黑格尔从纯粹的存在开始，也就是从存在的概念或抽象的存在开始，因为这种毫无规定性的存在只存在于我们的思想里，在现实中是根本不存在的。他责问黑格尔说，为什么我就不能直接以现实的东西为依据呢？为什么我就不能从存在本身，亦即从现实的存在开始呢？在他看来，黑格尔的"不确定的、纯粹的存在只是一个抽象的东西，与实在的存在完全不符

① 《费尔巴哈哲学著作选集》，上卷，第115页。

② 《列宁全集》，第14卷，人民出版社，第243页。

合，只有具体的存在才是现实的”。[①] 换句话说，只有具体的感性的存在才是第一性的，而存在的概念则是从存在本身中得出来的。黑格尔的错误就在于颠倒了两者的真正关系，把概念当作哲学的开端，而哲学的真正的开端却应该是“有限的东西、确定的东西和实际的东西”。

费尔巴哈在批判黑格尔哲学的唯心主义本质的时候，着重地揭露了黑格尔哲学和宗教、神学的不可分割的内在联系。费尔巴哈把黑格尔的思辨哲学叫作“理性化和现代化了的神学”。在他看来，黑格尔关于自然、实在为理念所建立的学说，实际上只是用理性的说法来表达上帝创造自然、抽象的实体创造物质实体的神学学说。因此，黑格尔所说的绝对理念不是别的，而只是神学里从虚无中创造出世界的上帝。神学把人的本质从人分离出来，使它变成绝对的神的实体。同样，黑格尔则把人的思维从人分离出来，使它变成普遍的、绝对化的思维。费尔巴哈得出结论说，谁不扬弃黑格尔哲学，谁就不能扬弃神学，因为黑格尔哲学是“神学最后的避难所和最后的理性支柱”。

应该承认，费尔巴哈对黑格尔的批判是相当深刻的，而且贯彻着不妥协的战斗精神。费尔巴哈的著作解除了黑格尔的“魔法”，揭穿了黑格尔体系的秘密，在当时起了很大的解放作用。马克思和恩格斯对费尔巴哈的这个历史功绩曾经给予很高的评价，说费尔巴哈“巧妙地拟定了对黑格尔的思辨以及一切形而上学的批判的基本要点”[②]。但是，我们也必须指出，费尔巴哈对黑格尔

---

① 《费尔巴哈哲学著作选集》，上卷，第62页。

② 《马克思恩格斯全集》，第2卷，人民出版社，第177页。

的批判虽然在某些基本观点上接近于马克思主义创始人对黑格尔的“思辨的秘密”所作的批判，然而总的说来，费尔巴哈却未能像马克思和恩格斯那样对黑格尔哲学作出正确的、科学的评价。问题在于，费尔巴哈不理解黑格尔的辩证法的意义，特别是他不理解最重要的辩证法规律、即对立统一规律的意义。他也没有正确地把握住黑格尔哲学的基本矛盾、即形而上学的体系与辩证的方法之间的矛盾。因此他看不到黑格尔哲学的“合理的内核”，没有把精华和糟粕区别开，而干脆把它们一起抛弃了。正如恩格斯指出，费尔巴哈没有用批评的武器克服黑格尔，而只是把黑格尔当作一种不适用的东西抛在一旁。但是像费尔巴哈那样简单地宣布黑格尔哲学是错误的，还远不等于真正扬弃了这一哲学。必须对黑格尔哲学进行彻底的批判改造，这个任务却只有马克思和恩格斯才能完成。

除了对黑格尔主义进行批判外，费尔巴哈还对其他形形色色的唯心主义哲学流派作了坚决的斗争，特别值得注意的是他对康德的不可知论所作的斗争。费尔巴哈尖锐地批判了康德关于物自体不可能被认识的观点，在他看来，客观物质世界在原则上是可以认识的，对于人的认识来说，并不存在着任何不可逾越的界限。费尔巴哈指出，人类的历史就是认识不断突破历史界限的过程，人类的认识能力完全能够向我们揭示出自然界的一切秘密，自然界绝对不隐藏起来。他这样充满信心地写道：“我们还没有认识的东西，我们的后代会认识到的。”[①]

---

① 费尔巴哈：《宗教本质讲演录》，第十五讲。

费尔巴哈在反对不可知论和唯心主义的斗争中，捍卫了并且进一步发展了唯物主义的认识论。像其他英、法唯物主义者一样，费尔巴哈把感觉看作认识的出发点和基础。他批判了唯心主义者对感觉的歪曲解释，坚决认为感觉是外部事物作用于人的感官的结果，并且是客观世界的反映，或者更正确地说，是客观世界的主观映象。因此感觉不是像不可知论者所断言的那样把人和外部世界隔离开，而是使两者接近起来。一般说来，费尔巴哈在认识论上十分强调感性的作用，他把感性叫作“最后的根据、总结的总结”。但是，以感性经验为基础的理论思维的必要性他还是承认的。他指出，感性认识虽然重要，却毕竟有着局限性，因为它只同个别的、单个的现象发生关系，要把这些分散的、单个的感觉材料联系起来就必须依靠理性。所以，根据他的看法，认识应该是从对象过渡到感觉、又从感觉过渡到理性思维的整个过程。

作为唯物主义的坚决拥护者，费尔巴哈激烈地反对康德的主观唯心主义的认识论观点。费尔巴哈批判了康德把时间和空间看作主观的先验直观形式的理论，肯定时间和空间的客观性，把它们当作存在的根本条件和客观实在形式。他还驳斥了康德关于必然性、因果性、规律性是人的理智的先天形式的说法，他不止一次地强调指出，必然性、因果性和规律性是自然界本身所固有的，是客观存在的，而不是思维强加于自然界的。“现实界的规律也就是思维的规律”[①]，后者只是前者在人的头脑中的反映。列宁在同马赫主义者和经验批判主义者作斗争时，曾经引用了费尔巴

① 《费尔巴哈哲学著作选集》，上卷，第177页。

哈的这些论点，并且给予了这样的评价："费尔巴哈承认自然界的客观规律性，承认被人类的秩序、规律等等观念仅仅近似正确地反映着的客观因果性。费尔巴哈承认自然界的客观规律性，同他承认我们意识所反映的外部世界、对象、物体、物的客观实在性是分不开的。费尔巴哈的观点是彻底的唯物主义观点。"[①]

但是，费尔巴哈虽然对唯物主义理论有所发展，却未能克服旧唯物主义所特有的形而上学的局限性。在认识论方面，费尔巴哈哲学带有鲜明的直观性。例如，在主、客体的关系上，费尔巴哈只是强调人是自然界的一部分，忽视人对自然界的改造作用，因而在他那里，人对周围世界始终只采取感性直观的态度。用马克思的话来说，费尔巴哈把人只看作"感性的对象"，而不看作"感性的活动"，不了解人的感性活动，即不断的劳动和创造，乃是现存世界的深刻基础。因此，费尔巴哈仍然停留在解释世界，而不懂得问题在于改变世界。特别是，费尔巴哈不理解实践在认识过程中的作用，不理解认识对实践的依赖关系。他虽然有时也谈实践，但把它狭隘地解释成人们之间的生活关系，而且他总是贬低实践活动，把它置于理论活动之下，认为"理论的直观是令人喜悦的、令人满足的、幸福的直观"，而实践的直观则是"一种不纯洁的、被利己主义玷污了的直观"[②]。因此马克思在《关于费尔巴哈的提纲》中批评他对事物只是从直观的形式去理解，不把它们当作实践去理解，不了解革命的、实践批判的活动的意义。

费尔巴哈的另一巨大功绩在于他对宗教和神学作了无情的

---

① 《列宁全集》，第14卷，第156页。

② 《基督教的本质》，《费尔巴哈全集》，第6卷，德文版，1960年，第237页。

批判。他自己说过，宗教是他主要的研究对象，同宗教作斗争是他毕生的目的。费尔巴哈的名字是作为坚定的无神论者载入史册的，他对宗教的批判和揭露在历史上起过巨大的作用。马克思主义创始人曾经指出，在当时的德国，政治的道路是一条非常艰难的道路，所以主要的斗争是反对宗教，在那种社会条件下，反对宗教的斗争间接地也是政治的斗争，而对宗教的批判则是其他一切批判的前提。费尔巴哈公开地向宗教提出挑战，有力地打击了宗教，也就是对德国的封建容克制度的精神支柱实行冲击。

在对宗教的批判上，费尔巴哈比以往的无神论者更深入了一步。他并不像十八世纪法国唯物主义者那样简单地把宗教说成是人们愚昧无知而受欺骗的结果，也不仅仅局限于揭穿宗教迷信的愚蠢和荒谬。在他看来，宗教并不是一种偶然的现象，而是有着深刻的认识论根源的，他对宗教的批判主要也正是从认识论的角度出发的。因此，他对宗教的本质和它产生的原因的理解显然要比过去的无神论者高出一头。

费尔巴哈首先揭露了唯心主义哲学和宗教的内在血缘关系。用他的话来说，两者的区别仅在于宗教是“天上的唯心主义”，而唯心主义哲学则是“地上的唯心主义”。因此，在他看来，假如否定唯心主义，那么同时也就否定了上帝，“上帝只是唯心主义最初的创始人”。

费尔巴哈认为，宗教感并不是人生来就具有的，因为人身上并没有一种产生迷信、愚昧和懒惰的特殊器官。宗教观念的根源应该到人的生活条件和这些条件在人的意识中的特殊反映中去寻找，因此它本身不是天赋的，而是在人的生活发展过程中产生的。

费尔巴哈指出："人的依赖感是宗教的基础；而这种依赖感的对象，那个为人所依赖并且人自己也感觉到依赖的东西，本来不是别的东西，就是自然。"[①] 在他看来，自然界是宗教的真正基础，是宗教赖以产生的根本原因。人生活在自然界里，人甚至在幻想中也不能脱离自然界，因为自然界是人类存在的源泉，是哺育人类的伟大的母亲。原始的多神教完全表现着人对自然界的这种依赖性，原始人的宗教所崇拜的是他们赖以维持生活的那些自然条件和自然现象。他们崇拜太阳、高山、河流、海洋，甚至崇拜某些动物，就因为它们构成了他们的生活的重要基础。原始人所崇拜的神的特性，大都是自然界的特性，同时他们又把自己的特性转嫁给自然界，使自然界人格化和神化。

随着社会生活的发展，人对自然界的依赖性逐渐削弱，对社会力量的依赖性则愈益增强。人把自己同自然界区别开，而愈益变成社会的、政治的实体。自然力量对人的支配地位，就让位给道德的、政治的力量，于是基督教（所谓"精神宗教"的最完善的形式）就取代了多神教。费尔巴哈指出，基督教徒不再是自然界的奴隶，而是政治的奴隶，他们不再向太阳跪拜，而跪拜在国王面前。实际上，基督教所崇拜的上帝只不过是抽象的、神化了的人的本质。

由此费尔巴哈得出了一个重要的结论：不是上帝创造了人，而是人创造了上帝。他对宗教的本质作了这样的阐明："把客观的本质看做主观的东西，把自然界的本质看做有别于自然界的、

---

① 费尔巴哈：《宗教的本质》，见《十八世纪末－十九世纪初德国哲学》，商务印书馆，第575页。

人的本质,把人的本质看做有别于人的、非人的东西,——这就是神的存在,这就是宗教的本质,这就是神秘主义和思辨的秘密"。列宁在《哲学笔记》里摘录了费尔巴哈的这段话,并且评论说:"很好!绝妙的地方!"①

费尔巴哈还揭露了宗教的反动社会作用,指出了宗教对社会进步的危害性。他认为,宗教必然会造成思想和文化的停滞,使人消极无为。宗教是和科学互不相容的,并且和真正的教育相矛盾。不仅如此,宗教还和政治奴役密切结合在一起,不摆脱宗教,就不可能有真正的政治自由。因此,费尔巴哈勇敢地提出了以理智代替《圣经》、政治代替宗教、人间代替天国、劳动代替祈祷的口号。列宁把费尔巴哈的这些思想称为"有些社会主义气味的启蒙的无神论",肯定了他在反宗教斗争中的功绩。

但是,我们也应该看到,费尔巴哈对宗教的批判是有历史局限性的。问题在于,他虽然联系人的生活条件去考察宗教,然而他并没有理解宗教的社会根源和阶级根源。正如马克思所说,费尔巴哈没有看到"宗教情感"本身是一种社会的产物。因此他对宗教的斗争往往是从抽象的人道主义立场出发的,并且仅仅局限于抽象的思想宣传和教育的范围内,而未能把对宗教的批判转变为对整个社会关系的批判。尤其是费尔巴哈一方面主张消灭现有的宗教,另一方面又错误地企图创立一种"没有上帝的"、"适合于人性的"、以人为中心的新宗教,说什么要把人和人的感觉、特别是两性之间的关系加以"神化",甚至说他自己的哲学本身就

---

① 《列宁全集》,第38卷,第73-74页。

是宗教。这不仅说明他的反宗教思想的不彻底性，而且也暴露出他企图改革宗教的小资产阶级幻想。

如上所述，费尔巴哈在反对唯心主义哲学和宗教的斗争中，捍卫了和发展了唯物主义的基本原理。但是，费尔巴哈未能克服资产阶级哲学的偏见，为着要同庸俗唯物主义者划清界线，竟拒绝承认自己是一个唯物主义者，而把自己的哲学学说称为"人本主义"。实际上，他的人本主义原理却只是唯物主义的一个特殊形态，或者用列宁的话来说，只是"关于唯物主义的不确切的肤浅的表述"。

费尔巴哈的人本主义哲学的中心思想，就是把自然和人作为哲学研究的主要对象，而人则是他的哲学的根本出发点和基础。他在阐明他的人本主义原理时这样写道："新哲学将人连同作为人的基础的自然当作哲学唯一的，普遍的，最高的对象——因而也将人类学连同生理学当作普遍的科学。"[①] 在他那里，关于自然的学说称作自然主义，而关于人的学说就是人本学。

费尔巴哈的人本主义强调人的本性的统一，反对把精神和肉体割裂开的二元论者，并且坚持物质自然界是产生精神和肉体的唯一泉源，承认思维是一种特殊物质组织、即大脑的产物。这无疑是唯物主义一元论的观点。但是，费尔巴哈所看到的人，只是自然的、生物学上的人，而不是社会的人。在他那里，人始终只是生理的、感觉的实体，而不是社会的历史的实体。因此，费尔巴哈谈论抽象的、一成不变的、普遍的人性，把人的本质理解为"一种

---

① 《费尔巴哈哲学著作选集》，上卷，第184页。

内在的、无声的、把许多个人纯粹自然地联系起来的共同性”[①]。费尔巴哈没有理解人的本质是一切社会关系的总和，所以他往往离开具体的现实社会条件和阶级关系，孤立地考察所谓“一般的人”或“人本身”，看不到阶级社会里的人的阶级性，从而陷入了资产阶级人性论的泥沼。费尔巴哈的人性论观点是和马克思主义的阶级观点完全背道而驰的，他的人本主义哲学的主要错误就在于此。

像马克思以前的所有唯物主义者一样，费尔巴哈在对于社会现象的理解方面仍然是一个唯心主义者。特别是他的伦理学说最明显地暴露出他的人本主义哲学的根本缺陷。

费尔巴哈的伦理学说的主要特点就是宣扬“爱”。在他看来，人生来就有追求幸福的欲望，而要达到这个目的，人们就必须相爱。道德应当建立在爱的基础上，社会上的不平等现象和罪恶现象，似乎只是偏离“人性”的偶然现象，可以通过发扬“爱的道德”而得到消除。费尔巴哈自称他的哲学建立在所谓爱的真理上，他竭力把爱加以神化，甚至把爱抬高到宗教的地位，说什么“爱是存在的标准——真理和现实的标准……没有爱，也就没有真理”[②]。费尔巴哈的这种无原则的抽象的爱的说教，实际上起了鼓吹阶级调和的作用，因此受到了马克思主义经典作家们的尖锐批判。恩格斯就曾经明确指出，不论费尔巴哈的主观意图如何，他的道德是完全适合于现代资本主义社会的，而在他的爱的说教中，“他的

① 马克思：《关于费尔巴哈的提纲》，《马克思恩格斯全集》，第3卷，人民出版社，第5页。

② 《费尔巴哈哲学著作选集》，上卷，第169页。

哲学中的最后一点革命性也都消失不见了，而留下的只是一句老调子：彼此相爱吧！不分性别、不分等级地互相亲嘴吧，——大家一团和气地痛饮吧！”[①]

但是，尽管费尔巴哈哲学有着这样那样的局限性和缺点，总的来说毕竟是瑕不掩瑜。在人类思想史上，费尔巴哈不愧为过去时代的最杰出的唯物主义哲学家之一，为反对唯心主义和宗教的斗争作出了重大的贡献。

（原载《人民日报》1962年11月22日）

---

① 恩格斯：《路德维希·费尔巴哈和德国古典哲学的终结》，第30页。

实用主义经验论的主观唯心主义实质

关于经验的问题是认识论的重要问题之一。在近代西方哲学史上，围绕着经验问题始终贯穿着唯物主义和唯心主义两条对立路线的斗争。在资本主义上升时期，某些先进的资产阶级思想家，例如十七、八世纪的英、法唯物主义者，反映着当时生产力发展的需要和新兴资产阶级的要求，能够主张对经验作唯物的解释；而在资本主义进入了帝国主义阶段以后，情况就起了根本的变化。现代资产阶级哲学家，几乎都投入唯心主义的怀抱，反对马克思主义的辩证唯物主义认识论，借以维护他们所代表的阶级利益。现代资产阶级哲学流派，从数十年前被列宁批判得体无完肤的马赫主义，到目前还有较大影响的逻辑实证主义和实用主义，都在以各种方式唯心地解释经验，其中尤以实用主义哲学的经验论最富欺骗性，值得加以批判分析。

实用主义者对经验的理解，在实质上并没有超出以往哲学史上的唯心主义者关于经验的基本看法，只是采用了新的更迷惑人的形式而已。

从历史上看，对经验的不同的解释造成了经验论学派的分裂。大家知道，近代经验论的创始人是杰出的英国唯物主义者弗兰西斯·培根。他同脱离实际、蔑视经验的传统的经院哲学进行斗争，大力提倡尊重经验，以经验作为自己哲学的基础，并且对经验作了唯物的解释。在他看来，经验是一切知识的真正源泉。他坚持知识起源于感性世界的原理，认为自然界的客观存在是第一性的，而人们对于自然界的认识则是第二性的。用他的话来说，知识是存在的映象。"人们若非想着发狂，一切自然底知识都应当求之于感官"[①]。

培根的后继者洛克，基本上坚持了对经验的唯物的解释，但有时却向唯心主义动摇。洛克认为，人们的全部知识都建立在经验之上，但经验可分两种，即外部经验（感觉）和内部经验（反省）。一方面他承认客观物质世界是外部经验的来源，认为"知觉是由刺激我们感官的一些外界原因给我们所产生的"，经验的获得是以对象的客观存在为前提的，"人如果不到产波罗蜜的东印度群岛亲自尝尝它，则他便不会得到那种滋味"[②]。另一方面，他却认为"内部经验"只是我们的心灵活动，它"和外物毫无关系"，观念"是不能从外面取得的"。这样，他就承认某种经验可以不依赖于外部世界而独立存在，从而为唯心主义者曲解经验敞开了方便之门。

由于洛克哲学的这种内在矛盾，以后唯心的和唯物的经验论者都利用了他的学说。前者的代表是英国主观唯心主义者贝克莱，后者的代表是十八世纪法国唯物主义者。列宁说："贝克莱和狄德罗都渊源于洛克。……从感觉出发，可以遵循着主观主

① 培根：《新工具》，商务印书馆，第22页。

② 洛克：《人类理解论》，商务印书馆，1959年，第628页。

义的路线走向唯我论（‘物体是感觉的复合或组合’），也可以遵循着客观主义的路线走向唯物主义（感觉是物体、外部世界的映象）。”[①]

贝克莱认为，存在的一切事物无非是观念或感觉的集合，“它们的存在（esse）就是被感知（Percipi），它们不可能在心灵或感知它们的能思维的东西以外有任何存在。”[②]由于贝克莱根本不承认外部物质世界的客观存在，他也就否认经验的客观来源。在他看来，经验的来源只在主体内部，“观念的原因是一个无形体的、能动的实体或精神”[③]，经验的内容也纯粹是主观的，感觉经验“创造出”外部世界的一切。贝克莱对经验所作的这种主观唯心主义解释，在历史上起了深远的恶劣影响，以后唯心主义经验论者的种种“新理论”，都没有脱离贝克莱的窠臼。

十八世纪法国唯物主义者则清除了洛克哲学中的唯心主义因素，抛弃了洛克关于内部经验的理论，把物质世界看作经验的唯一来源。他们指责贝克莱把整个物质世界归结为主观感觉的做法，乃是“人类智慧的耻辱”、“哲学的耻辱”。他们认为，我们的一切经验都是通过外物作用于感官而获得的，经验的内容不是主观的而是客观的。他们把经验叫作认识的“指路杖”，就是因为经验反映着客观世界的性质，只有凭借经验才能揭露自然的奥秘。

---

① 《唯物主义和经验批判主义》，《列宁全集》，第14卷，人民出版社，第124、151页。

② 贝克莱：《人类知识原理》，见《十六－十八世纪西欧各国哲学》，三联书店，1958年，第343页。

③ 同上，第347页。

从上面所述可以看出，使古典的唯物主义者和古典的唯心主义者划分开的对经验的不同解释，其根本关键在于是否承认经验来源于客观世界，是否承认不依赖于经验的自然界、物质世界的客观存在。唯物主义者认为，客观物质世界是第一性的，它在任何人类经验产生之前早就独立存在着，而经验则是第二性的、派生的，它是“某种客观的、人从外界得到的东西”[1]，是外部世界的或多或少正确的反映或映象。相反，唯心主义者则认为，我们的经验是我们所知道的唯一实在，外部世界或者只是经验的形式，只存在于经验之中，或者根本无法知道它是否存在。他们竭力否认经验的客观源泉，把经验说成是纯粹主观的东西。

以往的哲学史说明，要确定一个哲学家在认识论方面所持的立场，不仅要看他是否承认经验对认识的作用，而且首先要看他怎样去解释经验。我们在评判实用主义者的哲学的时候，重要的也在于透过他们关于经验的高谈阔论去认清他们所谈的经验的实质。

“经验”是实用主义者最喜欢玩弄的一个哲学概念，他们一向以“经验”为标榜，自诩“尊重”经验，借以给自己披上一件漂亮的“科学性”的外衣。美国实用主义哲学的奠基人之一威廉•詹姆士，就宣称他的哲学从经验出发，以经验作为认识的源泉，并认为过去的经验论哲学都不够“彻底”，而把自己的哲学叫作“彻底的经验论”。另一个美国实用主义的魁首杜威，则把他的工具主义称为从经验中产生并以经验为依据的经验论哲学，并认为“哲

① 《唯物主义和经验批判主义》，《列宁全集》，第14卷，人民出版社，第124页。

学的主要任务在于将经验的可能加以合理化，尤其是集体的人类经验的合理化”[①]。实用主义者这样喜欢谈论经验，主要是因为他们企图利用经验这个概念进行诡辩，掩饰他们的哲学的主观唯心主义实质。

照实用主义者说来，以往经验论哲学的一个根本缺点，就是把经验这个概念的范围限制得过分狭小。他们则把经验的范围无限扩大，使之包罗万象，涵盖一切。实用主义者对经验的解释是混乱而不一贯的，他们所谓的经验并不局限于通常所说的感觉经验，而包括人的一切主观意识状态和心理体验，甚至连梦幻、胡思乱想、魔法、迷信等等最荒诞不经的东西都包括在内。有时他们对经验作生物学的解释，把它看作有机体和周围环境相互作用的结果，说什么经验是由人的行动和对行动结果的感受这二者的密切关系所形成的。有时他们却又竭力强调经验本身不是主观的，是不依赖于主体的。由于实用主义者所说的经验的含义极其模糊不清又极其广泛，就使他们得以随机应变，根据主观需要对经验作出各种随心所欲的解释。

实际上，实用主义者所以要利用经验来大做文章，其真实目的在于用比较隐蔽的方式来同唯物主义进行斗争，鼓吹唯心主义。但是，在表面上实用主义者却在唯物主义和唯心主义的斗争中伪装“中立”，似乎采取“超然”的态度。他们诡称已经找到了“永远结束”唯物主义和唯心主义之争的第三条路线，从实用主义的观点看来，仿佛这一有关哲学基本问题的争论根本就是

---

① 杜威：《哲学的改造》，商务印书馆，1958年，第66页。

多余的。杜威是鼓吹走所谓“第三条路线”最力的一个，他胡说什么唯物主义和唯心主义都是用所谓“非经验的方法”把主体和客体、心和物、经验和自然割裂开的结果，只要采用他的“经验的方法”，把经验当作原初的存在，确立起统一的经验整体，使心和物都从属于经验，把它们看作从经验整体中派生出来的东西，就可以一劳永逸地“超越”唯物主义和唯心主义之间的“陈旧的对立”。

实用主义者的这种拙劣的伎俩完全是徒劳的。哲学的根本问题是任何一个哲学家所抹杀不了的，超出唯物主义和唯心主义之上的“第三条路线”是根本不可能存在的。列宁早就说过：用“经验”这个字眼可以消除唯物主义和唯心主义之间的对立的那种说法，完全是神话。只要剥去实用主义的“中立”的伪装，它的赤裸裸的主观唯心主义的本来面目也就暴露无遗了。

实用主义者企图回避物质和精神何者为第一性的问题，把经验抬高为凌驾于物质和精神之上的最基本的东西。实用主义者对经验的基本看法，就是把经验作为第一性的东西，归根结蒂把整个世界上的一切都归结为经验。詹姆士认为，思想和事物是由同一素材所构成的，“世界上只有唯一的原始的素材或材料，一切东西都是由它所组成的，我们把它称为‘纯粹经验’”[①]。在他看来，所谓“纯粹经验”是原始的混沌的整体，整个的经验是“自足的”，不依赖于现实世界，它本身就是唯一真正的实在，“经验和实在归结为同一个东西”。换句话说，世界上存在的一切无非都

---

① 詹姆士：《彻底的经验主义论文集》，纽约，1912年，第4页。

是经验。英国实用主义的代表费迪南·席勒就公然宣称，“我们生活于其中的整个世界就是经验，世界无非是由经验所构成的”[①]。

实用主义者的这种经验观充分说明他们自己所吹嘘的所谓“中立”态度，完全是骗人的鬼话。在对待经验和客观物质世界的关系问题上，实用主义者承袭了过去的主观唯心主义哲学家的立场。

贝克莱曾经为自己提出过彻底“消灭”物质的任务。实用主义者也同样致力于“消灭”客观物质世界。詹姆士就公开赞同贝克莱对物质概念的“驳斥”，并且承认自己只是贯彻地推行了贝克莱等人首先采用过的“实用主义”方法。[②]在他看来，世界是从主体的经验中“制造”出来的。他说：“我们把什么东西称为事物呢？看来这是完全随我们的便，因为我们根据我们人的目的去划分出一切事物，正如我们划分出星座一样……我们随我们的心意把感性实在之流分为各种事物。”[③]总之，最初存在的是“经验流”或“意识流”，这个连续的“经验流”被人根据需要人为地划分，才从其中分化出被称之为物的个别凝结物。席勒的观点和詹姆士也很有类似之处，他把整个世界说成是我们用“无形式的原料”创造出来的，“我们把它作成什么，它就是什么”，因此他认为谈论离开我们而独立的世界是毫无意义的。[④]从这种实用主义的观点看来，人的认识过程就成为“创造”实在的过程，实在世界不是

① 席勒：《个人的唯心主义》，伦敦，1902年，第51页。

② 参见詹姆士：《实用主义》，伦敦，1908年，第89-90页；詹姆士：《彻底的经验主义论文集》，第10页。

③ 詹姆士：《实用主义》，第253-254页。

④ 席勒：《个人的唯心主义》，伦敦，1902年，第51、60页。

被人认识，而是被人“创造”出来。这当然是彻头彻尾的主观唯心主义，而且这种从经验中随心所欲地“创造”出世界的实用主义学说，还是露骨的唯意志论。

实用主义者杜威为了掩饰这种露骨的主观唯心主义观点，采用了更隐蔽的手法。他千方百计地使他对经验的解释具有更多的“客观性”的外貌，口头上也提出要反对主观主义地解释经验，甚至还对贝克莱作了一些不关痛痒的批评。他声称自己并不否认外部世界的存在，断定说“在实际研究过程中，我们从来都不怀疑世界的存在，为了不自相矛盾，我们也不能这样做”[①]。但是，问题的关键却不在于是否承认外部世界的存在，而在于是否承认外部世界不依赖于经验而独立存在。正是在后面这一点上，杜威和其他实用主义者是完全一致的。

杜威不像詹姆士那样把经验看作单纯的意识状态、“经验流”，他所强调的是“经验和自然的连续性原理”。所谓“连续性原理”，就是把经验解释成不依赖于主体的客观的东西，把经验和自然、主体和客体、意识和周围现实联系起来，融而为一，使经验成为一个兼收并蓄的整体。

杜威所谓的经验，不仅包括我们一般所说的主体的经验，而且包括一切经验的主体和被经验的对象。他在《经验与自然》一书里这样写道：“‘经验’是一个詹姆士所谓具有两套意义的字眼。好像它的同类语生活和历史一样，它不仅包括人们作些什么和遭遇些什么，他们追求些什么，爱些什么，相信和坚持些什么，

① 杜威：《实验逻辑论文集》，芝加哥，1916年，第302页。

而且也包括人们是怎样活动和怎样受到反响的,他们怎样操作和遭遇,他们怎样渴望和享受,以及他们观看、信仰和想象的方式——简言之,能经验的过程。'经验'指开垦过的土地,种下的种籽,收获的成果以及日夜、春秋、干湿、冷热等等变化,这些为人们所观察、畏惧、渴望的东西;它也指这个种植和收割、工作和欣快、希望、畏惧、计划、求助于魔术或化学、垂头丧气或欢欣鼓舞的人。"①

杜威这样把经验概念无限扩大,也就把整个客观物质世界都消融于经验之中了,因此他的"连续性原理"实质上并不是阐明经验与自然的联系,而是用经验去吞并自然。

杜威的这一套谬论其实也并不新鲜,它无非就是马赫主义者的"原则同格论"的再版。在杜威看来,经验是原始的统一整体,主体和客体仿佛是从经验中派生出来的,两者不可在原则上分离开,没有主体就没有客体,甚至主体和客体的区别也只是"为了经验内部的一定目的而确立的某种区别"②。所有这些见解几乎都可以在马赫主义者阿芬那留斯那里找到。正如列宁所指出的:"从唯物主义的观点看来,马赫主义和实用主义之间的差别,就像经验批判主义和经验一元论之间的差别一样,是微不足道的和极不重要的。"③

从上述可以看出,实用主义的经验论基本上是遵循着贝克莱——马赫的主观唯心主义路线发展的。贝克莱把一切说成感

---

① 杜威:《经验与自然》,商务印书馆,1960年,第10页。
② 杜威:《人的问题》,纽约,1946年,第396页。
③ 《唯物主义和经验批判主义》,《列宁全集》,第14卷,第361页。

觉，存在就是被感知；实用主义者则把一切说成经验，存在就是被经验。不管实用主义者使用多少漂亮的词藻，他们的基本思想总没有跳出贝克莱主义的圈子。

对经验的实用主义的解释，不可避免地会导向唯我论。如果按照实用主义者的说法，整个世界都可以被归结为经验，那就自然而然地会产生这里究竟说的是谁的经验的问题。詹姆士和杜威都力图逃避唯我论的结论，把经验硬说成某种不属于任何人的客观独立存在的东西。但是，这种说法是根本站不住脚的，任何一个头脑正常的人都知道，当我们说经验的时候，总是指人的经验，不依赖于人的经验是不能想象的。只要实用主义者坚持把世界说成经验，那在逻辑上就必然会得出世界的存在依赖于人、在人出现以前没有世界的荒谬结论。实用主义者席勒就坦率地承认世界就是“我的经验”，认为“唯我论对经验的解释既不是不可能的，也不是在理论上错误的”[①]。

实用主义的经验论还公然为僧侣主义服务，卖力地为宗教辩护。詹姆士就专门写过一部有关“宗教经验”的书，企图为宗教寻找“心理学的”根据，证明宗教经验和人的任何其他生活经验和科学经验一样是现实的。杜威也把宗教看作独立于美学、科学、道德、政治以外的一种经验，鼓吹使宗教在“人的经验的每一方面都占有其自然的地位”[②]。列宁曾经深刻地指出，实用主义者从经验中顺利地推演出上帝，是为了资产阶级功利主义的实践的目的。这就深刻地揭露了实用主义作为资产阶级的哲学体系利

① 席勒：《人本主义研究》，伦敦，1907年，第473页。

② 参见杜威：《一个普通的信仰》，耶鲁大学，1934年，第57页。

用宗教来欺骗人民的本质。

这样看来，实用主义者虽然也像列宁所说的资产阶级冒牌学者那样，企图用新名词或“愚蠢的无党性”去掩盖唯物主义和唯心主义的斗争的实质，但实际上他们却站在唯心主义的营垒中向唯物主义进攻，鼓吹着一种彻头彻尾的主观唯心主义的经验论，最后则走向唯我论并公然投入了宗教的怀抱。这又一次确凿不移地证明了列宁所指出的一个无可辩驳的真理，即“唯心主义不过是信仰主义的一种精巧圆滑的形态”①。

实用主义者的主观唯心主义的经验论，是他们的整个哲学学说的基础。他们把这种理论应用于各个方面，从而得出了一系列错误的结论。

实用主义者的认识论是建立在他们的经验观之上的。由于他们否认有经验以外的实在，所以在他们看来，认识不能涉及独立于我们经验以外的东西，而只能发生在“经验的组织内部”，无论是认识者或认识的对象都只是经验的部分。在这方面杜威的观点很可以说明问题。杜威把经验分为两类，即非认知的经验和认知的经验，人的认识就是这两种经验之间的关系。非认知的经验指的是原始的经验整体，它是粗糙的、不确定的、充满偶然性的。人的认识的作用就是通过反省思考把这种原始的经验从混乱模糊的东西变为“明朗、确切和一致的东西”，使之符合我们的主观需要。这就是他所谓的认知的经验。在杜威看来，也只有这样被经验到的东西才是真正的认识的对象。因此。根据这种实

---

① 《唯物主义和经验批判主义》，《列宁全集》，第14卷，第379页。

用主义观点，人的认识并不是人的意识对于客观物质世界的反映过程，而只是经验内部的关系，认识的对象则完全是人的主观活动的产物。这样，实用主义者对认识所采取的露骨的主观唯心主义观点，实际上也就根本取消了人如何认识周围世界的问题。

在认识论上，实用主义者是爬行的经验论者。他们变本加厉地加深了和发展了历史上的经验论学派的错误，片面夸大经验的作用，而对理论、科学思维则表现了极端的蔑视。他们根本否认事物有现象和本质的区别，认为一切事件作为经验的事实都具有同等的意义，因此他们也就不承认认识必须经历由表及里、由现象到本质的发展过程，不承认经验必须上升到理论，感性认识必须能动地飞跃到理性认识。照他们说来，事物怎样在经验中被感知，它们也就是怎样，因此不需要对经验材料进行概括，从个别提高到一般，而只需要把经验事实记述下来。杜威就公开主张排除掉理性而代之以“智慧”，而所谓“智慧”则是指为了新目的去使用过去的经验所产生的提示，也就是利用旧经验去取得新经验以改造经验本身。在他看来，人生就像一场赌博，世界是由偶然性支配的不可思议的存在，因此想依靠理性去认识世界是徒劳无益的，唯一可行的只是用经验主义的方法去寻找应付和改善每一个境遇的手段。

由于实用主义者否认客观世界及其规律的存在，因而也就根本取消了反映客观世界的内在本质联系和认识客观规律的可能性。实用主义者口头上也大谈科学和理论的必要性，但是，在他们看来，这些东西的作用完全不在于使人们更深刻地认识世界及其规律，而只在于充当人们应付环境、达到一定目的的工具。詹姆士曾经提出过“理论是工具”的说法[①]，而杜威则进一步把它发展成为“工具主义”。实用主义者完全否认科学和理论所反映的客观内容，只承认它们充当工具而发生“功效”。杜威说：“我们称为科学的东西，就只是发明和调整用以对个别经验现象发生功效的工具。”[②]总之，科学和理论都只是人们为了达到一定目的而设定的方便假设，它们本身并没有客观的、普遍的意义。在实用主义者手里，科学和理论失去了任何认识的作用，而成为他们为了追求特定的目的而随心所欲地运用的工具。

实用主义者的真理论也和他们的经验观有着紧密的联系。实用主义者既然取消了不依赖于意识的客观世界的存在，也就根本否认真理是客观现实在人们意识中的正确反映。他们认为，所谓真理并不是指经验与经验以外的某种东西的符合，而永远是经验内部的事。真理意味着经验的各个部分之间的令人满意的“圆满的关系”，任何观念只要能确实有效地帮助我们和我们经验的其他部分圆满地联结起来，它就是真的。因此，真理只不过是在经验中确定的有效验的东西。杜威在阐明“实用主义的真理论”时这样说道：“所谓‘真理’是一个抽象名词，它可以应用于各种情况：实际的、预见的或希望的，只要它们在效验和结果方面得到证实。”[③]简言之，在实用主义者看来，“真理”就是对人有用的东西，“效用”是衡量真理的尺度。如果宗教对人有用，它也就在这种适用的限制内合乎真理。因此，真理完全是主观的，它只不过

① 詹姆士：《实用主义》，伦敦，1908年，第53页。
② 杜威：《人的问题》，纽约，1946年，第218页。
③ 杜威：《哲学的改造》，商务印书馆，1958年，第84页。

是人为了达到一定目的而使用的权宜手段。这样，实用主义者在实践上就把自己的主观经验和效用奉为准则，完全不顾客观现实和客观规律，根本否认客观真理和真理的客观标准，鼓吹相对主义和唯意志论，并且肆无忌惮地进行诡辩。

实用主义者还用他们的经验论学说去论证和宣扬他们的错误的社会政治观点。在他们看来，客观的社会发展规律是根本不存在的，从而根据对社会规律的科学认识去改造社会也是不可能的和不必要的。因此，他们诋毁革命，主张采用所谓“自由实验的方法”去寻找解决社会问题的手段。他们美化资产阶级对劳动人民的专政，吹嘘资产阶级民主，仿佛只有在资产阶级民主制度下，才能通过不断的实验而使经验逐渐得到发展和改善。用杜威的话来说，“民主就是相信人类经验能够产生目的和使经验借以进一步增长和丰富起来的方法”，“民主的永恒的任务就是创造更为自由和更合人情的经验”[①]，至于说的是什么人的经验、什么样的经验，那是杜威所置之不论的，反正只要保证各个人的经验可以得到自由发展就行了。因此，根据这种理论，工人可以“自由地”得到被剥削的经验，黑人可以“自由地”得到受歧视的经验，资本家可以“自由地”得到剥削人的经验。所有这些都是完全符合杜威所推崇的资产阶级“民主”的。不言而喻，杜威所谓在美国的现存社会制度下去创造“更为自由和更合人情的经验”云云，只能意味着对资本主义的美化和辩护。

实用主义长期以来一直在美国保持很大的影响，这并不是偶

---

① “创造性的民主是我们当前的任务”，《杜威八十诞辰纪念文集》，纽约，1940年，第227、228页。

然的。实用主义这种典型的市侩哲学，完全迎合帝国主义时代资产阶级对生活的观点。社会发展的客观规律越来越清楚地显示出不利于资本主义制度的趋势，资产阶级不敢正视这无情的现实，他们力图否认客观规律，用自己主观的经验去解释世界。他们也无力去正确地认识世界并根据这种认识去进行活动，而只能按照自己主观的要求去观察社会、应付环境或从事冒险，并以主观的效验作为衡量一切事物的标准。实用主义的主观唯心主义的经验论，正好适合现时代资产阶级的需要，成为他们与马克思主义进行斗争的主要思想武器之一。

今天在经验这个问题上，马克思主义哲学正在和形形色色的现代资产阶级哲学流派进行尖锐的斗争。歪曲解释经验这一概念，利用它来反对辩证唯物主义，这是现代资产阶级哲学家们所惯用的伎俩。正如列宁所说，“目前，各色各样的教授哲学都以侈谈‘经验’来掩饰他们的反动性。”[①]因此，根据马克思列宁主义的认识论，揭露和批判现代资产阶级哲学对经验的种种曲解，是很有必要的。

（原载《红旗》1964年第17、18期）

---

① 《唯物主义和经验批判主义》，《列宁全集》，第14卷，第150页。

柏拉图的唯心主义先验论批判

人的知识是先天就有的，还是后天才有的？是唯心主义先验论，还是唯物主义反映论？这是欧洲哲学史上一直争论不休的问题。还在人类哲学思维刚刚诞生的古希腊时期，这个认识论的基本问题就尖锐地出现在人们面前，迫使哲学家们对它作出回答。

大家知道，在古希腊哲学史中始终贯串着唯物主义和唯心主义的激烈斗争，而关于人的知识的起源和性质的问题也是斗争的焦点之一。列宁指出，德谟克里特路线和柏拉图路线是古希腊哲学斗争中的两个基本派别、两条截然对立的路线。[①] 德谟克里特是古代唯物主义反映论的最卓越的代表，而柏拉图作为古希腊最大的唯心主义哲学家，则是唯心主义先验论的竭力鼓吹者。

恩格斯曾经说过："在希腊哲学的多种多样的形式中，差不多可以找到以后各种观点的胚胎、萌芽。"[②] 在德谟克里特路线和柏拉图路线的斗争中，我们可以看到以后两千多年唯物主义反映论和唯心主义先验论斗争的原始形式，而在柏拉图所建立的唯心主义哲学体系中，也确实包含着以后各种更为发展了的唯心主义

---

① 参见列宁：《唯物主义和经验批判主义》。

② 《马克思恩格斯全集》，第20卷，第386页。

先验论观点的胚胎和萌芽。为了弄清唯心主义先验论的历史渊源，进一步揭露它的错误实质，有必要对柏拉图的先验论作一番考察。

一、唯心主义的理念论是柏拉图认识论的基础

思维对存在、精神对自然界的关系问题，是哲学的基本问题。认识论中的两条路线归根到底也取决于对这个基本问题的解答。如果说，在哲学世界观上，问题归结为承认精神第一性还是物质第一性，那末在认识论中，这个问题就表现为究竟什么是认识的对象和源泉：是精神呢，还是物质世界？对于这个问题，柏拉图作了纯粹唯心主义的回答。

大家知道，古希腊唯物主义者以承认世界的物质性作为自己的出发点，坚持从物质世界本身去解释世界。他们从来都把客观物质世界当作认识的对象，力图探究世界的物质本原。他们肯定人的认识来源于客观世界，并且以素朴的、幼稚的方式表述了把认识当作客观世界的反映的看法。例如德谟克里特认为，“从一切物体上都经常发射出一种波流”，作用于人的眼睛而造成了“影像”。[①]显然，他主张的是原始的唯物主义反映论。

与唯物主义者相反，古希腊唯心主义哲学家不是到物质世界本身中去寻找它的原因，而把物质世界以外的某种超自然的、非

① 《古希腊罗马哲学》，商务印书馆，第102页。

物质的力量作为世界的精神本原。他们以各种各样的方式和原始的宗教神秘主义结合在一起，宣扬神创世界，主张神所支配下的自然界的合目的性。在他们看来，认识的主要任务不是去认识客观物质世界，而是去探究世界的精神本原及其合目的性。柏拉图继承和发展了这种反科学的宗教唯心主义的世界观，但加以进一步的精工炮制，赋予它更精致的形式，使之带有更浓厚的哲学色彩以掩盖其宗教神秘主义的本质。这就是唯心主义的理念论，它是柏拉图的整个哲学体系的核心，他的认识论也是以理念论为基础的。

柏拉图的唯心主义的理念论，直接来自他的老师苏格拉底从个别事物寻求一般定义的方法。在柏拉图早期所写的对话中，大概《欧底弗隆篇》是第一次在柏拉图的专门意义上使用"理念"这个概念的。[①] 在那篇对话中，柏拉图笔下的苏格拉底和欧底弗隆讨论什么是虔敬的问题，苏格拉底感兴趣的并不是列举虔敬的二三个例子，而是要求解释使一切虔敬的东西之所以成为虔敬的那个"理念"本身，要求弄清那个"理念"的本质，以便确立一个标准去衡量什么行动是虔敬的、什么行动是不敬的。[②] 在另一篇早期著作《大希庇阿斯篇》中，讨论什么是美的问题，诡辩家希庇阿斯分辨不清"美是什么"和"什么东西是美的"这两个问题的区别，列举了一些美的事物，而苏格拉底所要探究的却是使那些事物成为美的那个"美本身"。[③] 在这些早期著作里，柏拉图的理念

---

① 参见罗斯：《柏拉图的理念论》，英文版，第12页。

② 参见柏拉图：《欧底弗隆篇》，6d-e。

③ 参见柏拉图：《大希庇阿斯篇》。

论已经具备雏形，他的基本思想就是把一般和个别割裂开，把一般当作独立的存在，并加以绝对化。照他说来，一切行动由于符合了虔敬的“理念”才成为虔敬的行动，一切事物也是由于“美本身”才成为美的事物，“这美本身，加到任何一件事物上面，就使那件事物成其为美，不管它是一块石头，一块木头，一个人，一个神，一个动作，还是一门学问”[①]。因此，一般和个别的关系完全被柏拉图弄颠倒了，无论在时间上或逻辑上，都是“理念”在先，一般先于个别。柏拉图的整个唯心主义的理念论学说就是这种思想的进一步发展。

柏拉图在他创作活动的中期、即所谓思想成熟时期所写的对话中，建立了自己完整的唯心主义哲学体系，充分发挥了他的理念论。在《理想国》里，柏拉图借苏格拉底之口说道：“一方面我们说有多个的东西存在，并且说这些东西是美的，是善的等等。”“另一方面，我们又说有一个美本身，善本身等等，相应于每一组这些多个的东西，我们都假定一个单一的理念，假定它是一个统一体而称它为真正的实在。”又说：“作为多个的东西，是我们所能看见的，而不是思想的对象，但是理念则只能是思想的对象，是不能被看见的。”[②]那末，在个别事物和它们的理念之间又是什么关系呢？柏拉图想方设法地作了种种解释，有时他把个别事物说成是对理念的“摹仿”，例如木匠制造的床就是对床的理念的摹仿，有时他又提出所谓“分有”说，硬说什么个别事物之所以存在是因为它们“分有”了理念，比如说，一个东西之所以是

① 参见柏拉图：《大希庇阿斯篇》，292d。

② 《古希腊罗马哲学》，商务印书馆，第178-179页。

美的，就是因为它“分有”了美的理念。[①]柏拉图之所以要炮制这一套唯心主义的理念论，其根本目的就在于宣扬精神第一性，企图否定客观物质世界的真实存在。在他看来，有着两个不同的世界，一方面存在着一个感性的物质的世界，而另一方面则存在着一个思想的、非物质的理念世界，而物质世界却只不过是理念世界的苍白的影子或模糊的映象。只有理念才是唯一真正的实在，它是永恒不变的、绝对的存在，而感性世界的一切却是变化无常、转瞬即逝的，它们不是真实的存在，而只是虚假的幻影。物质世界上的各种事物都有它的理念，理念就是这种事物的原型或理想，也就是这种事物所力求达到的目的。理念是真正完美的，它无限地高于感性事物，正如原本高于摹本一样。显然，这是典型的客观唯心主义理论。

应该指出，柏拉图的理念论是和主张神创世界的宗教神秘主义学说密切地结合在一起的。在《蒂迈欧篇》里，他通过一个毕达哥拉斯派的天文学家蒂迈欧来叙述他的宇宙生成论，用神话的形式虚构了一个荒诞不经的神创世界的故事。他断言，整个世界不是永远存在而没有开始的，而是被创造出来的，因为世界既然是可以感觉的，所以就不能是永恒的，而必然是被神所创造出来的。神是怎样创造世界的呢？按照柏拉图的说法，是以理念作为模型来进行创造的，“如果这个世界是美的，而它的创造主是好的，显然创造主就得要注视那永恒不变的东西，把这种东西当作模型”[②]。在《理想国》中，柏拉图又明目张胆地声称，理念也

① 柏拉图：《斐多篇》，100a。

② 《古希腊罗马哲学》，商务印书馆，第208页。

是神所创造的,他以床为例,说什么"床不是有三种吗?第一种是在自然中本有的,我想无妨说是神制造的,因为没有旁人能制造它;第二种是木匠制造的;第三种是画家制造的",又说:"就神那方面说,或是由于他自己的意志,或是由于某种必需,他只制造一个本然的床,就是'床之所以为床'那个理念,也就是床的真实体"[①]。柏拉图公然抬出了神,这最清楚地说明,柏拉图的理念论实质上只是披上哲学外衣的神学。唯心主义和宗教本来就是一对孪生子,唯心主义哲学的产生往往和宗教神学有着紧密的联系,它反过来又为宗教神学提供论据,柏拉图的《蒂迈欧篇》在宗教统治的中世纪欧洲发生了巨大的影响,这决不是偶然的。

列宁在批判唯心主义时曾经指出:"原始的唯心主义认为:一般(概念、观念)是单个的存在物。这看来是野蛮的、骇人听闻的(确切些说:幼稚的)、荒谬的。"又指出:"人类认识的二重化和唯心主义(=宗教)的可能性已经存在于最初的、最简单的抽象中一般的'房屋'和个别的房屋"。[②]柏拉图的所谓理念,实际上只不过是一种最简单的思维抽象,即一般概念,但却被他人为地同感性的个别事物割裂开和对立起来,变成了脱离个别事物而独立的单个存在物。在西方哲学史上,柏拉图正是列宁所说的这种野蛮的、骇人听闻的、荒谬的唯心主义理论的倡导者。

一般与个别、普遍与特殊、共性与个性是矛盾的两方面,它们之间有着不可分割的辩证的联系,在客观事物中它们也总是紧密地互相结合在一起的。毛泽东同志在《矛盾论》中指出:共性"即

① 柏拉图:《理想国》,597-598。
② 《列宁全集》,第38卷,第420-421页。

包含于一切个性之中，无个性即无共性。假如除去一切个性，还有什么共性呢?”就拿房屋来说吧，客观世界上存在着的总是具体的、个别的房屋，北京的四合院，天津的楼房，如此等等，房屋的概念正是无数具体的、个别的房屋的一种思维抽象，如果不存在具体的、个别的房屋，哪里还有什么一般的“房屋”或房屋的理念可说呢？或者再拿柏拉图喜欢谈论的美的观念（即所谓美的理念）来说，它本来是不可能脱离现实世界的具体的美的事物而独立存在的，而只能是审美的主体对各种复杂的美的现象进行抽象概括的结果。美的观念的形成是受复杂的具体社会历史条件所制约的，它本身是一种历史的、社会的现象，离开各种美的事物而独立存在的抽象的绝对永恒不变的美的观念是从来也没有的。列宁说得好:“个别一定与一般相联而存在。一般只能在个别中存在，只能通过个别而存在。”[①] 柏拉图完全不理解一般与个别之间的这种辩证关系，他的谬误正在于把一般说成是脱离个别的独立存在，并且把它神化为绝对，使它僵化为永恒不变的东西。柏拉图的理念世界不仅是唯心主义的捏造，而且也是一个形而上学的虚构。

但是，更加荒谬的是，柏拉图把理念世界说成是物质感性世界的原型，因此理念不仅成为脱离个别事物的单个的存在物，而且成为个别事物的真正的来源。物质和精神之间的真实关系完全被他颠倒过来了，抽象的思想概念不是来自对物质世界事物的概括，却反而变成了物质世界的创造主。马克思和恩格斯在揭露

---

① 《列宁全集》，第38卷，第409页。

黑格尔的唯心主义思辨结构的秘密时曾经指出,“他完成了一个奇迹:他从‘一般果实’这个非现实的、理智的本质造出了现实的自然的实物——苹果、梨等等”①。他们把这种唯心主义的诡辩形象化地称之为“儿子生出母亲,精神产生自然界”。这些话也同样适用于柏拉图。与黑格尔哲学相比,柏拉图的理念论当然要原始和粗糙得多,但在本质上他们都是在玩弄“儿子生出母亲”这种唯心主义的戏法,在坚持精神先于自然界这一点上,他们是完全一致的。

柏拉图的全部认识论就是建立在这种唯心主义理念论的基础上的。既然在他心目中只有所谓理念世界才是至高无上的唯一的实在,而物质世界只不过是变化无常的幻影,那末,不言而喻,认识的真正的对象也只能是理念世界了。因此,在柏拉图的认识论中根本取消了如何认识或反映人们周围的客观物质世界的问题。正是这一点决定了他在认识论方面的基本立场:站在唯心主义先验论这一边,反对唯物主义反映论。

二、柏拉图的认识论是彻头彻尾的唯心主义先验论

从唯心主义的理念论出发,柏拉图提出了他的认识论学说。他否认人的认识是对于客观世界的反映,否认实践是认识的唯一来源,坚持人的知识是先天就有的。柏拉图的认识论是彻头彻尾

① 《马克思恩格斯全集》,第2卷,第74-75页。

的唯心主义先验论。

按照柏拉图的说法，人的认识有两种，一种是对于理念世界的认识，只有这种认识才是真正的知识，另一种是对于感性物质世界的认识，这种认识只能称为“意见”。他断言：“凡是由人的理性推理所认识的东西总是真实的，永远不变的，而凡是意见和非理性的感觉的对象总是变化不居的、不真实的。”[①] 用他的形而上学的眼光看来，感性世界处于不断变化的流动状态，因此对于感性世界的认识也是变动的、不可靠的；只有理念世界才是永恒不变的唯一的实在，因此也只有对于理念世界的认识，才能称得上“真理”，因为柏拉图的所谓“真理”也正是一种至高无上、永恒不变、无始无终、不增不减的东西。柏拉图断言：如果一个人只认识个别事物而不认识理念本身，或者别人企图引导他去认识理念，而他还是不能跟着走，那末这个人就是在做梦，他没有知识，而只有意见，因为他把实在的摹本看成就是实在本身。如果一个人既能认识到理念的存在，又能区别理念本身和“分有”理念的个别事物，那末他就是清醒的，并且具有真正的知识。[②]

在《理想国》第七卷里，柏拉图曾经用了一个著名的寓言（即所谓“洞喻”）去说明这两种不同的认识。他把在感性物质世界中生活的人们比作一群关在地下洞穴里的囚犯，他们戴着枷锁，只能朝一个方向看，背后燃烧着一堆火，面前是一座墙。他们所看到的只是借火光投射到对面墙上的各种奇异古怪的影像。他

① 《古希腊罗马哲学》，商务印书馆，第207页。

② 参见柏拉图：《理想国》，476c-476d。

们惯于把这些影像看成真正的实在,而对于造成这些影像的东西却毫无所知。最后有一个人逃出了洞穴,来到了光天化日之下,才看到真理的太阳,恍然大悟原来过去所见到的影像并不是真正的实在,而只是一些幻影。[①] 柏拉图就是用这种杜撰出来的比喻来贬低对于感性物质世界的认识,在他看来,不能把物质世界作为认识的对象,真正的知识不是来自物质世界,而只能来自虚无缥缈的所谓理念世界。

柏拉图硬说,认识的泉源不是客观物质世界,而是理念世界,无论是认识对象或是认识能力都源自最高的理念,即所谓“善的理念”。在柏拉图的唯心主义体系中,所谓“善的理念”实际上扮演着神秘莫测的一切事物的创造主的角色。请看柏拉图是怎样说的:“这个给予认识的对象以真理并给予认识的主体以认识能力的东西,就是善的理念。它乃是知识和真理的原因……太阳不仅使我们看见的事物成为可见事物,并且还使它们产生,成长,并且得到营养,但是太阳自己却不是被产生的,同样,你也可以说,知识的对象不仅从‘善’得到它们的可知性,并且从善得到它们自己的存在和实在性,但是‘善’自己却不是存在,而是超乎存在之上,比存在更尊严更有威力的东西。”[②] 所谓“善的理念”究竟是什么东西,一些柏拉图研究者有不同的解释,但不管怎样,它实质上只能是加以哲学伪装的宗教的神的别名而已。“善的理念”高高在上,处于超越尘世的理念世界的顶端,一切认识都统统来源于“善的理念”,也就是说认识是从天上掉下来的。这就使柏拉图的

① 参见柏拉图:《理想国》,414-517。

② 同上,508e-509b。

认识论带有浓厚的宗教神秘主义色彩，成为替宗教神学作论证的工具。

那么，怎样才能认识理念世界，得到所谓“知识”呢？在柏拉图看来，这只能借助于思想，而绝对不能借助于感觉，因为理念只是思想的对象，是不能被感知的。他十分轻视感性认识在认识过程中的地位和作用，否认感觉是知识的来源，片面地夸大理性的作用，把理性说成是获取知识的唯一泉源。据他讲，在认识过程中，“人的理性决不引用任何感性事物，而只引用理念，从一个理念到另一个理念，并且归结到理念”[①]。他不仅形而上学地把感觉和理性完全割裂开，而且极力贬抑感性知觉，甚至认为，人们要认识真理和得到知识，首先必须要抛弃一切物质的、感性的东西，完全从经验世界中超脱出来。按他的说法，在认识过程中起作用的是所谓灵魂，而不是肉体。他胡说什么当灵魂使用身体作为一种知觉工具，也就是使用视觉、听觉或其他感官的时候，灵魂就会迷惘而混乱，就像一个醉汉一样，只有当灵魂解脱了“肉体的愚蠢”之后，返回于其自身之中而进行思索的时候，它才能保持自身的纯洁，而观照那永恒的理念世界。他推崇所谓灵魂、鄙视肉体的观点，竟使他作出了这样的结论：“如果我们要有关于任何事物的纯粹的知识，我们就必须摆脱肉体……灵魂若是和肉体在一起的时候，就不可能有纯粹的知识；知识如果真能获得的话，也必须是在死后才能获得。”[②]可见他的先验论已经达到何等荒谬的地步！

---

① 柏拉图：《理想国》，511。

② 柏拉图：《斐多篇》，66。

马克思主义的唯物论的反映论认为，人的认识是客观物质世界的反映，离开了客观物质世界，离开了人在物质世界中的实践活动，就根本谈不到什么认识。毛泽东同志在《人的正确思想是从哪里来的？》中说："人的正确思想是从哪里来的？是从天上掉下来的吗？不是。是自己头脑里固有的吗？不是。人的正确思想，只能从社会实践中来，只能从社会的生产斗争、阶级斗争和科学实验这三项实践中来。"像柏拉图那样顽固地否认人的认识来源于实践，坚持人的思想是从天上掉下来的，这就是不折不扣的唯心主义先验论。

在感性认识和理性认识的关系问题上，柏拉图的观点也是和唯物主义反映论完全对立的。根据唯物主义反映论，人的认识过程是从感性经验开始的，然后由感性阶段上升到理性阶段，在这两个认识阶段之间存在着辩证的联系。"无数客观外界的现象通过人的眼、耳、鼻、舌、身这五个官能反映到自己的头脑中来，开始是感性认识。这种感性认识的材料积累多了，就会产生一个飞跃，变成了理性认识，这就是思想。"[①] 因此，理性认识是不能脱离感性经验的，如果以为理性认识可以不从感性认识得来，那就必然会堕入唯心论的先验论的泥坑中去。毛泽东同志说："理性的东西所以靠得住，正是由于它来源于感性，否则理性的东西就成了无源之水，无本之木，而只是主观自生的靠不住的东西了。"[②] 柏拉图完全抹杀感性认识和理性认识之间的辩证联系，把它们形而上学地割裂开和对立起来，根本否认人的认识开始于经验，理

---

① 《毛主席的五篇哲学著作》，人民出版社，1970年，第226页。

② 同上，第18页。

性认识依赖于感觉经验，因此他所谓的理性也完全成了无源之水，无本之木，只是主观自生的东西了。

柏拉图既然否认人的认识是对于客观世界的反映，又抹杀后天的感觉经验在认识中的作用，那末，显而易见，他所说的知识就只可能是某种先天就有的天赋的东西了。为了论证知识是先天就有的，柏拉图提出了在西方哲学史上有名的“回忆说”。可以说，柏拉图的这种理论是唯心主义先验论的一个典型。

柏拉图的回忆说是和宗教神秘主义的灵魂不死说紧密相连的。古希腊的灵魂不死说是一种原始的宗教迷信，有点类似“轮回说”，认为人死后灵魂要到彼世去受审，正义者升天，不正义者入地狱受罚，千年后又重新投生为人，或投生为兽。这种宗教迷信完全是为当时统治阶级效劳的。

根据柏拉图的回忆说，人的灵魂是永恒的、不死的，当灵魂下世体现在某一个人的肉体中以前，居留在一个星上面，在那里，灵魂有可能直观理念世界，因此在人生下来之前，他已有了关于理念世界，例如美本身、善本身、公正本身以及诸如此类的“绝对本质”的知识，所有这些知识是人带着它们一起生下来的。但是，当灵魂附在肉体上下降尘世之后，他就被物质世界弄迷乱了，忘记了原有的这些知识，只有靠了思想的作用，才能通过感觉而重新获得以前所有的知识。因此这个恢复原有知识的学习过程就是“回忆”。[①] 在《斐德若篇》里，柏拉图这样说道：“人类理智须按照所谓‘理念’去运用，从杂多的感觉出发，借思维反省，把它们统

---

① 参见柏拉图：《斐多篇》，75a-e。

摄成为整一的道理。这种反省作用是一种回忆，回忆到灵魂随神周游，凭高俯视我们凡人所认为真实存在的东西，举头望见永恒本体境界那时候所见到的一切……只有借妥善运用这种回忆，一个人才可以常探讨奥秘来使自己完善，才可以真正改成完善。"[①]因此，在他看来，知识是先天就有的，不死的灵魂事先就具有关于理念世界的知识，而人们的感官所感知的物质世界的一切事物只是理念的摹本，其本身是没有价值的、不实在的虚假幻影，并不能给我们提供真正的知识，它们的作用仅在于充当使人回忆起理念世界的一种手段。例如，人们通过具体事物的美而唤起对美的理念的回忆，"见到尘世的美，就回忆起上界里真正的美"[②]。

在《美诺篇》里，柏拉图详尽地发挥了一切知识都是回忆的理论。那篇对话中的主要人物苏格拉底向美诺断言，灵魂是不死的，他投生许多次，早就具有关于一切事物的知识，因此知识是用不到教的，只要把原有的知识恢复过来就行了，"一切研究，一切学习都只不过是回忆而已"。为了证明这一点，他要美诺叫来一个小奴隶，由苏格拉底来问他几何学的问题。那个小奴隶虽然没有学过几何学，但在苏格拉底的诘问的诱导下，却作了正确的回答，于是苏格拉底就借此断定这个小奴隶原来就具有几何学的知识，尽管他自己也没有察觉到这一点。[③]其实，柏拉图完全是在玩弄诡辩，他只是引导别人运用正常的推理能力得出必然的结论罢了，根本不是什么对"生而知之"的知识的"回忆"，而且人的推

① 柏拉图：《斐德若篇》，249。
② 同上。
③ 参见柏拉图：《美诺篇》，81-85。

理能力本身也离不开实践，它是在许多世代的社会实践中逐渐形成的。

柏拉图尽管主张知识是先天就有的，但他却并不认为人人都能回忆这些知识，因为在他看来，这种回忆知识的本领只是少数统治者、即哲学家的特权。他说："从尘世事物来引起对于上界事物的回忆，这却不是凡是灵魂都可容易做到的，凡是对于上界事物只暂时约略窥见的那些灵魂不易做到这一点，凡是下地之后不幸习染尘世罪恶而忘掉上界伟大景象的那些灵魂也不易做到这一点。剩下的只有少数人还能保持回忆的本领。"[①] 因此，在柏拉图那里，知识的大门只为少数"天才"而开，知识成为多数群众不得染指的禁脔，变成了一小撮精神贵族的私有财产。这就使柏拉图的认识论带有强烈的贵族主义色彩。柏拉图的这种理论，无非是企图从认识论方面为奴隶主统治者垄断文化知识寻找"根据"，把这种知识的垄断说成是天生如此，因而是"天然合理"的。

总起来说，从断言知识是先天就有的，是从天上掉下来的，到鼓吹必须由少数人垄断知识，这就是柏拉图的认识论的内在逻辑，也就是他的唯心主义先验论的实质所在。

三、柏拉图的先验论是为贵族奴隶主服务的工具

柏拉图的唯心主义哲学的产生并不是偶然的，它是古希腊奴

---

① 柏拉图：《斐德若篇》，250a。

隶社会中阶级斗争的产物，也是为当时的阶级斗争服务的。

作为人类历史上首次出现的阶级剥削和阶级压迫制度，奴隶制是带着浑身血污来到人间的。古希腊奴隶社会从来也不像某些资产阶级文人所描述的那样富有田园牧歌式的风味，而是充满着残酷的斗争和冲突。奴隶和奴隶主之间的阶级斗争一刻也没有停止过，它们之间的矛盾对立是古希腊奴隶社会的基本矛盾。随着奴隶制的发展，奴隶阶级反抗奴隶主的斗争日益尖锐化，震撼着奴隶制的基础。除此之外，统治阶级内部也发生激烈的分化，分裂为代表大奴隶主和大土地所有者利益的奴隶主贵族派与代表工商业奴隶主和一般自由民利益的奴隶主民主派，他们之间也进行着争夺政权的残酷斗争，有时甚至爆发流血的战争。例如，在古希腊唯物主义哲学的起源地米利都，这种斗争表现得特别尖锐激烈。“在米利都，人民最初获得了胜利，杀死了贵族们的妻子儿女；后来贵族又占了上风，把他们的对方活活烧死，拿活人作火把将城内的广场照得通亮。”① 在科西拉，奴隶主贵族派和奴隶主民主派的斗争，也导致了大规模的流血冲突，终于成为引起长期的伯罗奔尼撒战争（公元前431－前404年）的直接原因之一。② 所有这些阶级斗争和社会矛盾，都在当时哲学思想上留下了深刻的烙印。

柏拉图生活在一个社会大动荡的时代，他的整个幼年和少年时代经历了伯罗奔尼撒战争。他是德谟克里特的同时代人，但比后者稍晚。哲学上的柏拉图路线和德谟克里特路线，实质上只是

---

① 罗斯多甫采夫：《古代世界史》，英文版，第1卷，第204页。

② 参见修昔底德：《伯罗奔尼撒战争史》。

伯罗奔尼撒战争中两种对立冲突的社会力量的哲学代表而已。

伯罗奔尼撒战争是以雅典为首的奴隶主民主派和以斯巴达为首的奴隶主贵族派之间的实力总较量。当时希腊各城邦曾有过各种不同的国家形式，但主要可分为两类：奴隶主贵族或君主政体和奴隶主民主政体。贵族派和民主派的斗争就是为了争夺国家政权、建立代表各自利益的政体而展开的。一般说来，在斯巴达和伯罗奔尼撒同盟的诸城邦，贵族和君主政体占有优势；而在雅典及其控制下的诸城邦，则民主政体占有优势。当然，无论在斯巴达，或是在雅典，被剥削、被压迫的奴隶阶级都是毫无权利的，在奴隶主眼里，奴隶根本不被当作人，而只是“会说话的工具”。即使在战争激烈的时期，斯巴达和雅典的奴隶主阶级在镇压奴隶方面也是完全一致的。正如列宁所指出：“奴隶占有制时代的国家，不论是君主制、贵族共和制或民主共和制，都是奴隶占有制国家。”[①]但是，在历史上来说，奴隶主民主制和奴隶主君主制或贵族政体相比，终究是比较进步的国家形式。奴隶主君主制和贵族政体的拥护者代表着奴隶主阶级中的保守势力，他们力求由奴隶主贵族上层分子来把持国家机器，反对普通自由民参政。德谟克里特所继承和发展的古希腊朴素唯物主义哲学，是奴隶主民主派的哲学，而集古希腊唯心主义哲学之大成的柏拉图，则是斯巴达的崇拜者，是奴隶主贵族派的思想代表。伯罗奔尼撒战争的结局是雅典的失败，奴隶主贵族派战胜了奴隶主民主派，这标志着整个古希腊奴隶社会走向衰落的开始。由于苏格拉底及其

---

① 《列宁全集》，第29卷，第436页。

门徒柏拉图的哲学学派的产生而造成的唯心主义大泛滥，正是随着贵族奴隶主在政治上的得势而出现的一种哲学思潮。

因此，古希腊哲学中的德谟克里特路线和柏拉图路线的斗争，归根到底只是当时阶级斗争在意识形态领域内的反映。在认识论中，柏拉图的唯心主义先验论也是对德谟克里特的唯物主义反映论的一种反动。

柏拉图的唯心主义先验论是为他的社会政治观点服务的，他宣扬这一套唯心主义认识论的目的，归根到底就是要“论证”和维护奴隶制的秩序，特别是为奴隶主贵族专政的政治制度作辩护。他所设计的乌托邦，即所谓“理想国”，就是运用唯心主义先验论去解决社会政治问题的一个典型。

柏拉图把“理想国”的公民划分为三个等级：统治者、武士和工农业劳动者。这种划分是终身固定不变的，而且除了极个别的特殊情况外，还是世袭的。他编造了一个神话故事来为他所鼓吹的等级制度制造根据，在《理想国》里，他这样说：“我们要对我们的公民说：你们彼此虽是兄弟，但是神还是用不同的东西把你们造出来的。你们之中有些人具有统治的能力而适于统治人，在创造这些人的时候神用了金子，因此这些人也就是最珍贵的。另一些人是神用银子做成的，这些人就成为统治者的辅助者。再有一些人是农夫和手艺人，这些人是神用铜和铁做成的。”[①] 至于在古希腊社会中受到极其残酷的压迫和剥削的奴隶阶级，在柏拉图眼里就根本不能算作人，因此也就没有资格列为一个等级。照他

① 柏拉图：《理想国》，第415页。

说来，神造人是有目的的，某些人天生就配做统治者，而另一些人由于天性低劣生来就只配做被统治的劳动者，生在那个等级都是命中注定的事，只能顺从命运，不能怨天尤人，更不应对自己的地位不满，起来反抗。柏拉图千方百计企图论证剥削阶级和剥削制度存在的合理性和必要性，竭力想使等级制度固定化和永恒化。马克思在他的伟大著作《资本论》中，曾深刻地揭露了柏拉图的“理想国”的反动实质，指出它“只是埃及种姓制度在雅典的理想化”[①]。

柏拉图知道，要巩固奴隶主阶级的统治，奴隶制国家政权掌握在谁手里是个关键问题。他站在奴隶主贵族派的立场上，坚决反对一般自由民、特别是工农业劳动者参政。他说：“统治者应当把这个神谶引以为戒，即：一旦铜铁作成的人掌握了政权，国家便要倾覆”[②]。他主张必须由少数奴隶主贵族垄断政权，竭力为奴隶主贵族专政寻找“理论”根据。

从这种奴隶主贵族立场出发，柏拉图激烈地反对和攻击当时古希腊的奴隶主民主制。在柏拉图看来，人天生就是不平等的，只有建立在少数优秀分子的统治之上的政体才是最好的。他鄙视人民群众，把他们污蔑为“叛变的水手”，没有驾船的才能和知识，只知道争权夺利，只有天生就有知识的“哲学家”才配当船长，应当有权来统治这些水手。他攻击民主制是什么“恶政府”，认为在民主制度下自由太多了，影响整个奴隶制的巩固。他描绘了一幅在他看来十分可怕的景象：父子平等，老师害怕学生，男女

---

① 《马克思恩格斯全集》，第23卷，第405-406页。

② 柏拉图：《理想国》，415d。

同享自由，奴隶与奴隶主讲平等，甚至动物也大为自由，狗和它的主人比美，驴马也拥有自由民的一切权利和尊严，昂首前进，冲撞不肯为它们让路的人。柏拉图的这些胡言乱语，充分暴露了奴隶主贵族蔑视人民和害怕群众的心理。雅典当时的民主制始终是奴隶主的民主，这种民主和自由只有少数剥削者才能享受，本来已经带有很大的局限性，根本谈不上什么自由的“过度”。柏拉图却认为，即使是这样的奴隶主的民主和自由，也还是太多了。在他看来，就是在统治阶级内部也只允许由极少数上层人物组成的特殊阶层来掌握统治权，他的唯心主义先验论正是被用来从认识论方面为他的政治主张作“论证”的。

前面已经说过，根据柏拉图的唯心主义的认识论，知识是人先天就有的，但“回忆”这种知识却只是少数人才有的本领。柏拉图认为，哲学家就是这种具有天赋才能的优秀分子，也只有这些天生的特殊人物才是真正爱智慧、爱知识和追求真理的人。国家政权必须要掌握在这么一批“生而知之”的“天才”手里，一定要由哲学家来做国王，由“哲学王”来充当统治者。他危言耸听地威胁说，如果不是这样，“国家就永远不会得到安宁，全人类也不会免于灾难”。显然，柏拉图的所谓哲学家，实际上指的是古希腊奴隶社会中享有文化教育特权的上层奴隶主贵族，由所谓哲学家来执掌国家政权，也就是要建立奴隶主贵族专政。

照柏拉图说来，掌握国家政权需要特殊的知识，这种统治的知识既不同于木匠、铁匠的知识，也不同于农业生产的知识，而是只有极少数具有真正的智慧的人才能掌握的，整个国家的命运仿佛就完全决定于这少数统治者的天生的智慧。在《理想国》里，他说,“一个建立在自然原则之上的国家,其所以整个说来是有智慧的,乃是由于它的最少的一部分人,以及由于领导和统治它的那一部分人所具有的知识。并且我们还可以看到唯有这种知识才配称为智慧,而照自然的规定能够具有这种知识的人,乃是最少数的人。”[①]在他的另一篇著作《政治家》中,他说政治学是一种纯知识,是最难的一门科学,只有极少数人才能掌握,一般人(特别是奴隶)是绝对不配去掌握这种统治术的。[②]他把人民群众恶毒地诬蔑为“畜群”,说什么统治者不应该是国民的公仆,而应该充当“牧羊人”的角色。在这里,柏拉图蔑视人民群众、推崇个别杰出人物的奴隶主贵族立场真是暴露无遗,而唯心主义先验论正是他所宣扬的“英雄创造历史”的唯心史观的理论根据。

柏拉图的道德观也贯彻着他的唯心主义先验论。据他说,人的灵魂可以分为三个部分:理智、意志和情欲,而这三部分就相当于“理想国”中的三个等级:统治者、武士和劳动者,与此相应的是三种美德:智慧、勇敢和节制。因此,在柏拉图看来,统治阶级天生就是富于智慧的,他们应该像人的理智那样地支配一切;武士则应该像意志那样坚强有力,发扬勇敢精神死心塌地充当统治阶级的得力工具;而劳动者和奴隶则由于“生性低劣”相当于人的情欲,必须加以“节制”,也就是必须对他们实行专政。据他讲,只有统治者和被统治者各守其位,安分守己,才算是“正义”,如果劳动人民和奴隶们起来造反,那末在他看来就是最大的“不正义”。很明显,柏拉图的所谓“正义”就是维护奴隶主贵族的统

---

① 柏拉图:《理想国》,428e-429a。

② 柏拉图:《政治家》,289e,292d-e。

治秩序，他的道德学说完全是为这种政治目的服务的。

我们知道，在阶级社会里，抽象的、永恒不变的、超阶级的道德根本是不存在的，道德总是带有强烈的阶级性。恩格斯说得好："一切已往的道德论归根到底都是当时的社会经济状况的产物。而社会直到现在还是在阶级对立中运动的，所以道德始终是阶级的道德；它或者为统治阶级的统治和利益辩护，或者当被压迫阶级变得足够强大时，代表被压迫者对这个统治的反抗和他们的未来利益。"[①]柏拉图的道德就是为统治阶级的统治和利益辩护的奴隶主贵族的道德。事实上，柏拉图也认为只有统治阶级才有真正的道德。他继承和发展了苏格拉底关于知识即道德的唯心主义思想，断言只有依靠知识才能认识真理、正义、善的理念，而"善的理念是最高的知识"。根据柏拉图的唯心主义先验论观点，既然知识只是少数统治者的天赋才能，那末当然只有他们才有道德了。而劳动人民由于不具备柏拉图所要求的那种"知识"，他们从生产实践和社会实践中获得的丰富知识根本不被柏拉图所承认，因此他们在柏拉图的心目中当然也就没有道德了。靠剥削人吃饭的统治阶级有道德，而养活他们的被剥削阶级却反而没有道德，世界上居然有这种颠倒黑白的谬论！但这正是唯心主义先验论所必然导致的结论，而后世的剥削阶级思想家们也往往重复柏拉图的这一套论调。

唯心主义先验论也表现在柏拉图的教育思想中。在他的《理想国》里，教育带有非常鲜明的阶级性，只有按照天性适宜于担任

---

① 恩格斯：《反杜林论》，人民出版社，1970年，第91-92页。

统治者和武士的出身于奴隶主贵族的所谓“金银质”儿童，才有受教育的资格，而出身于劳动人民家庭的所谓“铜铁质”儿童则根本被剥夺了受教育的权利。教育的唯一目的，就是要培养统治人才，也就是要为奴隶主贵族培养接班人。

从上面所述可以看得很清楚，柏拉图的唯心主义先验论带有强烈的阶级性，它是为奴隶主贵族的政治服务的。列宁说，认识论是一门有党性的科学。[①]柏拉图的例子又一次证明了列宁所指出的这个真理。

（原载《欧洲哲学史上的先验论和人性论批判》，
人民出版社，1974年）

① 参见列宁：《唯物主义和经验批判主义》，人民出版社，1970年，第344页。

青年黑格尔的社会政治思想

黑格尔的辩证法是马克思主义的重要思想来源之一，对黑格尔辩证法的研究应该得到哲学史工作者的特别重视。列宁说："马克思和恩格斯认为，黑格尔辩证法这个最全面、最富有内容、最深刻的发展学说，是德国古典哲学最大的成果。"[1] 这充分肯定了黑格尔辩证法的历史价值。

黑格尔辩证法是在什么样的社会阶级基础上形成的？这是我们研究黑格尔辩证法时首先必须解决的问题。这个问题在过去没有加以认真的、深入的研究。在斯大林时期的苏联，曾经有过一种流行一时的错误看法，使这个问题不能得到正确的解决。毛泽东同志批判过这种错误看法，明确地指出，"把德国古典唯心主义哲学说成是德国贵族对于法国革命的一种反动。作这样一个结论，就把德国古典唯心主义哲学全盘否定了"[2]。无疑，这种错误看法严重地影响了对黑格尔辩证法的评价，并使有关马克思主义思想来源的研究发生了极大的困难。如果这种看法能够成立，那就无法解释为什么本质上是革命的辩证法竟会在腐朽反动的封建贵族哲学中得到高度的发展，更难解释为什么无产阶级革命哲学竟要以这样一种没落阶级的意识形态作为自己的思想源

---

① "卡尔·马克思"，《列宁选集》，第2卷，第583页。

② "在省市自治区党委书记会议上的讲话"，《毛泽东选集》，第5卷，第347页。

泉了。

应该指出，把德国古典哲学说成是德国贵族对于法国革命的一种反动，是没有任何理论根据的，也是严重违背历史事实的。恰恰相反，德国古典哲学、特别是黑格尔辩证法，乃是法国资产阶级革命在当时德国特殊历史条件下的一种曲折的思想反映。当然，这需要作具体的论证，单纯地下一个判断是无济于事的。

我们认为，要弄清黑格尔辩证法形成的社会阶级基础，关键之一在于正确地剖析黑格尔的早期社会政治思想，亦即他在写作《精神现象学》一书以前的思想发展。可以说，这是理解黑格尔辩证法的形成过程的一把钥匙。一般说来，《精神现象学》出版时，黑格尔已经以一个成熟的辩证法思想家的面貌问世了，而他在该书出版以前的一系列著作则仿佛都是为他的辩证法思想的形成作准备。这些早期著作在黑格尔的思想发展上是重要的里程碑，它们清楚地说明了青年黑格尔的阶级立场和观点，也在某种程度上揭示了黑格尔辩证法的秘密，暴露出它的阶级本质。因此，对黑格尔辩证法的认真研究，有必要从他的早期著作开始。

在黑格尔生前，他的早期著作绝大部分没有出版，除了在罗森克朗茨所写的黑格尔传记中有所提及外，这些著作并没有得到应有的重视和研究。黑格尔的这些遗留下来的手稿的整理和出版，主要是在本世纪开始进行的，直到20-30年代才告完成。本世纪初，德国资产阶级唯心主义哲学家、所谓“生命哲学”的鼓吹者狄尔泰，研究了保存在柏林皇家图书馆里的黑格尔青年时期的手稿，于1906年发表了《黑格尔青年时代的历史》一书，从此引起了人们对黑格尔早期著作的注意。次年，狄尔泰的学生诺尔整理出版了黑格尔的一部分手稿，并且加上了《黑格尔青年时期神学著作》这样一个很不确切的书名。后来，拉松编辑出版了《黑格尔政治和法哲学著作》（其中收集了第一次发表的《德国宪法》、《伦理体系》）和《黑格尔耶拿时期的逻辑、形而上学和自然哲学》。霍夫迈斯特也编辑出版了黑格尔讲演稿《耶拿时期的实在哲学》，并收集了过去散见的一批文献，辑成《有关黑格尔思想发展的文献》一书。这些文集基本上包括了黑格尔早期的主要著作，为我们研究黑格尔青年时代的思想发展提供了第一手材料。

马克思、恩格斯和列宁虽然未能读到黑格尔的这些早期著作，但他们对黑格尔哲学所作的许多深刻的评述，却由于这些早期著作的出版而又一次得到了证实。这充分说明马克思列宁主义的科学具有威力无穷的洞察力。相反，有些资产阶级学者尽管掌握了大量有关的原始资料，却由于他们的阶级偏见和唯心主义的思想方式，始终不能对黑格尔青年时代的思想发展过程作出正确的解释。例如前面所说的那个狄尔泰，虽然他很熟悉黑格尔的早期著作并竭力加以吹捧，说黑格尔从未写过“比这更美的东西”。但是，他力图把青年时代的黑格尔歪曲成为一个非理性主义者，把黑格尔思想神秘化，仿佛在黑格尔的早期著作中就已经有了所谓“生命哲学”的萌芽。在研究黑格尔的现代资产阶级学者中间，狄尔泰那样的观点是有代表性的，流毒亦颇为深广。这表明现代资产阶级已经完全没有能力去正确地认识黑格尔哲学的“合理内核”，更谈不上对它进行批判地继承了。

扫除现代资产阶级学者所制造的迷雾，对黑格尔的早期思想的发展作出客观的、正确的估价，并阐明形成黑格尔辩证法的社会阶级基础，这是一个很繁重的任务。下面我们只是试图在这方面进行初步的探索。

一、关于启蒙运动对黑格尔早期思想形成的影响

青年黑格尔的世界观，是在启蒙运动思想的强烈影响下开始形成的。黑格尔早期社会政治观点带有启蒙运动的深刻烙印，这是无可辩驳的事实。

1780-1788年，黑格尔在斯图嘉特上中学，在他的传记和思想发展史上一般被称为斯图嘉特时期。当时的斯图嘉特中学正在启蒙运动的影响下进行逐步的教学改革，神学和哲学课程注重学生的性格形成，并且加强了德国文学和自然科学方面的课程。这对刚开始学习思考、如饥似渴地寻求知识的年轻的黑格尔，产生了不小的影响。黑格尔去世后，罗森克朗茨收集了黑格尔中学时期的全部笔记。从这些笔记中可以看出，黑格尔在这个时期内勤勉地阅读和摘录了大量启蒙运动者的著作，其中有卢梭的《忏悔录》和莱辛、加尔夫、舒尔采、门德尔松等人的作品[①]，还阅读了许多古希腊罗马的古典著作，如柏拉图、亚里士多德、西塞罗、塔西陀的一些作品，甚至还翻译了索福克勒斯的悲剧《安提戈涅》

---

① 遗憾的是，关于卢梭和莱辛的读书笔记都已亡佚。有的研究者（如哈里斯）认为，黑格尔阅读卢梭的著作要晚一些，是在图宾根时期开始的，对罗森克朗茨的说法表示怀疑（参看哈里斯：《黑格尔的发展》，牛津，1972年，第49页）。关于黑格尔所摘录的莱辛的著作，霍夫迈斯特认为可能是《文学书简》和《汉堡剧评》。此外，黑格尔还肯定读过莱辛的《智者那坦》，因为他在这个时期写的文章引证过这部著作。

和朗吉努斯的《论崇高》。罗森克朗茨在谈到黑格尔所受的中学教育时说，“黑格尔所受的教育，在原则方面完全是属于启蒙运动性质的，而在课程方面则偏重于古代的古典作品。”[①] 霍夫迈斯特也承认，影响求学时期的黑格尔的不仅是康德和费希特，而且是启蒙运动的整个传统。[②]

在黑格尔中学时期的笔记中，有一长段摘录特别值得我们注意。这段文字摘自门德尔松于1784年《柏林月刊》发表的《什么是启蒙》一文，其中有这样的一些话：“教育、文化和启蒙是社会生活的各种变形，是人们的工业和他们改善自己的社会状况的努力的产物。艺术和工业越是使一国人民的社会状况和人的使命(die Bestimmung des Menschen)相协调，该国人民也就越能得到更多的教育。”“人的使命可分为：1. 人作为一个人的使命，2. 人作为一个公民的使命……把人作为人来对待，启蒙是没有等级(Stände)区别而对所有人的。把人作为公民来看，启蒙则按等级和职业而有所不同。但是，在这里人的使命为人的努力提供了标准和目标。”门德尔松是唯心主义哲学家，他是莱辛的朋友，属于德国启蒙运动的温和派。他的上面这些话很可以表现整个德国启蒙运动的思想特征。所谓把人作为人来对待，提出人作为一个公民的使命，要求改善人的社会状况等等，都无非是当时幼弱的资产阶级反封建的要求和愿望的某种反映。黑格尔在摘录门德尔松的文章时虽然没有加上他自己的评论，使我们难以确切地判定他在何种程度上赞同门德尔松的这些观点，但是启蒙思想对

---

① 罗森克朗茨：《黑格尔传》，德文版，第10页。

② 参见《有关黑格尔思想发展的文献》，德文版“序”，第Ⅶ页。

这个年轻的中学生的影响无疑是巨大的，这从他中学时期写的一些文章可以得到证明。

据罗森克朗茨说，他所见到的黑格尔中学时期写的文章中，最早的一篇是“三头对话”[①]。此文作于1785年5月30日，是以古罗马第二次三头执政安东尼、雷必达和屋大维之间的戏剧对话的形式写成的。从黑格尔的这篇习作可以明显地看到莎士比亚的剧本《朱利·恺撒》的影响。[②]令人感到兴趣的是黑格尔在该文中流露出来的政治倾向。黑格尔心目中的英雄是屋大维，他勉强同意对西塞罗实行公敌宣告，并且对“自由的罗马人”是否会容忍一个主人表示怀疑。屋大维在最后的独白中说：“我这个不当奴隶的人是不习惯在一个主人的傲慢的目光下低头的。”显然，黑格尔是把古代罗马共和国的自由（那种奴隶制度下的自由）加以理想化和美化了，而这正反映了当时启蒙运动者对罗马史的普遍的看法。

黑格尔在中学时期写的最重要的一篇文章是“论希腊人和罗马人的宗教”（1787年8月）[③]。这篇文章已经开始提出一些很有独创性的见解，表明年轻的黑格尔尝试独立思考问题。在这篇文章里，黑格尔基本上遵循着十八世纪理性主义精神，对宗教迷信和偶像崇拜进行了谴责。黑格尔认为，在宗教方面，希腊人和罗马人所走的是所有民族都走过的道路，所有民族都发展了关于上帝的观念。“在幼年时期，在原始的自然状态下，人们把上帝想象

---

① 见《有关黑格尔思想发展的文献》，德文版，第3-6页。

② 黑格尔很早就开始阅读莎士比亚的作品，在他八岁的时候，老师就送给他一部多卷本的德译莎士比亚戏剧集。在他的日记中曾经提到过这件事。

③ 见《有关黑格尔思想发展的文献》，德文版，第43-48页。

成一个全能的存在物，他任意地统治着人们和一切事物。他们按照他们所知道的主人的模型，来形成他们关于上帝的观念，家族的族长和头领完全随心所欲地对他们的部属操有生杀之权，而部属们则盲目地听从他们的一切命令，甚至听从非正义的、不人道的命令；上帝也像人样发怒，轻率地行动并可能为此而感到后悔。他们正是以这种方式来想象他们的上帝。在我们这个有名的启蒙时代，大多数人的观念还仍然是这样形成的。"①黑格尔指出，人们认为恶来自上帝的惩罚，因此用牺牲去讨上帝的欢心。早期的希腊人和罗马人，由于对可怖可畏的全能之神的迷信崇拜，建造了万神殿，在遇到困难时就去那里求助。祭师们用许多礼仪去教人迷信。迷信的希腊人把每件东西都看作预兆，"直到我们今天，人们仍然把彗星看作国王去世的兆头，把猫头鹰叫看作人将死的兆头"。而有些狡猾的头脑机灵的人，就利用宗教信仰，他们把自己的一切行动都和宗教联系起来，因而使这些行动成为神圣而正当的事。

年青的黑格尔认为，只有当一个民族达到了一定的教育阶段时，才能出现一些具有明晰理性的人，他们开始发现"更好的上帝概念"，并向别人传授。希腊哲学家们的神的概念是更开明的，他们教导说，神给予每个人充分的手段和力量去获得幸福，真正的幸福是通过智慧和道德的善而达到的。他们关于神的最后本质提出了各种不同的说法，这说明要达到真理是多么困难。在历史上我们可以看到，习惯和古老的习俗怎样使人们把胡言乱语当作

① 见《有关黑格尔思想发展的文献》，德文版，第43-44页。

理性、把极度愚蠢当作智慧来接受。由此黑格尔得出结论说："这将使我们小心地去对待我们自己所继承的传统的看法，甚至准备去审查那些我们头脑里从未发生怀疑和揣测的看法，去审查一下那些看法是否可能是完全错误的或只有一半是正确的。"①

黑格尔在这篇文章里猛烈地抨击宗教迷信，尊崇理性，对传统观念提出了大胆的怀疑，所有这些无疑地都是符合于启蒙运动精神的。在这里需要注意的是他对待宗教的态度，他的这些初步的看法在以后的著作中得到了进一步的发展，成为整个黑格尔青年时代思想的一个重要组成部分。黑格尔从来也不是无神论者，他并不否定宗教，而只是反对迷信。他对宗教的看法总的说来接近于启蒙运动中的温和派的观点，但在他的文章中也包含着一些很有价值的思想萌芽。他虽然也像某些启蒙运动者一样，把宗教迷信看作由于教育不发达而愚昧无知的产物，但他并不是把宗教简单地归结为纯粹由骗子手编造出来而使人受骗上当的谎言，而开始接触到产生宗教观念的社会历史根源。在他看来，人们早期的上帝概念是按照人们在生活中所熟悉的"主人"的模型来形成的，因此也就赋予上帝以"主人"的一切特性。从黑格尔的这种看法实际上可以导致这样的结论：不是上帝按照自己的形象来创造人，而是人根据自己的形象去塑造上帝。黑格尔自己并没有明确地说出这一点，这个思想在他那里始终处于萌芽状态，但对于一个中学生来说，有这样独创的见解确实已经是难能可贵的了。

年青的黑格尔并不否认神的存在，他的启蒙思想是不彻底

① 《有关黑格尔思想发展的文献》，德文版，第47-48页。

的。但是,黑格尔的宗教观点所强调的是人,而不是神。人向神贡献牺牲,为神建造壮丽的万神殿,并不是真正为了神,而是为了自己。讨神的欢心,是为了害怕神的惩罚或是为了求得神的帮助,因此归根到底是为了人的利益。而一旦人的理性认识到这样做的荒谬性,他们就不再把人的幸福看作是神的赏赐,而看作是人自己努力的结果。这种以人为中心的观点,是青年黑格尔的启蒙思想的一大特色。

黑格尔主张独立思考,要求对一切传统思想进行重新审查,这也表现了启蒙运动的精神。恩格斯在谈到法国启蒙运动者的时候说:“他们不承认任何外界的权威,不管这种权威是什么样的。宗教、自然观、社会、国家制度,一切都受到了最无情的批判;一切都必须在理性的法庭面前为自己的存在作辩护或者放弃存在的权利。”[①] 由于历史条件的不同,德国启蒙运动者远没有达到这样彻底的程度,他们对传统事物的批判暂时还仅限于思想的范围内。中学时期的黑格尔主要还是接受德国启蒙运动者的思想影响,后来随着他的视野的扩大,他对传统事物的态度也就越来越激烈了。

黑格尔在中学时期写的另一篇文章“论古代诗人〔与近代诗人不同〕的某些特征”(1788年)[②],也值得一提。这篇文章显然受到启蒙运动者加尔夫关于同一论题的一篇文章的强烈影响(加尔夫的文章写于1770年,题为:“对古代和近代作家、特别是古代和近代诗人的作品的某些区别的一个考察”)。黑格尔把古代诗

① 《社会主义从空想到科学的发展》,《马克思恩格斯选集》,第3卷,第104页。

② 见《有关黑格尔思想发展的文献》,德文版,第48-51页。

人和近代诗人作了对比，认为古代诗人比近代诗人优越。他后来把希腊艺术看作美的典范，这种观点在他的这篇早期著作中已见端倪。一般说来，对于古典作品的颂扬，也是当时启蒙运动者通常的看法。值得我们注意的是黑格尔论证的方式。黑格尔指出，古代诗人的一个重要特征是质朴性（Simplizität），他们如实地把事物的原貌呈现在我们面前，不加夸大和人为的加工，他们的思想直接来自个人经验，直接从生活中取材，他们在写作时毫无拘束，没有什么条条框框，每个人都有他自己的独创性。而近代诗人所描述的历史事件则来自书本的材料，与我们本民族的宗教体系和真实历史没有本质联系，因而我们的兴趣从作品的内容本身转向了诗人的技艺。古代人的思想是从个人生动的直接经验中抽象出来的，近代人的思想则是脱离经验从书本中得来的。黑格尔反对死读书，他说："冷漠的死读书在大脑上印下死板的符号"。近代人从小就学习一大堆流行的言语和观念符号，根据这些东西去形成自己的观念，因此他们的认识早就被划定了范围和界限，这样得到的思想也就不能不是脱离实际的空洞的抽象。在这里，黑格尔所作的古代人和近代人的对比，实际上也就是素朴的辩证思维和形而上学思维的对比。后来，黑格尔在《精神现象学》一书序言里又重复提出了并进一步发挥了这个看法。他写道："古代人的研究方式跟近代的研究很不相同，古代人的研究是真正的自然意识的教养和形成。古代的研究者通过对他的生活的每一细节都作详尽的考察，对呈现于其面前的一切事物都作哲学的思考，才给自己创造出了一种渗透于事物之中的普遍性。但现代人则不同，他能找到现成的抽象形式；他掌握和吸取这种形式，可以说只是不假中介地将内在的东西外化出来并隔离地将普遍的东西（共相）制造出来，而不是从具体事物中和现实存在的形形色色之中把内在和普遍的东西产生出来。”[①]黑格尔为什么要赞扬古代人和贬抑近代人，原因就在于他欣赏古希腊的自发的朴素辩证法，反对在近代曾经占统治地位的形而上学思想。他对近代人的指责，应该理解为对形而上学的批判。有的现代资产阶级学者，如赫林把黑格尔说成是一个所谓“精神的经验论者”[②]，这就说明他根本没有理解黑格尔的辩证法，从而把黑格尔所说的具体共相和经验论混为一谈了。

这里需要提一下青年黑格尔于同一年十二月写的另一篇文章“论阅读古希腊罗马古典作家们的作品对我们的益处”。他写这篇文章时已经从斯图嘉特中学毕业，刚进入图宾根神学院学习。根据罗森克朗茨的看法，这篇文章只是黑格尔前一篇论古代诗人特征的文章的改写稿。两篇文章的中心思想确实没有多大变化，只是在某些观点上，后一篇文章比以前更明确了。例如，他特别强调古希腊文化的优越性，相形之下把罗马的作品则放在较低的位置上，认为它们大多数只不过是摹仿而已。[③]他还认为在一切时代人类精神普遍地都是一样的，只是由于环境的不同，人类精神的发展有各种不同的变形。他把希腊人的那种健康的、完整的自然意识同现代人的堕落的、分裂的人为意识对立起来，希望能够借助于研究古典遗产去克服现代意识的这种缺点。黑格

① 黑格尔：《精神现象学》，上卷，商务印书馆，1962年，第21-22页。

② 赫林：《黑格尔，他的志愿和著作》。

③ 见《有关黑格尔思想发展的文献》，德文版，第170页。

尔的这个想法是当时许多启蒙运动者所共有的，而且到后来还得到了进一步的发展。

在中学毕业时，黑格尔代表全班在毕业典礼上致告别辞。[①]他在这篇讲话中表扬了斯图嘉特中学的教育，描述了土耳其人在艺术和科学方面的不发达状态。他认为，土耳其人所以野蛮，不是由于缺乏才能，而是由于国家忽视教育。“因此，教育对一个国家的公共福利有着多么重大的影响啊！我们多么明显地看到在这个民族（指土耳其人——引者注）那里忽视教育的可怕后果。”现在经过某些研究者的考证已经弄清楚，黑格尔在讲话里谈论土耳其是出于修辞学老师豪格的授意。但是，黑格尔对教育的社会作用和意义的强调，乃是他自己的看法，这可以从他当时的读书摘录中得到证明。[②]在他看来，教育是整个社会机体的基础，国家的首要职责就是推进教育事业。黑格尔对教育的这种看法，也正是启蒙运动思想家们一般所宣扬的观点。他们都幻想通过教育来促使社会进步，把教育看作改造社会、推动社会发展的主要手段。年青的黑格尔也无疑地接受了他们的影响。

斯图嘉特时期的黑格尔，是在启蒙运动思想的熏陶下开始形成自己的世界观的。我们在他后来成熟时期的著作中，还能感觉得到他早年所受到的这种影响。例如，在《历史哲学》中，黑格尔就曾经这样热情地描述启蒙运动说：“人类的眼睛变得明亮了，知觉变得敏锐了，思想变得灵敏并有解释的能力了。‘自然’法则的

① 见《有关黑格尔思想发展的文献》，德文版，第52-54页。

② 例如，他有一个读书摘录，题为：“教育：俄国师范学校计划”，同上，第54-55页。

发现,使人类能够对抗当时那种极端荒谬的迷信,并且对抗那只有魔术才能够克服的对于巨大陌生的权力的一切观念……他们拥护着'个人'独立的自主,来反对那根据着权威的信仰"。又说:"启蒙运动从法兰西输入到日耳曼,创造了一个新思想、新观念的世界。"[①]上面这一番话在某种程度上可以被理解为黑格尔自己的精神发展史中的一个断片。正是在启蒙运动的培育下,年轻的黑格尔眼睛变得明亮了,而且在他面前开始展现一个新思想、新观念的世界,那就是法国革命所创造的新世界。

二、青年黑格尔是怎样对待法国资产阶级革命的?

1788年秋,黑格尔进图宾根大学神学院学习。不久就爆发了震撼整个欧洲的法国大革命,这位具有启蒙思想的青年大学生,像当时许多进步青年一样,为这个伟大的历史事件感到欢欣鼓舞。正如恩格斯所说:"突然,法国革命像霹雳一样击中了这个叫做德国的混乱世界。它的影响非常大。极其无知的、长期习惯于受虐待的人民仍然无动于衷。但是整个资产阶级和贵族中的优秀人物都为法国国民议会和法国人民齐声欢呼。"[②]黑格尔对法国革命的关心并不是转瞬即逝的一时的热情冲动,他始终密切地注视着法国革命的发展进程,试图去理解它在世界历史上的意义。我们甚至可以说,黑格尔的哲学世界观的最后形成是和法国资产

① 黑格尔:《历史哲学》,商务印书馆,1963年,第487、488页。
② 《德国状况》,《马克思恩格斯全集》,第2卷,第635页。

阶级革命的结局分不开的。

在图宾根时期，黑格尔学了两年哲学课和三年神学课。虽然他通过了所有的必修课程，并取得了哲学和神学的学位，但他在那个时期的真正兴趣却不在抽象的哲学和神学问题，而在于比较现实的社会政治和伦理问题。也正是在这时期内，黑格尔特别醉心于卢梭的著作，接受了卢梭的巨大影响。卢梭代表着法国启蒙运动中激进的一翼，是法国资产阶级革命的思想旗帜。黑格尔对卢梭的倾慕是同他对法国革命的态度分不开的。根据罗森克朗茨在黑格尔传记中引自报刊的材料，黑格尔当时的同学回忆说："至少在我结识他的四年内，形而上学① 并不是黑格尔的专门兴趣所在。他心目中的英雄是他经常阅读的《爱弥儿》、《社会契约论》和《忏悔录》的作者卢梭。他认为，阅读这些书使他从一般的偏见、习惯的假设或他所谓的桎梏下解放出来了……在图宾根，他甚至还不真正熟悉康德老爹的著作"。"人们说，黑格尔是宣传自由、平等的最热心的讲演者，并像当时所有青年一样，热烈地崇拜〔法国〕革命的思想。有一个星期日早晨，一个美丽的、晴朗的春天早晨，黑格尔、谢林和其他几个朋友，据说到离图宾根不远的草地上种了一株自由树。"在法国革命的精神鼓舞下，图宾根神学院的学生曾经仿照雅各宾俱乐部的榜样成立了秘密的政治团体，阅读和交流被查禁的法国革命报刊，举行集会讨论有关祖国前途的政治问题，甚至高唱《马赛曲》（把这首革命歌曲译成德文的是谢林）。这些活动曾经遭到反动当局的追查，而青年黑格尔

---

① 这里所说的形而上学指的是研究经验范围以外的对象的那部分哲学。

则是当时的进步学生运动的参与者之一。[①] 他的大学时期纪念册上的许多题词，也可以印证他的政治态度。在那里我们可以看到这样一些革命口号："打倒暴君！""自由万岁""让·雅克（即卢梭——引者）万岁！"等等。[②]

法国资产阶级革命使年轻的黑格尔受到了一次真正的思想洗礼。恩格斯说，"黑格尔谈论这次革命时总是兴高采烈的"[③]，又说，"在他的著作中相当频繁地爆发出革命的怒火"[④]。所有这些无疑地都应归因于法国革命对黑格尔的影响。直到黑格尔晚年，当他已经成为柏林大学教授、普鲁士王国官方哲学家的时候，他仍然在巴黎人民攻克巴士底狱的纪念日举行聚会，请朋友们为这一革命事件干杯。在《历史哲学》中，他还热情地称颂法国革命说："自从太阳照耀在天空而行星围绕着太阳旋转的时候起，还从来没有看到人用头立地，即用思想立地并按照思想去构造现实。阿那克萨哥拉第一个说，Nûs 即理性支配着世界；可是直到现在人们才认识到思想应当支配精神的现实。这是一次壮丽的日出。一切能思维的生物都欢庆这个时代的来临。这时笼罩着一种高尚的热情，全世界都浸透了一种精神的热忱，仿佛第一次

---

① 有的西方学者如哈里斯武断地认为，关于青年黑格尔参加政治活动的回忆录材料都是"没有根据的""神话"。他虽然对黑格尔的学生时代作了极其烦琐的详细考证，却一叶障目，看不见基本的历史事实。要知道在十九世纪普鲁士反动势力猖獗的情况下，黑格尔的那些老同学根本没有必要去制造关于黑格尔曾经向往法国革命的"神话"。

② 参阅库诺·费舍：《黑格尔的生平和著作》，《近代哲学史》，第8卷。

③ 《路德维希·费尔巴哈和德国古典哲学的终结》，《马克思恩格斯选集》，第4卷，第211页。

④ 同上，第216页。

达到了神意和人世的和谐。”[①]从这一段话里我们可以想象得到，当几十年前法国革命刚爆发时，大学生黑格尔会抱有何等欢欣鼓舞的激动心情了。

1793年，黑格尔从图宾根神学院毕业后，并没有去从事宗教职业，而是去瑞士伯尔尼担任家庭教师，后来又回到德国，在法兰克福当家庭教师。1801年，去耶拿大学任哲学讲师，开始了他的学术生涯。从伯尔尼到耶拿，在黑格尔的思想发展史上是一个重要的阶段，他自己的哲学世界观正是在这个阶段形成的。他博览群书，研究哲学、历史、宗教、经济和伦理等各方面的问题，同时也密切地关心与法国革命相联系的当代政治问题，并且在他的著作和书信中经常对政治问题发表自己的意见。海谋说，“黑格尔在他写《现象学》之前是一个卓越的政论家”[②]。这句话并没有说错，他的错误在于把黑格尔说成是法国革命的坚决反对者。现代批判黑格尔的西方学者如波普尔，也重复海谋的错误论断，硬说黑格尔是“反对法国革命的反动势力的喉舌”[③]，是所谓“开放”社会或民主制度的主要敌人。这些武断的说法是完全违背历史事实的。在这方面，里特尔的看法则走向了另一个极端，他在《黑格尔和法国革命》一书中指出，在黑格尔那里，与时代有关的哲学的一切规定都集合在法国革命这一事件周围，而没有第二种哲学像黑格尔哲学那样可以称得上是革命的哲学。[④]

---

① 参见黑格尔：《历史哲学》，商务印书馆，1963年，第493页。

② 海谋：《黑格尔和他的时代》，柏林，1857年，第269页。

③ 波普尔：《开放社会及其敌人》，第2卷，纽约，1962年，第56页。

④ 参见里特尔：《黑格尔和法国革命》，德文版，1957年，第15页。

诚然，黑格尔对法国革命的热烈同情是随着革命的深入而有所减退的，雅各宾派对反革命的坚决镇压使他发生动摇。这也正好说明了黑格尔所代表的德国新兴资产阶级的软弱性。罗伯斯庇尔对封建贵族阶级和反对派所实行的资产阶级专政和革命恐怖政策，在黑格尔看来是过于激进的，因而是不能接受的。当时德国有一些开始曾经同情法国革命的人，确实由于反对罗伯斯庇尔的革命民主专政而转变为法国革命的反对者。黑格尔不是这样的人，他虽然反对罗伯斯庇尔，却从来也没有变成法国革命的敌人。他始终清醒地认识到法国革命的历史必然性，充分承认这一伟大事件所具有的世界历史的意义。他所反对的并不是法国革命的原则，而只是它所采取的那种激进而又彻底的方式。

我们可以举一个例子。1794年圣诞节，黑格尔从伯尔尼给谢林写信，谈到法国热月政变后著名雅各宾党人卡里厄被处死的事。他以赞许的口吻说，“这场审讯非常重要，已把罗伯斯庇尔派的丑行败德完全揭发出来了”。黑格尔的这些话当然暴露了他在法国革命的重要转变关头时倾向于保守的政治立场。但是，我们却不能把这作为他根本反对法国革命的证据，因为紧接在这封信之后，黑格尔给谢林的其他几封信表明，他仍然是以法国革命的精神作为依据的。在1795年1月底的一封信中，黑格尔提出“让理性和自由作为我们的口号”。谁都知道，所谓理性和自由恰恰就是法国革命的一面思想旗帜，而黑格尔所反对的罗伯斯庇尔也正是理性和自由的最热烈的鼓吹者之一。[1]尤其值得我们注意的是1795年4月16日黑格尔给谢林的信。这封信一开始就猛烈地抨击伯尔尼的贵族寡头政治，对宫廷里大搞阴谋诡计、勾心斗角的黑暗情形表示深恶痛绝。他要求把人的尊严提得更高些，要求承认人的能力是自由的。他说，“我认为，时代的标志莫过于说：人类已以极可尊敬的姿态出现在它自己面前，围绕在人世间的那些压迫者和神灵头上的灵光正在消逝，即是一个证明。哲学家们正在论证人的这种尊贵品质，人民将学会去认识自己，而且不是去要求他们被践踏了的权利，而是直接去重新取得这些权利，掌握这些权利。宗教和政治已经狼狈为奸，沆瀣一气。宗教所教导的，正是专制政治所想要的东西”。他还从一部小说里引用了这样的话：“朋友们，努力向太阳，使人类早日得救！”[2]在这封信里我们听到的简直就是法国革命的回声。青年黑格尔大胆地把进攻的矛头直接指向人世间的压迫者和神灵，指向专制政治和宗教，主张人民直接去重新取得自己过去被践踏了的权利，这不是公然要造封建制度的反吗？强调人的尊严，维护人的权利，这正是资产阶级革命家动员人民进行反封建斗争的有力口号。说穿了，当时黑格尔心目中的使人类得救的“太阳”，实质上就是法国革命。他不是把法国革命比作“壮丽

① 罗伯斯庇尔在他特别擅长的演说中经常大谈理性和自由，例如他说：“地球上有两种力量：一种是理性的力量，另一种是暴君的力量”，“将要传播我们的光荣革命原则的是理性的力量，而不是武器的力量”，“人生来是为了幸福和自由”，“革命是自由反对其敌人的战争”等等。

② 黑格尔在这里引证的是哥尼斯堡市长纪佩尔匿名出版的小说《上升的生活路程》。

的日出”吗?

青年黑格尔的激进情绪无论如何总是法国革命影响的产物,他的这种倾向革命的心情是有诗为证的。1796年8月黑格尔赠给他的密友、后来著名的诗人荷尔德林的一首诗《埃琉西斯》(Eleusis)中,就有这样激昂的诗句:“只为自由的真理而生存,决不与规定意见和情感的法令相妥协!”[①]黑格尔在诗中是回忆他在图宾根求学时期和荷尔德林的“旧盟”,这也至少可以证明,青年黑格尔和荷尔德林一起曾经决心要为自由的真理而献身。对于这两个怀着美好理想的年轻人来说,法国革命该是多么具有吸引力的范例呵!

黑格尔对法国革命的美丽的幻想不久就宣告破灭了。流血的动乱,大规模的镇压,政局的不稳,显然使他深感失望,从而对法国革命的某些方面采取批判的态度。但同时他也更进一步从历史的角度思考法国革命的意义,试图对它作出哲学的解释。黑格尔认为,法国革命从抽象的人权的原则开始,必然会导致恐怖统治。他的这种观点后来最清楚地表述在《精神现象学》一书的“绝对自由与恐怖”这一节中,在那里他断定说:“普遍的自由既不能产生任何肯定性事业,也不能作出任何肯定性行动;它所能做的就只有否定性行动;它仅只是制造毁灭的狂暴。”[②]

但是,黑格尔并不是单纯地攻击法国革命的恐怖,而予以全盘否定。相反,他认为在世界历史的发展中这是不可避免的,

---

① 赫林:《黑格尔,他的志愿和著作》,第2页。赫林根据黑格尔的手稿在该书中第一次发表了这首诗,后来霍夫迈斯特把它收入了《有关黑格尔思想发展的文献》。

② 黑格尔:《精神现象学》,柏林,1964年,第418页。

是必然要发生的。就在他写作《精神现象学》的差不多同时，他在耶拿大学的讲演录（1805-1806年）、即《耶拿时期的实在哲学》中，十分明确地指出了法国革命的历史必然性。他说，一切国家都是由于伟大人物的崇高的力量所创立的，“伟大人物的优越性就在于他能知道和表达绝对意志。所有的人都集合在他的旗帜下，他就是他们的上帝。例如，提修斯创立了雅典国家；又如，在法国革命中，国家、普遍的整体掌握了可怕的力量。这种力量——不是专制，而是暴政——是纯粹的恐怖统治，但这种统治却是必然的和正义的……这个国家是简单的绝对精神，它知道它自己，而且对它来说，除了它自身之外没有任何东西是有力量的，——关于善恶、卑鄙可耻、阴谋欺骗的概念都没有力量；它高于所有这一切之上，因为在它之中恶和自身相和解了”。因此，在黑格尔看来，不管人们是否喜欢法国革命的所谓“暴政”，它的存在是有历史理由的，只有当它在历史上成为不需要的东西之后，它才会消失。“暴政被人民所推翻，因为它是令人厌恶的、卑鄙的等等，但是实际上它之所以被推翻，仅仅是由于它是多余的。”罗伯斯庇尔就是这样，“他的力量抛弃了他，因为必然性抛弃了他，所以他也就被人用暴力推翻了。必然性得到实现，但必然性的每个部分通常是分配给各个个人的。有些人充当起诉人和辩护人，有些人充当法官，而另一些人则充当刽子手；但一切都是必然的”。①

在这里，我们可以看到后来在黑格尔的《历史哲学》中加以进一步发挥的所谓“理性的诡计”这一著名论点的雏形。如果考

---

① 拉松编：《黑格尔全集》，第20卷，德文版，第246-248页。

虑到在黑格尔那里理性是历史的主宰,而伟大人物只不过是理性为了达到自己的目的而使用的工具,那么他用这样的观点去解释法国革命和罗伯斯庇尔,实际上就不是对它(他)的谴责,而是为它(他)所作的强有力的辩护。我们不妨把青年黑格尔和晚年的柏克对法国革命的态度作一比较,就可以看出他们之间的原则区别。柏克在青年时代曾经接受了培根和洛克的唯物主义哲学观点,并且受到了启蒙运动思想家、特别是卢梭的强烈影响。但是在法国革命爆发后,他却站在坚决反对的立场上攻击法国革命。在《对法国革命的感想》一书中,他把法国革命说成是一种危险的传染病,主张用一切手段、包括切除手术来防止它的蔓延。而对黑格尔来说,法国革命在世界历史上是一种有益的现象,它仿佛是有机体向新的更高阶段急速发展时必然伴随而来的一时的热病,它会自然痊愈而不应加以外力的干预。黑格尔从来也没有像柏克那样站到封建阶级立场上去反对法国革命。当然,如果与同时代的德国先进思想家相比,黑格尔对法国革命的态度是落后于福斯特为代表的革命民主派的,甚至还比不上费希特,但是就他们对法国革命的历史必然性的深刻理解而言,黑格尔可以说是首屈一指的。

应该指出,青年黑格尔早就是一个唯心主义者,因此他对于法国革命的历史必然性的理解也不能不是唯心的。在他看来,法国革命的发生是精神革命的结果。他说:“初看起来使人刺目的那些大革命,必须有时代精神方面的沉默的、秘密进行的革命作为先导,这种革命不是每个人都能看得见的,特别是对当代人来说是感觉不到的,并且难以认识它,正如难以用言语去形容它一样。正是由于对这种精神革命缺乏认识，才使人对它所引起的变革感到惊奇。”[①]黑格尔的这些话包含着一定的合理因素，因为恩格斯也指出过，在18世纪的法国和19世纪的德国，哲学革命曾经作了政治变革的前导。[②]黑格尔指出了意识形态领域内的革命往往为政治革命作思想准备，这一点是有道理的。但是，作为一个唯心主义者，他却把政治革命看作是精神革命的一种体现，因此发生政治革命的原因归根到底应该到精神的自己发展中去寻找，而不应该到社会物质生活中去寻找。这样，他就把事物的真实关系完全弄颠倒了。实际上，无论是政治革命，或是精神革命，都不是决定历史发展的最终原因。马克思和恩格斯说：“人们为了能够‘创造历史’，必须能够生活。但是为了生活，首先就需要衣、食、住以及其他东西。因此第一个历史活动就是生产满足这些需要的资料，即生产物质生活本身。”[③]因此，理解历史发展的真正钥匙应该到社会生产方式，到生产力和生产关系的矛盾以及被它制约的阶级斗争中去寻找。黑格尔当然不懂得这个真理，他始终坚持“精神世界”统治“事物世界”，从而“把法国革命看作是这种精神的统治的新的更完备的阶段”。[④]他的这种唯心主义观点，曾经受到马克思主义创始人的尖锐批判。

青年黑格尔对法国革命的看法是典型的德国资产阶级观点，他对法国革命的向往正是德国资产阶级反封建要求的反映。他

① 《基督教怎样战胜异教》，《黑格尔青年时期神学著作》，英译本，第152页。

② 参见恩格斯：《路德维希·费尔巴哈和德国古典哲学的终结》，《马克思恩格斯选集》，第4卷，第210页。

③ 《德意志意识形态》，《马克思恩格斯全集》，第3卷，第31页。

④ 黑格尔1807年1月23日给蔡尔曼的信。

说，法兰西民族通过革命的洪炉把自己从如同无生气的锁链那样束缚着它的许多制度下解脱出来了，个人也抛弃了对死的恐惧和历来的生活方式，这就使法兰西民族获得了有助于同其他民族进行斗争的巨大力量。他所说的“无生气的锁链”不就是指封建制度吗？法国人在革命后所表现的那种不怕死的英勇精神，也正是德国资产阶级庸人们身上最缺少的东西。黑格尔意识到，只有经过革命的洪炉才能摆脱“无生气的锁链”和改变人的精神面貌。但是，由于德国资产阶级的软弱性，黑格尔却又十分害怕革命，因而陷于不可解决的矛盾。他的另一封信也反映出他的这种矛盾的心理状态，他在那里写道：“直到现在，我们在仿效法国人方面只是接受了一半，而抛弃了另一半，可是这另一半却恰恰是最宝贵的部分——人民的自由，人民参加选举和参与决策，或至少是向人民的社会舆论说明政府的一切措施。”从他的这些话里可以看出，他是主张向法国学习资产阶级民主自由的，而且认为德国人学习得很不好。但是接下来他又说：“毕竟德国从法国已经学到足够多的东西了，而且德国人的慢性子将来还会由此得到某种好处。决不能一下子就要求得到一切……”① 德国资产阶级的两面性在黑格尔身上表现得淋漓尽致，一方面他很羡慕法国资产阶级革命的胜利果实，希望向法国学习；另一方面又不敢采取革命手段，主张“慢慢来”。青年黑格尔的这种矛盾性格，贯穿在他的社会政治思想的各个方面，他的这种性格归根到底是必须用德国资产阶级所处的历史地位去解释的。

---

① 黑格尔1807年11月给尼泰默的信。

法国革命的结局导致了拿破仑帝国的大资产阶级统治，青年黑格尔是支持拿破仑的亲法派。列宁曾经指出，拿破仑主义这种统治形式是在反革命资产阶级的基础上成长起来的，“是由于资产阶级在民主改革和民主革命的环境里转向反革命而产生的”[①]。但是，在法国国内，拿破仑主义虽然是资产阶级转向反革命的标志，而对于当时西欧其他封建国家来说，拿破仑主义却起着瓦解封建制度的作用。拿破仑代表法国大资产阶级的利益，实行对外侵略扩张的政策，在他的军事力量所到之处，摧毁了封建旧秩序，而建立了有利于当地资本主义发展的新秩序。正如马克思所说，在拿破仑时代，国家机器“不仅被用来压制革命，取消人民的一切自由权利，而且是法兰西革命的一种工具，用来对外攻击，用来为法国在大陆上建立大体与法国相仿佛的一些国家来代替封建王朝”[②]。尤其是在邻近法国的德国西部和西南部地区，如莱茵河地区、威斯特法利亚、巴伐利亚、符腾堡等地，由于法国的直接干预，封建制度遭到了沉重的打击，资本主义较为迅速地发展起来了。所以恩格斯说，“德国资产阶级的创造者是拿破仑”[③]，“对德国来说，拿破仑并不像他的敌人所说的那样是一个专横跋扈的暴君。他在德国是革命的代表，是革命原理的传播者，是旧的封建社会的摧毁人。”[④]因此，青年黑格尔对拿破仑的崇拜，也是符合当时德国资产阶级利益的。

---

① 《只见树木不见森林》，《列宁全集》，第25卷，第245页。

② 《〈法兰西内战〉初稿》，《马克思恩格斯选集》，第2卷，第410页。

③ 《德国的制宪问题》，《马克思恩格斯全集》，第4卷，第52页。

④ 《德国状况》，《马克思恩格斯全集》，第2卷，第636页。

在当时德国进步知识分子中间，拿破仑崇拜是相当普遍的现象。随着拿破仑加冕称帝，他的德国崇拜者中间发生了分化。德国资产阶级的激进的一翼感到了革命理想幻灭的痛苦，他们愤慨地抛弃了拿破仑这个偶像。贝多芬就是一个著名的例子，他愤怒地改变了原定把第三交响乐献给拿破仑的计划，而另外献给了他心目中的“英雄”。贝多芬拒绝和现实妥协，又看不到新的出路，最后只能把他的巨大激情融化在席勒式的注定无法实现的美好理想里（这在他的第九交响乐中得到了辉煌的艺术表现）。黑格尔是贝多芬的同年人，但在思想倾向上则属于德国资产阶级的稳健的一翼，拿破仑当皇帝，建立了比较稳定的资产阶级统治，防止了平民群众造反的危险，这些都正合他的心意。黑格尔希望借助拿破仑的剑来促进德国的资产阶级改革和现代化的过程，在决定德国发展前途的耶拿之战前夕，他完成了第一部巨著《精神现象学》。[①] 他在给朋友的信中表示“希望法军交好运”，并认为普鲁士军队必败无疑。拿破仑在耶拿大获全胜，彻底粉碎了普军，使黑格尔感到欢欣。尽管黑格尔个人遭到很大的物质损失，房屋被烧，耶拿大学关门使他失业，但他仍然认为耶拿之战是具有世界历史重要性的事件。特别是在法军攻占耶拿的当天，他的通信中有这样一些赞颂拿破仑的话：“我看到了皇帝本人（指拿破仑——引者）——这个世界灵魂（Weltseele）——骑马巡视全城。看到这样的一个人物，就在这个地方，骑在马背上，掌握和统治着全世界，真使人发生一种奇异的感觉……只有这个非常的人物才能

---

① 黑格尔的《精神现象学》和贝多芬的英雄交响乐，是拿破仑时代德国精神的巨大纪念碑，对这两个重要的“精神现象”作比较研究，是一个很有意义的专题。

取得从上星期四到本星期一那样的胜利，他简直不能不令人惊叹万分。”[①]

耶拿之战实质上是资本主义的法国和封建主义的普鲁士之间的一次决战，是两种社会制度的较量。黑格尔明显地站在法国这一边，这说明他支持的是资本主义制度，而不是封建制度。有一种意见认为黑格尔在耶拿之战时期是个民族主义者，这是没有充分根据的。在这场战争中，黑格尔的阶级意识显然压倒了他的民族主义感情。拿破仑的胜利导致了德意志各邦的改革，甚至像普鲁士那样的封建堡垒也不得不进行封·施太因的改革。黑格尔支持所有这些资产阶级性的改革，他把拿破仑叫作“巴黎的伟大的宪法律师”，希望拿破仑教会德意志王公们理解“自由君主的概念”[②]。他对巴伐利亚采用拿破仑法典表示高兴，并希望法国宪法的其他部分也将在巴伐利亚采用。[③]黑格尔的这种亲法的政治态度，一直继续到拿破仑垮台为止。顺便提一下，对拿破仑的失败，黑格尔是十分惋惜的。他写道：“看一个巨大的天才毁灭他自己，确是一出绝妙的戏。这是存在过的最大的悲剧”[④]。他甚至说，如果他认为拿破仑还有胜利的希望，他就要“肩上扛起枪”去参加拿破仑的部队。[⑤]罗森克朗茨在写《黑格尔传》的时候，显然出于政治上的考虑，竭力想掩饰黑格尔曾经采取亲法立场的历史事

---

① 黑格尔1806年10月13日给尼泰默的信。他在这里用的“世界灵魂”一词和他通常所用的“世界精神”（Weltgeist）有着微妙的区别。

② 黑格尔1807年8月29日给尼泰默的信。

③ 见黑格尔1808年2月11日给尼泰默的信。

④ 黑格尔1814年4月29日给尼泰默的信。

⑤ 见黑格尔1815年3月19日给尼泰默的信。

实。在这方面，黑格尔的另一个学生加勃勒倒坦率得多，他还比较老实地叙述了黑格尔在耶拿时期的亲法观点。

黑格尔对拿破仑的看法，是他对法国革命的态度的继续。他并不把拿破仑看作法国革命原则的背叛者，而是把拿破仑当作法国革命原则的推行者，用火与剑为新世界开辟道路的伟大人物。耶拿之战前夕，1806年9月18日，黑格尔在讲课时说："我们正面临着一个意义重大的时代，一个动乱的时代，在这时代里精神正向前跃进，超越它过去的形态，而获得一个新的形态。全部以往的观念、概念和世界联系都已瓦解，并且像梦境那样崩溃了。精神的新的出现正在眼前。哲学首先必须欢迎它的表现并承认它，而其他的东西则墨守陈规，无力地反对它……"[①] 黑格尔的这些话说得再清楚不过了，他为之欢呼的所谓精神的新的出现，不就是拿破仑力图在整个欧洲建立的资产阶级社会吗？整个旧世界都崩溃了，法国大革命的恐怖和拿破仑战争只不过是新世界诞生前的阵痛而已。黑格尔的辩证法，无非就是这种社会大变动在当时德国历史条件下的一种思想反映。人们不是到处寻找黑格尔辩证法的来源么，就请到这里来探索吧！

可以毫不夸大地说，离开了法国革命的影响，就无法真正理解黑格尔的辩证法。法国革命是黑格尔一生中经历的最重大的世界历史事件。马克思说：英法两国的资产阶级革命"并不是英国的革命和法国的革命；这是欧洲范围的革命。它们不是社会中某一阶级对旧政治制度的胜利；它们宣告了欧洲新社会的政治制

---

① 《有关黑格尔思想发展的文献》，德文版，第352页。

度……这两次革命不仅反映了它们本身发生的地区即英法两国的要求，而且在更大得多的程度上反映了当时整个世界的要求”[①]。黑格尔的辩证法的巨大历史意义也就在于，它在反映法国革命影响的同时反映了当时整个世界的要求。

三、青年黑格尔的所谓“神学”著作的实质究竟是什么？

青年黑格尔的著述活动是从宗教问题开始的。在这方面特别值得我们注意的是他的以下著作：《民众宗教和基督教》（1792-1795年）[②]、《耶稣传》（1795年）、《基督教的实证性》（基本完成于1795-1796年）。这些著作的手稿后来由诺尔整理出版，编成《黑格尔青年时期神学著作》一书。但是，青年黑格尔的这些著作并不局限于讨论专门的宗教问题，而是通过对宗教的历史考察，广泛地涉及社会历史发展的各个方面，尤其是迂回曲折地表达了他当时的社会政治理想。就其总的倾向来说，这些著作与其说是宣传神学，倒不如说是批判基督教，反对当时统治人们思想的神学。因此，诺尔把这些著作命名为“神学著作”，是很不确切的，这只能说明诺尔本人的倾向性。关于青年黑格尔对神学的批判态度，连罗森克朗茨也不得不予以承认。他指出，黑格

---

① 《资产阶级和反革命》，《马克思恩格斯全集》，第6卷，第125页。

② 黑格尔哲学研究者一般认为，这篇著作开始写于图宾根时期，因而通常把它称为“图宾根时期著作残篇”。但有的考证者认为它是黑格尔于1793年夏离开图宾根以后开始写的（参阅哈里斯：《黑格尔的发展》，第119页）。

尔在伯尔尼时期把自己从图宾根神学院所学的那一套正统神学中解放出来了。[①]

宗教问题成为青年黑格尔首先研究的中心，这并非偶然，而是有着深刻的历史原因的。恩格斯在谈到黑格尔时代的德国情况时指出，“在当时的理论的德国，有实践意义的首先是两种东西：宗教和政治。”[②]“但是，政治在当时是一个荆棘丛生的领域，所以主要的斗争就转为反宗教的斗争；这一斗争，特别是从1840年起，间接地也是政治斗争。”[③]恩格斯的这些话，尤其适用于黑格尔青年时期的德国。由于当时德国资产阶级革命的客观条件不够成熟，资产阶级的反封建斗争还不可能像法国那样采取非宗教的、纯粹政治的形式，而必然要披着宗教的外衣来对当时封建制度的思想支柱——基督教——进行批判。只有用这样的观点去看青年黑格尔的“神学”著作，才能充分理解它们的真实意义。

事实上，青年黑格尔从来也不是孤立地去考察宗教问题的。库诺·费舍曾经指出，青年黑格尔把研究宗教的本质当作他自己要加以解决的主要课题之一，但他并不是把宗教作为神学所专门研究的那个对象，而是把宗教作为“世界性的问题”来进行探讨的。黑格尔始终密切地注意到宗教和政治之间的联系。根据库诺·费舍的说法，黑格尔早年曾一度赞同法国启蒙运动者的观点，认为宗教之所以占有统治地位，是因为宗教和政治是维护同一个

---

① 见罗森克朗茨：《黑格尔传》，第45页。

② 《路德维希·费尔巴哈和德国古典哲学的终结》，《马克思恩格斯选集》，第4卷，第216页。

③ 同上，第217页。

东西，宗教支持的是有利于专制制度的学说。[①]在黑格尔看来，精神统治和政治统治是紧密地结合在一起的，推行一种政治往往要借助于宗教的力量，而一种宗教的存在也经常要依赖于政治的支持。他曾经不止一次地谈到宗教和政治的相互关系。例如，他明确地指出："当专制主义在教士们的帮助下，压制了一切意志自由，它就保证了自己的胜利。"[②]又说："只要正教这一行业还同世俗的利益联系在一起，只要它还交织在国家的整个机构里，对正教的信奉就动摇不了。这种利益还太强烈，所以正教不会马上被放弃掉的，并且它正在发生着作用，虽然人们并不完全清晰地意识到这一点。在这样的情况下，正教学说就将拥有由鹦鹉学舌的应声虫和缺乏高级趣味与思维能力的下流作家所组成的一支大军。"[③]话的确说得很尖锐，很明确有力，使我们不禁回想起启蒙学派的一些优秀作品。应该说，在黑格尔晚年著作里是很少再见到这样使人清醒的语言的。

由于青年黑格尔不是把宗教看作孤立的社会现象，而是力图从整个社会和精神发展的联系中去研究宗教的产生和演变过程，因此决不能把他有关宗教问题的早期论文简单地看成是一般的神学著作。早从图宾根神学院时期开始，黑格尔就详尽地研究过宗教史，特别是基督教教会史，他熟悉宗教史料，在著作中涉及不少具体的宗教问题。但是，他的这些著作形式上虽然是宗教的，而且有时十分抽象晦涩，却有着很现实的内容。他对基督教的批

① 见库诺·费舍：《黑格尔的生平、著作和学说》，第一卷，第五章。

② 诺尔编：《黑格尔青年时期神学著作》，德文版，第207页。

③ 黑格尔1795年1月末给谢林的信。

判，实质上是一种政治的批判。在我们今天看来，这也就是青年黑格尔的“神学”著作中真正有价值的东西。

应该指出，作为一个唯心主义者，青年黑格尔尽管对基督教进行了批判，却并没有对一般的宗教采取否定的态度。他像所有的德国启蒙运动者一样，从来也没有达到战斗的无神论的水平。恰恰相反，黑格尔常常夸大宗教在历史上所起的作用，并且把他的希望寄托在宗教的革新上。在“民众宗教和基督教”一文中，他一开始就指出，宗教是我们生活中最重要的事情之一，我们从小就学习祈祷，长大后从事宗教活动又占了我们生活的一个很大部分。许多人的思想和志向都和宗教联系在一起，就如车轮和车轴的关系一样。人们生活中一切重要的事件，关系到个人幸福的行为，以及生死、婚丧等等，都无不与宗教联系在一起。在他看来，宗教之所以这么重要，是因为它起源于人的理性的能力，给人以道德教育。他说：“道德是人的最高目的，在人所拥有的促进这个目的的手段中，宗教是最突出的一种手段。”[①] 在《基督教的实证性》中，他又把人类道德说成是一切真正的宗教的目的和本质。他认为，就宗教的概念本身所包含的内容来说，宗教不单是关于上帝、关于我们和上帝的关系以及灵魂不朽等等的知识，不单是历史的或知性的知识，而是首先同“心”有关系的东西，它影响我们的情感和我们的意志所作的决定，把道德和道德动机提到新的高度。宗教是左右人们的道德观念的最有效的手段，它的重要意义也就在这里。

---

① 诺尔编：《黑格尔青年时期神学著作》，德文版，第48页。

由于青年黑格尔把社会问题主要看作道德问题，所以他极其重视社会道德的更新。他不是把道德的更新看作社会变革的结果，而是相反地把它当作社会变革的前提来看待的。在这里我们可以明显地看到康德和席勒的影响。青年黑格尔在那个时期主要是对《实践理性批判》感兴趣，并且说过他预期从康德的体系及其最高成就会在德国产生一场革命。[①] 他也非常赞赏席勒的《论人的审美教育的通信》，把它称之为“杰作”。[②] 康德和席勒对于道德问题的强调，无疑地对青年黑格尔造成了深刻的印象。他们都把道德置于首位，这也正好表现了他们所代表的德国资产阶级的软弱性。德国资产阶级缺乏法国资产阶级那样的勇气，不敢发动群众拿起武器去推翻封建制度，而幻想通过道德的更新来变革社会制度。马克思和恩格斯指出，康德只谈“善良意志”，“康德的这个善良意志完全符合于德国市民的软弱、受压迫和贫乏的情况”[③]。青年黑格尔虽然要比康德更为激进，但在如何变革德国社会这个根本问题上，却仍然超越不了德国资产阶级所给予他的限制。

在预先说明上面这一点以后，再来看青年黑格尔对于基督教的批判，就比较容易理解其意义和局限性了。黑格尔的批判是从主观宗教和客观宗教的区分开始的。他认为，所谓主观宗教只表现在感觉和行为里，它是活的，是“本质的内在效用和外在活

---

① 参看黑格尔1795年4月16日给谢林的信。黑格尔在这里所说的革命不是指政治革命，而是思想上、道德上的革命。

② 黑格尔1795年4月16日给谢林的信。

③ 《德意志意识形态》，《马克思恩格斯全集》，第3卷，第212页。

动”。而所谓客观宗教则是与主观宗教相对立的，或者更确切地说，是包含在主观宗教之中的，它表现为关于上帝的一堆僵死的知识。他说：“客观宗教是 fides quaecreditur[①]，知性和记忆是在其中发生作用的两种力量，它们获取、估量和保存知识，或者还加上信仰这些知识。属于客观宗教的可能还有实际知识，但这种实际知识必须仅仅是一笔僵死的资本；客观宗教可以让人有条不紊地记住，可以形成一个体系，可以在一本书中加以陈述，并且还可以通过讲演传达给别人。”[②] 主观宗教是某种有个性的东西，而客观宗教则只是一种抽象。如果可以把主观宗教比作活生生的自然界，在那里植物、昆虫、飞禽和走兽都在一起生活，那末就可以把客观宗教比作自然科学家的陈列室，各种生物都被制成了标本，取消了自然界的无限多样性。在黑格尔看来，只有主观宗教才有真正的价值，它是道德行为的同义语，是“好人”的宗教。客观宗教则是神学，它依靠着知性，而知性最多只能使人更聪明一些，却不能使人更善良一些。客观宗教可以采取几乎任何一种色彩，“因为宗教是内心的事情，而内心时常并不始终一致地对待它的知性或记忆所接受的那些教条，——毫无疑问，最值得尊敬的人并不总是那些谈论宗教最多的人”[③]。在这里，黑格尔所批判的所谓客观宗教，就是当时居于统治地位的基督教神学。

青年黑格尔提出了“民众宗教”的概念。照他说来，主观宗教也就是一种真实的“民众宗教”。所谓“民众宗教”，其条件就

① 被人信的信仰。

② 诺尔编：《黑格尔青年时期神学著作》，德文版，第6页。

③ 同上，第10页。

是它的学说必须建立在一般理性的原则之上，但又首先诉诸人的想象、心灵和感觉，而且它还应当包括“国家的公共活动”。他特别强调指出，“民众宗教”是和自由分不开的。他说：“民众宗教产生并养育着崇高的思想方式——它是和自由携手并进的”，“一个民族的精神、它的历史、宗教和它所达到的政治自由的程度，无论就它们的相互影响来说，或是就它们的内在本质来说，都不能把它们分开来单个地进行考察，它们是紧密地联系在一起的”。[①]他认为，形成民族精神这件工作，部分地就应由民众宗教来承担，他是把民众宗教当作对整个民族进行道德教育的手段来看待的。

如果说青年黑格尔在图宾根时期的著作中开始提出了主观宗教和客观宗教的对立问题，并且宣传了“民众宗教”的主张，那末在稍后的伯尔尼时期的著作中，他就进一步从历史的角度对这个问题进行了深入的探讨。现在成为讨论中心的是“实证宗教”和“民众宗教”之间的尖锐对立，所谓“实证宗教”实际上也就是客观宗教这一概念的进一步发展。在他看来，基督教就是“实证宗教”的样板，而古希腊城邦共和国和古罗马共和国的宗教则是非实证的“民众宗教”的典范。黑格尔把批判的锋芒狠狠地刺向“实证宗教”，对基督教的“实证性”予以大胆的揭露和无情的鞭笞，同时又热情地歌颂了古希腊罗马共和国的民主自由。《基督教的实证性》是他这个时期的代表作，无论从思想的进步和内容的深刻，或是从文字的优美来说，都应把它列为青年黑格尔最卓越的作品之一。

---

① 诺尔编：《黑格尔青年时期神学著作》，德文版，第27页。

“实证宗教”这个提法并不是黑格尔的新发明。在他之前，莱辛在“论人类的教育”一文的导言里就用过这个名词[①]，莱辛是把“实证宗教”看作人类知性发展的必经之路的。对于基督教在历史上所起的消极作用的揭露，也是黑格尔以前德国启蒙运动者所已经做过的。例如赫尔德就在《关于人类历史哲学的一些思想》一书第四卷（1791年）中，对基督教进行了相当尖锐的批判。黑格尔正是在继承德国启蒙学派的优秀成果的基础上继续前进，把对基督教的批判大大地推进了一步。

那末，什么是黑格尔所说的“实证宗教”呢？他在《基督教的实证性》中一开始就指出，宗教的实证性这个概念只是在近代才出现并具有重大意义。实证宗教是和自然宗教相对立的，自然宗教只有一种，而实证宗教则可以有许多种。从这种对立就可以看出，实证宗教是违反自然的或超自然的。它所包含的概念和知识都是理智和理性所达不到的，它所要求的那种感觉和行动，是人永远也不会自然地产生的。就感觉而论，就是用特殊手段强制地在人身上引起的；就行动而论，则仅仅是按照指示和由于听从命令而进行的。用黑格尔自己的话来说，“一种实证的信仰，是这样一个宗教命题的体系，它们所以对我们说来是真理，是因为它们是由一个权威吩咐我们接受的，而我们又不能不使我们的信仰听从于这个权威。实证的信仰这个概念，首先表示一个宗教命题的体系或真理，不管我们是否承认它们是真的，总得把它们看作是真理，它们即使从来没有被人认识过，即使从来没有人承认它们

① 参见《莱辛选集》，第3卷，莱比锡，1952年，第465页。莱辛的这篇文章写于1780年，这是他生前的最后作品，1781年他就逝世了。

是真的，它们也仍然是真理，而且它们虽然时常被称为客观真理，现在也必须是我们的真理，主观真理。”①

因此，在黑格尔看来，“实证宗教”最大的特点就在于，它是作为僵死的宗教信条由外在的权威强加于人们的。它剥夺了人们在道德上的自主性和自由抉择，生硬地为人们规定一些道德规律，规定什么是应该做的，什么是应该知道和相信的，什么是应该感觉的等等。这就根本违反了道德规律，因为任何道德规律的本质就在于，它们是由人们自己即道德主体本身所制定的。黑格尔指出，基督教就是这样的一种“实证宗教”。“基督教向我们宣称，道德规律是外在于我们的、被给予的东西，所以它必须努力通过另外的途径使人尊重这种规律。在实证的宗教这种概念里就已经包含着这样的意味：它是把道德律当作某种被给予的东西强加给人们的。”② 基督教这种基于权威的“实证宗教”，不是主张道德的自律，而是主张道德的他律。它扼杀人们的道德自由，从而使人丧失了独立使用理性能力的权利。它践踏人的尊严，根本不考虑道德中的人的价值。基督教教会所鼓吹的一套道德说教，并不是建立在自由的基础之上的③，而国家把教育人民的权利交给这样一个“实证的”基督教教会，它自己就背叛了人民享受自由发展其精神和能力的不可剥夺的权利，而成为教会“消灭一切意志自由和理性”的共谋犯。④ 青年黑格尔就是这样地猛烈抨击基督教，把实证的基督教看作丧失人类自由的宗教，维护奴役和压迫

① 诺尔编：《黑格尔青年时期神学著作》，德文版，第233页。

② 同上，第212页。

③ 同上，第205页。

④ 同上，第177页。

的宗教，把基督教教会则看作专制政治的支柱。

实证的基督教和古希腊罗马的那种表现自由和人类尊严的“民众宗教”，恰好成为强烈的对照，因为在青年黑格尔看来，一种“民众宗教”的必需条件就是：它不能把它的教义强加于任何人，不能对任何人的意识实施暴力，它的道德箴言也决不能包含普遍理性所不承认的任何东西。[①] 两者是完全对立的。但是，在世界历史上，为什么基督教竟然取代了古希腊罗马宗教的地位呢？是什么原因促使基督教的兴起呢？黑格尔认为，应当到当时的社会条件中去寻找原因。他深刻地分析了产生这两种宗教的社会历史环境，发表了一段精彩的议论：

> 自由的罗马起初是使亚洲、后来是使西方的许多国家降服于自己，使它们丧失了自由，并且还消灭了少数几个仍然是自由的国家，因为它们不肯屈服于桎梏之下，——罗马这个全世界的征服者只保留了这样一个光荣，即它自己是最后一个丧失自由的。希腊和罗马的宗教只是自由民族的宗教，随着自由的丧失，这种宗教的意义和力量，它对人们的适应性也就必然消失了。军队的大炮如果用完了弹药，还要它们干什么呢？他们就必须寻找别的武器。如果河流干涸了，渔网对渔夫来说还有什么用处呢？
>
> 作为自由人，希腊人和罗马人服从自己为自己制定的法律，服从他们自己推选出来的领导人，进行他们自己决定要打的战争，为了他们自己的事业而献出他们的财产和热情，牺牲成千的生命。他们不学也不教，而是通过行为来实现道

① 诺尔编：《黑格尔青年时期神学著作》，德文版，第50页。

> 德原则，而这些行为是完全可以称之为他们自己的行为的；无论在公共生活中，或是在私人和家庭生活中，每个人都是自由的人，每个人都按自己的法律生活。自己的祖国、自己的国家的观念，这就是他为之工作并激励他去努力的那种无形的、更高的东西，就是对他来说的世界最终目的，或是他的世界的最终目的——他在现实里看到这个最终目的正在表现出来，或是他自己帮助去实现和保持这个最终目的。在这个观念面前，他的个别性消失了，他所祈求的只是这个观念的保存、观念的生命和延续，而这是他自己能够实现的；他不可能想到或很难得想到要去祈求或要求他个人的延续或永恒生命；只有在无所事事的闲散时刻，他才可能较强烈地感到有某种只与他自己有关的愿望。加图只是在他眼里的最高事物秩序、他的世界、他的共和国遭到毁灭以后，才转向柏拉图的《斐多篇》；在这以后，他才逃避到一种更高的秩序中去。[①]

在这里，青年黑格尔向我们描绘了一幅关于古希腊罗马民主自由的诱人图景。这与其说是历史的真实写照，倒不如说是他自己的美丽憧憬。古希腊罗马的民主是奴隶制的民主，这种民主是专供少数奴隶主享受的，对于普通自由民来说民主也只是徒有其名，更不用说被压在社会底层遭受残酷剥削和非人待遇的广大奴隶群众了。在希腊的田野上被人任意屠杀的希洛人，难道有起码的自由吗？在罗马的角斗场里供人取乐的角斗士们，难道还有一点人的尊严吗？蒙在古希腊罗马共和国身上的这层民主自由的

① 诺尔编：《黑格尔青年时期神学著作》，德文版，第221-222页。

美丽面纱，绝对掩饰不了人压迫人的血淋淋的现实。青年黑格尔当然不懂得用阶级斗争的观点去看问题，因而把古希腊罗马的奴隶制的民主理想化了。他认为只是在古希腊罗马共和国的民主制度崩溃以后，人才丧失了自由。这种看法显然是一个历史的错误，因为自从产生阶级以后，社会上的一部分人早就已经丧失自由了。但是，黑格尔用这样的观点去解释基督教的兴起，却是有着积极意义的。他把基督教的普及看作是人丧失了自由的必然结果，从而揭示了基督教与人类自由互不相容的尖锐矛盾。关于自由的丧失和基督教的产生的历史过程，黑格尔是这样描述的："成功的战争、财富的增多、熟悉各种生活的舒适和奢侈，在雅典和罗马产生了一批建立战功和拥有财富的贵族，并使他们获得了对许多人的统治和权力。"起初人们是甘心情愿地把国家权力让与这些贵族的，但很快这种自愿让与的权力就被他们用暴力来加以确立了。政权落入了少数人之手。因此，"国家作为公民自己活动的产物的这种形象，从公民的灵魂中消失了，对整体的关怀和监督只落在个别人或少数人的灵魂里了；每个人都有分配给他的多少带有局限性的、与别人不同的位置；管理国家机器被委托给少数公民，他们只是充当个别的齿轮，只是和别的齿轮结合在一起才有他们的价值"。每个人在整体中所占的那个部分，对整体来说是如此微不足道，以致个人简直不需要去知道或注意自己和整体的关系。国家对臣民们提出的伟大目标是对国家有益，而臣民们为自己提出的目标则是赚钱、维持生计，再外加虚荣。"现在，一切活动、一切目标都只是与个人有关，已经不再有为了一个整体或一个观念而进行的活动了——每个人要么是为了自己而工作，要么是被迫为别的个人而工作。服从自己制订的法律的那种自由没有了，追随自己选出来的和平时期的领导和军队统帅的那种自由没有了，去实行自己参与制订的计划的那种自由也没有了；所有的政治自由都没有了；公民权只提供了保护私有财产的权利，而私有财产就充满了公民的全部世界；死亡这种在他看来会毁灭他的全部目标和毕生活动的现象，对他来说必然成为某种可怕的东西，因为在他死后就没有什么东西还活着了（而共和主义者死后共和国却还活着），于是在他面前就浮现出这样一个念头，即认为自己的灵魂是某种永恒的东西。”①

因此，在青年黑格尔看来，由于古代民主制的瓦解导致了自由的丧失，个人就不再关心社会集体，古代民主社会里个人和集体之间的那种和谐一致的关系也就消失了。古代共和国里具有英雄气概和献身精神的自由人，变成了斤斤于个人得失、自私自利的庸人。没有任何远大的理想，只关心自己鼻子底下的私有财产，能够屈服于任何专制暴力，只求个人的灵魂得救，成为社会上大多数人的普遍风气。这就替基督教的传播准备了肥沃的土壤，因为基督教正是一种丧失自由的宗教，私人的宗教。黑格尔认为，古代民主的没落和自由的丧失是从罗马帝国建立的时期开始的，基督教正是在罗马帝国后期取得统治地位，这决不是偶然的。他说：“罗马皇帝们的专制独裁把人的精神从人间驱逐走了，精神被剥夺了自由，就被迫把一切永恒的、绝对的东西隐藏到神身上去了——专制制度所传播的灾难，迫使人们到天上去寻找幸福并

① 诺尔编：《黑格尔青年时期神学著作》，德文版，第223页。

期待从天上降下幸福。神的客观性是伴随着人的堕落和奴役的，说实在的，它只是一种启示，只是那个时代精神的表现。”[①] 人处在一个异己的世界里，他们既不能参与这个世界的事情，也不能依靠自己的行为来取得任何东西。人自己成为一个“非我”，而上帝则成为另一个“非我”，这样，时代精神的启示就实现了。在这里我们可以看到黑格尔的异化学说的最初形态。照他说来，人正是处于这种自我异化的情况下才接受基督教，服从于异己的意志和异己的法律。

青年黑格尔试图用罗马帝国的社会历史状况去说明基督教的产生，特别是注意到私有财产是基督教社会的经济基础，这在当时来说是了不起的。恩格斯曾经指出：“对于一种征服罗马世界帝国、统治文明人类的绝大多数达一千八百年之久的宗教，简单地说它是骗子手凑集而成的无稽之谈，是不能解决问题的。要根据宗教借以产生和取得统治地位的历史条件，去说明它的起源和发展，才能解决问题。对基督教更是这样。”[②] 青年黑格尔是历史唯心主义者，他当然不可能正确地依据客观社会历史条件去解决基督教的起源和发展的问题。但是，应该承认，他曾经朝着这个方向努力，因而比简单地否定基督教的一般启蒙运动者要高出一头。

黑格尔认为，现代社会是建立在和晚期罗马帝国社会同样的基础之上的。它们都具有同样的一些特征，如：君主专制，人们只关心私利和私有财产，一般人被排斥于社会政治生活之外以及由

---

① 诺尔编：《黑格尔青年时期神学著作》，德文版，第227页。

② 《布鲁诺·鲍威尔和早期基督教》，《马克思恩格斯全集》，第19卷，第328页。

少数官僚充当国家机器的螺丝钉等等。因此，在他眼里，自从罗马帝国以来一直有着使实证的基督教得以生根繁殖的社会环境。他对基督教的兴起所作的分析，就不仅是谈论历史，而且也是针对他当时的现实，是对现存社会的批判。

青年黑格尔除了探讨产生基督教的社会条件外，还研究了基督教本身的演变过程。他在分析基督教的思想起源时，指出了基督教与犹太教的关系。他的这种看法是有道理的，因为恩格斯也说过“基督教是犹太教的私生子”[①]。我们知道，黑格尔对犹太教和犹太文化的评价很低，他是把以色列作为古希腊的对立面来看的。如果说，希腊是自由和美的文化，那末以色列就是恐惧、奴役和“实证的”文化。至于犹太教，那是奴隶的宗教，是“实证宗教”的一个变种。特别是黑格尔在稍晚的法兰克福时期所写的《基督教精神及其命运》一文中，尖锐地揭露了犹太社会的不自由，指出犹太人屈服于外来的罗马的统治更加深了这种奴役状态。但是，黑格尔认为，基督教虽然起源于这样一个不自由的犹太社会，它起初却是作为犹太教的对立面而出现的。耶稣在创立基督教的时候，恰恰是反对犹太教的“实证性”，企图使犹太教中的道德因素从“实证的”条律下解脱出来的。耶稣所宣传的教义本来是一种理性的宗教，他教导的是一种自律的道德，而不是基于权威的道德。后来基督教却通过它的创始人的被神化和信徒们的自愿信从而变成了一种“实证的”信仰，甚至它的“实证性”比犹太教还有过之而无不及。尤其是从基督教这个教派中成长

---

① 《致保·拉法格》（1891年2月10日），《马克思恩格斯全集》，第38卷，第27页。

出一个教会，又进一步发展成为国家教会，即教会和专制国家的结合，基督教的“实证性”就愈演愈烈了。最初构成这个教派的本质的那种素朴的理性，已经连痕迹都见不到了。国家教会所宣传的那一套，已经变成了一种纯粹的表面文章，变成了一种谎言、一种美化现存秩序的意识形态。基督教为了适应于当时的社会，改变了自己的理论。早期的基督徒所信奉的那种社会平等，被巧妙地修改为在上天的眼里人人平等；而原始基督教所鼓吹的财产公有，则为了迁就私有制的现实而干脆被放弃了。黑格尔讽刺地说：“是的，基督教的理论是被最充分地保留下来了，但它只是在上天的眼里被保留下来了，而不再注意把它带到人间。”[①] 他直截了当地宣称，现时的基督教只不过是一种“拜物教信仰”、拜物教崇拜。

黑格尔驳斥了神学家们关于人们皈依基督教是纯粹出于对真理的纯洁的爱之类的胡言乱语，他指出事情恰好相反，人们信奉基督教的动机往往是很混杂的，经常出于很不神圣的考虑，带着不纯洁的情欲和完全基于迷信的精神需求。他揭露了基督教用来影响群众的一些手段，诸如对耶稣个人的神化、制造“奇迹”、煽动和利用迷信、举行各种宗教仪式等等。后期基督教会利用这些手段达到了登峰造极的地步，也正是这些手段使基督教愈益成为“实证的”宗教。黑格尔激烈地攻击基督教的宗教仪式，甚至公然指出：“这是死人的行动。人们试图完全变成一个客体，完全为一个外来人所支配。这种活动就叫祈祷。”[②] 他还尖锐地

① 诺尔编：《黑格尔青年时期神学著作》，德文版，第168页。

② 罗森克朗茨：《黑格尔传》，第518-519页。

斥责了基督教的虚伪。他说，古希腊人是诚实而勇敢的，对他们来说，不幸就是不幸，痛苦就是痛苦，而基督教却偏要挖空心思地找出一大堆理由来安慰不幸者，以致我们只能感到遗憾，因为我们不可能每周都死一个父亲或母亲。像这样机智而又辛辣的对基督教的揭露和批判，在当时德国确实是不多见的。必须要有足够的才华和勇气，才能写得出这样的文字来。

青年黑格尔对耶稣这个人物的塑造也是很有趣味的。他把耶稣和苏格拉底并列在一起，并认为苏格拉底是更好的道德教师，因为苏格拉底只是对人们进行启蒙，而不进行说教，也不像耶稣那样拉自己的队伍，他不靠摆架子来表示自己重要，或者使用夸张的神秘语言去影响愚昧无知和易于受骗的人。耶稣本人的学说和行动举止中，却包含有某些"实证的"、权威的、非理性的因素，因此比苏格拉底要相差一筹。不过在《耶稣传》里，黑格尔倒给我们塑造了一个比较完美的耶稣的形象。这个经过再创造的耶稣，当然和福音书里的耶稣相距甚远，在某种程度上变成了宣扬黑格尔自己的宗教主张的代言人。黑格尔笔下的这个耶稣，显然是涂上了一层康德伦理学色彩的，请看这个耶稣究竟说了些什么吧。

这个耶稣极其推崇理性，把理性看作至高无上的存在："那打破一切限制的纯粹理性就是上帝本身。因此世界的规划一般讲来是按照理性制定的。理性的功能在于使人认识他的生活的使命和无条件的目的。"[①] 上帝赋予人以理性，就使人成为上帝的本

① 诺尔编：《黑格尔青年时期神学著作》，德文版，第75页。引自《耶稣传》的文字均用贺麟先生译文。

质的光辉重现。理性是“知识和信仰的最高标准”，“理性的立法作用是不复依赖任何别的东西的。对于理性，无论在地上或天上都没有另外一个权威能够现成地提出另外一个裁判的标准”[①]。

这个耶稣劝导人们要相信自己本身的力量，由自己来改善自己的命运，而不要消极地等待什么救世主出世。“努力寻求控制自然的权力乃是属于人的尊严本身之内的，因为人自身内即拥有超出自然的崇高力量，对于这种力量的培养和提高就是他的生活的真正使命。”[②]

这个耶稣要求尊重人的道德自由，把道德律看作“理性之花”，号召人们自觉地遵守永恒的伦理规律。“天地可以毁灭，但道德律的要求、服从这些要求的义务却永不会消亡。”[③]“这个内心的法则是一种自由的法则，好像是由他自己建立的，人自觉自愿地受它的节制，由于它是永恒的，人便有了不朽之感。”[④]

这个耶稣又是一个反权威的勇士，他反对把教会的规则和权威的命令看成最高法规，认为无论从天上或是从坟墓里都不能给人以教训，而某些人之所以要用武断的训条和法规来压制人的高尚需要，就是为了想要在民众中保持他们的信仰和诫命的权威。下面这段话是意味深长的：“人们摧毁了旧东西，因为这些旧东西束缚了理性的自由，玷污了伦理的源泉，他们又代之以一种权威的信仰，束缚于词句条文，这些东西又重新夺去了理性的权

---

① 诺尔编：《黑格尔青年时期神学著作》，德文版，第 89 页。
② 同上，第 77 页。
③ 同上，第 83 页。
④ 同上，第 98 页。

利——剥夺了理性自己立法，自由信仰，只接受理性自己的约束的权利——真可叹惜呵！”[①]

显而易见，青年黑格尔笔下的这个耶稣，根本不是基督教教主的耶稣，倒像是一个高举理性与自由的火炬的启蒙运动者。他塑造这样一个耶稣，目的不是为了宣扬基督教，反而是为了揭露和批判他当时的基督教。难道黑格尔的耶稣所严厉谴责的，不正是当时基督教的理论和实践吗？

青年黑格尔对古希腊罗马宗教的颂扬和对基督教的批判，还贯彻在他对美学问题的看法中。作为古希腊文化的崇拜者，黑格尔把希腊艺术看作美的典范，在那里“神的形象表现着最高的美的理想”，美的人体也是高度依据他们的存在和生活来加以描绘的。在他看来，作为一种“实证宗教”的基督教，本质上则是同艺术和美相敌对的，如果在基督教中还有什么美的东西的话（如美丽的圣母之类），那也是从古希腊罗马剽窃得来的。[②]为什么基督教不适宜于艺术和美呢？这是因为：“我们的宗教想要培养的是天上的公民，他们的眼睛总是向上，因此这种宗教是和人的感觉格格不入的。”[③]

希腊艺术远比基督教艺术优越，黑格尔早就形成并且终身都保持了这个看法。后来他在《美学讲演录》中谈到的古典艺术和浪漫艺术的区别，在青年时期“神学”著作中也早已出现了，只是在叙述的方式上对基督教艺术更为贬低而已。黑格尔认为，自由

---

① 诺尔编：《黑格尔青年时期神学著作》，德文版，第106页。

② 同上，第359页。

③ 同上，第27页。

是艺术发展的先决条件，没有自由，就不可能有真正美的艺术。古希腊艺术之所以达到高度的完美，正因为它是在个性自由的环境下成长起来的[①]，而基督教艺术的致命缺陷就在于缺乏自由，因为它是在政治和宗教的专制条件下产生的。例如，他把古希腊和近代基督教城市的建筑艺术作一对比，指出了它们之间的本质区别。古希腊建筑风格的特点是素朴、明亮、充满生活的欢乐，在希腊城市里有宽阔的街道、大广场，神庙建筑得非常美而且优雅，像希腊精神那样素朴，像它所供奉的神那样崇高。这一切说明这里所居住的是自由的人们。相反的，基督教建筑则根本没有任何自由的概念，城市里有着散发臭气的狭窄的街道，房屋狭小而阴暗，使人感到压抑和孤单，哥特式建筑风格表现的是一种令人恐怖的崇高。在这样的环境下居住的只能是不自由的人。[②]黑格尔认为，不仅建筑如此，而且无论在绘画、雕塑或诗歌方面，基督教艺术都创造不出一个美的形象来。原因就在于，基督教的中世纪以至近代社会的专制统治压制了人的自主活动，缺少使真正的艺术得以蓬勃发展的那种政治自由。

从上面所述，我们可以看出，无论是黑格尔对古希腊罗马的向往，或是对基督教世界的批判，都是围绕着自由这个核心问题的。他热烈赞颂雅典和罗马共和国的民主自由，决不意味着他主张“复古倒退”或是“发思古之幽情”，而是他反对封建制度、主张

---

① 在这一点上，黑格尔显然受到了温克尔曼的影响。温克尔曼把古希腊看作自由的故乡，认为“在希腊政府机构和国家制度中占统治的那种自由，乃是希腊艺术繁荣的主要原因之一”（参看温克尔曼：《古代艺术史》，第一部，第四章：“论希腊人的艺术”）。

② 诺尔编：《黑格尔青年时期神学著作》，德文版，第358页。

在德国实行资产阶级改革的一种特殊形式。他是把古希腊城邦共和国作为改造德国社会的范本来树立的。历史上已经消逝的奴隶制共和国和黑格尔所向往的资产阶级共和国，在形式上存在着某种类似之处，用“托古改制”的方式把古代共和国作为政治理想和榜样提出来是比较容易被人接受的。如果说封建专制是对奴隶制民主的否定，那末在表面上看似乎资产阶级民主就是否定之否定，仿佛是已经丧失了的古代民主制的恢复。用这样的观点去看青年黑格尔的“神学”著作，其真实意义就比较清楚了。

其实，崇拜古希腊罗马不止青年黑格尔一人，当时先进的德国人中间不少人都有这种看法。席勒就是一个突出的例子，不过席勒主要是赞扬古代艺术，而青年黑格尔则把注意的重点放在宗教上。这种情况也并不仅限于德国。请出历史上的亡灵，借用它们的名字、战斗口号和衣服，来演出世界历史的新场面，这是相当普遍的现象。法国资产阶级革命时代的代表人物，如丹东、罗伯斯庇尔和拿破仑等人，都是穿着罗马的服装，讲着罗马的语言来实现当代的任务，即粉碎封建制度和建立资产阶级社会。马克思曾经深刻地分析了产生这种现象的原因，他指出：“不管资产阶级社会怎样缺少英雄气概，它的诞生却是需要英雄行为、自我牺牲、恐怖、内战和民族战斗的。在罗马共和国的高度严格的传统中，资产阶级社会的斗士们找到了为了不让自己看见自己的斗争的资产阶级狭隘内容、为了要把自己的热情保持在伟大历史悲剧的高度上所必需的理想、艺术形式和幻想”[①]。应该看到，在

① 《路易·波拿巴的雾月十八日》，《马克思恩格斯选集》，第1卷，第604页。

进行了资产阶级革命的法国都尚且缺少英雄气概，而不得不向古罗马共和国去求借，那么在当时落后的德国的那种令人窒息的庸俗气氛下，青年黑格尔要求助于古希腊罗马就更是可以令人理解的了。

青年黑格尔把古希腊罗马的奴隶制民主共和国和近代的资产阶级民主共和国混为一谈，这当然是错误的。但是，我们要知道，即使法国资产阶级革命的领袖人物也未能避免这种错误，并且为之付出了沉重的代价。马克思主义创始人曾经指出："罗伯斯庇尔、圣茹斯特和他们的党之所以灭亡，是因为他们混淆了以真正的奴隶制为基础的古代实在论民主共和国和以被解放了的奴隶制即资产阶级社会为基础的现代唯灵论民主代议制国家。"[①] 青年黑格尔当时对资产阶级社会的性质还缺乏深刻的认识，所以他犯这样的错误是不足为奇的。后来黑格尔的认识逐步加深了，因此他也就放弃了青年时期渴望回到古希腊罗马共和国去的美丽幻想。

现代资产阶级学者不能对黑格尔早期的所谓"神学"著作作出正确的评价，他们总是歪曲这些著作的真实意义，利用它们来大做文章。他们竭力把青年黑格尔打扮成一个宗教思想家，根本抹杀他对基督教的批判的政治意义。此外，另外有一些人则片面地夸大黑格尔反对基督教的历史功绩，把他美化成为一个革命者。

在前一方面，青年黑格尔手稿的整理出版者诺尔和拉松是有

---

① 《神圣家族》，《马克思恩格斯全集》，第2卷，第156页。

代表性的，他们都把宗教神学问题看作青年黑格尔思想的核心。赫林在《黑格尔，他的志愿和著作》一书中，实际上也是这样的看法，他认为黑格尔与以往哲学家的基本区别在于，黑格尔哲学中的决定性的东西不是认识论和形而上学，而是精神道德问题，主要是人类宗教生活问题。另一个当代的黑格尔研究者考夫曼，则把青年黑格尔对基督教的批判和黑格尔晚年对基督教的吹捧混为一谈，以此来否认黑格尔早期"神学"著作的进步意义。照考夫曼说来，"问题在于强调点的不同。在二十几岁时，黑格尔强调基督教的黑暗面。在他后来的作品里，他强调光明面——基督教的贡献。强调点的区别很大，但黑格尔对基督教的看法从未发生激烈的变化"[①]。考夫曼就是这样地用折衷主义的手法，既抹杀了青年黑格尔在政治上的进步，又掩盖了黑格尔后来逐渐倾向于保守的思想演变。资产阶级学者离开德国社会的阶级斗争去谈黑格尔的宗教观点，他们不理解黑格尔对基督教的批判代表着当时德国资产阶级的反封建的愿望和要求，更不理解黑格尔后来对基督教的态度的变化，要用德国资产阶级与封建制度的妥协以及基督教逐渐适应于资产阶级的需要去解释。黑格尔始终忠实于自己的阶级，他对基督教的前后不同的态度，不过是反映了德国资产阶级在不同时期内的利益而已。

在后一方面，卢卡奇是比较突出的例子。他在《青年黑格尔》一书中过分夸大了黑格尔对基督教的斗争，把黑格尔早期著作说成是"对基督教的一篇伟大的控诉书"[②]。黑格尔批判的主

---

① 考夫曼：《黑格尔》，纽约，1965年，第66页。

② 卢卡奇：《青年黑格尔》，苏黎世，1948年，第53页。

要是天主教而不是新教，他关于主观宗教的看法显然受到新教的影响，而卢卡奇却绝口不谈这一点。特别是他认为青年黑格尔的宗教观点十分接近于罗伯斯庇尔，尽管他也不得不承认并没有能够证明黑格尔曾研究过法国革命的宗教政策的直接证据。[①]其实，有的西方学者也同样有这种看法，早在《青年黑格尔》一书出版前，梅耶就已经宣称，青年黑格尔在宗教问题上是一个“坚定的雅各宾派”[②]。苏联的黑格尔哲学研究者奥夫襄尼柯夫，也跟在卢卡奇后面认为黑格尔对基督教的批判和他的“民众宗教”的概念，“只不过是雅各宾派的政治活动的理论反映”[③]。他们几乎把青年黑格尔说得像罗伯斯庇尔一样革命，而恰恰忘记了黑格尔所代表的软弱的德国资产阶级和罗伯斯庇尔所代表的革命的法国资产阶级之间的重大区别。他们没有注意到恩格斯早已指出过的历史事实，即法国资产阶级在进行革命时已经强大得足以建立他们自己的、同他们的阶级地位相适应的意识形态，他们不再求助于宗教，而仅仅诉诸法律的和政治的观念，“只是在宗教堵住他们的道路时，他们才理会宗教；但是他们没有想到要用某种新的宗教来代替旧的宗教”[④]。以罗伯斯庇尔为首的雅各宾派，只是在用坚决的革命手段粉碎了封建制度和基督教会的统治后，在革命政权发生危机的情况下，才企图建立一种崇拜所谓“最高本质”的新

① 参见卢卡奇：《青年黑格尔》，苏黎世，1948年，第42－43页。

② 梅耶：《黑格尔对康德的批判》，英文版，1939年，第15页。

③ 奥夫襄尼柯夫：《黑格尔哲学》，俄文版，1959年，第21页。

④ 《路德维希·费尔巴哈和德国古典哲学的终结》，《马克思恩格斯选集》，第4卷，第231页。

宗教，作为加强和巩固资产阶级平民专政的辅助手段。[①] 罗伯斯庇尔的试验很快就以完全的失败告终，连他自己也付出了血的代价。相反地，青年黑格尔则是在完全不同的基础上提倡“民众宗教”的，他是幻想用宗教来为资产阶级改革开辟道路，这正表现了德国资产阶级对封建制度和基督教只敢采用理论的批判而不敢诉诸武器的批判的虚弱性。而且青年黑格尔对雅各宾派的专政一直是抱批评态度的，罗伯斯庇尔用颁布法令的方式来推行的新宗教，在黑格尔眼里岂不是也属于“实证的”宗教之列吗？由于当时的德国不存在一个革命的资产阶级，也不存在进行资产阶级革命的客观条件，因此青年黑格尔的观点只能是这种不成熟状态的理论表现。如果硬要把他“拔高”，把他的观点说成“雅各宾派的政治活动的理论反映”，那只能是对青年黑格尔的一种误解。

四、青年黑格尔的国家观和改造德国的要求

我们在前面已经指出，青年黑格尔早在图宾根求学时期就参加过进步的学生活动，受到法国革命的影响，开始对社会政治问题发生兴趣。但是，他对社会政治问题发表独立的见解，并且从事这方面的著述，这还是在他到伯尔尼担任私人家庭教师以后开始的。

伯尔尼时期的黑格尔具有激进的资产阶级民主思想，他对伯

---

① 关于这个问题可参阅马迪厄：《法国革命史》下册，商务印书馆，1973年，第573-577页。

尔尼实行的贵族寡头政治表示了极大的不满。在他给谢林的信中这样写道："议会是每十年补选一次在此期间出缺的议员。补选之如何不合乎人情，宫廷里兄弟姐妹之间的一切阴谋诡计之如何有碍于此间实行的这种制度，我实在无法给你描写。父亲任命自己的儿子或礼聘最厚的女婿。人们如果想了解一种贵族立宪政治的真实情况，就必须在此地复活节举行补选之前经历一个这样的冬季。"[①] 如果说他对当时有"神圣的自由土地"之称的瑞士还作了这样的政治评价，那末他对腐朽透顶的封建专制的德国会抱有怎样的看法就可想而知了。在他的伯尔尼时期的主要著作《基督教的实证性》中，我们就能读到这样一些强烈地谴责德国现实政治的话："吞食了成千上万德国人的战争，都是为了公爵们的荣誉和独立的战争；民族只是一个工具，它即使也浴血奋战，可是归根结底它并不知道它是为了什么而战？或者说，不知道我们赢得了什么？"[②] 当时的黑格尔还是一个深受法国革命精神感染的血气方刚的青年，是不满现状的反对派。在他的著作和书信中，时常可以看到对于现存秩序的谴责和讽嘲。他还显然缺少作为普鲁士官方哲学家写作《法哲学原理》时的那种"稳健"精神，不仅不承认现实的就是合理的，反而一心想去改变那个在他看来是不合理的现实。有的资产阶级学者把黑格尔描写成似乎他一出娘胎就老成持重到可以当一个合格的柏林大学教授，这完全是不符合他的思想发展史的。

前面已经说过，伯尔尼时期的黑格尔是把古希腊的城邦共和

---

① 黑格尔 1795 年 4 月 16 日给谢林的信。

② 诺尔编：《黑格尔青年时期神学著作》，德文版，第 215 页。

国作为自己的政治理想的，因此有人把这个时期称为黑格尔思想发展中的共和国时期。当时青年黑格尔考虑得很多的问题之一，是怎样恢复人们已经丧失了的政治自由，重新确立人的权利。他说："任何人都不能放弃自己给自己制定法律，自己负责处理法律的权利，因为当他放弃这种权利时，他就停止是一个人了。但是，阻止人放弃这种权利，这却不是国家的事情，因为这意味着要强迫一个人去做人，这就会是用暴力。"[①] 这表明青年黑格尔的思想是沿着资产阶级革命的总方向发展的，只是由于德国资产阶级的软弱，提不出任何有力的具体措施来恢复和保障人的权利而已。无论是美国的《独立宣言》（1776年），或是法国革命的《人和公民的权利宣言》（1789年），都强调人人有自由平等和追求幸福的不可让渡的权利，并明确指出"法律是公共意志的表现。全国公民都有权亲身或经由其代表去参与法律的制定"。[②] 青年黑格尔的看法无非是法国革命的原则在落后的德国的一种微弱的反响，美国和法国的资产阶级为了恢复和保障他们的权利都不惜诉诸暴力，而这正是黑格尔所代表的德国资产阶级所害怕而力图避免的。

青年黑格尔翻译并加注释的一本小册子，也可以说明他当时注重人的权利的那种资产阶级民主情绪。这本小册子的德译本书名是《关于过去沃特邦对伯尔尼城的宪法关系的亲启信札。彻底揭露以前伯尔尼的上层寡头政治》[③]，原作者是瑞士律师卡特。

① 诺尔编：《黑格尔青年时期神学著作》，德文版，第212页。

② 见《人和公民的权利宣言》第六条。

③ 该书的原名为：*Lettres ä Bernard de Muralt，tresorier du Pavs de Vaud，sur le droit de ce pays，et sur evenements actuels*，1793年出版于巴黎。

该书的译注工作大约是黑格尔在伯尔尼时期开始的，在他离开伯尔尼后始于1798年在法兰克福匿名出版。这是黑格尔第一部发表的作品，但直到1909年才被法尔肯海姆发现该书的译注者是年轻的黑格尔。[①] 罗森茨威格曾经把卡特的原著和黑格尔的译文作过对照，据他说，黑格尔不仅是一个译者，而且还是卡特著作的改写者。[②] 卡特属于资产阶级温和派，他反对不公正的封建特权和专制独裁，拥护宪政和法治，他经常援引孟德斯鸠的《法意》，对英国的资产阶级革命表示同情。黑格尔为译本写了前言，可能是为了应付书报检查而删去了其中两封强烈地谴责伯尔尼贵族对沃特邦的残暴压迫的信。该书的主要精神在于指出，如果拒不进行及时的改革，顽固坚持不公正的特权，蔑视人民的应有的权利，那就必然会使现存的制度垮台，而导致一场大灾难。黑格尔显然是赞同卡特的观点的，有些地方他还加上一些注释进一步发挥了卡特的论点。例如，下面这条材料是很有代表性的：

卡特在该书中有这样一段话："用赋税的多少去衡量一部宪法的好坏，是一个很大的错误。在这种情况下，英国宪法将会是最坏的宪法，因为没有哪一国的人要付这么多的税。然而在欧洲却没有哪一个民族比英国人享有更大的幸福，并得到像英国人那样多的个人和民族的尊敬。——这是因为英国人是自由的，因为他享有自由所包括的那些权利，一句话，因为他是向他自己收税。"卡特的这些话是为了驳斥某些为伯尔尼辩护的人，他们胡说

① 法尔肯海姆：《黑格尔的一部人所未知的政治作品》，《普鲁士年鉴》，第88卷，1909年。

② 参见罗森茨威格：《黑格尔和国家》，第1卷，德文版，1920年，第51页。

什么因为伯尔尼收税低所以人民有高度的政治自由。黑格尔完全同意卡特的意见，并且在注释中补充指出："英国议会规定的美国进口茶叶的关税是极其微不足道的，但是美国人感到，他们支付这总数很小的税金就丧失了他们最重要的权利，正是这种感情引起了美国革命。"①

在这里，青年黑格尔的政治倾向表现得再清楚不过了。他向往资产阶级的民主自由，并且大胆地暗示，人民为了保卫自己的权利，有权进行革命。他在这个时期的政治观点相当接近于费希特。费希特当时还是资产阶级激进思想的代表，他根据《人权宣言》的精神，热烈地捍卫公民的政治自由和权利，主张建立共和制度，坚决要求给予人民参政的权利，因为人民不是不会讲话的机器，而是自觉的参与者。费希特明白地宣告："在事实上和法律上，人民是至高无上的最高权力，它是其他一切权力的源泉，而且只对上帝负责"②。尤其是，他承认人民有在必要时进行革命的"不可让渡的权利"，为法国资产阶级革命和雅各宾派的平民专政作了热情的辩护。青年黑格尔当然没有费希特那样激进，态度也不那样坚决，但是在他的政治思想的演化史上，伯尔尼时期是他的黄金时期，资产阶级民主共和思想占了主导的地位，后来他的政治观点就越来越逐渐向妥协和保守的方面转化了。

关于伯尔尼时期黑格尔的政治观点，还有一个有待解决的争论问题需要加以探讨，那就是究竟应该怎样看待《德国唯心主义

---

① 以上卡特的原文和黑格尔的注释见《有关黑格尔思想发展的文献》，德文版，第248-249页。

② 参见费希特：《自然法基础》。

最早的系统纲领》这个残篇(1796年初夏)。根据许勒的考证,这个残篇是黑格尔在伯尔尼所写的最后一篇理论文章,但它在1917年由罗森茨威格第一次公开发表以后,一直被怀疑不是黑格尔的著作。罗森茨威格本人以及其他一些研究者认为这是黑格尔抄录的谢林的作品,尽管他们的这种看法仅仅是没有得到任何证实的假设,却被卢卡奇毫无批判地当作确定的事实来接受。[①] 另一些人如柏姆则认为这篇文章的作者是荷尔德林。[②] 以上这两种看法都没有事实的根据。既然这篇手稿无疑是黑格尔的笔迹,而又没有任何可靠的证据说明这是他抄录别人的作品,我们还是宁可相信奥托·波格勒和哈里斯的考证,把它作为青年黑格尔自己的作品。[③] 当然,这并不排除这样的可能,即黑格尔在这篇作品中吸收了其他同道们的思想。

我们之所以重视青年黑格尔的这篇著作,是因为其中包含一个十分重要的思想。他在那里写道:"我从自然界达到了人的事业。先是人类这一理念——我想指明,根本没有关于国家的理念,因为国家是一种机械的东西,就像根本没有关于一架机器的理念一样。只有自由的对象,才叫做理念。所以我们必须超越国家!——因为任何国家都必然把自由的人当作机械的齿轮看待,而它是不应该这样的,所以它就应该停止存在。你们自己看到,在这里所有的理念如关于永恒和平等等的理念,都只是隶属于一

① 参见卢卡奇:《青年黑格尔》,苏黎世,1948年,第55-56页。

② 参见柏姆:"荷尔德林是德国唯心主义最早的系统纲领的作者",载《德国文艺科学与精神史季刊》,第4卷,第339-425页。

③ 参见波格勒:"黑格尔是德国唯心主义最早的系统纲领的作者",载《黑格尔研究》,第4分册(1969年);哈里斯:《黑格尔的发展》,第249-257页。

个更高的理念的。同时，我将在这里叙述人类历史的原则，并彻底揭露全部贫乏的人类事业——国家、宪法、政府、法律。最后是关于道德世界、上帝与不朽的那些理念——一切假信仰的崩溃，牧师神甫之受迫害，近来都表明理性自己正在显示理性——理性乃是精神的绝对自由，一切精神都在自身之内包含着知识世界，而不可以在其自身以外去寻求上帝与不朽。"[①] 接着下来就是一段关于美学的议论。黑格尔认为，把一切联合在一起的那个理念，就是最高的柏拉图意义上的美的理念；把握一切理念的理性最高活动，是一种审美的活动，而真和善只有在美之中才亲如姊妹地结合在一起。他还强调哲学家也要像诗人一样具有审美的能力，并把精神哲学说成是一种"审美的哲学"。他把诗放在很高的位置，把诗称作"人类的女教师"。他说："理性和内心的一神教，想象力和艺术的多神教，这就是我们需要的东西。"[②]

青年黑格尔的上面这些看法，标志着他的进步思想发展的极限，它们表明他从唯心主义出发对现存秩序的批判可以达到怎样的限度。说实在，凡是唯心主义所允许的一切，他都已经做到了。黑格尔的观点无疑是彻底的唯心主义，但是尊崇理性，强调精神的绝对自由，却导致了对违反理性与自由的一切事物的无情的否定。在他关于基督教的文章里，我们已经看到他对古希腊罗马共和国瓦解后建立的专制国家的"实证性"的批判，现在这一批判又深入了一步，达到了在原则上对国家的否定，因为在他看来"任何国家都必然把自由的人当作机械的齿轮看待"，它是一种机械

---

① 《有关黑格尔思想发展的文献》，德文版，第219-220页。

② 同上，第220页。

的东西，是不自由的。一切与国家相关联的东西，黑格尔所谓的“全部贫乏的人类事业”如宪法、政府、法律等等，也都遭到他的无情批判。他甚至提出要超越国家，认为国家应该停止存在，这和要求“人们必须崇敬国家，把它看做地上神物”[1]的那个晚年的黑格尔，有着多么巨大的差别啊！某些资产阶级学者不能理解为什么青年黑格尔和晚年黑格尔的国家观点会有这样巨大的差别，因而怀疑和否认青年黑格尔曾经有过如此激进的思想。其实，在那激变和动荡的历史时代里，如果一个思想家始终保持一成不变的观点，那倒是奇怪的事。青年时期和老年时期的思想差距，不仅存在于黑格尔身上，而且也同样存在于他的同时代人费希特和谢林身上。如果硬要把这篇著作说成是谢林的作品，那末它和晚年谢林的观点之间的差距不是更为巨大吗？解释黑格尔国家观点的演变的关键，归根到底要到德国社会的阶级斗争中去寻找。青年黑格尔对国家的否定，反映了力求挣脱封建桎梏的德国资产阶级希望打破封建国家机器的激进情绪；而老年黑格尔对国家的崇拜，则反映了已经和封建势力达成妥协的德国资产阶级竭力想利用现成的国家机器来保障自己的利益和统治的那种愿望。离开阶级斗争去看问题，就根本无法弄清楚黑格尔的思想发展。

应该指出，青年黑格尔的国家观点表面看来很激进，内容却是十分虚弱的。要超越国家，要国家停止存在，话说得很漂亮。但是，怎样去超越呢？用什么手段使国家停止存在呢？国家真的停止存在以后又怎么办？所有这些问题都找不到答案，连他自己

---

① 黑格尔：《法哲学原理》，商务印书馆，1961年，第285页。

也是茫然。单靠理性的力量是不能改变世界的，尤其是把审美活动当作理性最高活动，对变革现实社会更显得无济于事。所以青年黑格尔要超越国家的想法，始终只是一个空想，像这样的空想是不可能持久的。果然，在他离开伯尔尼去法兰克福以后，这个短暂的空想很快就幻灭了。

在法兰克福时期，黑格尔的社会政治观点开始发生明显的变化。有些人（如诺克斯、卢卡奇）认为，黑格尔在这时期遇到了一次严重的“精神危机”，使他的思想发生了“革命”，另一些人（如哈里斯）则根本否认有过这样的“危机”和“革命”。[①] 我们暂且把“危机”问题搁置不论，来看看黑格尔在国家问题上发表了一些什么样的见解。

青年黑格尔到了法兰克福以后的著作中，已经放弃了以前对于恢复古代民主共和制度的那种热烈的希望，也不再抱有要超越国家的那种不切实际的空想，而代之以对近代国家的本质作比较客观的冷静的研究。通过历史的考察，他发现原来近代国家的本质在于它是保护私有财产的工具，而且他也开始认识到，以私有财产为基础的现代社会已经是一个无可改变的基本事实了。在法兰克福时期所写的《历史研究断片》中，黑格尔指出：“在近代国家里，保障私有财产的安全乃是全部立法围绕着它旋转的轴，公民的大部分权利都是与它相关联的。在有些古代自由共和国里，是通过宪法使严格的私有财产权受到损害的，而这种私有财

---

① 参见诺克斯：《黑格尔对康德伦理学的态度》（载《康德研究》，1957-1958年）；卢卡奇：《青年黑格尔》，苏黎世，1948年，第2章，第1节；哈里斯：《黑格尔的发展》，第4章，第1节。

产权却是我们一切政权机构所关心的东西，是我们国家的骄傲。在拉西代孟人的宪法中，保障私有财产和实业的安全这一点几乎未加注意，几乎可以说是被遗忘了。在雅典，通常要夺走富有公民的一部分财富。但在夺走一个人的财富时却利用一个对他很光荣的借口：即要他担任一个需要大量花费钱的职务。"①在他看来，即使在最自由的宪法之下，少数公民拥有过多的财富也会导致自由的毁灭。这方面的例子很多，伯里克利的雅典，革拉古的罗马，梅迪奇家族的弗罗伦萨，都可以作为历史的例证。财产的相对的平等，是民主政治的基础。青年黑格尔从这个观点出发，为法国革命中提出的平均财产的要求辩护，他虽然不同意雅各宾派的暴力专政，但却认为人们把法国无短裤汉主义②的制度平均财产的企图仅仅归结为掠夺欲，这种看法是不公正的。

在这里，我们很容易指出青年黑格尔所犯的历史错误。古希腊的国家，无论是斯巴达或雅典，都决不是不关心保障私有财产的，恰恰相反，国家机器的主要任务之一就是保障奴隶主阶级对最重要的私有财产(即奴隶)的所有权，镇压奴隶的任何反抗和防止奴隶的逃亡。甚至在伯罗奔尼撒战争中斯巴达和雅典兵戎相见的情况下，交战双方还订立条约，规定彼此不得收容对方逃亡的奴隶并互相援助共同镇压奴隶暴动。③顺便提一下，在历史上，西方的保险业正是从古希腊赔偿奴隶逃亡损失的保险业务开

---

① 《有关黑格尔思想发展的文献》，德文版，第268页。

② 无短裤汉(sansculotte)是法国资产阶级革命时贵族阶级挖苦平民共和党人的话，因为当时贵族穿短裤，平民穿长裤，或译长裤汉。

③ 参见修昔底德：《伯罗奔尼撒战争史》，商务印书馆，1961年，第340、371页。

始的。怎么能够说古希腊国家几乎不注意保障私有财产的安全呢？实际上，在人类历史上，如果不是先有私有财产的出现以及随之而来的社会阶级分化和阶级对立，国家这个怪物就根本不会产生。关于这一点，恩格斯在《家庭、私有制和国家的起源》一书中，曾经作了光辉的马克思主义的深刻阐述。黑格尔是一个历史唯心主义者，他当然不可能正确地理解国家的起源。但是，重要的是他在法兰克福时期就已经看到了国家的经济内容，认识到保障私有财产乃是近代国家的本质所在。这比他晚年把国家说成是什么“伦理理念的现实”、“理性的形象和现实”[①]之类的谬论，无疑要高明和深刻得多。列宁说过，国家问题是被资产阶级学者搞得最为混乱不堪的一个问题，因为它比其他一切问题更加牵涉到统治阶级的利益。[②]掩盖国家的阶级本质，对巩固阶级统治来说是十分必要的。因此，在国家问题上，一个私人家庭教师往往比一位官方哲学家能够说出更多的真理。

至于青年黑格尔主张财产相对地平等的思想，这是从卢梭那里来的。大家知道，卢梭以及把他奉为老师的激进的雅各宾派，都是竭力鼓吹平均财产的。这在他们力图建立的资本主义社会里当然是根本不可能实现的幻想，因为正是资本主义制度使社会贫富悬殊的两极分化现状更加剧了。法兰克福时期的黑格尔也还有着这样的幻想，这一方面说明法国革命对他的思想影响，另一方面也说明他对资本主义社会的认识还很不深刻。关于资本主义制度下社会财富分配必然极不平等的认识，是他在耶拿时期

① 黑格尔：《法哲学原理》，商务印书馆，1961年，第253、360页。

② 参《论国家》，《列宁选集》，第4卷，第42-43页。

进一步研究了资本主义社会经济生活以后才得到的。

在法兰克福，青年黑格尔表现了对德国现实政治生活的浓厚兴趣，开始写他的第一批政治著作:《论符腾堡内政近况，特别是关于市参议会宪法的缺陷》和《德国宪法》。在这两篇著作中，黑格尔对当时德国的政治状况作了广泛的评论。

《论符腾堡内政近况》这本小册子写于1798年，原来的书名是《市参议会应该由人民(后由黑格尔改为"公民")选举》，现在这个书名是别人替他改的。据罗森克朗茨说，黑格尔写成该书后把稿子寄给斯图嘉特的几位朋友征求意见，有人回信认为在当时的环境下出版这部著作是弊大于利，会损害自由的事业，因此该书就没有发表。[①] 这部著作的手稿一直保存到十九世纪中期，后来就遗失了，现在只是在海谋的《黑格尔及其时代》一书中保存了该书的某些片断和一个简单摘要，其中一些段落由拉松收入了他编辑的《黑格尔政治和法哲学著作》。

符腾堡公国是黑格尔的故乡，他的父亲是政府官员，所以他对符腾堡的政治局势表示关切是很自然的。在当时的许多德意志国家中，符腾堡的政治状况还不算是最坏的，它表面上还是实行宪政，有一个比较强有力的议会和所谓自由的传统，而与德国其他大部分地区有所不同。在十八世纪末，福克斯甚至指出，在欧洲只有两部宪法，即英国宪法和符腾堡宪法。[②] 但是，即使在这样一个所谓"开明专制"的公国里，情况也是够糟的。所谓"宪

---

① 罗森克朗茨:《黑格尔传》，第91页。

② 参见卡尔斯顿:《德意志的王公和议会:从十五世纪到十八世纪》，牛津，1959年，第5页。

政”只不过是装饰腐朽的封建专制制度的遮羞布而已，实际上根本没有什么民主自由可言。有一部关于符腾堡的历史书对它的政治状况作了这样的叙述：“为了进行外国的战争而经常征兵，任意课以重税，贿卖官职，实行使王公发财的专卖，只要有人表示最微小的怀疑和抗议即予逮捕。”[①] 法国革命使符腾堡受到了很大的冲击，人们议论纷纷，要求进行改革。1797年末符腾堡新的统治者上台，1798年初德意志神圣罗马帝国将莱茵河左岸地区让与法国，这就更引起人心浮动。青年黑格尔在这样的时刻写这本小册子，并不是偶然的。

《论符腾堡内政近况》这本小册子的主要精神在于指出符腾堡的现存秩序和制度已经过时，再也不能维持下去了，因此迫切需要改革，否则就不可避免地会爆发革命。黑格尔一开始就在颇有鼓动性的导言中号召符腾堡人民结束在恐惧和希望之间的摇摆，希望大家抛弃个人和本阶级的狭隘的利益，去努力改革宪法中那些“不公正”的部分。在他看来，现在改革的时机已经完全成熟了。形势已经变了，人们安静地满足于现状、毫无希望、忍耐地顺从命运的状况已经改变，他们已经抱有希望、期待，并决心去做某种别的事情了。“关于一个更美好和更公正的时代的图景，已在人们心灵中变得活跃起来了，对更纯洁、更自由的状态的渴望和恋慕激动了所有人的心，并使他们与现状发生冲突。”[②] 不仅人们要求一个新局面，而且旧制度越来越难以保持统治了。他指出：“人们普遍地、深深地感到，现有状况下的那种国家结构已经

① 卡尔·帕法夫：《符腾堡公国和国家的历史》，斯图加特，1839年，第82页。

② 拉松编：《黑格尔政治和法哲学著作》，第150页。

维持不下去了。人们普遍地担心它会垮台，并在它崩溃时使每个人都受到损害。”[①] 因此，改革是极其必要的。但是，哪些东西已经不能维持下去必须进行改革呢？要判断这一点，“公正是唯一的标准”。问题在于要有做事公正的勇气，有了这种勇气，就能完全地、体面地、和平地除掉摇摇欲坠的建筑物，而代之以一个安全的建筑物。如果不进行及时的改革，就会发生一次可怕得多的爆发，在这场爆发中会进行报复，老是受骗和受压迫的群众会狠狠地惩罚不公正行为。他说，明明感到事物正在摇摇欲坠，却无所作为，盲目自信地等待那到处腐朽不堪、根基已经动摇的旧屋倒塌，让倒下的栋梁砸在自己身上，这简直是违反常识。“有些人可能希望，已经不再适应于人的习惯、需求和意见并已被精神所抛弃的那些制度、宪法和法律，还能够存在下去，这些人是多么盲目啊！”[②]

青年黑格尔在这本小册子中抨击封建专制制度，大胆地指责符腾堡王公专制独裁，并且对官僚们的胡作非为提出抗议，说这些家伙已经丧失了“关于天赋人权的一切意识”[③]。他一针见血地指出，必须对符腾堡宪法进行根本的改造，因为在旧宪法中，“归根到底一切都围绕着一个人旋转，这个人 ex providentià majorum（由于最高的天命）把一切权力集中在自己手里，对承认人权和尊重人权不给予任何保证”[④]。黑格尔要求承认公民平

① 拉松编：《黑格尔政治和法哲学著作》，第 151 页。

② 同上，第 151 页。

③ 参见海谋：《黑格尔及其时代》，第 67 页。

④ 费舍：《黑格尔的生平、著作和学说》，第 1 部，第 5 章。

等和信仰自由，尊重一切等级的人权。他把改革的希望寄托于议会，但在他看来选举议会的方法和宪法的其他部分一样是错误的。他并不反对通过市镇参议会的间接选举制，但主张市镇参议会由普选产生。可是他又担心把投票权给予“未受教育的群众”会有另一种危险，因为他们“习惯于盲目服从”，易于受王公利用。因此，他最后不得不无可奈何地承认，不知道怎么办才能在符腾堡建立一个良好的民选机构。海谋说：“这样的一部作品，它的前提是如此激奋人心，而其结局的毫无结果又是如此不能令人满意，因此还是不发表的好。”[①] 这些话总算还有几分道理。

从《论符腾堡内政近况》可以看出，青年黑格尔的政治观点和以前相比有所变化。他在伯尔尼时期写的批判基督教的文章认为，古代民主制崩溃后产生的一切社会制度都是“实证的”，现在则认为只有过时了的制度才是“实证的”，符腾堡的政治制度之所以应该改变，因为它所适应的条件已经不存在了。在这一著作中，虽然还贯彻着反封建的资产阶级民主思想，但值得注意的是，他已不再要求建立民主共和国，而只是要求进行宪政改革以限制世袭君主的无上权力。尽管他主张进行重大的改革，但又反对使用暴力，极力想避免革命的爆发，认为在改革时要采取渐进的和平方式谨慎从事。他这时期的政治观点基本上带有温和的资产阶级自由主义色彩，这是他的思想开始向保守的方面转化的最初的征兆。

青年黑格尔的另一篇政治著作《德国宪法》初稿写于1799

---

① 海谋：《黑格尔及其时代》，第67页。

年，1801年初他去耶拿后又重写修改，至1802年春停写，全稿未完成，在他生前没有出版。[①]罗森克朗茨曾错误地认为该稿写于耶拿之战后的1806-1808年，[②]后来他修正了这个看法，认为写于1801-1802年[③]。这个黑格尔手稿最初于1893年由莫拉特发表，原稿无题，由莫拉特加上《德国宪法批判》的标题，后来简称为《德国宪法》。

《德国宪法》一文的目的是分析和批判当时的德意志帝国宪法。所谓德意志民族的“神圣罗马帝国”，本来是从中世纪遗留下来的一个怪物，早已名存实亡，只剩下了一个空洞的躯壳。这个名义上的帝国，除了下属有奥地利、普鲁士那样强大的选帝侯以外，还包括三百来个大大小小的诸侯领地和独立市镇。那些割据一方的封建统治者各自拥有自己的军队、行政机构和税收制度，实际上并没有一个真正的中央政权。所谓帝国没有一个兵，它的岁入仅几千弗洛林，完全是形同虚设。在那些大大小小的德意志封建国家里，君主专制制度占着统治地位，政治极端腐败，贪污成风，工商业生产凋敝，经济十分落后。人民生活在水深火热之中，蒙受残酷的压迫和剥削。农奴的从属关系仍然盛行，某些封建主甚至把成批的青年作为雇佣军出租或出售给外国。当时有人愤慨地说：“没有法律和正义，没有禁止任意课税的保护措施，我们儿子的生命、我们的自由和权利都没有保障，成了专制政

① 根据罗森茨威格的考证，此文写于1799-1802年。此说比较可信，参见他的《黑格尔和国家》，第1卷，第231-233页。

② 罗森克朗茨：《黑格尔传》，第235-236页。

③ 罗森克朗茨：《作为德国民族哲学家的黑格尔》，1870年，第62页。

权的软弱的捕获物，我们的生存缺乏团结，也缺乏民族精神……这就是我们国家的现状。”[①] 关于十八世纪末叶的德国状况，恩格斯也曾经作过深刻的批判揭露，他指出：“这是一堆正在腐朽和解体的讨厌的东西。没有一个人感到舒服。……一切都烂透了，动摇了，眼看就要坍塌了，简直没有一线好转的希望，因为这个民族连清除已经死亡了的制度的腐烂尸骸的力量都没有。”[②]

在《德国宪法》里，黑格尔开门见山的第一句话就是：“德国不再是一个国家了”。他沉痛地指出，德国现在已经完全是虚有其表，它的各个部分表面上虽然还保持着统一的外貌，却不是靠实际存在的纽带，而是靠记忆中的过去的纽带联合在一起的。正像树上掉下来的果子，因为它落在树底下，所以人们承认它曾经是属于树上的东西，但无论是果子在树下所处的位置或是落在它身上的树影，都不能使它免于腐烂。德国就是这样，它是早已逝去的旧时代的残余，已经完全不能适应于新的历史条件。特别是在对法国的战争中，德国更是通过切身的经验意识到它自己不再是一个国家。这场战争使德国失去了某些最好的领土和几百万人口，债务的重担把战争的苦难一直延长到战后的和平时期，有的邦落入了外国的统治之下，被迫遵守外国的法律和习俗，而另一些邦则将丧失它们最可宝贵的独立。[③] 在黑格尔看来，战争充分暴露了所谓德意志帝国的腐朽落后，德国的软弱无力给整个民

---

① 这是缪勒的话，引自海格尔：《从菲德烈大帝逝世至旧帝国解体为止的德国历史》，第1卷，斯图加特，1899年，第115页。

② 《德国状况》，《马克思恩格斯全集》，第2卷，第633-634页。

③ 参见《黑格尔政治和法哲学著作》，第3-4页。

族带来了屈辱和灾难。因此,要大声疾呼,唤醒他的同胞们要认清真相,敢于冷静地正视现实。他说,这篇文章里包含的思想没有什么别的目的,只是为了促进人们去理解事物的真相,从而更沉着地看待和适度地容忍事物的真相。德国人最大的毛病就是拒绝承认事实,所以黑格尔集中力量去揭露德国宪法中理论与实践、理想与现实之间的严重脱节,指出人们在谈论德意志帝国时仿佛它真是一回事似的,实际上它却早已是徒有形式而无实质内容的空架子了。

黑格尔断定德国不再是一个国家后,提出了他自己关于什么是国家的定义。他说:"一群人只有当他们联合起来共同保卫他们的全部财产的时候,他们才能叫自己是一个国家。"① 人们的这种联盟不仅要有保卫自己的意愿,而且还要有实际的武器来保卫自己。谁也不否认,在法律上和字面上德国是联合起来进行共同防御的,但法律条文是一回事,实际情况却是另一回事。财产和保卫财产完全是实实在在的事,如果没有现实的存在,那末不管理想的存在如何美妙,它还是不可能成为一个国家。古老的德意志帝国之所以不是一个国家,并不完全因为它在对法兰西共和国的战争中遭到失败。问题在于,它根本没有联合起来共同保卫它的全部财产,它没有防御的组织机构,没有共同行动的意志。因此,黑格尔又指出:"如果一群人要组成一个国家,那末他们就必须形成一个共同的军事的公共权威。"② 在他看来,一个国家的力量不在于它的人口和军队的数目,不在于它的土地丰饶,也不在

① 《黑格尔政治和法哲学著作》,第17页。

② 同上,第18页。

于它的大小，而仅仅在于使所有这些东西能够用来为共同防卫的伟大目的服务，而这乃是把它的各个部分合理地联合在一个单一的公共权威之下的结果。[①] 德国就是缺少这样一个公共权威，就像一盘散沙，没有一个中心。但是，需要一个公共权威并不意味着有必要建立一个高度中央集权的政府。相反，青年黑格尔是不赞成高度的中央集权的。

黑格尔认为，一个公共权威（即政府）除了为保证国家安全必需发挥权威作用的活动以外，应该促进和保护公民的自由活动，“因为公民的自由本来就是神圣不可侵犯的”。他激烈地批评那种走极端的中央集权制（他举法兰西共和国和普鲁士为例），说它统得太死，事无巨细都要由最高当局决定和下命令，在二、三千万人口的国家里，连用于救济贫民的公共开支的每一分钱都要由最高的政府当局来管，甚至任命一个农村学校教员、关卡小税吏，直到花钱给公共建筑配一块玻璃那样的琐事，也都要由上面来过问，这样就造成了一种极其枯燥无味的缺乏生气的生活。他把这种中央集权制叫作“机械的教阶制度”，指责它完全压抑了人民的自由信仰、自尊心和个人努力。在他看来，在一个统一的国家里，各个地区的自治不仅是可能的，而且是应该争取的。他说，国家如果让人民在次要的一般活动方面有充分的自由，那末这样的人民是幸福的；同样的，如果一个公共权威能够得到它的人民的自由精神的支持，那末它就无限地强大。[②] 那时黑格尔心目中的理想国家，显然是带有一点资产阶级自由主义色彩的，这

---

① 《黑格尔政治和法哲学著作》，第57页。

② 同上，第29-31页。

同他后来在《法哲学原理》中关于国家的说教有着颇大的差别。他反对中央集权，是从德国资产阶级的特殊利益出发的，因为当时德国各个地区资本主义的发展极不平衡，统一的国内市场还远未形成，经济发达地区的资产阶级首先要求一个能够充分自由发展的环境，而不希望受到中央集权的过多的干预。

在黑格尔看来，国家要保卫自己主要依靠军事力量和财政力量。他研究了这两个方面，指出这两种力量都是德意志帝国所不具备的。几个世纪以来，欧洲列强之间的重要战争德国人几乎都参加了，德国人血流成河，表现了勇敢精神和军事才能，但是现在却没有一个国家像德国那样缺乏防御，没有保卫自己的能力。如果我们看到大批德国士兵在战场上打仗，那末他们并不是作为一支帝国的军队为保卫德国而战，而是自相残杀，把德国的肉从骨上撕裂下来。在财政方面，德国更是处于十分可怜的境地。黑格尔指出，在现在或多或少摆脱了封建制度的欧洲国家里，财政已成为最高公共权威手中的越来越重要的一种权力了，可是在德国，国家却不干预任何公开的开支，一个村庄、一个城市都各自照管与它自己有关的财政事务，根本就没有一个与公共权威自己有关的财政机构。中央的财政权力如帝国关税、帝国城市缴纳的税金等等，也和国家的观念相距甚远，因为这些收入完全被看作皇帝的私人财产，皇帝甚至可以把它们出售。因此，德国是没有什么财政力量可言的。从这里，黑格尔作出结论说，一国人民由于军事力量的瓦解和缺乏财政能力，不能建立他们自己的公共权威，就没有能力在外敌面前保卫自己的独立。在战争中，它就必然会遭到各式各样的掠夺和蹂躏，必然会丧失自己的土地。[1]这样看来，当时德国失败的命运是注定了的，只有进行改革，建立一个现代国家，德国才能有光明的前途。

青年黑格尔所建议的政治改革，实际上是实行资产阶级性的君主立宪制度。他要求建立一个有效的公共权威，成立一支真正的德国军队，由皇帝来担任政府的首脑和军队的统帅；实行全国通行的税收制度，以支付军队的开支；还要对旧的帝国议会进行根本改造，使它成为拥有财政权和立法权的新的代议机构。总之，早已过时的那些封建机构都必须加以改革，使之适应于现代生活的要求，而代议制则是德国在政治上现代化的基础，因为“如果没有这样一个代议机构，自由就将是无法想象的”[2]。从他的这些具体建议可以看得很清楚，他所要求的是资产阶级性质的改革，而且这种改革带有浓厚的妥协性，并不触犯封建阶级的根本利益。这同他在伯尔尼时期的政治主张相比，是大大地后退了一步。

在“德国宪法”一文中，黑格尔还着重地提出了德国的统一问题。这个问题的迫切性显然是由于抵抗外部敌人侵略的必要而加强了。要建立一个强大的现代化的德国，首先必须实现统一。在黑格尔看来，能够担当起这个任务的德意志国家只有普鲁士和奥地利。根据海谋的说法，黑格尔属意的是奥地利。奥地利的宪法比较带有自由色彩，并且一直保留着传统的代议制的议会，因此由奥地利出来把德国重建成一个自由国家也将有更大的保证。黑格尔指出，“德国自由的利益，自然要寻求自身建立在

---

① 参见《黑格尔政治和法哲学著作》，第48页。

② 同上，第128页。

这种自由的制度之上的国家的保护”[①]，而普鲁士却不再和自由的利益发生联系，在公众舆论中，没有一次普鲁士进行的战争从一开始就被看作是为了德国的自由而进行的战争。现在真实的、持久的利益在普鲁士得不到任何保护，如果普鲁士成为德国的复兴者，那就有整个德国被普鲁士化的危险。青年黑格尔那时对普鲁士的评价是很低的，他批评普鲁士国内没有自由，机械死板，等级森严，独裁专断，思想贫乏，完全缺乏“科学或艺术天才”，好比一个“暴发户”。这和他晚年对普鲁士的吹捧和美化，恰好形成强烈的对比。人们一般习惯于把黑格尔看作普鲁士王国的忠实哲学奴仆，却忘记了他在青年时期曾经是普鲁士专制制度的激烈批评者。

我们之所以要为《德国宪法》一文花费这许多笔墨，是因为它再清楚不过地表明了青年黑格尔政治思想的资产阶级性质。不仅他的政治理论，而且他的具体政治主张都生动地体现了当时德国资产阶级的特殊利益。在十八世纪末至十九世纪初，德国资产阶级有两个最突出的政治要求，一是希望摆脱阻挠资本主义发展的封建桎梏，实现德国政治机构的现代化；一是希望实现德国的统一，使德意志民族能够抵御外国的侵略，保护初生的民族资本的利益。这两个政治要求互相交织在一起，构成了《德国宪法》的基调。青年黑格尔有时免不了陷于这样的矛盾：一方面他认识到封建制的旧德国已经是无可救药，必须加以彻底的改造；另一方面他又看不到能够进行这种社会改造的力量，因为德国资产阶

① 《黑格尔政治和法哲学著作》，第129页。

级软弱无能，还远没有成熟到能够承担起这个历史任务的地步。他虽然提出了改造德国的建议，但他自己对于德国能否进行这样的改革是抱怀疑态度的，因为他感到德国的旧势力太强大了。德国资产阶级自己既没有力量又没有勇气去领导和发动一场资产阶级革命，以实现国家的现代化和民族统一，它就只能寄希望于出现一个"强有力的伟大人物"去完成这个业绩。所以黑格尔在《德国宪法》中最后把他的全部热切期望都寄托在"德国的提修斯"身上。[①]这个"德国的提修斯"指的究竟是谁？黑格尔没有明说。狄尔泰认为他指的是外国征服者拿破仑，罗森茨威格则认为他指的是奥地利的查理大公。[②]其实，这个问题倒无关紧要。重要的是，可怜的德国资产阶级竟然推不出一个像样的领袖人物，去完成本来应该由它自己去完成的历史任务，而不得不寻找一个自己阶级以外的人物来照管自己的利益，充当自己的领袖。

青年黑格尔是个历史唯心主义者，他夸大个人在历史上的作用，认为所有国家都是由于"伟大人物"的非凡的才能和努力而创建的。所以他抱着由一个"德国的提修斯"来重建新国家的幻想，是符合他的历史观的。但是，他的这种幻想一旦破灭，就可能转化为同封建势力的更严重的妥协。黑格尔对普鲁士的态度的演变，就是一个明证。"德国的提修斯"始终没有出现，怎么办？就只有依靠现有封建统治者之中的"强有力的人物"了。德

---

① 参见《黑格尔政治和法哲学著作》，第135页。其实，在伯尔尼时期，黑格尔就盼望"德国的提修斯"的诞生，他在《基督教的实证性》一文中曾经发出这样的感叹："有谁能算得是我们的建立国家和制定法律的提修斯？"（《黑格尔青年时期神学著作》，第215页）

② 参见狄尔泰：《黑格尔青年时代的历史》；罗森茨威格：《黑格尔和国家》。

国资产阶级不得不借助于普鲁士统治者的武力来实现国家现代化和民族统一,为资本主义发展开辟道路。这样地发展资本主义也就是列宁所说的"普鲁士道路"。走这条道路虽然十分缓慢、痛苦和不彻底,但在软弱的德国资产阶级看来却似乎是唯一切实可行的办法。我们知道,德国的民族统一和资本主义化是在黑格尔去世后很久才完成的,而晚年的黑格尔实际上就是在为这条"普鲁士道路"作哲学论证。黑格尔的政治观点在不同时期是有所变化的,但它们反映着德国资产阶级的根本利益和愿望这一点却始终不变。他对普鲁士的态度,由尖锐的批评转变为竭诚拥护,这虽然可能有个人原因,但归根到底必须用德国资产阶级在不同时期的利益去解释。恩格斯对黑格尔生前发表的最后一部著作,也是黑格尔政治观点最为保守的著作《法哲学原理》,曾经作过这样深刻的评述:"最后,当黑格尔在他的《法哲学原理》一书中宣称君主立宪是最高的、最完善的政体时,德国哲学这个表明德国思想发展的最复杂但也最准确的指标,也站到资产阶级方面去了。换句话说,黑格尔宣布了德国资产阶级取得政权的时刻即将到来。"[①] 因此,如果看到黑格尔晚年对普鲁士的吹捧,就给他乱扣什么"封建复辟派"的帽子,那就再也没有比这更错误的浅薄之见了。

五、结束语

经过上面对青年黑格尔的社会政治思想的考察,可以得出结

① 《德国的革命和反革命》,《马克思恩格斯选集》,第1卷,第510页。

论说，他是当时德国新兴资产阶级的典型代表。黑格尔的辩证法反映着德国资本主义上升时期资产阶级的利益和愿望，这就是他的辩证法的深刻的社会阶级基础。

马克思曾经指出，要“公正地把康德的哲学看成是法国革命的德国理论”[①]。这一科学论断也同样完全适用于黑格尔哲学。正当法国发生轰轰烈烈的资产阶级革命的时候，德国发生了哲学革命，而这场哲学革命的成果就是由康德开始而由黑格尔完成的辩证法思想的发展。辩证法是变革的哲学，在它看来，整个自然界和人类社会都处于不断的变化和发展中，根本就不存在任何神圣不可侵犯的绝对的东西。从根本上说，黑格尔的辩证法正是集中地表现了德国资产阶级企图变革封建制度的要求。恩格斯在评述德国的哲学革命时说：“正象在十八世纪的法国一样，在十九世纪的德国，哲学革命也作了政治变革的前导。”[②]因此，德国古典哲学（特别是黑格尔哲学）根本不是什么德国贵族对于法国革命的反动，而是为了在德国实现法国革命的同样目的、即建立资本主义制度开辟道路的。

青年黑格尔不愧为自己时代的儿子。他在启蒙运动思想的影响下成长，对法国资产阶级革命抱着同情，举着理性和自由的旗帜，批判“实证的”基督教，要求变革德国的政治制度。所有这一切都无可辩驳地证明他是站在时代潮流前列的。这样，他的辩证法思想的形成才有可能得到合理的解释。

---

① 《法的历史学派的哲学宣言》，《马克思恩格斯全集》，第1卷，第100页。

② 《路德维希·费尔巴哈和德国古典哲学的终结》，《马克思恩格斯选集》，第4卷，第210页。

当然，我们也不能忘记恩格斯的这样一句话："黑格尔是一个德国人而且和他的同时代人歌德一样拖着一根庸人的辫子。"[①]应该说，黑格尔身上的庸人气味是随着他的年龄和地位的增高而越来越浓的，青年时代的黑格尔比较起来要好一点，但也未能完全摆脱令人讨厌的庸人气味。这不是他个人的问题，而是由整个德国资产阶级的特殊性格所决定的。德国资产阶级当时还远没有成熟，而带有很大的软弱性和两面性。一方面，它反封建，希望实行资产阶级性的变革；另一方面，它又极其害怕人民，总是同封建统治阶级谋求妥协，幻想他们让步。德国资产阶级只能停留于跪着造反。这种阶级特性也不能不在黑格尔的思想上留下深刻的烙印。黑格尔的唯心主义，正是反映了德国资产阶级沉溺于思辨的幻想而怯于实践的软弱性和保守性，它束缚了辩证法的发展，歪曲了辩证法的面貌。黑格尔辩证法是唯心的辩证法，它只能以歪曲的形式去反映世界的发展和人们改造世界的主观要求，却不能成为真正改造世界的有力武器。因此，对无产阶级来说，黑格尔辩证法在其现成形式下是完全不适用的，必须加以彻底的批判改造。黑格尔辩证法和马克思主义辩证法不仅有着原则的不同，而且是正好相反的。强调黑格尔早期思想的进步，而企图把黑格尔辩证法和马克思主义辩证法混淆起来，这是绝对不能容许的。

(原载《外国哲学史研究集刊》第1辑，1978年)

---

① 《路德维希·费尔巴哈和德国古典哲学的终结》，《马克思恩格斯选集》，第4卷，第214页。

青年黑格尔关于劳动和异化的思想

——关于异化问题的探索之一

异化问题是多年来国际哲学思想斗争的焦点之一，现代西方学者利用它大做文章，向马克思列宁主义发动进攻，并且制造了许多理论混乱。为了澄清这个被搞得混乱不堪的问题，首先必须溯本求源，对异化问题作一番历史的探索。

异化作为一个哲学问题首先是在黑格尔哲学中得到详细的探讨，在他的思想成熟时期的代表作《精神现象学》一书中，异化被当作一个最重要的哲学范畴。但在该书出版以前，青年黑格尔就已经开始提出了关于劳动和异化的思想。

黑格尔的劳动和异化的思想是在他研究经济学问题时形成的。黑格尔对经济学的研究大约开始于伯尔尼时期，1799年他在法兰克福专心阅读了詹姆斯·斯图亚特的《政治经济学原理的探究》一书，并且写了评论。[①]罗森克朗茨还看到过黑格尔的这些手稿，并且在他写的黑格尔传记中有所提及。据他说，在黑格尔

---

① 根据许勒的考证，黑格尔写这些评论（1799年2月19日至5月16日），是在他完成《基督教精神及其命运》一文初稿之后，刚准备从事新的理论研究的时候。参见许勒：《黑格尔青年时期著作年表》，《黑格尔研究》Ⅱ，1963年。

的评论中，包含了对公民本质、需求和劳动、各阶级之间的分工和财富分配、贫民救济以及税收等等问题的看法，其中有许多对政治和历史的见解给人以深刻的印象。[①] 可惜，罗森克朗茨的陈述过于简略，黑格尔的这部分手稿又已经散失，使我们无法判断黑格尔当时的经济思想。根据罗森克朗茨的说法，黑格尔正是在斯图亚特的影响下，详细地研究过伯尔尼的财政制度和英国的“济贫法”（Poor Law）的社会后果。后来，黑格尔又研究过亚当·斯密的经济学说和英国产业革命的情况。可以说，在德国古典哲学的所有代表人物中间，只有黑格尔一人对经济学问题作过认真的探讨。

我们研究黑格尔的经济思想的主要依据，是他在耶拿时期的著作《伦理体系》和《实在哲学》[②]。这两部著作并不是专门探讨经济学问题的，它们涉及社会生活的许多方面。但是，其中最有价值的东西还是有关社会生活的论述，特别是关于劳动和异化的一系列论述，这是他的经济思想中的精华所在。

一

我们先来看一下黑格尔对劳动的看法。黑格尔是一个唯心主义者，他把意识作为研究的出发点。按照他的说法，意识的第一个契机就是实现它和自然界的分离。这引起了克服这种分离、

① 罗森克朗茨：《黑格尔传》，德文版，第86页。

② 《伦理体系》约写于1802-1803年，曾于1893年由莫拉特发表一部分，于1913年由拉松全文发表。《实在哲学》Ⅰ、Ⅱ是1803-1804年和1805-1806年黑格尔在耶拿大学的两次讲课稿，由霍夫迈斯特于1931年、1932年首次发表。

同自然界合为一体的冲动，产生了需求的概念。在需求中，主体和自然界的客体发生关系，主体要占有客体，企图把客体置于他的主观性之下，从而恢复主体和客体的原始的同一。这个过程可以分为三个阶段，即：需求、克服需求、满足。[①]黑格尔指出，个人通过单纯地满足需求暂时克服了意识和自然界的分离，但这种克服还只是直接的，因为满足需求是通过消灭对象而实现的，它完全是感性的和否定性的。这种满足仅限于个别的对象，而不可能具有普遍性。在每一次满足之后，分离的意识仍然存在，仍然需要继续不断地克服。那么，怎么才能真正克服意识和自然界的这种分离呢？在黑格尔看来，这必须借助于中介，而这种中介就是劳动。正是通过劳动，人才能克服主观世界和客观世界之间的分离，把自然界变成他自己发展的合适的手段。

黑格尔认为，人和动物的区别就在于劳动。没有一种动物是流汗劳动的，它们直接从自然界来满足它们的需求。动物只是单纯地把对象吃掉，从而把对象消灭，因此它们永远必须“从头开始”，而不产生任何持久的东西。原始人像动物一样，他们也是享受着自然，直接消灭对象。但对于真正的人来说，情况则完全不同。人的特点在于他间接地利用自然界作为手段来进行生产以满足自己的需求，劳动就是人的需求和满足需求之间的“中介”，或者换句话说，劳动是人及其世界之间的“中项”。劳动作为一种中介活动，也是把对象加以消灭和否定，但这种消灭对象并不是单纯的破坏意义上的否定，而是用另一个对象（即劳动产品）来代替它。劳动不是通过简单的否定，而是通过再创造来获得一

① 参见拉松编：《黑格尔政治和法哲学著作集》，德文版，第422页。

个对象，它本身是一种“形成”活动。人进行劳动的动机仍然是需求，欲求一个对象的意识促使人去创造这个对象，从而把需求从一种主观的欲求变成一种外在的、客观的力量。因此，劳动总是有目的的，它并不是人的本能，而是“理性”的产物。黑格尔也把它称作“精神的样式”，因为它代表了人创造他自己的世界的力量，是理性在世界上实现自身的一种手段。人的劳动是一种建设性的活动，通过形成的过程，它产生出某种持久的东西，即某种自己独立存在的东西，而与人相对立，但它依然是理性的体现，因为在黑格尔看来，“归根到底，理性只能存在于它的劳作中；它只有在自己的产品中才得以存在”①。

黑格尔十分重视劳动工具的作用。他认为，在劳动中，人正是借助工具把自己的活动和自然对立起来，因此工具是人及其劳动对象之间的“存在的、合理的中项”，它是劳动过程中的一个常数。但是，作为一个唯心主义者，黑格尔仍然用理性去解释工具的产生。他说：“人制造工具，因为他是有理性的，而这就是他的意志的最初的表现。这种意志仍是抽象的意志——各个民族都以自己的工具而自豪。”②

黑格尔强调理性在劳动中的作用，把人的劳动和蜜蜂那样的动物的本能区别开，这一思想具有合理因素。但他把人类的物质生产实践归结为理性的活动，这就从根本上歪曲了劳动的性质。他从唯心主义出发，以十分抽象的思辨形式分析了在劳动过程中主客体之间的相互关系和人通过劳动去作用于自然界，并且掌握

① 《实在哲学》，第一部，德文版，1931年，第233页。

② 《实在哲学》，第二部，德文版，1932年，第197页。

和占有自然界。劳动是人的能力和潜力的外化、客观化，劳动的产品就是人的这种力量的具体实现。黑格尔这样写道："我做成了某个东西，我就实现了外化；这种否定是积极的；外化也就是获取。"[①]实际上，劳动的对象只有在劳动中和通过劳动才第一次成为真正的人的对象。在劳动中，客体改变了自己的形态，成为别的东西。但是，随着客体中发生的这种辩证的变化过程，主体、劳动的人也同样发生辩证的变革。问题在于，在劳动过程中，如果人不了解自然的规律性，不根据这些规律办事，就不能获得预期的结果。在劳动对象中起作用的自然规律是不能由人来随心所欲地改变的，只有承认和认识这些规律，人的劳动才能进行和取得成效。因此，进行劳动单靠个人的天生技能是不够的，只有学习了劳动的普遍规律，个人才能获得进行劳动所必需的技能。劳动使个人的主观活动也变成"某种别的东西"，即变成一种"普遍的东西"，因为它是根据普遍规律学习得来的。人的劳动把他自己从主观的东西中异化出来了，人抛弃了意志的原始状态，通过劳动而真正成为人。按照黑格尔的说法，就是劳动使个人上升成为普遍的东西。劳动使人脱离了直接性，脱离了自然的、本能的动物式的生活。

在这里，我们可以看到，黑格尔以唯心的、抽象的、歪曲的形式猜测到了劳动在人的形成过程中的决定作用。马克思在《经济学－哲学手稿》中，对黑格尔的这一猜测作了很高的评价，指出："黑格尔精神现象学和它的最后成果——作为推动原则和创造原

① 《实在哲学》，第二部，德文版，1932年，第218页。

则的否定性的辩证法——的伟大的地方，因此首先在于黑格尔把人的自我创造认作一种过程，把人的对象化［实现或客观化］认作对立化，认作外在化和对这种外在化的扬弃；在于他认识到劳动的本质，把对象化的人——现实的、所以是真实的人——了解为他自己的劳动的结果。”[①] 应该指出，在马克思生前，黑格尔的《伦理体系》和《实在哲学》都尚未出版，但是马克思根据《精神现象学》所作的深刻分析，却完全适用于黑格尔的上述著作，仿佛是专门针对它们而讲的。像马克思那样透彻地了解黑格尔，是资产阶级学者们所根本不能望其项背的。

黑格尔进一步分析了劳动的社会性，并由此得出了一系列重要的结论。他实际上是描述了现代商品生产下劳动的特性。他指出，劳动是人们之间的普遍联系，正是通过劳动，人才被别人所承认。在劳动中，人成为“对别人来说是普遍的东西，而别人也同样如此”[②]。其所以如此，是因为劳动按其本性来说是普遍的活动，它的产品在一切个人中间是可以交换的。起初，劳动是满足个人的直接需求，但一旦它成为抽象的和普遍的东西，就没有一个人生产他自己所需求的东西了。每个人不是为了满足自己的特殊需求而劳动，而是为了满足一般的抽象的需求而劳动。一个人只有不顾他自己的特殊需求，而参加到为了满足总体的需求而进行的生产劳动总体中去，才能满足自己的需求，换句话说，他生产的不是他自己特殊需求的对象，而是能够用来交换他所需求的具体对象的一般产品，也就是说他生产的是商品。于是，劳动就

---

① 马克思：《黑格尔辩证法和哲学一般的批判》，人民出版社，第14页。

② 拉松编：《黑格尔政治和法哲学著作》，德文版，第428页。

成为人与人之间发生关系的媒介。在生产中，人不是为自己，而是相互为别人而劳动，劳动成了社会劳动。“为一切人而劳动，去满足一切人。每个人都为别人服务，帮助别人，只有在这里个人才具有单独的存在，而在这以前，他只是抽象的或不真实的”[①]。

商品生产导致了社会分工的加强，使人们越来越相互依赖，这就使劳动的性质发生了根本的变化。黑格尔说，“自为的我是抽象的我。他诚然是在劳动，但他的劳动也是某种抽象的东西……因为仅仅是为了满足抽象的自为的存在的需求而劳动，所以也仅仅是以抽象的方式来进行劳动”。普遍的劳动就是分工、节约，十个人能够制造原来要一百人才能制造的同样数量的大头针。“每个个人，作为单独的人，都为满足某一种需求而工作。他的劳动的内容却超出他的需求的范围；他为了满足许多人的需求而劳动，每个人也都是这样。因此，每个人都满足许多人的需求，而满足他的许多特殊需求的则是其他许多人的劳动。因为他的劳动是这样一种抽象的劳动，所以他是作为抽象的我而出现的。”宽广的、内容丰富的、统治广大范围的那种“精神”没有了，具体的劳动没有了，有的只是抽象，具体的东西分解为许多抽象的环节，劳动成为完全机械的劳动，只有某种简单的规定性。个人也越来越成为抽象的活动，由于这一点，他就可能从劳动过程中脱离出来，而由外部自然界的活动去代替他的活动。[②]

黑格尔根据劳动的抽象化，提出了一个卓越的见解，即抽象劳动乃是形成商品价值的基础。他说：“个人靠他自己的劳动来

① 《实在哲学》，第二部，德文版，1932年，第213页。

② 参见《实在哲学》，第一部，德文版，1931年，第238页。

满足自己的需求，但并不是靠自己劳动的特殊产品；自己劳动的特殊产品必须成为某种不同于它自身的东西，才能满足他的需求。”换言之，劳动的特殊产品要成为商品进行交换，要成为普遍的对象为大家所接受。但是，产品又是根据什么原则进行交换呢？黑格尔指出，在交换中必须抛开个人的特殊的能力和欲望，而只计算“抽象的、普遍的劳动”。“每个人的劳动，就其内容来说，对所有人的需求来说是普遍适用的”，劳动只是作为这样一种“普遍的活动”（allgemeine Tätigkeit），才具有“价值”。[①] 抽象的、普遍的劳动是通过市场的交换关系同个人的具体需求发生联系的。正是借助于交换，劳动产品按照抽象劳动的价值而在各个个人中间进行分配。在这里，黑格尔接近于猜测到抽象劳动决定商品交换价值这个重要的政治经济学原理。

在马克思主义产生以前的政治经济学史上，关于商品价值是如何形成的问题始终没有得到正确的解决。英国古典政治经济学家们提出了劳动价值论，这是一个很大的理论贡献。但是，他们只是一般地谈论劳动创造价值，而对创造价值的劳动本身却没有进行研究和分析。他们不理解商品的二重性，也不理解生产商品的劳动的二重性，没有明确区分具体劳动和抽象劳动。正如马克思所说，“古典政治经济学在任何地方也没有明确地和十分有意识地把体现为价值的劳动同体现为产品使用价值的劳动区分开”[②]。马克思深刻地批判了英国古典政治经济学的这个缺陷，在历史上第一次创立了关于劳动二重性的学说，从而使劳动价值论

---

① 《实在哲学》，第一部，德文版，1931年，第238页。

② 《马克思恩格斯全集》，第23卷，第97页。

建立在真正科学的基础上。马克思说:“一切劳动,从一方面看,是人类劳动力在生理学意义上的耗费;作为相同的或抽象的人类劳动,它形成商品价值。一切劳动,从另一方面看,是人类劳动力在特殊的有一定目的的形式上的耗费;作为具体的有用劳动,它生产使用价值。”[①]这就使历史上一直悬而未决的商品价值的形成问题得到了彻底的解决。

关于劳动二重性的学说具有十分重大的理论意义。用马克思的话来说,这是理解政治经济学的“枢纽”。在这方面,黑格尔当然远远没有达到马克思的理解水平。而且在对价值和劳动作具体的经济学分析方面,黑格尔也不如英国古典政治经济学家。他对劳动所作的哲学分析主要地是从抽象的思辨的概念出发,而不是从客观的大量经济事实出发的。但是,黑格尔的辩证法却帮助他比英国古典经济学家更深刻地认识到劳动本身的内在矛盾和发展。英国古典经济学家有时从量的方面,有时从质的方面去考察劳动,可是他们却没有想到,劳动的量的差别是以它们的质的统一或等同为前提的,因而是以它们化为抽象劳动为前提的。在这一点上,黑格尔比他们高明,因为他看出了在商品生产条件下,劳动必然要化为“抽象的、普遍的劳动”,才能创造价值。

二

黑格尔根据劳动本身的辩证发展提出了关于异化的问题。

① 《马克思恩格斯全集》,第23卷,第60页。

可以说,有关劳动和异化的论述,是黑格尔早期著作中最精彩的篇章之一。青年黑格尔正是以唯心的、歪曲的形式,猜测到了资本主义生产所特有的深刻矛盾。

在黑格尔看来,劳动的抽象化、社会分工越来越细密和专门化,使人愈益陷于相互依赖的状态之中。“人不再生产他所需求的东西,他也不再需求他所生产的东西。”[①] 个人由于为一切人而劳动,就不再为他自己而劳动,这样在他的劳动和满足他的需求之间就出现了脱节的现象。人们之间的普遍依赖造成了一种人所无法控制的异己的力量,这种普遍依赖关系虽然是人自己造成的,却是不依人的主观意志为转移的,是人所无法驾驭的,因此社会劳动必然会产生异化现象。社会分工的发展提高了劳动生产率,能够生产出更多的商品,但各个生产者的劳动却离开直接满足个人的需求越来越远。随着生产的发展,人们的劳动就越来越趋向于抽象化和异化。劳动原来是生产者自己有目的的创造活动,结果却反过来支配了他,变成了他完全不能加以控制的过程了。通过劳动,人并没有达到主客体的统一,根据主观意图去改造客观世界,却反而使人越来越和这个客观世界疏远了。这种劳动异化的结果对劳动者来说是很不美妙的。黑格尔引证了亚当·斯密的《国民财富的性质和原因的研究》一书中的实例,说明劳动的专业化能够大大地提高产量。接着他又指出:“但是,劳动的价值是随着劳动生产率的提高而成反比例地下降的。劳动就是这样绝对地变得越来越死气沉沉,它成为机器劳动,个人自己

① 《实在哲学》,第一部,德文版,1931年,第237页。

的技能受到极大的限制，而工厂工人的意识则下降到极其愚钝的水平。”[①] 这样，通过辩证的发展，事情就走向了自己的反面，劳动由个人的自我实现变成了自我否定。

黑格尔指出，由于生产技术的进步，特别是机器的使用，使人的异化越来越严重了。他显然研究了当时正在进行的英国产业革命的社会后果，一方面看到了大规模机器生产促使社会日新月异地迅速发展的进步作用，另一方面也看到了广泛地使用机器对劳动者所造成的灾难性影响。他说，劳动工具本来只不过是人和外部世界之间的媒介，它本来是生产者用来进行生产活动的被动的东西、一个惰性的物。人只是形式上来用它进行活动，使自己也成为一个物。机器的出现却造成了质的变化，它是一个自足的工具，而且反过来对人类劳动造成了强烈的反作用。工人通过机器的劳动，自己越来越变得像机器，迟钝而无精神。精神的因素，自觉的丰富的生活，变成了空洞的活动。由于工人能把某些工作叫机器去做，因此他自己的工作就越来越形式化了。他的沉闷的工作把他限制在某一点上，劳动越是完善，它就越是片面。黑格尔写道：“在机器身上，人扬弃了自己的这种形式的活动，而叫它完全地为他劳动。但是，他施加于自然界的这种欺骗……却反过来对他进行报复。他取自自然界的越多，他越是征服自然界，他自己也就变得越加卑微。他通过各种机器去对自然界进行加工，但却并没有取消他自己劳动的必要性，而只是使自己的劳动脱离自然界，离开自然界，并且不再把自然界作为一个活生生的东西

① 《实在哲学》，第一部，德文版，1931年，第239页。

来生动地对待;而且这种否定的生动性消失了,而给他留下的那种劳动本身变得像机器一样;劳动只是对全体来说是减轻了,但对单个的人来说却并没有减轻,反而大大地增加了,因为劳动越是机器化,它的价值就越少,单个的人就必须按这种方式劳动得更多。"①

这样看来,技术的进步虽然能够大大地提高生产效率,却并不能发展个人的真正的能力,不能使人在劳动中得到全面的发展,反而使人的劳动变得极其片面、单调而沉闷。机器本来是应该把人从繁重的体力劳动下解放出来的手段,却反而使人沦为劳动的奴隶,这是多么巨大的矛盾,然而又是资本主义制度下无情的经济现实。黑格尔通过敏锐的观察,揭露了这些矛盾(要知道当时德国的落后的经济生活并没有向他提供多少现实的材料),他的辩证法在某种程度上正是社会生活中的这些矛盾的反映,虽然他并不理解这些矛盾只是资本主义生产方式所特有的矛盾。

黑格尔不仅看到了劳动的异化在生产过程中造成的矛盾,而且还指明了这种异化在整个社会生活中所产生的矛盾和对立。像他那样大胆地揭露资本主义生产方式的阴暗面,在当时确实是不多见的。他认为,社会分工和社会生产力的高度发展,将不可避免地导致广大群众的贫困化和尖锐的贫富对立。他说,由于劳动的抽象化,个人变得越来越机械呆板和麻木迟钝,完全丧失了自主的力量。人们为简化劳动、发明新机器等等而斗争,而许多人则注定要在工厂、工场和矿井里从事那种"使人迟钝的、有害

---

① 《实在哲学》,第一部,德文版,1931年,第237页。

于健康的、不安全的劳动”。“人数众多的阶级赖以维持生活的一些工业部门，由于时势的改变或由于其他国家的发明而造成的跌价等等，而突然关门大吉，于是这许多人就陷于贫困而无法自拔。出现了巨大的财富和巨大的贫困的对立，而这种贫困是毫无办法可想的。财富像任何质量一样成为一种力量。财富的积累一部分是靠机会，一部分是普遍地通过分配而形成的。财富是这样的一种引力点，它把处于它的作用范围内的一切都集合到自己周围，正如大质量的东西把小质量的东西吸引到自己身边来一样。富者愈富……这种贫富的不平等，这种贫苦和需要，变成了意志的极度分裂、内心的愤慨和仇恨”。黑格尔甚至直截了当地得出结论说：“工厂、工场的存在正是以一个阶级的贫困为基础的。”[①]他虽然并不理解阶级斗争，但已经不祥地预感到资本主义的发展孕育着多么深刻的社会矛盾、对立和冲突。

作为上升时期资产阶级的卓越思想代表，黑格尔是为资本主义对封建制度的胜利唱赞歌的。他承认资本主义生产方式在历史上的必然性和进步性，这一点同幻想回到田园牧歌式的封建旧时代去的德国浪漫派有着根本的区别。资产阶级学者克罗纳企图把青年黑格尔同浪漫主义者混为一谈[②]，这是完全站不住脚的。但是，黑格尔并不是庸俗的资本主义辩护士，他确实对资本主义生产方式的内在矛盾作了深刻的揭露，并且认为这种矛盾是必然的、摆脱不了的。他像英国古典政治经济学家一样，敢于正视资

① 《实在哲学》，第二部，德文版，1932年，第257页。

② 参见克罗纳的《从康德到黑格尔》一书和他为《黑格尔早期神学著作》英译本所写的序。

本主义社会的现实,并不故意回避或抹杀矛盾。青年黑格尔在对资本主义内在矛盾的深刻性的认识上,甚至还超过了亚当·斯密,而接近于李嘉图。斯密虽然也看到工人和资本家有着一定的利害矛盾,但总认为他们的利益从根本上来说是一致的,随着资本的积累和财富的增长,工资也会增加,工人阶级的生活会越来越得到改善。所以马克思说,斯密对生产工人的处境还抱有温情和幻想。在青年黑格尔的著作中,则已经打破了这种玫瑰色的美梦,而代之以对无情的社会现实的冷静判断。在资本主义生产的条件下,等待着工人阶级的决不是什么天堂的生活,而是贫困、过度的劳动和严酷的命运。"大量的人被判定要过多苦多难的生活,在劳动和贫困中变得麻木愚钝,而使别人能够积累起财富,并且有可能从前者手里夺走财富。"[①] 黑格尔认识到,世界历史的进步就是这样地以多数人的苦难和牺牲作为代价换来的,资本主义虽然代表着当时历史发展的必然趋势,却固有着这种悲剧性的矛盾。

当然,青年黑格尔没有、也不可能从他的劳动和异化学说中得出革命的结论。黑格尔并不认为异化是资本主义生产方式的特有的现象,是特定历史条件下的产物。相反,他把异化看作劳动的对象化的必然结果,因而是同社会分工与劳动的发展密切相连的一种普遍的历史现象。他没有认识到,产生劳动异化的基本原因在于资本主义的私有制,在于劳动者和生产资料、劳动产品的分离。他也没有把机器生产同机器的资本主义使用区分开,而

---

① 《实在哲学》,第二部,德文版,1932年,第238页。

错误地把机器本身看作使劳动异化加剧的原因。因此，他从来也没有想过用消灭资本主义制度的办法来克服劳动的异化，而错误地以为用物质手段去克服这种异化是根本不可能的，要扬弃异化就只有通过自我意识、精神的发展。这样，富有批判精神的劳动和异化学说就成了一朵不结果实的花，辩证法终于在唯心主义的重压下被窒息了。

黑格尔比庸俗的资本主义辩护士高明之处，在于他坦率地承认资产阶级社会的矛盾，但他自己也还是力图去调和这些矛盾的。他把资产阶级比作一头盲目地乱动、需要经常加以强力管制的野兽[①]，而在他看来，能够控制这头野兽的强大力量就是国家。黑格尔根本不理解国家只是阶级统治的工具，而抱有天真的幻想，希望由站在各阶级利益之上的国家来调和社会矛盾。这是他后来竭力制造国家崇拜的思想根源之一。他认为，国家对各部分人都要一视同仁、不偏不倚，并且要对经济活动实行干预，通过税收和价格管制来进行调节，保证每个人有最起码的生活水平，缩小极端的经济不平等（虽然在他看来不平等的存在是必然的），保护较弱的阶级，使他们能够生存下去，同时又使人难以取得高额利润。[②]黑格尔替资本主义社会所开的这个药方，当然是无法实现的空想，但他提出这样的方案，从根本上说仍然是符合资产阶级的长远利益的。

青年黑格尔关于劳动和异化的理论，最初提出的时候就是这样，它原来是一种在一定程度上反映了资本主义生产方式内在矛

① 参见《实在哲学》，第一部，德文版，1931年，第240页。

② 参见拉松编：《黑格尔政治和法哲学著作》，第494-496页。

盾的理论。后来异化或外化这个概念在《精神现象学》中得到了进一步的发挥和更广泛的应用，而超出了它原来应用的本义。但是，不管怎样，异化问题的提出是和黑格尔对劳动的研究联系在一起的，离开了这一点，也就不能正确地理解黑格尔的异化学说。

三

马克思对黑格尔关于劳动和异化的理论采取一分为二的科学态度。一方面，马克思肯定了黑格尔思想中的合理因素，指出"黑格尔站在近代国民经济学的立场。他把劳动认作本质，认作人的自行证实的本质"。另一方面，马克思又深刻地揭露和批判了黑格尔的错误，指出黑格尔"只看见劳动的肯定的方面，没有看见劳动的否定的方面"，说"黑格尔所认识的并承认的劳动乃是抽象的精神的劳动"。[①] 马克思高度重视黑格尔的辩证法思想，认为黑格尔关于人的异化的理论中"潜伏着批判的一切成分，并且常常会准备着并发挥出远超过黑格尔观点的方式"；同时又尖锐地斥责黑格尔的唯心主义，指出他把现实的一切归结为思想和思想运动，因而在他的理论中"已经潜伏着黑格尔后来的著作中的无批判的实证主义和同样无批判的唯心主义"[②]。黑格尔的异化学说中确实包含着丰富的辩证法，但他的辩证法是唯心的辩证法，他把人的本质、人看作等于自我意识，因此人的本质的一切异化也只是自我意识的异化。这样，他就把主客观的关系根本弄颠倒

① 参见马克思：《黑格尔辩证法和哲学一般的批判》，第15页。

② 同上，第13页。

了，而他所得出的结论也不能不是保守的。只有经过马克思主义的批判改造，才能充分发挥出黑格尔理论中潜伏着的一切批判的成分，而显示出它的合理的意义。

马克思和恩格斯在《神圣家族》一书中有这样一段极其精彩的议论："有产阶级和无产阶级同是人的自我异化。但有产阶级在这种自我异化中感到自己是被满足的和被巩固的，它把这种异化看作自身强大的证明，并在这种异化中获得人的生存的外观。而无产阶级在这种异化中则感到自己是被毁灭的，并在其中看到自己的无力和非人的生存的现实。这个阶级，用黑格尔的话来说，就是在被唾弃的状况下对这种状况的愤慨，这个阶级之所以必然产生这种愤慨，是由于它的人类本性和它那种公开地、断然地、全面地否定这种本性的生活状况相矛盾。"[①] 这些话向我们提供了批判地改造黑格尔哲学的一个典范。马克思和恩格斯所阐述的异化理论，无疑是远远地超过了黑格尔的观点，而成为无产阶级手中的强大革命思想武器。

在如何评价青年黑格尔的经济学观点的问题上，现代某些西方学者竭力否认马克思主义创始人对黑格尔的劳动和异化学说的革命的批判改造，企图抹杀马克思和青年黑格尔之间的原则区别。例如，早在20世纪40年代，赫伯特·马尔库塞就把黑格尔耶拿时期的《实在哲学》中的某些段落和马克思的《资本论》相提并论，并且说黑格尔"接触到后来马克思继续对现代社会进行分析的那个领域"[②]；卡尔·洛维特则在《从黑格尔到尼采》一书中把黑

① 《马克思恩格斯全集》，第2卷，第44页。

② 参见马尔库塞：《理性与革命》，纽约，1954年，第78-79页。

格尔和马克思，以及存在主义的祖师爷克尔凯郭尔作了某些牵强的类比。在当前，把青年黑格尔的观点同马克思早期的观点混为一谈，更成为时髦的风尚。卢卡奇实际上也是采用这样的手段来曲解马克思主义，他在论述黑格尔耶拿时期的经济学观点时，片面地夸大其中的积极因素，仿佛黑格尔已经认识到劳动、社会历史实践乃是整个人类发展的基础，从而和马克思主义相差无几。

必须强调指出，在任何情况下，青年黑格尔的观点和马克思主义都是绝对不容混淆的。即使在唯物史观确立以前，马克思早期著作中的观点也与黑格尔有着本质的不同。马克思谈论劳动的异化，目的在于批判作为资本主义制度的基础和人的自我异化的原因的私有制，在于说明只有消灭私有制的共产主义革命才能真正克服和扬弃这种异化。这和黑格尔的劳动和异化学说根本不能同日而语。马克思主义创始人从资本主义制度下人的自我异化的事实，得出了“无产阶级能够而且必须自己解放自己”的革命结论，并且指出了无产阶级“不是白白地经受了劳动那种严酷的但是能把人锻炼成钢铁的教育的”[①]。这就在历史上第一次阐明了无产阶级的伟大历史使命和它作为资本主义社会掘墓人的历史作用。黑格尔至多只是以唯心的方式说明了劳动在人的自我意识的发展中的作用，并把无产阶级看作由于劳动异化而注定要蒙受苦难的阶级；而马克思主义创始人则认为，从事物质生产的劳动乃是整个社会历史发展以及人类本身发展的基础，无产阶级则不仅是因劳动异化而受苦的阶级，而且是唯一能够克服异

---

① 《马克思恩格斯全集》，第2卷，第45页。

化，推翻产生异化的私有制而创造一个新世界的真正革命力量。黑格尔的思想始终没有超出资产阶级所允许的范围，如果硬要把它和无产阶级的革命学说混为一谈，那就不仅是对黑格尔的美化，而且是对马克思主义的贬损和篡改。这难道还不清楚吗？

（原载《哲学研究》1978年第8期）

论青年黑格尔的异化理论的形成和发展

目前，关于异化问题的研究在我国哲学界正引起越来越大的兴趣。经过长期的忽视以后，人们终于认识到这个问题的重要意义。这是一个可喜的现象。

谈论异化问题，一般都要提到黑格尔的名字，这是理所当然的。在哲学史上，过去虽然也有人（如费希特）已经使用过“异化”或“外化”这一概念[①]，但把异化作为一个重要的哲学问题来加以全面探讨的，黑格尔还是第一个。因此，要探索异化问题的渊源，弄清楚异化问题的真实含义，必须从黑格尔的异化理论开始。可是，至今为止，在我国还没有对此作过认真的探讨。由此而产生对黑格尔异化学说的一系列误解和简单化的说法，也就是可以理解的了。本文的目的是试图在这方面进行初步的探索，以期在如实了解的基础上对黑格尔的异化理论作出适当的评价。

黑格尔关于异化的思想有一个形成和发展的过程。在他本人的思想演化史上，关于异化的思想最初萌芽于图宾根时期和伯尔尼时期，经过法兰克福时期的继续探索，最后形成于耶拿时期。

---

① 参见卢卡奇:《青年黑格尔:论辩证法和经济的关系》，德文版，苏黎世，1948年，第682页。

因此，有关异化的理论探讨，基本上是青年黑格尔的哲学课题，它贯串在黑格尔的一些早期著作中，表现了这位未来的辩证法大师为了寻求和深入理解广泛的社会历史现象的本质而作的巨大努力。到《精神现象学》一书的出版，异化已经成为黑格尔哲学的一个中心概念，取得了它最后的确定的形态。可以说，异化概念的建立是黑格尔在哲学上达到成熟的重要标志之一。在以后黑格尔成熟时期的许多著作中，异化这个概念是常见的，但却并没有再对它作集中的探讨。从理论意义上来说，他后来有关异化的一些论述，只不过是《精神现象学》中的异化理论的具体应用和发挥而已。

一

青年黑格尔的哲学兴趣是从宗教伦理问题开始的，他关于异化的思想萌芽首见于论基督教的几篇著作：《民众宗教和基督教》、《耶稣传》、《基督教的实证性》、《基督教精神及其命运》[①]。在这些著作中，黑格尔还没有正式使用异化这个专门的哲学概念，虽然在个别文章（例如在《基督教的实证性》一文）里已经出现过这个用词。但是，黑格尔关于异化的思想已经开始酝酿，因此这些著作对我们正确理解黑格尔异化理论的形成具有重要的意义。

---

① 黑格尔的这些早期著作分别写于图宾根、伯尔尼和法兰克福等时期，在他生前没有发表，直至1907年才由诺尔根据手稿整理出版，编入《黑格尔青年时期神学著作》一书。

在青年黑格尔的这些有关基督教的早期著作中,他所详加发挥的是“实证性”(Positivität)这个概念。所谓“实证性”实际上说的是人的思想异化的一种形式,是用来指这样一种思想机构,它虽然是人自己所创造的,却变成僵死的客观存在反过来统治人,而与人相对立。在黑格尔看来,某几种宗教形式、特别是犹太教和基督教,就是“实证宗教”。[①]它们是从外面强加于人的,代表着一种异己的力量对人的强制、奴役和压迫。他在《基督教的实证性》中这样说:“一种实证的信仰是这样一种宗教命题的体系,它们所以对我们说来是真理,是因为它们是由一个权威命令我们接受的,而我们又不能不使我们的信仰听从于这个权威。”[②]

因此,“实证宗教”的特点就在于,它是作为必须盲目服从的宗教教条由外在的权威以命令的形式强加于人的。它的真理性是由权威人为地维持着,而不管它是否得到了验证和承认。这种宗教要求人们无条件信奉,无条件服从。黑格尔指出,基督教就是这样一种基于权威的“实证宗教”,它完全剥夺了人们在道德上的自主性和自由抉择,从而使人丧失了独立使用理性能力的权力,扼杀了人们的理性自由。这就导致践踏人的尊严,无视人的价值,因此教会体系无非是一个“不把人当人的体系”。

“实证宗教”的信仰对人造成了严重的后果,人丧失了理性和自由,也就丧失了自身,而沦为一种异己力量的奴隶。黑格尔指

---

① 黑格尔在《民众宗教和基督教》和《基督教的实证性》中集中批判基督教,而在《耶稣传》和《基督教精神及其命运》中则把批判的锋芒指向犹太教。狄尔泰在《黑格尔青年时代的历史》一书中,主要根据《耶稣传》去解释黑格尔当时的思想,否认青年黑格尔有强烈的反基督教倾向,这是完全错误的。

② 诺尔编:《黑格尔青年时期神学著作》,德文版,第233页。

出，上帝对我们所拥有的权利和我们必须服从的义务是以下面这一点作为根据的，即上帝是我们的全能的主人和统治者，而我们则是上帝的创造物和臣民，上帝是真理的源泉，而我们则是愚昧无知和盲目的。这样，人就只有感恩戴德地服从上帝、取悦于上帝，才能得到自己的幸福。人的这种自我贬损的结果，就是把一种“强制的权利”赋予上帝，使自己受异己的力量所统治。这种精神统治甚至比人身的统治更为可怕和可憎，因为奴隶可以希望从自己的主人那里逃走，脱离主人的势力范围，但却无法从上帝那里逃脱。因此，在黑格尔看来，实证的基督教为人民锻造了思想枷锁，它是使人类丧失自由的宗教，维护对人的奴役和压迫的宗教。

作为人的思想异化的一种形式，“实证宗教”的实质就表现在强加于人的绝对权威和思想僵化上。青年黑格尔对基督教的“实证性”的批判，主要也集中在这方面。他借耶稣之口说出了这样的话：“人们摧毁了旧东西，因为这些旧东西束缚了理性的自由，玷污了伦理的源泉，他们又代之以一种权威的信仰，束缚于词句条文，这些东西又重新夺去了理性的权利——剥夺了理性自己立法、自由信仰、只接受理性自己的约束的权利——真可叹惜呵！”[①]

青年黑格尔批判“实证宗教”，反对人的思想异化，是从人的本性和理性出发的。黑格尔把“实证性”同人对立起来[②]，揭露了“实证宗教”对人性的压制和歪曲，斥责“实证宗教”是违反自然的。在他看来，人性中最重要的因素就是理性，理性是“知识和

① 诺尔编：《黑格尔青年时期神学著作》，第106页。

② 参见黑格尔：“基督教精神及其命运”一文。

信仰的最高标准”,“理性的立法作用是不复依赖任何别的东西的。对于理性,无论在地上或天上都没有另外一个权威能够现成地提出另外一个裁判的标准”[①]。黑格尔所以坚决反对“实证宗教”这种思想异化的形式,主要目的之一也就是要恢复人的理性应有的地位。捍卫理性的自由,谴责中世纪式的思想统制,这正是欧洲启蒙运动的优秀传统。

但是,青年黑格尔的贡献不仅在于他揭露了“实证宗教”这种思想异化的形式,而且更重要的是在于他对产生这种思想异化形式的社会历史原因所作的分析。按照他的看法,在人类的宗教信仰史上,“实证宗教”并不是一开始就占有统治地位的。在基督教诞生之前,古希腊罗马共和国时期的宗教就不是“实证宗教”,而是表现自由和人类尊严的“民众宗教”。他这样写道:“民众宗教产生并养育着崇高的思想方式——它是和自由携手并进的”[②]。所以随着自由的丧失,这种宗教的意义和力量以及它对人们的适应性也就必然消失了。在古希腊罗马共和国,无论在公共生活或私人生活中,每个人都是自由的人,都按自己的法律生活。自己的祖国或国家的观念,就是他们每个人为之工作并激励他们的那种“无形的、更高的东西”,就是他们的世界的“终极目的”。因此,在黑格尔看来,在那时人享有充分的自由,个人和集体、国家处于和谐和统一之中,这自然不发生人的异化的问题,从而也就没有思想异化的问题。他指出,“实证的”基督教的兴起,乃是古代民主制崩溃后人丧失自由的结果。政权落入了少数人之手,管

---

① 诺尔编:《黑格尔青年时期神学著作》,第89页。

② 同上,第27页。

理国家机器被委托给少数公民，他们只是作为机器的个别齿轮而起作用。每个人都有给他指定的位置，整体被肢解成碎片后委诸每个人的部分，与整体相比是如此微不足道，以致个人简直不用知道自己与整体的关系或把整体放在眼里。“现在，一切活动、一切目标都只与个人相关联，已经不再有为某一整体或某一观念而进行的活动了——每个人不是为自己而工作，就是被迫为另一个人而工作。”一切政治自由都没有了，公民只关心私有财产和个人得失。正是在这种情况下，作为“私人宗教”的基督教就适合于这种社会需要而产生了。①

由此可见，产生基督教这种思想异化形式是有深刻的社会历史根源的。在这里，政治自由的丧失是一个决定性的因素。黑格尔认为，古代民主制的没落和自由的丧失是从罗马帝国建立开始的，而基督教正是在罗马帝国后期取得了统治地位。政治上的专制和人的思想异化有着内在的必然联系。他说：“罗马皇帝们的专制主义把人的精神从人间驱逐走了，对自由的剥夺迫使精神把一切永恒的东西和绝对的东西隐藏到神身上去了——专制主义所传播的灾难，迫使人们到天上去寻找幸福，并期待从天上降下幸福。神的客观性是伴随着人们的堕落和奴役的，真正说来它只是那个时代精神的显示和表现。”② 人被置于一个“异己的世界”里，他既不能参与这个世界的事情，也不能通过自己的行动获得任何东西。这样，就发生了人的异化，人本身成为一个“非我”，而上帝则成为另一个“非我”。人正是处于这种自我异化的状况下才

① 参见诺尔编：《黑格尔青年时期神学著作》，第221-223页。

② 同上，第227页。

接受了基督教这种"实证宗教",服从于异己的意志和异己的法律。因此,思想的异化只是特定的社会历史状况的结果。

青年黑格尔对"实证的"基督教进行了无情的揭露,他所着重批判的是这种思想异化形式所起的社会作用。他用火一样的热情向基督教倾泻了他的全部愤怒和憎恨。他说,基督教在罗马皇帝统治下并没有能防止道德的沦丧和对罗马人的自由和权利的侵犯,也没有能防止统治者的暴政和酷刑,防止天才、所有美的艺术和科学的毁灭,相反地,却以畸形化的形态提供了"专制主义的工具"。"它把艺术和科学的毁灭,把在践踏任何人性、人道和自由的美的花朵时作痛苦忍耐,把对专制君主们的服从都搞成一个体系,它是专制主义的令人发指的罪行的辩护士和热烈颂扬者,而且,比这类个别的罪行更为可恨的是专制主义吸尽人的一切生命力量、以慢性秘密毒药把人葬入死坟的罪行。"[①] 所以基督教不仅是专制政治的产儿,而且也是专制政治的思想支柱和帮凶。青年黑格尔曾直率地指责专制国家和教会是"消灭一切意志自由和理性"的共谋犯。

在青年黑格尔对"实证宗教"的批判中,已经包含着他后来更为成熟的异化理论的雏形,也可以说这是他关于异化的思想的最初形态。后面我们探讨《精神现象学》一书中的异化问题时,就能够清楚地看到黑格尔前后思想发展的线索。从前面所述,需要指出以下这几点:

第一,青年黑格尔关于基督教的"实证性"的思想是他的异

① 诺尔编:《黑格尔青年时期神学著作》,第366页。

化理论的发源地。在异化的思想开始形成的时候，黑格尔并不是把它作为一个本体论的问题或认识论的问题，而是把它作为一个社会的、历史的、伦理的问题来探讨的。那时黑格尔的出发点是人，是具有自然的想象力、情感和理性能力的活生生的人，而不是抽象的精神。他所关心的是人的问题，也就是人怎样丧失自由以及怎样恢复自由的问题。无论是他对古希腊罗马共和国的向往，或是对基督教世界的谴责，都是围绕着人的自由这个核心问题的。在黑格尔看来，自由是人的本质[①]，丧失了自由，人就不成其为人，正如他所说，“任何人都不能放弃自己给自己制定法律，自己负责行使法律的权利，因为当他出让这种权利时，他就停止是一个人了。但是，阻止这种异化却不是国家的事情，因为这意味着要强迫一个人去做人，这就会是用暴力”[②]。但他错误地把古希腊奴隶制社会理想化为没有异化的自由世界，幻想回到古代城邦共和国，使人重新成为自由的人。后来黑格尔的看法虽然有所改变，但这种把古希腊社会理想化的观点却一直保存下来了。

第二，黑格尔关于异化的思想从一开始就具有强烈的批判精神。他通过对基督教这种思想异化形式的批判，深刻地揭露了人的堕落和被奴役状态。但是，黑格尔的批判并不仅限于阐明“实证宗教”对人性的歪曲和戕害，而且揭示了产生这种思想异化的社会根源。他不是把思想的异化看作孤立的现象，而是把它同整个社会状况和时代精神联系起来，进行总体的考察。他说：“一个

---

① 后来黑格尔在《哲学初阶》中明确地指出：“在本质上每个人都是自由的人”，“人是自由的生物。这是人的本性的基本定义”。

② 诺尔编：《黑格尔青年时期神学著作》，第212页。

民族的精神、它的历史、宗教和它所达到的政治自由的程度，无论就它们的相互影响来说，或是就它们的内在本质来说，都不能把它们分开来单个地进行考察，它们是紧密地联系在一起的。”[①] 因此，他在剖析“实证的”基督教的时候，批判的锋芒也刺向基督教社会生活的各个方面，特别是基督教社会的政治结构（封建国家）和经济基础（私有财产）。后来他在《精神现象学》一书中把国家和财富看作异化的不同形式，盖伏源于此。尤其应该指出，在黑格尔看来，现代社会是建立在同晚期罗马帝国社会相类似的基础之上的（如专制政治、缺乏自由、人们热衷于私有财产而不关心集体以及个人充当国家机器的螺丝钉等等），所以自从罗马帝国以来一直有着使基督教得以生根繁殖的社会环境。因此，他对滋生思想异化的罗马社会的分析，就不仅是谈论历史，而且也是针对他当时的现实，是对现存社会的批判。

第三，青年黑格尔试图用一定的社会历史状况去说明基督教的产生，所以思想的异化不是社会历史发展的第一位原因，而是特定的社会发展的结果（或至少是特定社会的伴生现象）。[②] 这里包含着合理的内核。如果用马克思主义的观点去看的话，这正好是说明“不是社会意识决定社会存在，而是社会存在决定社会意识”这个历史唯物主义基本命题的正确。但是，青年黑格尔却没

---

① 诺尔编：《黑格尔青年时期神学著作》，第27页。

② 关于这一点，青年黑格尔的看法有一个发展的过程。普兰特指出，在图宾根时期，黑格尔似乎认为宗教在社会中起决定作用，是造成近代社会的有害结构的起因；而到了伯尔尼时期，他的看法发生了重大变化，不再认为宗教对社会起决定作用。“在这个时期内，黑格尔与其说把基督教看作人的导化的原因，倒不如说把它看作人的异化的投影或征兆。”参见普兰特：“黑格尔政治哲学中经济和社会的整体性”，载《黑格尔的社会和政治思想》文集，英文版，1980年，第63页。

有也不可能达到这样的科学结论。作为一个唯心主义者，他虽然对基督教作了深刻的批判，但这种批判却具有很大的局限性。他只是把人的思想异化和“实证宗教”联系在一起，而不是用它去解释一般的宗教。因此，古希腊罗马共和国时期虽然没有异化，却也有宗教。青年黑格尔从来也不是无神论者，他只是批判“实证宗教”（就基督教而论，他也只反对天主教，不反对新教），而并不否定一般的宗教。相反地，黑格尔夸大宗教的作用，把宗教看作“我们生活中最重要的事情”，并认为它是左右人们道德观念的最有效的手段，因而是必不可少的。[①] 由于当时他把社会问题主要看成道德问题，所以他把改革社会的希望寄托于宗教的革新。在他看来，克服人的思想异化，打碎“实证宗教”的精神枷锁的办法，不是去根本改造社会以铲除滋长思想异化的土壤，也不是对宗教本身进行彻底批判，而是去重新建立像古代那样的“民众宗教”。这样，问题完全被他弄颠倒了，消灭思想异化被仅仅看作思想本身的改造问题。我们看到，后来黑格尔虽然抛弃了通过重建新宗教和道德革新来变革社会的幻想，而赋予哲学以高于宗教的地位，但主张在思想的范围内解决异化问题的看法却始终没有改变。这可以说是黑格尔异化理论的一个本质特征。

应该注意到，青年黑格尔在写作这些论基督教的文章时，他的世界观还处于正在形成的阶段，因此反映在这些文章中的某些观点并不是前后一贯的（例如他在伯尔尼时期的观点和法兰克福时期的观点就有相当大的区别）。但是，在他的思想发展史上，这

---

① 黑格尔说：“道德是人的最高目的，在人所拥有的促进这个目的的手段中，宗教是最突出的一种手段。”参见诺尔编：《黑格尔青年时期神学著作》，第48页。

是一个重要的阶段，是产生黑格尔辩证法的源头。黑格尔关于异化的思想也还没有成熟，但它已经是骚动于母腹中的快要成熟了的婴儿。果然，到了耶拿时期，它就正式呱呱落地了。

二

如果说黑格尔对基督教的“实证性”的批判，表现了这位进步的德国青年思想家在异化问题上所作的初步的哲学探求，那么当他到耶拿大学任教正式开始了他的哲学生涯之后，关于异化的思想就进一步得到发展而取得了完整的理论形态。我们知道，黑格尔的世界观是在耶拿时期确定下来的。在这之前，他已经开始考虑如何建立他自己的独创的哲学体系的问题[①]，但真正着手这一巨大的工作是在他去耶拿之后。直到他写作《精神现象学》一书，他才完全摆脱了谢林的影响，而成长为一个成熟的独立思想家。也正是在这部著作中，异化作为一个专门的哲学范畴出现，从不同的角度(本体论的、认识论的、社会历史的、政治的、经济的、伦理的、美学的)得到了探讨。

那么，异化概念在黑格尔的《精神现象学》中占着什么样的位置呢？要回答这个问题，首先必须弄清楚什么是《精神现象学》所研究的对象。根据恩格斯的看法，它“也可以叫做同精神胚胎

---

① 黑格尔在法兰克福时曾写信给谢林说：“我在科学上的成长是从人的一些次要的需求开始的，现已达到了科学，而我的青年时期的理想也不能不转化为反思的形式，转化为某一种体系”(1800年11月2日黑格尔给谢林的信)。这些话清楚地说明黑格尔早期思想在他的体系的形成中的作用。

学和精神古生物学类似的学问，是对个人意识各个发展阶段的阐述，这些阶段可以看做人的意识在历史上所经过的各个阶段的缩影”[①]。《精神现象学》所探讨的就是意识从最低级的阶段经过自我意识、理性和精神等阶段一直进展到所谓绝对知识的过程，或者换句话说，它就是“意识自身向科学发展的一篇详细的形成史”。海谋也指出，“精神现象学企图提供由自然的意识，即类似胚胎的意识提高到高度有教养的、高度成熟的意识的发展史”[②]。

但是，黑格尔在考察意识的发展史的时候，并不是单方面地就意识本身来加以研究的。在《精神现象学》里，整个意识的发展过程中始终贯串着主体和客体、意识和对象之间的矛盾，这个矛盾只有到了意识发展的最后阶段才得到解决。而作为一个唯心主义者，黑格尔却把外部世界的一切对象、客体都统统看作自我意识的异化或外化，正如马克思和恩格斯所说，“全部‘现象学’的目的就是要证明自我意识是唯一的、无所不包的实在”[③]。黑格尔企图用自我意识去吞并整个客观世界，这当然是荒谬的。但他正是用异化这个概念去表述历史发展过程中的主客体之间的复杂的辩证关系和交互作用（虽然是在唯心的基础上），从而比他同时代的其他思想家们要高明得多。他批评这些人只注重原始的或直接的统一性，而没有“严肃地对待他物和异化，以及这种异化的克服问题”[④]。在黑格尔看来，异化现象不仅是不可避免的，

---

① 《马克思恩格斯选集》，第4卷，第215页。

② 海谋：《黑格尔和他的时代》，德文版，1857年，第236页。

③ 《马克思恩格斯全集》，第2卷，第245页。

④ 黑格尔：《精神现象学》，上卷，商务印书馆，第11页。

而且还是意识自身得以发展的必要条件。他这样写道：

> 叙述这条发展道路的科学（按：即指精神现象学）就是关于意识的经验的科学；实体和实体的运动都是作为意识的经验对象而被考察的。意识所知道和理解的，不外乎是它经验里的东西，因为意识经验里的东西只是精神的实体，即只是作为经验的自我的对象。但精神所以变成了对象，因为精神就是这种自己变成他物、或变成它自己的对象和扬弃这个他物的运动。而经验则被认为恰恰就是这个运动，在这个运动中，直接的东西，没经验过的东西，即是说，抽象的东西，无论属于感性存在的或属于单纯的思想事物的，先将自己予以异化，然后从这个异化中返回自身，这样，原来没经验过的东西才呈现出它的现实性和真理性，才是意识的财产。[①]

因此，异化并不单纯是消极的东西，它是具有一定的积极意义的。对于精神、意识来说，把自身异化成为他物当然不是什么愉快的事，因为这意味着自身的丧失、否定和痛苦，但只要扬弃这个他物，从异化中返回自身，精神也就丰富了自己。黑格尔从唯心主义观点出发，主张实体即主体，所以他批评斯宾诺莎的实体只有客观性，缺乏能动性。黑格尔所说的作为主体的实体则是积极能动的，用他的话来说，活的实体只有当它是建立自身的运动时，它才真正是个现实的存在，它自身分裂为二，从自身中树立起对立面，异化为客体，然后又克服这种异化。这样的实体也就是精神，

① 黑格尔：《精神现象学》，上卷，商务印书馆，第23页。

而精神之所以有力量，就是因为它不害怕异化，不逃避矛盾，而是敢于面对面地正视否定的东西并停留在那里。因此，由黑格尔辩证法所发展了的主体的能动性是同异化和异化的扬弃紧密地联系在一起的，异化之所以成为黑格尔辩证法的基本范畴之一，其原因即在于此。而《精神现象学》的内容既然是讲意识的发展史，那末异化成为该书的中心哲学概念也就是完全可以理解的了。

青年黑格尔对异化的这一新的认识，是他进一步研究了社会政治、经济和社会历史发展后的成果。这表明他已经不再抱有早期关于社会改造的不切实际的空想，而对社会有了比较清醒的理解。这个认识的转变开始于法兰克福时期，而完成于耶拿。

在《精神现象学》中，异化思想可以说是贯彻始终的，由于它使用得很广泛，因此在不同的场合其含义也不尽相同。最主要的区别在于，黑格尔同样用异化和外化这个词去称谓自然和社会历史。在他看来，自然和社会历史都是精神的异化。绝对理念外化为自然，这是一种意义的异化。他把这种异化看得较低，因为他认为自然界的运动只是虚假的，它并没有真正的历史。事实上，《精神现象学》全书只在个别的地方提到这种异化，它根本不是青年黑格尔讨论的主题。他所全力探讨的是另一种异化，即人的异化。这种异化是在人类社会的历史中发生的，用黑格尔的话来说，是精神在时间上的一种外化，因此它是一种真正的历史。由于他把人等同于自我意识，所以人的异化的各种形态往往是以自我意识的异化表现出来，但不管怎样，这种异化还是通过人的各方面的活动（物质的、精神的、社会的）而产生的。黑格尔在分析这种异化时，也就不能不涉及人类社会历史活动的许多方面。他的异化理论的主要价值也就在他关于后一种异化(人的异化)的论述。至于前一种异化,它不仅在理论上没有多大价值,而且其荒谬性又如此明显,在今天就不值得我们去多费笔墨了。遗憾的是,至今有的文章还把这种异化说成是黑格尔的主要思想,这不能不说是一个误解。

在写作《精神现象学》的同时,黑格尔在耶拿大学讲授哲学,这些讲稿材料后来经霍夫迈斯特整理于1931年以《耶拿时期的实在哲学》为名出版(共分两部,第一部是1803-1804年的讲稿,第二部是1805年-1806年的讲稿)。在《实在哲学》第二部中已经大量使用"外化"或"异化"这个术语。卢卡奇认为,异化在这部著作中"还远不是一个占统治地位的名词",但他也承认其中已经讨论了在《精神现象学》中被当作异化问题的许多社会问题和哲学问题。[①] 因此,《实在哲学》应该和《精神现象学》一起,作为我们研究青年黑格尔的异化理论的主要依据。实际上,把这两部著作对照起来阅读,会有助于我们对《精神现象学》中的异化学说的全面理解。

三

在《精神现象学》里,黑格尔广泛地运用异化的概念去解释意识的发展,特别是在著名的"主人与奴隶"这一节中,他以唯

---

① 参见卢卡奇:《青年黑格尔:论辩证法和经济的关系》。我们认为,卢卡奇对《实在哲学》的意义有点估计不足,他在讨论《精神现象学》中的异化问题时,就很少提到《实在哲学》。《实在哲学》第二部包括两部分,即"自然哲学"和"精神哲学",关于异化问题的论述集中在"精神哲学"这部分中。

心主义的方式深刻地论述了人怎样在劳动中异化自己而又克服这种异化成为真正的人的过程。马克思曾高度评价黑格尔的这一理论贡献说:“黑格尔的《现象学》及其最后成果——作为推动原则和创造原则的否定性的辩证法——的伟大之处首先在于,黑格尔把人的自我产生看作一个过程,把对象化看作失去对象,看作外化和这种外化的扬弃;因而,他抓住了劳动的本质,把对象性的人、现实的因而是真正的人理解为他自己的劳动的结果。”[①]因此,“主人与奴隶”这一节对于说明黑格尔的异化理论具有重要的意义,它也是《精神现象学》中精彩的章节之一,在这里黑格尔的辩证法得到了充分的发挥。

黑格尔认为,主人与奴隶的区分是两个自我意识斗争的结果。一个自我意识与另一个自我意识相对立,彼此间通过生死的斗争来证明它们的存在,斗争的结果便产生了两种不同的意识:“其一是独立的意识,它的本质是自为存在,另一为依赖的意识,它的本质是为对方而生活或为对方而存在。前者是主人,后者是奴隶”[②]。在黑格尔看来,奴隶意识的本质就是物或物性,奴隶是以物的形式存在的,意识不起主要作用,而主人则是“自为存在着的意识”,他一方面与物、即欲望的对象相关联,另一方面则与意识(奴隶)相关联。他说:“主人通过独立存在间接地使自身与奴隶相关联,因为正是在这种关系里,奴隶才成为奴隶。这就是他在斗争所未能挣脱的锁链,并且因而证明了他自己不是独立的,只有在物的形式下他才有独立性。但是主人有力量支配他的这

① 《马克思恩格斯全集》,第42卷,第163页。

② 黑格尔:《精神现象学》,上卷,第127页。

种存在，因为在斗争中他证明了这种存在对于他只是一种否定的东西。”①

主人把奴隶置于自己权力的支配之下，他正是由于对奴隶的关系而成为主人的。主人并不直接地与物发生关系，而是通过奴隶间接地与物发生关系。主人把奴隶作为他自己与物之间的中介，让奴隶对物进行加工改造，然后把物当作非独立的东西加以尽情享受。因此，主人对物的关系就成为对物的纯粹否定，只是享受而已。相反，奴隶对物的关系则不是享受，而是在劳动中对它进行加工改造。“奴隶作为一般的自我意识也对物发生否定的关系，并且能够扬弃物。但是对于奴隶来说，物也是独立的，因此通过他的否定作用他不能一下子就把物消灭掉，这就是说，他只能对物予以加工改造。”② 这样，通过劳动的辩证法，事情终于走向了自己的反面。主人丧失了对物的直接支配而依赖于奴隶的劳动，他就不再是独立自为的了，正当他完成其为主人的地方，对于他反而发生了作为一个独立的意识所不应有的事。他所完成的不是一个独立的意识，反而是一个非独立的意识。另一方面，奴隶则在被迫为主人劳动的过程中，取得了对物进行加工改造的支配权，从而取得了独立的地位。奴隶意识最初似乎不是独立的，“但是正如主人表明他的本质正是他自己所愿意作的反面，所以，同样，奴隶在他自身完成的过程中也过渡到他直接的地位的反面。他成为迫使自己返回到自己的意识，并且转化自身到真实的独立性”。因此，黑格尔得出了这样一个大胆的结论：“独立的

① 黑格尔：《精神现象学》，上卷，第128页。
② 同上。

意识的真理乃是奴隶的意识”[①]。

这样，主人与奴隶的地位就发生了转化，主人变成了奴隶的奴隶，奴隶则变成了主人的主人。奴隶由一个物成长为真正的人。照黑格尔的说法，完成这个过程必须要通过两个环节，一是恐惧，一是陶冶事物的劳动。奴隶本身并不固有着独立的自为存在的意识，但事实上他却曾经在自身内经验到这个本质，因为他曾经感受过死的恐惧，对绝对主人的恐惧。这种恐惧不是在这一或那一瞬间害怕这个或那个灾难，而是对他的整个存在怀着恐惧。但是，在黑格尔看来，在使奴隶取得独立意识的过程中起决定作用的不是恐惧，而是劳动。他指出，“虽说对于主〔或主人〕的恐惧是智慧的开始，但在这种恐惧中意识自身还没有意识到它的自为存在。然而通过劳动奴隶的意识却回到了它自身。”在恐惧中，奴隶感觉到自为存在只是潜在的，而在劳动中则自为存在成为奴隶自己固有的了，并且他开始意识到他本身是自在自为地存在着的。为什么劳动能起这样的作用呢？这是因为：劳动陶冶事物。劳动与单纯的欲望不同，欲望是对于对象的纯粹否定，它使人享有十足的自我感，但这种满足只是转瞬即逝的，缺少客观的、持久的实质的一面。相反，陶冶事物的劳动则是“受到限制或节制的欲望”，它对于对象的否定关系成为对象的形式，并且成为一种“有持久性的东西”。换句话说，意识（人）在劳动中外化了自己，使劳动的意识能够在自己的劳动产品中认识到自己的存在。黑格尔说：“奴隶据以陶冶事物的形式由于是客观地被建立

① 黑格尔：《精神现象学》，上卷，第129页。

起来的，因而对他并不是一个外在的东西而即是他自身；因为这形式正是他的纯粹的自为存在，不过这个自为存在在陶冶事物的过程中才得到了实现。因此正是在劳动里（虽说在劳动里似乎仅仅体现异己者的意向），奴隶通过自己再重新发现自己的过程，才意识到他自己固有的意向。”①

在这里，黑格尔以唯心主义的歪曲的形式深刻地猜测到了劳动在人的形成过程中的作用。作为一个唯心主义者，黑格尔把人归结为意识，把人的形成归结为意识的发展，这种看法当然是错误的、狭隘的、片面的。但是，他正确地看到，人只有在劳动过程中才能产生真正的自我意识，才能成长为真正的人，这个见解确实是卓越的。从这里可以进一步得出一些极其重要的结论，即人类自己创造自己的历史，在改造客观世界的同时，也改造自己的主观世界。当然，黑格尔自己并没有得出这样的结论，这是需要对他的观点进行唯物主义的批判改造后才能达到的。

应该指出，在黑格尔那里，劳动的外化、对象化只是人的异化的一种形式，所以劳动问题始终是和异化问题结合在一起的。他理解到，人类为了摆脱原始的动物状态而向文明进化，只有通过劳动的熔炉（甚至是强制性的奴隶劳动）。因此，异化是必然的历史现象，不管人类曾为此而付出了多么重大的代价。②

---

① 以上见黑格尔：《精神现象学》，上卷，第130-131页。

② “主人与奴隶”并不是专门讲古代奴隶制，但它无疑是以古代奴隶制社会为背景的。黑格尔和当时启蒙运动者（如克尼格、标尔格尔等）一样，是谴责奴隶制度的，但他同时也承认奴隶制在历史上的必要性。这使我们想起恩格斯的话：“在当时的条件下，采用奴隶制是一个巨大的进步。人类是从野兽开始的，因此，为了摆脱野蛮状态，他们必须使用野蛮的、几乎是野兽般的手段，这毕竟是事实”（《马克思恩格斯选集》，第3卷，第220页）。

现代资产阶级学者却朝另一个方向去解释《精神现象学》中的“主人与奴隶”，他们利用这一节大做文章，却根本不理解黑格尔关于劳动的合理思想。例如，以讲解《精神现象学》名噪一时的近代哲学家科热夫，在他的讲演录中谈到“主人与奴隶”时，用存在主义的观点去歪曲黑格尔的思想，并把马克思主义也硬扯在一起。[①] 科热夫片面地夸大对死的恐惧在黑格尔哲学中的意义，说什么人之所以区别于动物和植物就因为他认识到自己必然要死亡，人就是一个经常意识到自己所面临的死亡的生物，因此黑格尔的辩证哲学或人本主义哲学归根到底是一种“死亡的哲学”。他的这种观点有一定的代表性，另一个著名的《精神现象学》研究者依波利特也说，在黑格尔看来，“认识生命的整体就是意味着等待死亡，意味着在死亡的门前生存——真实的自我意识对我们来说就是如此”[②]。科热夫和依波利特的这种存在主义的解释，把对死亡的恐惧说成是人的本质，这完全是不符合于黑格尔原意的，他们企图把黑格尔装扮成存在主义的祖师，只是对哲学史的歪曲而已。

其实，青年黑格尔关于劳动和异化的关系的思想不仅表现在《精神现象学》中，而且也包含在他耶拿时期的其他著作中（主要是《实在哲学》和稍早一点的《伦理体系》）。尤其是应该指出，

① 科热夫于1933-1939年间在法国“高级研究院”作了关于《精神现象学》的讲演（后来以《阅读黑格尔著作入门》为名于1947年出版于巴黎），它对现代法国资产阶级哲学（例如萨特等人）发生了巨大的影响。有个资产阶级学者说，科热夫首先把黑格尔、马克思和海德格尔结合在一起，并取得了“巨大的成功”。参见巴特里：“主人与奴隶的辩证法”，载《社会契约》杂志，第5卷，第4期，1961年7-8月号。

② 依波利特：《关于黑格尔和马克思的研究》，巴黎，1955年，第33页。

他的那些著作是以当时的资本主义社会的经济现实作为背景来分析劳动和异化问题的，所以比《精神现象学》中关于“主人与奴隶”的论述更具有现实的意义。

在那些著作里，青年黑格尔的出发点也还是意识。在黑格尔看来，要真正克服意识和自然界的分离必须借助于中介，而这种中介就是劳动。人和动物的区别就在于劳动，真正的人和动物不一样，他不是简单地消灭自然界的对象，而是间接地利用自然界来进行生产以满足自己的需要。劳动就是人的需求和满足需求之间的中介，或者说劳动是人及其世界之间的“中项”。正是通过劳动的中介活动，人才能克服主客体的分离，把自然界变成他自己发展的合适手段。劳动诚然也是把对象加以否定，但这不是单纯的破坏意义上的否定，而是用另一个对象（劳动产品）来代替旧对象，通过再创造来获得一个新对象。劳动产生某种独立存在的东西而与人相对立，但劳动产品只是人的能力和潜力的外化、客观化和具体实现。黑格尔这样说道：“我做成了某个东西，我就实现了外化；这种否定是积极的；外化也就是获取。”[①]

劳动使自然界的对象第一次成为真正的人的对象。在劳动中，客体改变了形态，变成了别的东西。但劳动不仅改变了客体，而且同时也改变了主体。人在劳动过程中必须根据客观的自然规律，个人只有学习了这些普遍规律，才能获得劳动所必需的技能。因此，劳动使个人的主观活动也变成“某种别的东西”，变成一种“普遍的东西”，因为它是根据普遍规律学习得来的。这样，

---

① 黑格尔：《实在哲学》，第二部，德文版，第218页。

劳动就把人自己从主观的东西中异化出来，人抛弃了意志，脱离了直接性，脱离了自然的、本能的动物式的生活，通过劳动而真正成为人。这里黑格尔从不同的角度论证了《精神现象学》中所达到的同样的结论。

青年黑格尔还谈到了另一种性质的异化，它是由现代商品生产下劳动的社会性所引起的。他指出，劳动是人们之间的普遍联系，正是通过劳动，人才被别人所承认，这是因为劳动按其本性来说是普遍的活动，它的产品在一切个人中间是可以交换的。劳动起初是满足个人的直接需求的，但它一旦成为抽象的、普遍的东西，每个人就不再为满足自己的特殊需求而劳动，而是为满足一般的抽象的需求而劳动了。劳动抽象化了，人也变成了抽象的人。黑格尔说："每个个人，作为单独的人，都为满足某一种需求而工作。他的劳动的内容却超出他的需求的范围；他为了满足许多人的需求而劳动，每个人也都是这样。因此，每个人都满足许多人的需求，而满足他的许多特殊需求的则是其他许多人的劳动。因为他的劳动是这样一种抽象的劳动，所以他是作为抽象的我而出现的。"[①] 这就使劳动的性质发生了根本的变化，由于劳动的抽象化和社会分工越来越细密和专门化，使人们越来越相互依赖，"人不再生产他所需求的东西，他也不再需求他所生产的东西"[②]，这样就在他的劳动和满足他的需求之间出现了脱节现象。人们之间的普遍依赖造成了一种人所无法控制的异己的力量，劳动原来是每个人自己的有目的的创造活动，结果却反过来支配了

① 黑格尔：《实在哲学》，第二部，第214-215页。

② 黑格尔：《实在哲学》，第一部，第237页。

他，变成了他完全不能加以控制的过程了。通过劳动，人并没有达到主客体的统一，却反而和客观世界更疏远了。

这种性质的异化对人本身造成了严重的后果。尤其是机器在生产中的大规模使用对劳动者发生了灾难性的影响。工人从事机器劳动，自己越来越变得像机器，劳动越来越片面、单调和沉闷，把人局限在某一点上，不可能得到全面的发展，工人的意识下降到极其愚钝的水平。人通过劳动去统治自然界，自然界却反过来对他进行报复。“他取自自然界的越多，他越是征服自然界，他自己也就变得越加卑微。他通过各种机器去对自然界进行加工，但却并没有取消他自己劳动的必要性，而只是使自己的劳动脱离自然界，离开自然界，并且不再把自然界作为一个活生生的东西来生动地对待；而且这种否定的生动性消失了，而给他留下的那种劳动本身变得像机器一样；劳动只是对全体来说是减轻了，但对单个的人来说却并没有减轻，却反而大大地增加了，因为劳动越是机器化，它的价值就越少，单个的人就必须按这种方式劳动得更多。”①

黑格尔指出，这种异化不仅歪曲了和阻碍了人的正常发展，而且还造成了尖锐的社会矛盾和对立。他认为，社会分工和生产力的高度发展将不可避免地导致广大群众的贫困化和贫富悬殊的现象。人们为简化劳动、发明新机器等等而努力，而许多人则注定要在工厂、工场和矿井里从事那种“使人迟钝的、有害于健康的、不安全的劳动”。“人数众多的阶级赖以维持生活的一些工

① 黑格尔：《实在哲学》，第一部，第237页。

业部门，由于时势的改变或由于其他国家的发明而造成的跌价等等，而突然关门大吉，于是这许多人就陷于贫困而无法自拔。出现了巨富和赤贫的对立，而这种贫困是毫无办法可想的……这种贫富的不平等，这种贫苦和需要，变成了意志的极度分裂、内心的愤慨和仇恨。”[①] 他直接地得出结论说：“工厂、工场的存在正是以一个阶级的贫困为基础的”[②]。

从上面可以看出，青年黑格尔对资本主义社会中人的异化问题是有所认识的。但是，他并不认为异化是资本主义生产方式的特有的现象，而把异化看作劳动的对象化的必然结果，因此异化是同社会分工和劳动的发展密切相连的一种历史现象。卢卡奇指出，黑格尔没有把资本主义社会中的异化和一般的劳动客观化作严格的区分。卢卡奇的这一看法是有道理的。

黑格尔关于劳动的学说是他的异化理论中最有价值的部分，这是他认真地研究了英国政治经济学（亚当•斯密、詹姆斯•斯图亚特等人的著作）和产业革命情况的结果。[③] 在德国古典哲学的代表人物中间，只有黑格尔对经济学问题作过真正深入的研究。他的异化理论并不是单纯地建立在抽象的哲学思辨之上，而同时也是以对经济事实的一定程度的理解（不言而喻，在这方面他根本不能同马克思相比）为基础的。黑格尔关于人在劳动中的自我

---

① 黑格尔：《实在哲学》，第二部，第232-233页。

② 同上，第257页。

③ 罗森克朗茨曾在《黑格尔传》（德文版，第86页）中谈到青年黑格尔研究经济学问题的情况，但他的叙述过于简略。在这方面，夏姆莱教授作了极有价值的研究，他的研究成果表现为1965年发表在《黑格尔研究》上的两篇论文（“黑格尔的经济学说和黑格尔的劳动概念”和“黑格尔经济思想的起源”）和专著《斯图亚特和黑格尔的政治经济学和哲学》（巴黎，1963年）。

创造过程的学说,为后来马克思建立新的革命世界观提供了重要的因素。因此,在劳动和异化的问题上,黑格尔是配得上称为马克思主义的理论前驱的。

本文的目的不在于探讨黑格尔异化理论和马克思主义的关系,因此在这里只能简略地谈一下马克思在劳动和异化问题上对黑格尔的批判。大家都知道,马克思在《1844年经济学-哲学手稿》中有一段著名的话,这段话是人们在评价黑格尔的劳动观时经常引用的。马克思在那里说:“黑格尔站在现代国民经济学家的立场上。他把劳动看作人的本质,看作人的自我确证的本质;他只看到劳动的积极的方面,而没有看到它的消极的方面。劳动是人在外化范围内或者作为外化的人的自为的生成。黑格尔唯一知道并承认的劳动是抽象的精神的劳动。”[①]马克思的这一精辟的论述,深刻地阐明了黑格尔的劳动和异化学说的优点和缺点,为我们提供了研究的指针。但问题也就在于,如何正确地理解马克思的这些话。

过去人们往往对马克思的话作这样的解释:(1)由于黑格尔没有看到劳动的“消极的方面”,因此他没有看到资本主义劳动对工人的有害影响;(2)由于黑格尔只知道抽象的精神的劳动,因此他谈的劳动根本不是一般的物质生产劳动。如果我们认真地研究一下黑格尔在《实在哲学》和《精神现象学》中的有关论述,那就可以看出,对马克思的话作这样过于简单化的理解是不符合事实的。黑格尔明明谈到了资本主义商品生产下的劳动对劳动

---

① 《马克思恩格斯全集》,第42卷,第163页。

者本身的全面的健康发展所造成的危害，谈到了劳动者的贫困化和社会矛盾的激化（当然，就其认识的深度而论，黑格尔根本不能与马克思相比，甚至也比不上空想社会主义者），总不能说他一点不了解资本主义劳动的有害影响吧。[①] 黑格尔讲的明明是对物予以加工改造以满足主人物质需要的奴隶劳动，明明是使用工具（机器）制造出商品的工人劳动，怎么能够说这些都不是物质生产劳动呢？

因此，看来有必要对马克思的上述论断作更符合事实的解释。以下就来作一个初步的尝试：

1. 前面引述的马克思的话中提到的劳动的“积极（Positiv）的方面”和“消极（negativ）的方面”，应译为“肯定的方面”和“否定的方面”。[②] 无论在黑格尔辩证法中，或是马克思主义辩证法中，否定都不是消极的东西，而是具有积极意义的。劳动的肯定的方面表现为对象化、人的自我确证和事物现状的建立，这一点是黑格尔所看到的；他所没有看到的是，在劳动中同时发生着对客观世界、现实的人和现存事物秩序的革命的否定。而这后一点正是马克思主义和黑格尔的一个重要分歧所在。黑格尔不理解，改变世界不是靠思维活动，而主要是靠物质生产实践。他不理解，在劳动中人们不仅建立起特定的社会生产关系，而且在劳

---

① 其实，在黑格尔之前，先进的德国思想家也已经看到了这一点，例如，席勒在《美育书简》第六封信中就尖锐地指出了资本主义劳动分工对人的全面发展的危害。《美育书简》对青年黑格尔的思想发生了相当大的影响（他把该书称之为“杰作”），他对古希腊和近代世界的某些看法就源自席勒。

② 关于这一点，何思敬同志的译文是确切的。见何思敬译：《经济学－哲学手稿》，人民出版社，1963年，第128页。

动中同时也包含着否定这种社会生产关系的萌芽。他虽然已经多少认识到资本主义劳动对工人造成贫困和苦难,但却根本不懂得正是在那种“严酷的但是能把人锻炼成钢铁的”劳动[①]中,无产阶级才真正成长为资本主义社会的否定力量。这种革命的否定正表现为无产阶级不能不消灭自身,同时也消灭产生无产阶级的那种社会生产关系。如果加以这样的解释,那末马克思对黑格尔的批判的巨大理论意义就更加清楚了。

2. 对马克思所说的“黑格尔唯一知道并承认的劳动是抽象的精神的劳动”这句话,不能拘泥于字面上的了解,而应领会其深刻的精神实质。马克思认为,黑格尔《精神现象学》的根本错误在于把人、人的本质等同于自我意识,而把对象则看作抽象的意识。从这种错误的唯心主义基本立场出发,黑格尔必然把人的本质的一切异化最后都归结为自我意识的异化。“自我意识的异化没有被看作人的本质的现实异化的表现,即在知识和思维中反映出来的这种异化的表现。相反地,现实的即真实地出现的异化,就其潜藏在内部最深处的——并且只有哲学才能揭示出来的——本质说来,不过是真正的、人的本质即自我意识的异化的现象。掌握了这一点的科学就叫作现象学。”[②]正是在这种“最终”的意义上,黑格尔把人的劳动归结为抽象的精神的活动,而且由于他认为只有哲学才能真正认识异化的实质,所以归根到底他又把哲学的本质看成劳动的本质。但是,这并不妨碍他在分析精神发展的特定阶段上的某些具体问题时承认人的物质生产劳动,正如他把整个世界看作

① 《马克思恩格斯全集》,第2卷,第45页。

② 《马克思恩格斯全集》,第42卷,第165页。

绝对精神的体现，并不妨碍他承认一张具体的桌子的存在一样。

对马克思的评论作这样的解释，不仅不会减轻黑格尔的错误，反而会使我们更实事求是地认识到黑格尔的错误的严重性。归结起来，黑格尔在劳动和异化问题上的根本缺陷无非有两条：一是他的整个理论是建立在唯心主义的沙滩上的，在他的体系中把一切都弄颠倒了；二是他没有从自己的理论中得出任何革命的结论。因此，尽管他在某些具体问题上具有真知灼见，也无法改变他的整个理论的虚幻性。只有把黑格尔的体系重新倒过来，让它双脚落地，他的那些真知灼见才能显出其合理的意义。

四

在《精神现象学》第六章“精神”里，黑格尔还专门对异化问题作了社会的、历史的考察。人类意识的发展在达到“精神”以前的几个阶段上（意识、自我意识、理性），主要是以个人意识的各种形式来表现的，因此严格地说还不是真正的社会意识形态的历史。只有到了“精神”的阶段，才确实提供了人类意识在历史上所经过的诸阶段的缩影，也只有在这时异化现象才能得到社会历史的说明。

黑格尔说：“当理性之确信其自身即是一切实在这一确定性已上升为真理性，亦即理性已意识到它的自身即是它的世界、它的世界即是它的自身时，理性就成了精神。”[①] 从这里可以看出，

① 黑格尔：《精神现象学》，下卷，第1页。

黑格尔在论述“精神”时的根本出发点是“理性即一切实在”这个客观唯心主义的命题。不过,“精神”比意识发展的前几个阶段前进了一步,它已经转化为客观的现实(世界)了,而这种转化无非就是精神本身的异化。精神也必须通过一系列的形态以取得关于它自身的知识,“不过这些形态与以前所经历的形态不同,因为它们都是些实在的精神、真正的现实,并且它们并不仅仅是意识的种种形态,而且是一个世界的种种形态”①。精神正是借助于自身异化的这些形态来展示自己,同时又通过这些形态来认识自己。

精神的发展也是分阶段的。它的第一个阶段,即“真实的精神、伦理”,是与古希腊共和国时期相适应的。在黑格尔看来,古希腊社会是尚未发生异化的、和谐的、充满崇高精神的伦理世界,在那里个人和集体没有任何利害冲突,二者融为一体,个别的人可能遇到的那种不公正,对他来说只是纯粹偶然的遭遇,问题不在于社会。所以黑格尔认为,伦理王国始终是一个“未受玷污、没有破绽而完美无疵的世界”。

紧接着伦理的精神形态出现的是法权状态,也就是指古代城邦共和国崩溃后建立的古罗马帝国。在法权状态下,个人与集体之间的和谐一致的关系已经不再存在,普遍的伦理精神被各个孤立的原子式的个人所代替。“普遍物已破裂成了无限众多的个体原子,这个死亡了的精神现在成了一个平等〔原则〕,在这个平等中,所有的原子个体一律平等,都像每个个体一样,各算是一个个

① 黑格尔:《精神现象学》,下卷,第4页。

人。"[1] 在这种状态下，个人独立性只是一种普遍的混乱和相互排斥，因为把个人统一在一起的那个精神已经瓦解，他们就完全自由散漫肆无忌惮了，只有靠强制的力量才能把分散的众多的个体原子集合在统治者、即"世界主宰"周围。所谓"世界主宰"指的是罗马君主。个体原子只有空虚的个别性和无本质的现实，而"世界主宰"则是普遍势力和绝对现实。"这个世界主宰，由于意识到自己是这一切现实势力的总和，就成了一个自视为现实上帝的巨大的自我意识；但由于他只是形式的自我，并无能力对这些势力进行任何约束，所以他自己的行为活动与自我享受又是一个同样巨大的荒唐放纵。"[2]"世界主宰"对他所统辖的臣民来说，是异己的内容和敌对性的本质。所以说，法权状态是社会异化的开始，罗马帝国是历史上最早的异化形式。这样，精神就从伦理阶段发展到"自身异化了的精神、教化"的阶段。

"自身异化了的精神"反映的是从罗马帝国直至法国大革命为止的欧洲历史。在这一阶段，现实世界从精神中异化出来，对精神来说成为异己的东西。黑格尔说："这个世界是精神的东西，它本身是存在与个体性两者融合而成的东西。它的这种特定存在既是自我意识的作品，又同样是一种直接的现成的、对自我意识来说是异己的陌生的现实，这种陌生的现实有其独特的存在，并且自我意识在其中认识不出自己。"[3] 在这个异化了的精神的世界里，没有任何东西具有一种以自身为根据并内在于本身的精

---

① 黑格尔：《精神现象学》，下卷，第33页。
② 同上。
③ 同上。

神，相反，任何东西都是在它自己以外的一种异己的东西之中。整体的平衡不是在自身内保持不变的统一，而是建立在对立物的异化上，因此整体也是一个自己异化了的实在。异化了的精神的世界分裂为两个世界，一个是现实世界，它是精神的异化本身，而另一个是精神超越了现实世界后建立的纯意识的世界。纯意识的世界虽然与现实世界、亦即精神的异化相对立，但正因为它与异化相对立，它就不能不与异化有关，甚至可以说，它只是异化的另一种形式。所以在黑格尔看来，在这个阶段，无论现实世界或人们的意识，都无非是精神的异化而已。

毫无疑问，黑格尔把现实世界和人的意识都说成是精神的异化，这是一种纯粹的唯心主义观点，因为它从根本上颠倒了物质和精神之间的真实关系。但是，他却以唯心的歪曲的形式揭示了社会发展中人和周围现实世界之间的深刻矛盾，并且充分肯定了人对外部世界的主观能动作用。按照他的说法，这个现实世界的客观存在以及自我意识的现实，完全取决于这样的运动："这个自我意识把它自己的人格外化出来，从而把它的世界创造出来，并且把它创造的世界当作一个异己的世界看待，因而，它现在必须去加以占有。但是去否定它的自为存在即是去创造现实，并且通过这种否定与创造，自我意识也就直接占有了现实"。因此，异化是必不可少的中介，"自我意识只有当它异化其自身时，才是一种什么东西，才有实在性；通过它的自身异化，它就使自己成为普遍性的东西，而它的这个普遍性即是它的效准和现实性"。[1]

---

① 以上见黑格尔：《精神现象学》，下卷，第42页。

黑格尔认为，异化作为一种中介，对于个体的发展来说也是必要的。个体必须通过“教化”（Bildung）使他的自然存在发生异化，才能真正地成长起来。“教化”是个体赖以取得客观效准和现实性的手段，个体把自己“教化”成它自在的那个样子，而且只是因为通过了这种“教化”它才自在地存在。因此，个体受到了多少“教化”，它就有多少现实性和力量，它的现实性全在于扬弃它的自然的自我。自我意识要去占有世界，它所以能有统治这个世界的力量，就是因为它进行了自我“教化”。从这方面来看，“教化”的意思就是自我意识要在自身许可的范围内尽量把自己变化得符合于现实。在这里，黑格尔又回到了他反复讨论的一个主题，那就是人怎样由一个自然的人进化为社会的人。他深刻地猜测到，在这个进化过程中，人不仅在改造现实世界，而且同时也要扬弃掉原来的自然性，把自己改造得能适应于现实世界。因此，尽管他对不发生异化的古希腊社会里的和谐完满的人充满着钦羡之情，但却仍然认为以后发生的人的异化是世界历史上不可避免的一个巨大进步。人类社会正是这样曲折地前进的，历史的辩证法就是如此。

黑格尔不仅论证了异化的历史必然性，而且还分析了异化的各种具体的形式。他认为，国家权力和财富都是人类自我异化的形式，所以对“自身异化了的精神的世界”的考察就从它们开始。国家权力和财富本来是人的活动的结果，但对个人来说，却成为与他对立的、统治他的一种异己的力量。就拿国家权力来说吧，它固然是简单的实体，也同样是人们“共同的作品”，是出于所有个体的行动的结果，然而这一事实却已从这个结果中消逝不见了，反而成为所有个体的行动的绝对基础。财富则又是一种情况，它是直接供个人享受的，每个个人都以为在享受财富时其行为是自私自利的，但财富本身却也是普遍的精神性的东西，它是由于大家的行动和劳动而不断地形成的。黑格尔说："即使只从外表上看，也就一望而知，一个人自己享受时，他也在促使一切人都得到享受，一个人劳动时，他既是为他自己劳动也是为一切人劳动，而且一切人也都为他而劳动。"[①] 在这里，黑格尔通过国家权力和财富这些异化的形式说明了这样一个事实，即个人在无意识地完成着共同的工作，而普遍性的东西则是所有人活动的产物，它又反过来对个人进行统治，因此在个人和个人活动的社会产物之间就发生了尖锐的矛盾。

根据一般的看法，国家权力是善，财富是恶，因为前者是自在地存在的独立的精神力量，而后者则仅仅是供个体享受的一种"被动的或虚无的本质"。黑格尔则认为，这个判断不能看作是一种"精神性的判断"。实际上，善与恶也不是固定不变、绝对对立的，在一定的情况下，它们会向自己的反面转化。个人发现在国家权力下，个人的行动受到压制而不得不变为服从。"个体于是在这种权力的压制下返回自己本身；国家权力对它来说已是一种压迫性的本质、坏的东西、恶；因为权力已不是与个体性同一的东西而是完全不同一的东西了。——相反，财富是好的东西、善；它提供普遍的享受，它牺牲自己，它使一切人都能意识他们的自我……它的普遍的必然的本质在于：将自己分配给一切个人，做

① 黑格尔：《精神现象学》，下卷，第47页。

一个千手的施予者。”①

黑格尔把国家权力和财富理解为异化的不同形式，说明他的异化理论并不限于思想异化，而同时也涉及政治领域和经济领域内的异化现象。他在一定程度上已经接触到阶级社会内在结构的实质性问题，因而比当时其他资产阶级思想家要高明得多。特别值得我们注意的是他对国家的看法，他当然不懂得用阶级斗争的观点去解释国家，但是他已明确地指出国家权力对个体来说是一种“压迫性的本质”，这在他的时代诚不失为一个卓越的见解。② 如果我们考虑到国家权力是怎样从社会中产生而又变成一种凌驾于社会之上的统治力量的，那就可以看出黑格尔的异化学说中所包含的合理的猜测了。至于黑格尔对财富的看法，那很明显地是受到了以亚当·斯密为代表的英国古典政治经济学的影响。英国古典经济学派认为，人们的经济活动是出于人的利己主义本性，但经济活动的客观社会后果却并不取决于个人的主观意愿。黑格尔的异化理论只不过是把英国古典政治经济学的观点翻译成哲学的语言而已。但是，应该指出，作为一个唯心主义者，黑格尔把政治和经济方面的异化归根结底都看作思维的异化。关于这一点，马克思曾批判黑格尔说：“当他把财富、国家权力等等看成同人的本质相异化的本质，这只是就它们的思想形式而言。它们是思想的本质，因而只是纯粹的即抽象的哲学思维的

① 黑格尔：《精神现象学》，下卷，第49页。

② 青年黑格尔曾对国家采取激烈的批判态度，他在《德国唯心主义最早的系统纲领》中指责国家是一种“机械的东西”，“把自由的人当作机械的齿轮看待”，因而他要求国家“应该停止存在”。参见《有关黑格尔思想发展的文献》，德文版，第219页。

异化。”[①] 马克思一针见血地指出了黑格尔的这个错误。正因为黑格尔固守着这种唯心主义的观点，所以他不可能真正科学地阐明这些社会异化现象，无法正确地揭示出国家权力和财富的社会本质。

黑格尔认为，人们对国家权力和财富的看法并不一致，正由于在这个问题上存在着两种不同的、对立的态度，所以就产生两种不同的、对立的意识。认定国家权力和财富都与自己同一的意识，乃是高贵的意识。高贵意识指的是封建社会里贵族的意识，它把国家权力看作它自己的本质及其具体实现，因此对国家不仅内心里矢志忠诚，实际上也听从驱使。它同样把财富看作是和自己有关系的本质性的东西，由于自己从财富享受实惠而对它表示衷心感激。相反，认定国家权力和财富都与自己不同一的那种意识，则是卑贱的意识。所谓卑贱意识，指的是蒙受封建压迫的平民的意识，它对现存的国家权力和财富抱着截然不同的态度。黑格尔指出：“卑贱意识视国家的统治力量为压迫和束缚自为存在的一条锁链，因而仇视统治者，平日只是阳奉阴违，随时准备爆发叛乱。”[②] 在这里，黑格尔通过意识的分裂和对立，猜测到了封建社会里的阶级矛盾和斗争，特别是他已经看出这场斗争是围绕着国家权力和财富而进行的，这确实是一个深刻的见解。

高贵意识和卑贱意识的斗争最后导致了封建制度的危机，这种危机表现为现存的一切都发生了动摇，一切具有连续性和普遍性的东西，一切称为规律、善良和公正的东西都崩溃瓦解了。意

① 《马克思恩格斯全集》，第42卷，第161页。

② 黑格尔：《精神现象学》，下卷，第51页。

识本身发生了绝对的分裂，这是一种更严重的异化。高贵意识和卑贱意识的区别消失了，它们互相转化和互相颠倒，被规定为善的成为恶的，被规定为恶的成为善的，高贵的成为卑贱的，而卑贱的则转化为高贵的。黑格尔说："对其自己概念有所意识了的精神，就是现实和思想两者的绝对而又普遍的颠倒和异化；它就是纯粹的教化。人们在这种纯粹教化世界里所体验到的是，无论权力和财富的现实本质，或者它们的规定概念善与恶，或者，善的意识和恶的意识、高贵意识与卑贱意识，统统没有真理性；毋宁是，所有这些环节都互相颠倒，每一环节都是它自己的对方。"[①] 因此，一切事物并不是它们自以为是的那种东西，而是不同于它们所愿望的某种别的东西，自为存在倒反是自身丧失，而自身异化倒反是自我保全。在这样急剧的社会变革面前，也出现了两种对立的意识：诚实的意识和分裂的意识。诚实的意识把世界的每一个环节都看作常住不变的本质，黑格尔对这种思想僵化的保皇派意识是评价颇低的。至于分裂的意识，则是绝对颠倒的意识，是思想异化的一个典型。黑格尔认为，狄德罗的对话体小说《拉摩的侄儿》中的主人公，正好就是这种分裂的意识的具体体现。这个人物是"高傲和卑鄙、才智和愚蠢的混合物"，他没有任何固定的道德观念，真诚坦率而又厚颜无耻。[②] 黑格尔指出，由于精神关于自己所述说的一切都是颠倒的，是对自己和别人的普遍欺骗，

---

① 黑格尔：《精神现象学》，下卷，第65页。

② "他谈论着一件可怕的行为，一件可恶的大罪，有如一个绘画或诗的鉴赏家在品评一件艺术品的美点一般，或者有如一个道德家或历史家把一件英雄事迹的详细情节追寻出来或生动地表述出来一般……"参《拉摩的侄儿》，《狄德罗哲学选集》，三联书店，第269页。

因此像拉摩的侄儿那样恬不知耻地公开说出这种欺骗,倒反而是“最大的真理”。

黑格尔的异化理论用辩证法的观点卓绝地描述了社会大变动时期意识形态中的复杂的矛盾现象,他显然是以资产阶级革命前的法国作为社会历史背景的。他详细地分析了当时法国社会中的思想斗争,即信仰与纯粹识见、启蒙与迷信的斗争,并从中引导出法国大革命。在他看来,从启蒙的基本原则必然要导致“绝对自由与恐怖”,因此法国大革命是启蒙运动的合乎规律的必然结果,也正是在这场震撼整个欧洲的具有世界历史意义的社会革命中,异化达到了最高峰。

按照黑格尔的说法,“绝对自由”这个新的意识形态是从启蒙的“有用性”的概念中发展而来的。“绝对自由”的意识是具有自知之明的自我意识,“对它而言,世界纯然是它的意志,而它的意志就是普遍的意志……换句话说,是一切个别人的意志本身”。黑格尔指出,这种“绝对自由”的精神昂首登上了世界的宝座,所向无敌,简直没有任何一种势力可以同它抗衡。“在这种绝对自由中,由整体分解而成的那一切精神本质,也就是说,一切社会阶层,就消除了;当初曾隶属于一个这样的集团并在其中行使意志和获得完成的那种个别的意识,于是扬弃了它的局限性;它的目的就是普遍的目的,它的语言就是普遍的法律,它的事业就是普遍的事业。”①

在这里,黑格尔用唯心主义的晦涩语言描述了大革命时代的

① 以上见黑格尔:《精神现象学》,下卷,第115-116页。

法国资产阶级意识。卢梭说过，人是生而自由的，但却无往不在枷锁之中。一旦资产阶级达到了阶级自觉，挣脱了封建枷锁，并上升为统治阶级，它便获得了“绝对自由”，要按自己的意志去改造世界了。不过资产阶级这样做的时候，却披着“普遍性”的外衣，似乎他们所追求的不是某个社会集团的狭隘的私利，而是人类普遍的利益，似乎他们从事的资产阶级的事业是什么普遍的事业。然而这只是一种假象。黑格尔尖锐地指出，法国革命所建立的政府尽管打着全民的旗号，实际上却代表着与普遍意志相对立的一种特定意志，它本身也只是一种派别组织。他说：“我们称之为政府的，只是那胜利了的派别，而正是由于它是一个派别，这就直接孕育着它的倾覆的必然性”[①]。唯心主义者黑格尔虽然不懂得用阶级斗争的观点去分析法国革命的进程及其政权的性质，但他确实已经觉察到法国革命的普遍性形式和它的实际阶级内容之间的深刻矛盾。

我们知道，黑格尔是热情地欢迎法国大革命，把它称为一次“壮丽的日出”的。但是，这并不妨碍他对这次革命作冷静的观察。在他看来，法国大革命仍然是一种异化，“普遍的自由，既不能产生任何肯定性事业，也不能作出任何肯定性行动；它所能做的只是否定性行动；它只是制造毁灭的狂暴”[②]。因此，普遍自由必然会导致恐怖，导致雅各宾专政。按政治观点来说，黑格尔反对雅各宾派的革命恐怖政策，认为这种恐怖只能造成死亡，而且

---

① 黑格尔：《精神现象学》，下卷，第120页。

② 同上，第118-119页。在《实在哲学》中也说：“暴力本身是通过异化而形成的”，“暴力的政权的形成是一种异化”。

是“没有任何内涵、没有任何实质的死亡”，“最冷酷最平淡的死亡”，比劈开一棵菜头和吞下一口凉水没有任何更多的意义。然而值得注意的是，不管他主观上怎样厌恶雅各宾派的“纯粹恐怖”，他却仍然认为这种否定就其现实性而言并不是一种外来的东西，而是普遍的意志。换句话说，即使是恐怖，也同样是内在于法国革命进程的一种合乎规律的现象。在耶拿大学的讲演录中，黑格尔说：“在法国革命中，国家、普遍的整体掌握了可怕的力量。这种力量——不是专制，而是暴政——是纯粹的恐怖统治，但这种统治却是必然的和正义的。”[①] 因此，不管人们是否喜欢法国革命的所谓“暴政”，它的存在是一种历史必然性，只有当它在历史上成为不需要的东西之后，它才会消失。当历史必然性抛弃了罗伯斯庇尔的时候，他就被人用暴力所推翻了。

黑格尔把法国大革命看作异化现象，在一定程度上表现了他对人们的主观意图和伟大历史运动的结果之间的深刻矛盾的理解。客观的历史发展进程并不依个人的主观意愿为转移，人们总是只有在事后才能充分理解历史事件的真实意义。密纳发的猫头鹰要到黄昏来临时才开始飞翔。但是，当自身异化了的精神达到了自己的对立的顶峰，并在其中发现了自己本身时，异化也就被扬弃了。按照黑格尔的说法，这异化的扬弃是在绝对知识即哲学中完成的，因为只有在哲学中精神才达到了对自身的“概念式”的理解。正如马克思和恩格斯所指出，在黑格尔那里，“哲学家只不过是创造历史的绝对精神在运动完成之后用来回顾既往以求意

---

① 《黑格尔全集》，第20卷，拉松版，第246页。

识到自身的一种工具。哲学家参与历史只限于他那种回顾既往的意识，因为真正的运动已被绝对精神无意地完成了。所以哲学家是 post festum［事后］才上场的"[①]。

正因为真正的运动已经完成，异化在浩瀚的世界历史舞台上已经威武雄壮地演完了它的戏，只等哲学家登场来作说明了，所以在《精神现象学》里表现得如此丰富多彩的异化问题，最后却解决得异常简单。

照黑格尔说来，异化的扬弃是这样进行的：自我意识认识到，原来外部世界的一切对象都只是自我意识的异化或外在化，因此对象对于自我来说是消逝着的东西。事物并不是自在的东西，它本质上只是为他的存在；事物只有通过自我以及它与自我的关系才有意义，归根到底，"事物就是我"。这样，自我意识就把对象克服和扬弃了。黑格尔说："对象的否定或对象的自我扬弃对于自我意识所以有肯定的意义，或者说，自我意识所以认识到对象的这种虚无性，一方面，是由于它外在化它自己；因为它正是在这种外在化过程里把自身建立为对象，或者说把对象——为了自为存在的不可分割的统一——建立为它自身。另一方面，这里同时还包含另一环节，即自我意识又同样扬弃了这种外在化和对象性，并把这种外在化和对象性收回到它自身中，因为它在它的异在本身里就是在它自己本身里。——这就是意识的［辩证］运动，而意识在这个运动里就是它的各个环节的全体。"[②]

因此，在黑格尔看来，异化和异化的扬弃只是意识本身的辩

① 《马克思恩格斯全集》，第2卷，第108页。

② 黑格尔：《精神现象学》，下卷，第258-259页。

证运动，始终是在意识本身的范围之内进行的。那么，不言而喻，当精神发展到自己认识了自己、从而又返回到自身时，这个辩证运动也就宣告完成了。所以，在《精神现象学》里，异化的扬弃最后仅仅被归结为一个认识问题，即认识到异化的种种形态都不过是自我意识的异化。正如马克思指出，在黑格尔那里，“对异化的、对象性的本质的任何重新占有，都表现为把这种本质合并于自我意识：掌握了自己本质的人，仅仅是掌握了对象性本质的自我意识。因此，对象之返回到自我就是对象的重新占有”[①]。

在黑格尔的整个异化埋论中，异化的扬弃无疑是最薄弱的一环，它充分地暴露了黑格尔唯心主义体系的保守性质。有人说，黑格尔哲学是向后看、而不是向前看的。这句话有一定的道理。在《精神现象学》全书结尾时，那个“在时间里外在化了的精神”即历史，经过漫长的过程和缓慢的运动，终于被精神自己所理解了。但这种异化的扬弃却只是表现为一种“回忆”，即精神回忆它自己是怎样走过来的经历。黑格尔说，“被概念式地理解了的历史，就构成绝对精神的回忆和墓地，也构成它的王座的现实性、真理性和确定性”[②]。因此，在他那里，异化的扬弃并没有多少积极的现实意义。不管历史的回忆多么有声有色，富有教益，它却终究不过是回忆而已。像《精神现象学》这样一部到处闪耀着辩证法光辉的著作，最后竟然以如此平庸的保守结论告终，这恐怕只能用黑格尔所代表的当时德国资产阶级的特殊性格去解释了。

车尔尼雪夫斯基曾经指出：“黑格尔的原则是非常有力、非常

---

① 《马克思恩格斯全集》，第42卷，第165页。

② 黑格尔：《精神现象学》，下卷，第275页。

宽广的，可是结论却狭窄而渺小”[①]。这些话对黑格尔的异化理论来说，也是同样适用的。

五

现在我们对黑格尔在耶拿时期建立的异化理论作一个简短的小结。

第一，黑格尔的异化理论是建立在唯心辩证法的基础之上的。他的整个理论前提是一个唯心主义的原理，即马克思和恩格斯所指出的“存在和思维的思辨的神秘同一”。因此，在《精神现象学》中，自我意识囊括了一切，它不仅代替了人，而且纷繁复杂的人类现实也被归结为自我意识的各种异化形式。黑格尔不是把自我意识变成人的自我意识，而是把人变成自我意识的人。这样，就把物质和精神、客体和主体、意识和对象之间的关系根本弄颠倒了。在这里，唯心主义的观点，形成了严密的体系，就这一点而论，耶拿时期的黑格尔比以前倒退了。但是，除了唯心主义的谬误外，黑格尔在辩证法思想上却前进了一步。他已经不满足于揭发一些异化的现象，而力图从发展的观点在主体和客体、意识和对象之间的相互矛盾和转化中去考察异化。恩格斯说，黑格尔第一次“把整个自然的、历史的和精神的世界描写为一个过程，即把它描写为处在不断的运动、变化、转变和发展中，并企图揭示这种运动和发展的内在联系”[②]。异化理论就是黑格尔试图用来揭

① 《车尔尼雪夫斯基选集》，上卷，三联书店，第419页。

② 《马克思恩格斯全集》，第20卷，第26页。

示这种运动和发展的内在联系的表述方式，由于他从人与客观世界的有机统一和相互作用的方面去理解问题，因此他对社会历史发展的认识达到了前人所未曾达到的深度。

第二，黑格尔的异化理论虽然披着唯心主义的神秘外衣，从形式上看来似乎很抽象玄妙，其内容却始终是很现实的。马克思主义创始人曾指出："黑格尔的'现象学'尽管有其思辨的原罪，但还是在许多方面提供了真实地评述人类关系的因素"[①]。异化理论广泛地涉及人类生活的各个方面，不论是人的物质生产活动、政治活动、社会活动、思想活动或个人心理活动都属于它的研究范围，像国家、财富、艺术、宗教等等都被看作是人的本质力量的异化。特别应该指出，黑格尔善于通过大量的历史材料去论证他的异化学说，正如恩格斯所说，"黑格尔的思维方式不同于所有其他哲学家的地方，就是他的思维方式有巨大的历史感作基础。形式尽管是那么抽象和唯心，他的思想发展却总是与世界历史的发展紧紧地平行着，而后者按他的本意只是前者的验证。真正的关系因此颠倒了，头脚倒置了，可是实在的内容却到处渗透到哲学中"[②]。这确实是黑格尔的一个重要的优点。如果我们把黑格尔和费尔巴哈二人的异化理论作一比较，那就可以看出，无论是在内容的现实性和广泛性方面，或是在分析问题的历史视野和深度方面，黑格尔都比费尔巴哈高出一头。尤其是黑格尔重视劳动问题，这在费尔巴哈那里是看不到的。因此，作为马克思主义异化理论的思想来源，黑格尔也比费尔巴哈更为重要，尽管从表面

---

① 《马克思恩格斯全集》，第2卷，第246页。

② 同上，第121页。

上看来青年马克思从费尔巴哈那里接受了更大的影响。

第三，耶拿时期的黑格尔已经放弃了他早期的那种激进的共和国理想而逐渐趋向于与现实妥协，因此在《精神现象学》里已开始出现他晚期著作中的"那种非批判的实证主义和同样非批判的唯心主义"。但是，总的说来，他的异化理论仍然保持着一种可贵的批判精神。马克思说："《现象学》是一种隐蔽的、自身还不清楚的、被神秘化的批判；但是，由于《现象学》紧紧抓住人的异化，——尽管人只是以精神的形式出现的——其中仍然隐藏着批判的一切要素，而且这些要素往往已经以远远超过黑格尔观点的方式准备好和加过工了。"[①] 黑格尔的异化理论包含着对宗教、国家、市民生活等等现存社会重要领域的批判的要素，只是他自己可能还没有充分意识到这一点，或者说他还不知道可能用这些批判的武器来干些什么。但是，《精神现象学》之所以在先进的德国人中间引起共鸣，主要就是因为它所包含的那种对现实社会的批判精神。当时就有人写信给黑格尔，赞扬《精神现象学》是"人的解放的基本读物，莱辛所预言的新福音书的钥匙"[②]。这说明当时人们感兴趣的也正是该书中隐藏着的革命含义。后来黑格尔学派的整个左翼都十分重视异化理论，这并不是偶然的。从施特劳斯、鲍威尔到费尔巴哈和赫斯，他们都寻求以超过黑格尔观点的方式去发挥异化理论的批判作用，但真正做到彻底超过黑格尔的却只有马克思和恩格斯。

---

① 《马克思恩格斯全集》，第42卷，第162页。

② 1810年4月27日温迪希曼给黑格尔的信，转引自考夫曼：《黑格尔》，纽约，1965年，第324页。

第四，对黑格尔异化理论需要进行革命的改造，这首先要求站在唯物主义的立场上对它进行彻底的批判。马克思和恩格斯特别着重批判黑格尔关于异化的扬弃的论述(即关于绝对知识的部分)，因为在这部分集中暴露了黑格尔唯心主义的全部谬误以及它必然导致的保守结论。他们指出："在黑格尔的'现象学'中，人类自我意识的各种异化形式所具有的物质的、感觉的、实物的基础被置之不理，而全部破坏性工作的结果就是最保守的哲学，因为这样的观点以为：既然它已经把实物的、感性现实的世界变成'思维的东西'，变成自我意识的纯粹规定性，而且它现在又能够把那变成了以太般的东西的敌人溶解于'纯思维的以太'中，所以它就把这个世界征服了。"[①] 毫无疑问，黑格尔所鼓吹的这种克服异化的办法，只是一种廉价的自我安慰、阿Q式的"精神胜利法"。不管人们在头脑里自以为"征服"了世界，自以为认识了异化也就扬弃了异化，那些在现实生活中统治着人、折磨着人的异化却仍然存在。正如马克思和恩格斯所说，工人们知道，"财产、资本、金钱、雇佣劳动以及诸如此类的东西远不是想象中的幻影，而是工人自我异化的十分实际、十分具体的产物，因此也必须用实际的和具体的方式来消灭它们，以便使人不仅能在思维中、意识中，而且也能在群众的存在中、生活中真正成其为人"。[②] 作为德国资产阶级的思想代表，黑格尔虽然也看到了资本主义社会里的一些异化现象，但他从来也没有想过用消灭资本主义制度的办法去从根本上消灭这种异化(因为在他看来，资本主义社会

① 《马克思恩格斯全集》，第2卷，第244页。

② 同上，第66页。

是一切可能有的社会中最好的社会)，而错误地认为用物质手段不可能克服异化，要扬弃异化就只有通过自我意识、精神的发展。黑格尔的异化理论的最大局限性就在这里。正是由于这个原因，在任何情况下都绝对不容许把它和马克思主义的异化理论相混淆。

总之，黑格尔的异化理论像他的辩证法一样在其现成形式下是完全不适用的，虽然它包含着许多合理的因素，却终究只是一朵不结果实的美丽的花。只有马克思主义才真正为无产阶级提供了同异化作斗争的强大思想武器。

(原载《论康德黑格尔哲学》纪念文集，
上海人民出版社 1981 年)

关于黑格尔《精神现象学》的通信（之一）

XX同志：

收到关于黑格尔《精神现象学》的来信，读后很受启发。关于这部重要哲学著作的结构、内容、方法和意义，你都提出了一些很好的看法，在这封回信里，我只打算补充谈一谈这本书的历史背景、思想背景和它同时代精神的关系。

哲学是时代精神的结晶和升华。我认为，在黑格尔的所有著作中，最能充分地体现时代精神的莫过于《精神现象学》。黑格尔的青年时期是在法国大革命的暴风雨般的日子里度过的，那次震撼欧洲的资产阶级革命确实对他产生了永远不能磨灭的影响。后来他曾说，法国革命以来的25年，可能是世界史上曾有过的内容最为丰富的25年，也是最有教益的25年，因为我们的世界和我们的思想都是属于这25年的。他说这番话绝非偶然，可以认为是对他自己的前期思想发展的一个总结性的回顾。直到晚年，黑格尔已经被某些人视为普鲁士的“官方哲学家”，他却仍然在法国革命人民攻克巴士底狱的纪念日为之祝酒，以寄托他对法国革命的怀念之情。[1] 当然，当法国革命爆发的时候，为之欢欣鼓舞的不

---

① 见里特尔：《黑格尔和法国革命》，德文版，1957年，第18页。

止黑格尔一人，可以说整整一代德国先进知识分子都对这一历史事件表示热烈欢迎，感到兴高采烈，费希特、席勒、谢林、荷尔德林等等都莫不如此，在他们的著作里也在不同程度上反映了法国革命对德国的影响。但是，没有任何一部著作能比得上《精神现象学》，能像它那样深刻而充分地表现法国革命时期的德国精神。在这方面能够与之相比的恐怕只有贝多芬的“第三交响曲（英雄）”，不过黑格尔用抽象的哲学思维所表达的实质，在贝多芬那里是以艺术的形式出现的。其实二者说的是同一回事，所以我曾把它们并列为那个时代的德国精神的巨大纪念碑，不知你以为然否？

当然，《精神现象学》是以德国人特有的方式去反映法国革命的精神的。马克思把康德哲学称作法国革命的德国理论，这一精辟的论断也同样适用于黑格尔，适用于《精神现象学》。尽管这部著作像黑格尔的大多数著作一样在形式上十分抽象晦涩，但却包含着非常现实的内容。这内容简单地说就是肯定法国革命的合理性和历史必然性，并且用这一历史变革启迪人们去认识：无论整个社会或人类意识都不是一成不变的，而是处于不断的变化和发展中，因此真理不是现成的钱币，而是一个过程。如果说，康德在长期占统治地位的形而上学世界观上面打开了第一个缺口，那么黑格尔的《精神现象学》就给予这种世界观以致命的打击，正是在这一点上体现了法国革命的影响。我总觉得我们过去对法国革命在黑格尔辩证法思想形成中的作用估计得很不够，这一方面可能是由于受了以前苏联某些人把黑格尔哲学说成是对法国革命的贵族反动这种谬说的影响，另一方面也是由于我们对黑格尔早期思想发展缺乏认真的深入研究。在我看来,法国大革命是黑格尔辩证法的最主要的思想来源,虽然从英国开始的产业革命(黑格尔可以说是真正理解产业革命的社会意义的唯一的德国哲学家)和当时自然科学的新成就,也对黑格尔思想的形成有所影响,但就其重要性来说远不能和法国大革命相比。离开了法国革命的影响,就很难把黑格尔辩证法的产生原因解释清楚。如果把黑格尔辩证法看作法国革命这一划时代的社会大变动在当时德国历史条件下的一种思想反映,那么不少问题也就迎刃而解了。对《精神现象学》这本书的真实意义,也不妨这样去理解。

因此,我认为,了解《精神现象学》的钥匙要到黑格尔青年时期的思想和著作中去寻找,要到他和法国革命的关系中去寻找。在本世纪初,狄尔泰开始了对青年黑格尔的研究,他在《黑格尔青年时期的历史》一书中就曾指出法国革命对黑格尔思想的巨大影响。他写道:"正当1788-1793年间黑格尔在图宾根时,发生了两个具有世界历史意义的事件,使启蒙时期宣告结束而打开了新时代的大门,这就是:康德完成了他的思想的改造,以及法国革命摧毁了旧国家并建立了一种新秩序。"黑格尔深受这两个事件的影响,他"被人们认为是鼓吹自由和平等的最热诚的代言人之一"。[①] 狄尔泰的这本书中对青年黑格尔的思想有不少曲解,卢卡奇已经在《青年黑格尔》中作了有力的批驳,但在黑格尔接受法国革命的影响这一点上,卢卡奇是比狄尔泰更加强调的。在他们的著作之后出版的西方学者关于青年黑格尔的研究著作,又在这

---

① 狄尔泰:《黑格尔青年时期的历史》,柏林,1905年,第13-14页。

方面补充了不少新材料和作了一些新的论证。我觉得我们的黑格尔哲学研究者应该更充分地利用这些研究成果，对《精神现象学》作新的探索，进行实事求是的马克思主义的科学分析。

我强调要充分估计法国革命对黑格尔的思想影响，绝没有想把青年黑格尔美化成革命者的意思（据我看，里特尔倒确实有这种美化的倾向）。青年时期的黑格尔的思想相当激进，他不仅严厉地批评了当时的社会政治制度和宗教意识形态，宣扬资产阶级民主自由和人权，而且明确地说“我期待着在德国来一次革命”[①]。但是，他自己并不主张革命，虽然他多少已经意识到革命的不可避免。这正是当时德国资产阶级的两面性的反映。青年黑格尔对革命的群众运动并没有好感，当他听到符腾堡公国有些地方发生农民骚动时，把这说成是“坏消息”，指责农民是“可恶的家伙”，“打碎了公爵城堡的所有的窗户”。[②] 他热情地为法国大革命欢呼，但随着革命的深入发展，他却对雅各宾派所实行的资产阶级专政和革命恐怖政策表示很大的不满，这从《精神现象学》中也可以看得很清楚。在这方面，他不仅远远落后于为革命理想而献出生命的革命民主主义者福斯特，而且也不如他的同窗密友荷尔德林，诗人荷尔德林看来倒是比较同情雅各宾派的。[③] 不过，黑格尔所反对的只是罗伯斯庇尔那些人所采用的革命方式，而并不反对法国革命的原则本身。海谋在《黑格尔和他的时代》一书中错误地把黑格尔说成是法国革命的坚决反对者，这种说法后来

---

① 霍夫迈斯特编：《黑格尔书信集》，第1卷，第23页。

② 霍夫迈斯特编：《有关黑格尔思想发展的文献》，德文版，第9页。

③ 参见卢卡奇：《歌德及其时代》。

流传甚广，但却是完全不符合事实的。

海谋对黑格尔的不满还由于他在耶拿之战中所采取的亲法的态度。我们知道，《精神现象学》一书完成于耶拿之战前夕，在拿破仑的军事指挥艺术得到充分发挥的这场著名的会战中，法军获得辉煌胜利，而普鲁士则遭到了毁灭性的失败。耶拿之战结束后，黑格尔额手称庆，他早就表示“希望法军交好运”，战争虽然使他个人蒙受不少损失，他却仍然认为这是具有世界历史重要性的事件，把拿破仑对普鲁士的胜利看作文明对封建野蛮制度的胜利。海谋在谈到《精神现象学》时愤怒地指责黑格尔的这种不爱国的态度，对费希特在当时表现的爱国主义则大肆赞扬。其实，他根本不了解黑格尔，也不了解耶拿之战在近代德国历史发展中的意义，他对黑格尔的指责适足见其目光之狭隘和短浅而已。马克思主义者梅林比海谋要高明得多，梅林是把耶拿之战和攻克巴士底狱相提并论的。实质上，耶拿之战是资本主义的法国和封建主义的普鲁士之间的一次决战，正是普鲁士的失败才促使德国走上资本主义发展的道路。当时的两位最杰出的德国思想巨人歌德和黑格尔，都是拿破仑的支持者，这难道是偶然的吗？他们站得比一般人高，所以他们能够超越单纯的民族主义感情，而更多地考虑德国社会发展的根本利益（实则德国资产阶级的根本利益）。他们希望借助于拿破仑的宝剑来摧毁德国的封建制度，为资本主义发展扫除障碍。卢卡奇认为，黑格尔对拿破仑的颂扬，绝不像某些资产阶级学者所说的那样是什么抽象的天才崇拜，而是想通过拿破仑之手使法国革命的成果成为德国的现实。[①] 这种

① 参见卢卡奇：《青年黑格尔》，第4部分，第2章。

看法是有道理的。由于德国资产阶级自身的软弱无力,它自己无法承担应该由它担负的历史任务,所以作为它的思想代表,黑格尔不得不把希望寄托于本阶级以外的异国的“强有力的伟大人物”,这又有什么可奇怪的呢?

黑格尔在写作《精神现象学》时的思想状况就是这样,他当时也正在耶拿大学讲授关于现象学的课程。1806年9月,耶拿之战即将爆发,他在结束他的课程时说道:“先生们,这就是我能够创立的思辨哲学。请把它看作你们将继续推向前进的那种哲学的开始吧。我们正处于世界历史上的一个重要的时代,一个动乱的时代,在这时代里精神正向前跃进,抛弃它的旧形态,而获得一种新形态。全部现存的观念、概念和世界联系都已瓦解,并且像梦境那样崩溃了。精神的新的产物正在酝酿准备。哲学的首要任务就是欢迎它并承认它……”[1] 从这里可以看得很清楚,黑格尔写《精神现象学》的真实用意究竟何在。

因此,当我们在这部著作的著名的序言中读到下面这段热情洋溢的言论时,也就能够充分理解作者是怎样去看待由法国革命所造成的世界变革的。黑格尔说:“我们这个时代是一个新时期的降生和过渡的时代。人的精神已经跟他旧日的生活与观念世界决裂,正使旧日的一切葬入于过去而着手进行他的自我改造。事实上,精神从来没有停止不动,它永远是在前进运动着。但是,犹如在母亲长期怀胎之后,第一次呼吸才把过去仅仅是逐渐增长的那种渐变性打断——一个质的飞跃——从而生出一个小孩来那

① 罗森克朗茨:《黑格尔传》,德文版,第214页。

样，成长着的精神也是慢慢地静悄悄地向着它新的形态发展，一块一块地拆除了它旧有的世界结构。只有通过个别的征象才预示着旧世界行将倒塌。现存世界里充满了的那种粗率和无聊，以及对某种未知的东西的那种模模糊糊若有所感，都在预示着有什么别的东西正在到来。可是这种逐渐的、并未改变整个面貌的颓毁败坏，突然为日出所中断，升起的太阳就如闪电般一下子建立起了新世界的形相。”[①] 我所以要摘引这一长段话，不仅是因为这些话实在精彩，也许可以算得上是全部德国古典哲学著作中最卓越的言论之一，而且是因为我认为这段话是理解《精神现象学》的钥匙。在德国哲学家中间，谁也没有像黑格尔那样深刻地用辩证法的观点去解释当时正在发生历史巨变的世界。黑格尔是唯心主义者，他错误地把世界的变化归结为精神本身的发展。他像歌德一样免不了在脑后拖着一条庸人的小辫子，害怕群众革命运动，厌恶流血恐怖。但是，他比任何一个同时代的德国人都更清醒地认识到一个新世界诞生的必然性，不管要付出多么高昂的代价，要有多少个人的牺牲，都只不过是分娩时不可避免的阵痛而已。世界不可逆转地向着新时代迈进，这一发展进程本身就是合理的。在我看来，《精神现象学》的真正目的无非就是要为这新世界的诞生过程作哲学的论证。我以为这样才能剥掉这部书的唯心主义的外衣而把握住它的活的灵魂。

《精神现象学》一书在刚发表时对德国思想界的影响并不大，黑格尔的声誉主要还是该书出版10年后才建立起来的。虽然他自己确信，“真理具有在时间到来或成熟以后自己涌现出来的本

① 黑格尔：《精神现象学》，上卷，商务印书馆，1962年，第6-7页。

性，而且它只在时间到来之后才会出现，所以它的出现决不会为时过早，也决不会遇到尚未成熟的读者”[①]，可是他为了自己的这本书取得公众普遍承认还是等待了10年。当时的大多数读者确实还没有成熟到他所想象的那种程度。不过他在耶拿大学任教时，即1805年夏，在他的班上已经形成一个由青年学生组成的最早的黑格尔派（有苏斯梅耶、察尔曼、加勃勒、盖尔特、巴赫曼和朗格等人），其中一些人虽然对黑格尔辩证法理解不深，却是以激进的观点去看《精神现象学》这部书的。例如，巴赫曼（那时已担任耶拿大学哲学讲师）于1810年发表了一篇热烈赞扬《精神现象学》的书评，认为黑格尔在哲学和人类文化发展中开辟了一个新时期，同时又希望黑格尔所发动的革命不要仅限于哲学的范围。他明确地提出要用更实际的方式去实现黑格尔所指出的真理，并以此作为自己生活的目标，“因为我们是为我们的同胞、为祖国、为国家而从事哲学思考的”。他强调需要从理论转向实践，从“精神科学”中必须产生出一种新的实践，“哲学必须对行动有重要的影响”。[②]这个巴赫曼后来背弃了黑格尔主义，但他当时的评论的确代表了一部分德国先进青年知识分子对《精神现象学》的理解。另一个例子是谢林的追随者温迪希曼。黑格尔虽然在《精神现象学》里尖锐地批评了谢林和浪漫派的观点，温迪希曼却仍然发表了一篇书评，高度评价了这一著作。他还在给黑格尔的一封信里说：“研究了你的科学体系之后使我相信，某一天当人们

---

① 黑格尔：《精神现象学》，上卷，商务印书馆，1962年，第49页。

② 巴赫曼：“黑格尔的科学体系”（刊载于1810年的《海德堡年鉴》）。参见吐斯：《黑格尔主义》，剑桥大学出版社，1980年。吐斯的这部著作对耶拿的黑格尔派集团作了比较详细的叙述，提供了一些人们过去不大知道的材料。

理解它的时候到来时，这部著作将被看作关于人的解放的基础读物，理解莱辛所预言的新福音的钥匙。”① 我认为，《精神现象学》当时所以能在一部分先进的德国人中间引起共鸣，主要是由于其中所包含的对现存事物的批判精神和对历史向前发展的信心，而这正是法国革命时期的德国精神的精髓所在。

有一位资产阶级学者说，能够理解《精神现象学》的那一代德国人早已死去了。这话说得也有一点道理。西方资产阶级现在离开它的革命时期已经如此遥远，它早已堕落为一个腐朽、没落、寄生的阶级，以致根本无法去正确理解本阶级在革命时期的先进代表人物的思想了。现代西方资产阶级学者写了大量论述《精神现象学》的文章和著作，功夫不可谓不深，可是总给人以隔靴搔痒之感，原因就在于他们大多摆脱不了维护现存秩序的阶级偏见。现在，只有站在马克思主义的立场上，才能正确地理解《精神现象学》，批判地继承其中一切合理的思想。在我国，这个工作还刚刚开始，愿与同志们共勉。希望在不久的将来能看到高质量的研究成果出现。

啰啰嗦嗦写了一大篇，说得不一定对，请予指正。

握手！

汝信

1984年4月于北京

（原载《康德黑格尔研究》第一辑，上海人民出版社1985年）

---

① 霍夫迈斯特编：《黑格尔通信集》，第1卷，第307页。

关于黑格尔《精神现象学》的通信（之二）

XX 同志：

你的来信谈到了古希腊哲学，特别是辩证法思想对黑格尔的影响，这确实是黑格尔研究中的一个重要问题。黑格尔哲学的理论来源无疑地可以一直追溯到古希腊，他对古希腊思想有精湛的研究并且有他自己的独特的深刻理解，这从他的一些主要著作（尤其是《哲学史讲演录》）里可以看得很清楚。至于《精神现象学》这本书，它和古希腊的关系更是十分密切，有一位西方学者就径直地把黑格尔的这一著作称为“为古希腊唱的一曲挽歌”①。因此，我打算在这方面再补充一些意见。

我每次阅读《精神现象学》，总是感到黑格尔对古希腊怀有一种发自内心的强烈的爱，这种爱有时甚至达到了偏爱的程度。同时又能感觉到他对古希腊世界的覆灭的惋惜之情，我以为他在理性上虽然已经冷静地认识到这是历史发展的必然，可是在感情上却始终怀念和留恋着古希腊。从这个意义上讲，把《精神现象学》说成“为古希腊唱的一曲挽歌”也不无道理，不过我觉得这样

---

① 希克拉尔：“黑格尔的《精神现象学》：为古希腊唱的一曲挽歌”，载于配尔津斯基编：《黑格尔的政治哲学》文集，剑桥大学 1976 年版，第 73-89 页。

讲似乎过于消极了一点，因为黑格尔除了对古希腊社会在历史上的消逝表示哀悼以外，也充分肯定了它为后世留下的那些永不磨灭的价值。要正确地理解《精神现象学》，就不能忽视黑格尔对古希腊的看法这一重要的思想背景。不知你以为然否？

据我看，黑格尔对古希腊的向往并不是孤立的偶然现象，而是当时德国先进思想家们的共同倾向。早在黑格尔之前，从18世纪后半期开始，对古希腊的热烈崇拜在德国文化界和思想界逐渐成为一股强大的时代潮流，这一潮流对近代德国思想发展的影响之大，曾有人称之为"希腊对德国的专横统治"[①]。从温克尔曼起，德国文化所引以为骄傲的一些卓越的代表人物如莱辛、赫尔德、歌德、席勒、荷尔德林，以至思想倾向迥然不同的革命民主主义者福斯特和浪漫派施莱格尔兄弟，直到后来的尼采，几乎都以不同的方式对古希腊表示强烈的倾慕之情。黑格尔不过是这一群古希腊崇拜者之中的一个，但却很有典型性，因为他的古希腊崇拜不同于某些怀有罗曼蒂克理想的诗人和文学家，而是建立在自觉的理性认识的基础之上的。

为什么古希腊崇拜在德国一度成为时代的风尚？这是一个很值得我们研究的问题。我以为，这种现象只有放到当时德国特定的历史环境中去才能加以说明。18世纪末至19世纪上半叶的德国处于一种什么样的境地，恩格斯曾经在《德国状况》中作了精辟而深刻的描述，这是大家都熟悉的。正由于当时德国的丑恶的现实太令人绝望了，而改造这种现实的力量还没有成长起来，

---

① 《希腊对德国的专横统治》一书，剑桥大学出版社，1935年。

因此一切对现状不满而又找不到出路的知识分子，自然只能把自己的理想和希望寄托于遥远的古希腊这个人类的“黄金时代”。为了衬托出现存的德国社会如何庸俗、腐败、扼杀人的全面发展，他们有意无意地把古希腊社会美化和理想化了。所以德国人的古希腊崇拜实质上是对现存秩序的一种抗议，又是对未来德国的美好的憧憬。应该说，在当时的历史条件下，这是一种具有进步意义的政治倾向。如果把它简单地看作复古思潮，那就很难解释它为什么对德国思想界的影响如此之大，时间延续如此之久。我还是坚信历史唯物主义的这句老话：不是社会意识决定社会存在，而是社会存在决定社会意识。因此，德国人的古希腊崇拜归根结底要到当时德国社会的现实中去求得理解。

就拿德国的古希腊崇拜的始作俑者温克尔曼来说吧。温克尔曼是以研究古希腊造型艺术闻名的，他把古希腊雕塑推崇为人类所创造的不可逾越的最高的美的典范，连带地把古希腊的许多东西都奉为理想的完美范本。他的观点影响了以后整整几代德国人，开了古希腊崇拜的先河。但是，在他看来，究竟是什么造就了如此高超的希腊艺术呢？不是别的，就是希腊人所享有的政治自由。他认为，“在希腊政府机构和国家制度中占统治的那种自由，乃是希腊艺术繁荣的主要原因之一”[①]。他把古希腊看作“自由的故乡”，因此他对古希腊的推崇不单是审美趣味的问题，而是有其社会政治含义的。温克尔曼对希腊人也赞扬备至，不过他所欣赏的主要不是希腊人的卓越的哲学智慧，而是在自由的土壤上

① 温克尔曼：《古代艺术史》，第一部，第四章“论希腊人的艺术”。

培养起来的希腊人的那种刚毅不拔的性格，这种性格在当时德国充斥封建诸侯宫廷的大小暴君和奴才身上，或者在像市场上的苍蝇那样只看到自己鼻子底下的利益的庸人和市侩身上，都是绝对找不到的。以他对希腊雕塑作品《拉奥孔》的评论为例，他认为《拉奥孔》是最杰出的艺术作品，因为它最完美地体现了希腊人的性格，那就是"高贵的质朴和静穆的伟大"。温克尔曼的这一评论，使《拉奥孔》闻名于世，并在德国引起了强烈的反响，后来莱辛、赫尔德、歌德等著名人物都在《拉奥孔》上做文章。这次我去意大利作学术访问，曾有机会去梵蒂冈的博物馆观赏《拉奥孔》雕像群。说老实话，与博物馆里收藏的其他艺术杰作相比，《拉奥孔》在艺术上并非卓绝。为什么温克尔曼和许多德国人这样为之倾倒？我想这不是由于他们的鉴赏力有偏差，而是由于他们所处的时代的影响。勇敢地忍受剧痛的拉奥孔的形象，不仅使他们想起德国的苦难，而且也对照出德国庸人们在精神上的卑下和渺小。

再来看一下另一位古希腊崇拜者席勒。他比温克尔曼又前进了一大步，因为他对古希腊社会的热情颂扬是和对近代德国社会的尖锐谴责紧密地结合在一起的。在他的著名的《美育书简》里，他一方面对现时代状况作了十分阴暗的描述，另一方面则对古希腊尽力加以美化。按照他的意见，希腊人以我们时代所没有的那种单纯质朴使我们感到羞愧，他们完全可以充当现代人的榜样。"我们在他们身上可以看到，同时既有丰满的形式又有丰满的内容，既能从事哲学思考又能创造形象，既温柔又有力量，想象力的青春和理性的成熟结合在一种完美的人性里。”[①]希腊人能够保持和谐的、完整的人性，原因在于古希腊城邦的自由的政治制度，在那种制度下个人与集体是协调一致的，不发生利害冲突，每个个人都享有独立的生活，但如果需要的话，他也能够与整体合而为一。现代人则不然，他们已经丧失了人性的和谐，自身变成了机械整体的一个碎片，日益沦为专业化分工的奴隶，而完全失去了全面发展的可能。现代人之所以处于这种可悲的人性分裂状况，其根源在于现代社会本身，因为古希腊的那种个人与集体协调一致的社会，已经被凌驾于公民之上进行统治的异己的国家机器所取代了。因此，在席勒那里，对古希腊的崇拜具有激烈的批判现实的性质。他幻想回到古希腊去，正是为了希望通过艺术和美，使人重新恢复已经丧失了的自由。

青年黑格尔正是在当时德国文化界和知识界热烈崇拜古希腊的气氛下成长起来的。从他所受的教育来说，他在学生时期就阅读了许多古希腊罗马的古典著作，打下了很扎实的根基。罗森克朗茨在《黑格尔传》中指出，黑格尔所受的中学教育“在课程方面偏重于古代的古典作品”[②]。黑格尔很早就对柏拉图、亚里士多德、西塞罗、塔西陀等人的作品有所涉猎，特别是他还翻译了索福克勒斯的悲剧《安提戈涅》和朗吉弩斯的《论崇高》，作为学习古典语文的练习。黑格尔后来毕生都敬仰索福克勒斯，认为《安提戈涅》在所有的悲剧中是“最卓越的、最令人满意的作品”[③]，而安

① 《席勒选集》，第2卷，莱比锡，1958年，第520页。

② 罗森克朗茨：《黑格尔传》，德文版，第10页。

③ 黑格尔：《美学》。

提戈涅这位女性则是“在地上出现过的最壮丽的形象”[①]。其实，这种崇拜的种子在黑格尔的中学时期就已经埋下了。黑格尔对德国作家们有关古希腊的著作也极感兴趣，从温克尔曼、莱辛、赫尔德、歌德那里获得不少启示，特别是席勒的《美育书简》对青年黑格尔影响很深，在写作《精神现象学》之前，黑格尔曾两次认真地研究过这部著作，并把它称之为“杰作”。[②]所以我们在《精神现象学》和黑格尔的其他早期著作中，例如在《基督教的实证性》和耶拿时期写的《实在哲学》中，都不难发现席勒思想的痕迹。

黑格尔的《精神现象学》是叙述意识自身从最低级阶段一直发展到所谓绝对知识的过程，由于他在自己的著作中贯彻了逻辑和历史的统一的原则，所以正如恩格斯所指出，他的思维方式总是有巨大的历史感作基础，他的思想发展总是与世界历史的发展紧紧地平行着。但是，应该指出，在《精神现象学》里虽然可以看到古希腊时代的宽广的历史背景材料，然而直接谈论古希腊哲学的地方却很少，主要是涉及古希腊的社会政治生活、文化艺术和宗教伦理。这和黑格尔的早期研究兴趣有关，当时他关心的首先是社会政治、文化和宗教伦理问题，而不是比较抽象的哲学问题或所谓“形而上学”的问题。《精神现象学》标志着他的研究兴趣的转变，但在内容上还多少与前个时期的研究成果相连接，到他写作《逻辑学》时，情况就发生了变化，涉及古希腊哲学思想的材料就很多了，讨论某些哲学范畴也经常联系到古希腊哲学家。至于《哲学史讲演录》，由于题材本身的原因，那就更不必说了。

---

① 黑格尔:《哲学史讲演录》,第2卷,第102页。

② 黑格尔1795年4月16日给谢林的信。

我以为，黑格尔在《精神现象学》中所表现出来的古希腊崇拜，其核心是对古希腊社会政治生活的肯定性评价，其他关于古希腊宗教、伦理以及文化、艺术等等的颂扬归根到底都是以此为基础的。我们知道，青年黑格尔的著述活动是从宗教问题开始的，他从研究古希腊宗教入手，而得出了政治性的结论。根据现在掌握的文献材料，黑格尔早在中学时期就写过一篇题为《论希腊人和罗马人的宗教》的文章[①]，其中肯定了希腊人的开明的神的观念，并且以萌芽状态包含着这样一个思想，即认为希腊宗教所强调的是人，而不是神。人向神贡献牺牲，为神建造宏大华丽的神庙，不是为了神，而是为了人自己。这种以人为中心的观点也出现在他后来论及希腊宗教的文章里，并且和《精神现象学》中的提法十分相近，他在那里指出，希腊宗教和那种"外在化自己、崇拜生疏异己的神的宗教形式"相反，"神的庙宇和厅堂是拿来供人们享用的，而且在庙宇中所保存着的宝物，在需要的时候也是属于人的。在艺术装饰中神所享有的光荣就是富于艺术天才和宏伟气概的民族的光荣"[②]。青年黑格尔还提出了"民众宗教"的概念，与所谓"实证宗教"相对立。按照他的看法，"民众宗教"是主观的宗教，它表现在感情和行为里，是活生生的、有个性的东西，它虽然建立在一般理性的原则之上，但却首先诉诸人的想象、心灵和感情，而且它还包括"国家的公共活动"。相反的，"实证宗教"则是客观的宗教，它表现为关于上帝的一堆僵死的知识，形成一个教条的体系而强迫人们去信仰，因此它是反自然的，是由

① 参见霍夫迈斯特编：《有关黑格尔思想发展的文献》，德文版，第43-48页。
② 黑格尔：《精神现象学》，下卷，商务印书馆，第208页。

一个外在的权威吩咐我们接受的。古希腊城邦共和国的宗教是“民众宗教”的典范，而犹太教和基督教等等则属于“实证宗教”。黑格尔认为，古希腊的“民众宗教”无比地优于实证的基督教，因为前者是和公民的自由分不开的，“民众宗教产生并养育着崇高的思想方式——它是和自由携手并进的”[①]；后者则不是建立在自由的基础之上，而是扼杀人的道德自由，践踏人的尊严，剥夺了人独立使用理性能力的权利。[②] 从这里可以看得很清楚，黑格尔是从人的自由着眼去肯定希腊宗教的，而且他对希腊宗教的赞扬伴随着对基督教的尖锐的批判。

青年黑格尔分析了古希腊城邦和罗马共和国时期的“民众宗教”赖以存在的社会基础，充分表达出他对古代民主政治制度的倾慕之情。他指出，希腊和罗马的宗教是自由民族的宗教，“作为自由人，希腊人和罗马人服从自己为自己制定的法律，服从他们自己推选出来的领导人，进行他们自己决定要打的战争，为了他们自己的事业而献出他们的财产和热情，牺牲成千的生命”。在那种制度下，无论在公共生活中，或是在私人和家庭生活中，每个人都是自由的人，都按自己的法律生活。因此，个人和集体是协调一致的，自己的祖国、国家的观念，就是每个人为之工作并激励他去努力的那种无形的、更高的东西，就是他的世界的最终目的。[③] 与此形成强烈对照的是产生基督教的社会基础。黑格尔认为，基督教在历史上的出现，乃是古希腊罗马共和国的民主制崩

① 诺尔编：《黑格尔青年时期神学著作》，德文版，第27页。
② 同上，第205页。
③ 同上，第221-222页。

溃以后人丧失了自由的结果。罗马帝国的建立标志着政权落入少数人之手，管理国家机器被委托给少数公民，而他们也只是充当整个机器的微不足道的齿轮。这样，古代民主社会里个人和集体之间的和谐一致的关系就不复存在了，现在的一切活动、一切目标都只和个人有关，每个人要么是为自己工作，要么是被迫为别的个人工作。"服从自己制订的法律的那种自由没有了，追随自己选出来的和平时期的领导和军队统帅的那种自由没有了，去实行自己参与制订的计划的那种自由也没有了；所有的政治自由都没有了；公民权只提供了保护私有财产的权利，而私有财产就充满了公民的全部世界"[①]。正因为人生活在这样一个异己的世界里，不能掌握自己的命运，也失去了任何远大的目标，所以他就只关心自己的个人利益，只求个人的灵魂得救，于是就为基督教的传播准备了社会条件。黑格尔认为，现代社会和晚期罗马帝国社会在一些基本点上是类似的，因此他对古希腊社会的歌颂和对罗马帝国社会的谴责，实质上也意味着他对德国现存制度的批判。这种观点构成了《精神现象学》中关于社会历史发展的基本看法。在那里，黑格尔通过"精神"的发展描述了人类意识在历史上所经过的各个阶段。按照他的看法，"精神"发展的第一个阶段是与古希腊城邦共和国时期相适应的，他把它叫作"真实的精神、伦理"。他认为，那时的希腊社会是尚未发生异化的、和谐的、充满崇高精神的伦理世界，个人和集体没有任何利害冲突，融为一体，所以"伦理王国在它的持续存在里就始终是一个无瑕疵、无分裂

① 诺尔编：《黑格尔青年时期神学著作》，第223页。

而完美纯一的世界”[①]。随着伦理世界的破灭出现了古罗马帝国统治下的法权状态，才开始发生异化。由于各个孤立的原子式的个人代替了普遍的伦理精神，只有靠外在的强制力量才能把他们集合在一起，于是作为“世界主宰”的罗马专制君主和凌驾于臣民之上的国家机器便应运而生。后来，异化就愈演愈烈，到法国大革命达到了顶点。《精神现象学》最后是以异化的扬弃告终的，这种异化的扬弃虽然不是要求倒退到古希腊去，但在黑格尔的心目中，没有异化的古希腊社会始终是一个值得向往的理想境界。黑格尔自己的政治观点前后有所变化，他在伯尔尼任家庭教师时期是把古希腊城邦共和国的民主制奉为政治目标的，因此有人把这一时期称为黑格尔思想发展中的共和国时期。后来，他逐渐改变了这种激进的民主主义观点，抛弃了恢复古代民主共和国的不切实际的幻想，而倾向于向现实让步和妥协。可是，他对古希腊社会政治制度的评价却没有改变。

最后，还应当谈一下黑格尔对古希腊文化艺术的崇拜，这也是他的一贯的美学观点。他从学生时代起就在文章里赞扬希腊文化的优越性，认为古代诗人以其质朴性和独创性胜过近代诗人，并把希腊人的健康的、完整的自然意识与现代人的堕落的、分裂的人为意识相对立，希望能够通过学习古典遗产去克服现代意识的缺点。后来他就进一步把希腊艺术看作美的典范，认为希腊艺术中“神的形象表现着最高的美的理想”，甚至说谁不去欣赏古希腊文艺，谁就不懂得什么是美。他继承和发展了温克尔曼

① 黑格尔：《精神现象学》，下卷，第19页。

的观点，强调自由是艺术发展的先决条件，古希腊艺术之所以能达到如此高度的完美，正因为它是在个性自由的环境下成长起来的。[①] 换句话说，没有自由，就不可能有真正美的艺术，基督教艺术之所以低劣，就是由于它缺乏自由，使人的自主的创造活动不可能充分展开。所有的这些观点，都在《精神现象学》里得到了一定的反映。这部著作虽然不像他后来的《美学讲演录》那样专门探讨美学和艺术问题，而是把艺术当作宗教的一个环节来对待，但是其中对希腊艺术、特别是对悲剧的推崇仍然很明显，只是带有一种"无可奈何花落去"的感伤色彩，因为"命运把那些古代的艺术品给予我们，但却没有把它们的周围世界，没有把那些艺术品在其中开花结果的当时伦理生活的春天和夏天一并给予我们，而给予我们的只是对这种现实性的朦胧的回忆"。[②] 古希腊世界毕竟已经一去不复返了，它所留下的艺术品却成为使人想起它的伟大崇高的永恒的纪念。

黑格尔说过，一提到希腊这个名字，在我们德国人心中，自然会引起一种"家园之感"[③]。这句话很好地表达了他前后的几代德国知识分子对古希腊所抱的特殊的感情。后来尼采也说出了同样的意思，在他看来，德国哲学实际上是一种彻底的浪漫主义和"思念家乡"(Heimweh)。他说："这是一种对曾经存在过的最美好的东西的想望。人在任何地方都不再感到像住在自己家乡，因此最后人就渴望回到那个他能想办法感到像住在自己家乡

---

① 黑格尔：《精神现象学》，下卷，第231页。

② 同上。

③ 黑格尔：《哲学史讲演录》，第1卷，第157页。

的地方去，因为这是他愿意作为自己家乡而居住的唯一地方，而那个地方就是希腊世界！”[①] 尼采的这一番话，也许可以作为帮助我们理解《精神现象学》的一个注释吧！

汝信

1985年3月于北京

（原载《康德黑格尔研究》第二辑，上海人民出版社1986年）

① 尼采：《权力意志》，英译本，纽约，1968年，第225页。

关于黑格尔学派的若干问题

在近代哲学史上，黑格尔学派的形成、发展和解体是最重要的事件之一。这里所说的黑格尔学派当然不是指兴起于19世纪末期的所谓新黑格尔主义者，而是指那些曾经受教于黑格尔并直接继承了他的哲学事业的门生。一般说来，黑格尔本人并不热衷于建立自己的学派，他自以为他的哲学代表着普遍真理，应该被一切人所接受而成为公共的财富，因此建立学派并不符合他自己的意愿。用他自己的话来说，"在我们现在生活着的这一个时代里，精神的普遍性已经大大地加强，个别性已理所当然地变得无关紧要，而且普遍性还在坚持着并要求占有它的整个范围和既成财富，因而精神的全部事业中属于个人活动范围的那一部分，只能是微不足道的。"[①] 但是，事与愿违，黑格尔的这种想法始终是未能实现的奢望，黑格尔主义并没有能超出一个学派的范围而成为普遍的哲学。可以说，黑格尔学派的产生主要不是由于这位辩证法大师的倡导，而是由于它适应时代的某种需要。[②] 作为一个学派来说，它存在的时间并不很长，而且从一开始就存在着内部的意见分歧，随后又引起激烈的思想斗争，终于发生分裂并走向

---

① 黑格尔:《精神现象学》，上卷，商务印书馆，1981年，第50页。

② 关于这一点，托斯教授在《黑格尔主义》一书（剑桥大学1980年版）中作了很好的说明，可参阅。

瓦解。可是,它对德国思想发展的深远影响却是难以估量的。它处在人类思想发生伟大的根本性转折的前夜,一方面标志着德国古典哲学从康德到黑格尔的发展的终结,另一方面又为马克思主义的诞生直接提供了理论准备。现在,黑格尔学派的某些人物和他们的著作虽然已经几乎被人们所遗忘,然而这个学派的历史命运同马克思主义的出现紧密相连,仅仅这个事实就足以保证它享有重要的历史地位。

在这篇文章里,我们不可能对黑格尔学派进行全面的考察,而只打算对几个有关的问题作初步的探讨。

一

黑格尔学派最早是什么时候出现的?它的形成的思想基础是什么?这是需要我们去探究的第一个问题。

根据黑格尔研究者目前掌握的材料,在黑格尔耶拿大学任教时期的最后两年(即1805-1806年)内,开始出现他的第一批信徒。他们人数不多,但却构成黑格尔任课的班级中的核心,其中有名可查的有苏斯梅耶、蔡尔曼、加布勒、盖尔特、巴赫曼和朗格。[①] 在他们中间,神学系学生苏斯梅耶当时似乎起着带头的作用,但后来他和朗格二人都成为乡村牧师而默默无闻。最富有才华而又最受黑格尔喜爱的学生是蔡尔曼,可是他因患肺结核病而早逝。巴赫曼在黑格尔离开后留在耶拿大学哲学系任教,他曾经

① 见基默勒:"黑格尔在耶拿任教时期(1801-1807年)的有关文献",载《黑格尔研究》,第4期(1967年),第53-54页。

热情地鼓吹黑格尔主义，不过到了19世纪20年代却背离了他过去的哲学信仰，转而对黑格尔采取批评的态度。盖尔特是荷兰留学生，他曾受到黑格尔的特别关照，回国后担任了一系列重要职务，从事教育制度的改革，并对荷兰的黑格尔学派分支的建立作出了贡献。但他毕竟是外国人，在德国哲学界几乎没有什么影响。比较值得一提的是加布勒，他在以后的数十年间一直是黑格尔的忠实门徒，直到黑格尔逝世后正式继承了黑格尔在柏林大学的教席。他虽然被认为是黑格尔学派的一个人物，才能却十分平庸，除了他所写的一本通俗宣传黑格尔哲学的著作《作为科学导言的哲学入门读物》（1827年），曾得到黑格尔的首肯之外，在理论上并没有什么特别的建树。[①] 最早的一批黑格尔主义者就是由以上这些人所组成的。

从上面的情况可以看出，黑格尔在耶拿时期已经开始发挥他的哲学影响，然而这种影响暂时还局限于狭小的学生圈子里，很难说已经形成一个独立的哲学学派。他在那个时期写的巨著《精神现象学》一书的著名的序言中说："真理具有在时间到来或成熟以后自己涌现出来的本性，而且它只在时间到来之后才会出现，所以它的出现决不会为时过早，也决不会遇到尚未成熟的读者。"[②] 如果以黑格尔本人为例，那么他的这些话只说对了一半。像《精神现象学》这样一部深刻地反映了时代精神的要求、内容宏伟博大的著作，确实只有在时间成熟以后才会出现，当然

① 正如梅林指出，加布勒是黑格尔"所有平庸的附和者当中最平庸的一个"。参见梅林：《马克思传》，第18页。

② 黑格尔：《精神现象学》，上卷，第49页。

没有为时过早的问题。可是要说决不会遇到尚未成熟的读者，那就未免有点过于乐观了。事实上，耶拿时期的黑格尔除了受到少数追随者的拥护之外，还没有得到学术界和公众的广泛承认。在当时，比他年轻而但没他深刻的谢林所享有的学术声誉和地位要比他高得多。应该说，广大的读者还没有成熟到能够充分理解黑格尔的程度，即使是他的一些追随者也不见得深刻地把握了黑格尔著作的真实含义。随着黑格尔离开耶拿大学去巴伐利亚办报纸和担任中学校长，他在学术研究方面取得了进一步的成就（完成了另一部巨著《逻辑学》），然而他在哲学界的影响却削弱了，他最初的一批拥护者也星散了。黑格尔真正建立起自己的哲学威望并重新获得一批坚定的追随者，还是在他于1818年去柏林大学担任教授之后。[①] 有一种意见认为，人们要等看到黑格尔的全部体系（也就是说看到他的《逻辑学》和《哲学百科全书》）后才能作出判断，因此黑格尔学派出现较晚。这种意见有一定的道理，但缺乏足够的说服力，因为直到19世纪20年代，黑格尔的大多数学生感兴趣的主要地仍然是早已出版的《精神现象学》，而不是他后来出版的其他著作。[②] 可以毫不夸大地说，读者公众为了成熟到能够接受黑格尔主义，足足花费了十几年的时间。

但是，应该指出，当时黑格尔学派虽然还没有建立，黑格尔在耶拿时期的活动却为以后该学派的出现作了思想上、理论上的准

---

① 黑格尔在给塔顿的一封信中说，为了要在德国哲学界取得重要的地位，在一个主要的大学担任教职“几乎是必不可少的条件”。见《黑格尔通信集》，第2卷，德文版，第139页。

② 参见托斯：《黑格尔主义》，第76页。

备。黑格尔学说中吸引第一批信徒的东西，也正是后来形成黑格尔学派的思想基础。那么，当时人们对黑格尔哲学感兴趣的究竟是什么呢？

黑格尔生活在一个社会剧烈变动的历史时期，许多世纪以来一直统治着欧洲的封建旧制度已濒临全面崩溃。如果说，从英国开始的产业革命在暗中静悄悄地一块一块地拆除了旧世界的经济基础，那么法国大革命以及随后的拿破仑战争就公开地以暴风骤雨之势横扫一切过时的政治上层建筑。怎么理解这震撼欧洲的巨大变革呢？处于特定历史条件下的德国人面对这场变革又怎么办呢？这就是当时先进的德国知识分子所不得不思考的问题。黑格尔说得好："我们这个时代是一个新时期的降生和过渡的时代。人的精神已经跟他旧日的生活与观念世界决裂，正使旧日的一切葬入于过去而着手进行他的自我改造。事实上，精神从来没有停止不动，它永远是在前进运动着。"[①] 黑格尔哲学之所以在当时受到一部分德国青年的欢迎，是因为它不仅反映了历史性的社会巨变，而且作出了自己独特的解释。黑格尔用辩证法的观点去观察世界，认为一切事物都处于不断的运动、发展和变化之中，不承认有任何神圣不可侵犯的永恒不变的东西。这就是他对德国年轻的一代所提供的新的启示。

罗森克朗茨在黑格尔的传记中曾经记述了这样一件事：有一天晚上，黑格尔在耶拿大学讲哲学史，讲到一个思辨形式接着一个产生而又消失，最后连谢林的哲学体系也难避免同样的命运，

---

① 黑格尔：《精神现象学》，上卷，第7页。

而这是出乎大家意外的。课后有个学生恐怖地跳起来叫道:“但这就是死亡,这样的话一切都必定要灭亡!”于是就引起了热烈的讨论,结果是苏斯梅耶的意见得到多数人的赞同,他热情地解释道:的确,这就是死亡而且应当死亡,但在这个死亡中却孕育着生命,生命由于死亡而纯化,将更光荣地展开。[①]

一切都必然要死亡,但在死亡中却孕育着新生命;同样,古老的德意志也必然要死亡,而在旧制度的废墟上将建立一个新的理想的自由王国。这就是黑格尔用哲学的语言灌输给人们的信念。[②]其实,这也不仅是他个人、而且是整整一代德国最优秀的思想家们的共同政治倾向,不过谁也没有像他那样明确而坚决地把这个信念转化为哲学的表现并赋予其严密的“科学的”形式。如果说,在康德那里,自由王国还只是可望而不可即的理想,席勒又把这个理想变成了美的追求,那么到了黑格尔,理想的自由王国就成为将会按历史的必然性而实现的现实。这是在德国思想的发展道路上迈出的重要的一步,当时黑格尔的某些年轻的拥护者也正是这样去理解他的哲学的现实意义的。前面提到过的那位巴赫曼,在1810年曾发表一篇关于《精神现象学》的热情洋溢的书评,他认为黑格尔优越于谢林的地方就在于把浪漫派哲学家的诗的洞察转化为一种严格的科学体系的“阳性的”形式。巴赫曼对黑格尔作了极高的评价,说他在哲学和人类文化发展中开辟了一个新时代,并希望这场由黑格尔开始的革命将不限于哲学的

---

① 参见罗森克朗茨:《黑格尔传》,德文版,第217页。

② 可参阅青年黑格尔在去耶拿之前写的一篇政治著作《德国宪法》(去耶拿后又作了重新修改),其中特别清楚地表达了他的上述信念。

范围。巴赫曼明确地指出了黑格尔哲学的现实作用，并且自我表白说："我完全被这个体系的真理所折服，已经把用更实际的方式去参与真理的实现作为我生活的目标；因为我们从事哲学思考是为了我们的同胞，为了祖国，为了国家。"他指出，从"精神科学"中必然会产生一种新的实践，"哲学必须对行动具有重大的影响"。[1] 尤其应该指出，当时这样去理解黑格尔哲学并受到它的强烈感染的不限于黑格尔的追随者，而且也有持浪漫派观点的某些谢林的信徒。例如，温迪希曼也曾在1809年发表过一篇赞扬《精神现象学》的书评[2]，并且在他给黑格尔的一封信里热情地写道："研究了您的科学体系后使我深信，一旦当人们理解它的时候到来，这部著作就将被看做关于人的解放的基本读物，将被看做理解莱辛所预言的新福音的钥匙。"[3]

从表面上看，黑格尔哲学所使用的语言是抽象而晦涩的，很容易给人以学院派哲学的印象，但这只是一种假象，实际上它却具有十分现实的内容。正是这种现实的内容引起了人们的兴趣，使最初的一批追随者聚集在他周围。那些早期的黑格尔主义者并非崇拜"纯哲学"的学院派人士，而是有志于探索德国发展前途的活动家。罗森克朗茨指出，在拿破仑战败后的年代里，黑格尔学说中受人们特别重视的是他的政治思想。[4] 当时最活跃的黑格尔信徒有：曾一度热烈鼓吹民族新生的舒尔茨，解放战争的参

---

① 巴赫曼的这篇书评的标题是《黑格尔的科学体系》，刊载于1810年出版的《海德堡年鉴》。

② 温迪希曼的书评发表于《耶拿德国文献报》。

③ 《黑格尔通信集》，第1卷，德文版，第307页。

④ 参见罗森克朗茨：《黑格尔传》，第338页。

加者海宁和弗斯特，德国爱国学生会的领导人加罗维、莱奥和阿斯凡罗斯，以及甘斯、摩塞尔和伏尔费尔等人。这些人都在不同程度上参加社会政治活动。因此，黑格尔学派在开始形成的时候，不仅是作为一个学术派别，而且也是作为一个社会政治思想派别而出现的。

黑格尔主义在拿破仑战争结束后越来越得到人们的支持，这是有其特殊原因的。恩格斯曾在《德国状况》中对当时的德国社会政治形势作了深刻的分析。他指出，当时欧洲各国的君主和贵族都把1815年拿破仑的垮台看作法国革命的覆灭和正统主义原则的胜利，但他们却完全错误地估计了形势。资产阶级的力量已经比以前任何时候都强大了，他们不能再忍气吞声地服从日趋没落的贵族阶级的统治，尤其是因为贵族阶级暂时重掌政权还是他们一手造成的，因此“资产阶级和贵族之间的斗争已不可避免，这个斗争几乎在和约缔结后就开始了”。[①] 在德国，普鲁士国王弗里德里希·威廉三世刚摆脱了对拿破仑的恐惧，又遇到了革命的危险。要在德国恢复1789年以前的旧制度显然是不可能的，然而由于德国的特殊情况，即:“贵族想执掌政权，但是太软弱无力；资产阶级既没有这个愿望，又没有足够的力量来执掌政权”，于是就在二者妥协的基础上产生了一种“不伦不类的君主政体”，在这种政体下一个特殊的官僚阶级掌握着大权，恩格斯把它称之为一种“野蛮的资产阶级统治形式”。[②] 黑格尔主义正好适应于当时德国社会的政治需要，一方面它反对封建复辟，主张社会变革，反映

① 《马克思恩格斯全集》，第2卷，第647页。

② 同上，第649-650页。

了资产阶级的要求；另一方面，它又容忍容克贵族政权的继续存在，甚至加以美化，因此它又能得到官方的批准。德国的资本主义化是通过软弱动摇的资产阶级和旧封建阶级的相互勾结和妥协而实现的，按列宁的说法，这是资本主义发展中的特殊的“普鲁士道路”。黑格尔主义、特别是黑格尔后期的思想，按其实质来说，无非是为这条资本主义发展的“普鲁士道路”作哲学论证。

正是在这样的情况下，黑格尔主义的影响得到了迅速的发展。在黑格尔去柏林任教后，一个比较统一的黑格尔学派就开始以柏林为中心逐渐形成。“科学评论学会”的成立对促进黑格尔学派的发展起了重要的作用，这个学会广泛地吸收学术界和非学术界人士参加，其中也包括一些非黑格尔主义者，但学会的领导和学会刊物是完全掌握在黑格尔派学者手里的。[①]黑格尔及其门徒们之所以成立这个学会，在某种程度上是为了与普鲁士皇家科学院相对抗，因为皇家科学院在当时所谓“历史学派”（施莱尔马赫、洪堡等人）的控制下对黑格尔采取排斥的态度。“科学评论学会”所办的年刊，也同“历史学派”不断地展开论战，以扩大黑格尔学派的影响。[②]黑格尔学派的兴趣逐渐从政治转向各个领域，在哲学、宗教、文学艺术等方面都形成一股强大的力量。在这个过程中，官方的支持当然也起了不小的作用。1817年，属于以哈登堡公爵为首的普鲁士封建官僚中的改革派的阿尔登施坦男爵，被任命为宗教和教育事务大臣执掌了文化教育大权。他十分赏

① 许拉威：“柏林科学评论年刊：论黑格尔主义的历史”，载于《宗教和思想史杂志》，第11期（1959年）。

② 参见托斯：《黑格尔主义》，第60页。

识黑格尔的才能，认为黑格尔能够担当起把青年人的不成熟的热情和主观幻想转变为有纪律的理性和为国家服务的思想这一任务。由于施莱尔马赫和洪堡都不能与哈登堡的改革很好地合作，因此阿尔登施坦就秉承哈登堡的旨意邀请黑格尔到柏林大学任教，并有意支持黑格尔在那里建立实力基地，以抵消施莱尔马赫等人的影响。[①] 所以后来黑格尔被视为普鲁士的“官方哲学家”，也不是毫无来由的。由于得到政府当局的支持，黑格尔学派就更加迅速和顺利地发展起来。

根据目前我们掌握的材料来看，可以说到19世纪20年代后半期黑格尔学派已经最终形成了。它的成员大量增加，除了与早期黑格尔主义者同辈的一些年龄较大的人如葛歇尔、康拉迪和埃色伦等新参加这个学派之外，还吸收了一大批年青一代的新鲜血液，其中有：米希勒、霍托、罗歇尔、维尔德尔、贝纳雷、爱尔德曼、施蒂纳、瓦特克、鲍威尔等等。在柏林以外，黑格尔派也大大地扩展了阵地。哈雷是他们在普鲁士的另一个重要据点，除了原先在那里的兴利希，又增加了莱奥、莫斯曼、罗森克朗茨、埃赫特梅耶以及卢格、里希特、夏勒等新生力量。在埃尔朗根有卡普、罗斯特和费尔巴哈，在图宾根则有施特劳斯和费歇尔等人(他们后来使图宾根成为德国南部黑格尔主义的主要中心)。黑格尔于1831年去世，但黑格尔学派的势力并未稍减而反有继续扩大之势，大约在十余年内它一直在德国思想界居于压倒一切的统治地位，直到它内部发生分化瓦解为止。

---

① 参见“普鲁士的黑格尔主义”，载于《宗教和思想史杂志》，第10期(1958年)。

黑格尔学派得到如此迅速的发展并非偶然，因为它适应着当时德国社会的需要。同样地，黑格尔学派的分化瓦解也有其必然性，下面我们就来讨论一下这个问题。

二

黑格尔学派为什么会发生分裂？为什么说这种分裂是不可避免的？这个问题很值得我们去研究。

其实，在黑格尔学派于20年代末处于鼎盛时期时，早已埋下了日后分裂的种子。当时在这个学派中掌握领导权的是由黑格尔、舒尔茨、马尔海奈凯和海宁所组成的核心（按托斯的说法，这是黑格尔派中的“权势集团”）。晚年的黑格尔思想倾向于保守，而舒尔茨等人都竭力把黑格尔哲学同现存的宗教和政治秩序相调和，并力图使他们的这种解释成为正统观点。像加布勒和葛歇尔那样的平庸之辈，也由于得到黑格尔的赏识而俨然成为黑格尔学派的发言人。但是，这种保守的正统观点在黑格尔派内部从来就没有得到普遍的承认，只是在黑格尔去世前，矛盾尚未激化，还没有人出来公开反对而已。

到黑格尔逝世，他的门徒们暂时还维持着表面上的团结一致。黑格尔学派的某些短视的头面人物甚至还没有觉察到学派内部潜伏着的分裂的危机。在黑格尔的安葬仪式上，马尔海奈凯和弗斯特两人发表了墓前讲话，他们对黑格尔学说的发展前景都抱着十分乐观的态度。马尔海奈凯说，黑格尔仍然活着，“并将永远活在他的著作里和他的无数崇拜者和学生的心里”，黑格尔个人的去世，反而使他的信徒们能够以“比过去更纯粹的方式”去掌握他的永恒的精神，他现在也“不再容易被人加以错误地解释了”。[①] 弗斯特也声称：“让死人去埋葬死人吧，活着的东西则是属于我们的”，黑格尔抛弃了尘世的锁链后，将欢庆他的改变容貌[②]（这是公然把黑格尔比作耶稣）。在他们看来，黑格尔的门徒们都会像他们一样无条件地把这位哲学导师当作救世主来加以崇拜，使黑格尔主义发扬光大。甘斯也认为，黑格尔已不需要一个继承者，因为哲学业已“完成了它的圆圈”，哲学的进一步发展只要依据黑格尔所建立的方法和原则去对材料进行思想加工就行了。[③] 他们都没有预见到黑格尔学派内部会出问题，而问题就在于黑格尔的学生们并不全都把老师说的每一句话当作《圣经》那样去遵奉，而愿意按自己的新的理解去重新解释黑格尔，这些学生即使依据黑格尔所建立的方法和原则去思考，也往往得出与黑格尔本人以及“正统观点”大相径庭的结论。

较早地意识到黑格尔学派内部分歧的是罗森克朗茨。罗森克朗茨原先是黑格尔的得意门生之一。据诗人海涅的回忆，他曾和黑格尔讨论过“凡是现实的都是合理的”这句名言的真实含义，黑格尔对他说：“只有一个人理解我，但甚至他也不了解我。”[④] 这里所说的那个人，指的就是罗森克朗茨。所以说，在对黑格尔的理解方面，罗森克朗茨比起他的同辈来要略高一筹，正是他首先

① 马尔海奈凯：“葬仪上的讲话”，尼可林编：《同时代人报道中的黑格尔》，汉堡，1970年，第474页。

② 弗斯特：“墓前讲话”，同上书，第476页。

③ “黑格尔逝世讣告”，载于甘斯：《杂文集》，第2卷，第251-252页。

④ 海涅：《论德国宗教和哲学的历史》。

感觉到黑格尔学派内部出现的理解的分歧可能会造成整个学派的分化和解体。为此，他写了一个名为《思辨的中心》的讽刺喜剧，剧中描述了这样一个有趣的场面：密纳发女神对黑格尔死后所出现的哲学上的无政府状态感到颇为不安，因此她安排了一次在柏林近郊举行的射击比赛，打算通过比赛看谁能射中“思辨的中心”来决定黑格尔的继承权。可是这次比赛却搞得一团糟，各个小宗派之间争吵不休，射击比赛还没有开始，就有人（莱奥）召来了两名普鲁士警察去威吓一个无法无天的“狂热分子”（卢格）和参加这次集会的一群“黑格尔党徒”，警告他们要对破坏秩序的后果负责。结果是“思辨的中心”始终未被射中，继承权问题仍然没有得到解决。[1] 这部喜剧虽然采取了夸张的手法，但却明白地对所谓正统派是否有权继承黑格尔的遗产提出了疑问。

实际上，早在黑格尔在世时就在黑格尔学派内部出现了最初的不谐和音。1830年，年轻的费尔巴哈在纽伦堡匿名发表了《论死与不死》这篇著作，他虽然还站在黑格尔唯心主义的立场上，却大胆地向基督教的正统观点提出了挑战，这当然是和黑格尔晚年力求和基督教相妥协的思想背道而驰的。费尔巴哈彻底否定了基督教所宣扬的“天国”，反对把希望寄托于来世，指出“现在的主要问题是如何消除人类由来已久的关于彼岸和此岸的矛盾心理，以使人类能全心全意地把注意力集中于自己、现世和现在；因为只有这样专心致志于现实世界才能产生新生活、伟人，产生伟大的思想和事业”[2]。费尔巴哈的这一离经叛道的著作被

① 罗森克朗茨：《思辨的中心：一部喜剧》，哥尼斯堡，1840年，第81-98页。

② 《费尔巴哈哲学著作选集》，上卷，三联书店，第227-228页。

当局查禁，并从此断送了他在大学里的学术前程。但这个事件在当时的影响并不很大，人们多少还把它看作个别人的孤立的行动。

1835年，施特劳斯的《耶稣传》一书的出版使黑格尔学派内部的意见分歧完全公开化了。这一著作的出现打消了某些人维持黑格尔学派团结统一的幻想，标志着正式分裂的开始。人们终于看到，即使在哲学基本问题上遵循黑格尔的原则，也可能得出与以往正统观点截然不同的新的理解。施特劳斯后来在回顾他的这部书时指出，这不仅是他的最好的著作，而且是真正富有灵感的，“作者面对他那个时代的重大问题，把问题带进他的内心深处，赋予它以温暖和生命，使之成为一种新的学者生活的开花结果的种子”①。就其社会效果来说，《耶稣传》对当时德国思想界的影响也是很大的。《黑格尔及其时代》一书的著名作者海谋这样写道：“施特劳斯的《耶稣传》使我和我的许多朋友们都接受了黑格尔的见解，使我们从神学的幻想中越来越醒悟过来。该书对一个人所发生的魅力是难以形容的。我从来没有这样愉快，这样从头到尾地读过任何一本书……那就好像从我眼中去掉了几层翳障，一道亮光射在我前进的道路上。”②

从上面可以看出，黑格尔学派的分裂是从宗教问题（或更具体地说，从哲学与宗教的关系问题）开始的。正如恩格斯所说，在当时的德国，有实践意义的首先是宗教和政治，而由于政治是一个“荆棘丛生的领域”，所以主要的斗争就转为反宗教的斗争，这

① 施特劳斯：《文学回忆录》，第4页。

② 麦克莱伦：《青年黑格尔派与马克思》，商务印书馆，第4页。

种斗争在实质上间接地也是政治斗争。[1]黑格尔学派以对宗教的不同的态度而分为左派、中派和右派，这最初也是施特劳斯借用当时法国议会里划分派别的办法提出来的。由于基督教是德国既存社会秩序的思想支柱，因此黑格尔哲学和基督教保持什么关系对任何一个黑格尔主义者来说都具有重要的意义。在这个问题上，正统派的观点是明确的，他们力图证明黑格尔哲学和基督教学说在本质上是完全一致的。葛歇尔是这种正统派观点的典型代表者，他在《关于无知无识和绝对知识的箴言》一书中认为，黑格尔主义是基督教本身的最高思辨表现，两者之间的关系乃是结论和前提的关系，因此做一个真正的基督徒也就是做一个黑格尔主义者。他把黑格尔主义说成是“基督教的最高成果”，因此在他看来，黑格尔主义并非新真理的源泉，而是过去旧真理的完成。[2]兴利希和夏勒也竭力维护这种正统派观点，主张宗教信仰和哲学知识的内容同一乃是黑格尔体系的核心。在黑格尔生前，他通过对葛歇尔的赞扬而支持了这种观点[3]，使之取得了“正统”的地位。这些持正统观点的人构成了黑格尔学派中的右派，或称老年黑格尔派（其实这个名称并不恰当，因为右派中也有像夏勒和爱尔德曼那样一些属于年轻一代的人物）。站在正统观点的对立面的是黑格尔左派或青年黑格尔派（这个名称还有点道理，因为这一派的主要人物都是进入19世纪后才诞生的），他们的观点同样很明确，那就是要把黑格尔哲学作为新的起点，用理性去

① 恩格斯：《路德维希·费尔巴哈和德国古典哲学的终结》。

② 葛歇尔：《关于无知无识和绝对知识的箴言》，柏林，1829年。

③ 《黑格尔全集》，第20卷，德文版，第309页。

征服世界,使世界合理化。费尔巴哈在1828年11月给黑格尔的一封信中,清楚地表达了青年一代黑格尔主义者所普遍抱有的想法。他认为,研究黑格尔应该不仅是为了学术的目的,而且是为了人类,这种“新哲学”应该去“创造一个新世界、新时代,去建立一个王国”,现在已经有了“事物的新基础、新历史”,“理性将成为事物的普遍的显现”。[①] 对哲学作这样的理解,就必然会同维护现状的基督教发生尖锐的矛盾和冲突,因此黑格尔左派一开始就和对基督教的批判结下了不解之缘。从费尔巴哈到施特劳斯、鲍威尔、施蒂纳等人,都曾把批判的矛头指向基督教。

处于右派和左派之间的是所谓黑格尔中间派,他们人数相当多,实力强大,拥有像罗森克朗茨、米希勒和甘斯那样的重要人物。他们试图调和右派和左派的矛盾,例如米希勒(按他当时出版的《从康德到黑格尔的最新哲学体系史》一书的说法,他自己是站在老年黑格尔派和青年黑格尔派的分界线上的)就提出一种折中的说法,认为哲学不仅仅是导向把形式和内容相结合的黑夜的“密纳发的猫头鹰”,而且也是为新的黎明报晓的“公鸡啼叫”。一方面,他坚持由于黑格尔哲学的出现理性的实现已经完成,因此不可能去创造新的原则了;另一方面,他又承认还有工作要做,那就是需要把现实在所有方面都提高到合理性的高度。[②] 另一个有影响的中间派人物甘斯,也同样采取折中的立场,他虽然肯定基督教和黑格尔哲学的内容同一,但又强调它们去掌握同一个真

① 斯泰配莱维奇:“最早的一批黑格尔主义者”,载《哲学论坛》季刊,第8卷,第2-4期,第9页。

② 《从康德到黑格尔的最新哲学体系史》,第2卷,柏林,1837-1838年,第623、610页。

理的两种方式的重大区别。在甘斯看来，理性实现过程的最后阶段从法国革命和拿破仑改革时期已经开始，因此黑格尔能够充分理解这一过程，可是这一过程还没有完结，还要向前继续进展。[①]一般说来，黑格尔中间派对宗教采取比较缓和的妥协态度，不过他们主张改革，和维护现状的右派还是有明显的区别。说句公道话，他们之中有些人是更倾向于同情左派的。米希勒在1838年曾主张中派和左派结成联盟以构成黑格尔学派的多数，从而把右派排除出去。[②]黑格尔右派如莱奥之流在攻击“青年黑格尔党徒”时，也把中间派（如米希勒、拜尔霍弗尔等人）当作左派分子而加以斥责。[③]因此，过去通常把中派和右派联系在一起而与左派相对立，这种看法是缺乏足够根据的，也是不大公平的。

黑格尔学派的分裂从表面上看是起于对宗教的不同看法，甚至可以说是起于一些更具体的问题（如个人的灵魂不死）的争论，但是如果我们不停留于表面现象，而去探究造成分裂的更深一层的原因，那就可以发现，在哲学和宗教的外衣掩盖下的是两种相对立的社会政治倾向，正是这两种倾向之间的斗争决定了黑格尔学派的不可避免的分化瓦解。这两种倾向的出现，是1830年的欧洲革命对德国的影响的产物。欧洲在经历了封建复辟势力的短暂统治后又出现了革命形势，说明法国大革命的余波并没有真正消失。在这一年，最先是法国爆发了七月革命，推翻了复

---

① 甘斯：《关于普鲁士立法的再考察》，柏林，1830年，第7、470页。

② 《从康德到黑格尔的最新哲学体系史》，第2卷，第658-659页。米希勒认为，中间派和左派的观点是合法的黑格尔多数派的观点，而加布勒、葛歇尔、爱尔德曼等人的保守观点，则只是误入歧途的小宗派的少数派意见。

③ 莱奥：《黑格尔党徒》，哈勒，1838年。

辟后重新上台的波旁王朝，接着在比利时争取独立的革命又取得胜利，影响所及，德意志的萨克森、不来梅、汉诺威、巴伐利亚等地也都发生了反对封建专制制度的革命运动，波兰、意大利的民族解放运动随之高涨。这一革命浪潮甚至在资产阶级已经掌握政权的英国也引起强烈的反应，推动了英国议会改革运动的发展。有一位著名的资产阶级学者在分析19世纪的思想革命时认为，1830年的革命是具有决定意义的历史转折点，他指出："七月革命的预兆性在于，它表明法国大革命的裂口只是在表面上愈合了；实际上世界是站在'革命时代'的起点上，在这一革命中，群众将从上层阶级那里赢得独立的政治权力。"① 这一分析是有道理的。尤其应该指出，这个正在兴起的新浪潮并不单纯是法国资产阶级革命的继续，而开始带有社会主义的因素。1831年和1834年的法国里昂工人的英勇起义虽然遭到了残酷镇压，但这表明无产阶级已经作为一支新的独立政治力量登上了历史舞台。圣西门、傅立叶的空想社会主义学说开始流行，也为欧洲思想的发展注入了新血液。一句话，整个欧洲正处于酝酿着新的社会变动的前夜。黑格尔本人在逝世前亲眼目睹这种局势的形成，已经预感到新的社会风暴的临近。据他的儿子的回忆，法国和比利时发生的事件使他感到沮丧，认为这是"似乎会动摇理性国家的可靠基础的大灾难"②。黑格尔还写信给葛歇尔说，现在产生了危机，"在这一危机中，过去有确实根据的一切事物看来都成问题

---

① 洛维特：《从黑格尔到尼采》，纽约，1967年，第25-26页。

② 卡尔·黑格尔：《生平和回忆》，莱比锡，1900，第15页。

了”[1]。但是，黑格尔从他晚年的政治立场出发，还是相信逼近普鲁士边境的风暴将不会威胁到普鲁士国内的政治制度，因为在他看来，英、法和其他国家出现的危机并不标志着历史上新时代的出现，而是说明这些国家还没有达到像普鲁士那样的历史发展水平。[2]他甚至断言，普鲁士会“和平进化”，不会发生“不安定”或“叛乱”。他认为，反对现存秩序是没有合法基础的，因为现存秩序已经肯定了人的自由和人作为自觉的理性存在的普遍性。[3]然而对青年黑格尔派及其同盟者来说，情况却完全不是这样。新出现的社会动乱，似乎正好表明黑格尔所倡导的理性与实在的统一还没有真正实现，现存的社会秩序远不是合理的，因此不应该与现实和解或妥协，而应该予以变革和批判。当某些青年黑格尔派分子用晦涩的哲学语言来表达他们的这种看法时，甘斯却明白地指出，目前的普鲁士国家只是一种过渡的形式，它只能在有限的时间内存在，它可能暂时推迟彻底的解放，但从长远来说却不可能阻止解放的来临。[4]

因此，造成黑格尔学派分裂的根本原因是政治上的分歧。这种政治上的分歧早就潜伏着，而1830年后欧洲出现的新形势则促进和加剧了这种分歧，终于使之公开爆发，表现为左派和右派之间的斗争。一派对现状不满（无论是宗教或政治），想改变现实；另一派则竭力维护现状，反对变革。这就不可避免地会发生

---

① 《黑格尔通信集》，第3卷，霍夫迈斯特编，第323页。

② 同上，第333页。

③ 《黑格尔柏林时期著作集》，霍夫迈斯特编，汉堡，1956年，第51-55页。

④ 甘斯：《关于普鲁士立法的再考察》，第471页。

冲突。黑格尔右派的两位成员的言论可以清楚地说明这场斗争的性质。亨斯登堡认为，左派所同情的1830年的革命是“对神的法规的彻底破坏……上帝是不可能不予惩罚的”[①]。莱奥则指责左派说，他们要“使人民脱离已经存在了一千多年的道德和信仰的基础”[②]。他否认黑格尔辩证法中的否定性环节在历史上和哲学上的合法性，要求恢复传统的秩序。由此可见，斗争的双方对彼此要达到的政治目的都是明确的。

黑格尔学派的各个派别在相互斗争中都打着他们老师的旗号，不过这场斗争的意义却远远超出了争夺黑格尔遗产继承权的范围，实质上关系到德国发展前途的重大问题。至于哪个派别真正忠于黑格尔哲学的精神，这相对地说倒是次要的问题。黑格尔哲学本身就包含着深刻的内在矛盾，他本人早期和后期的思想也有一个发展变化的过程。所以恩格斯说，黑格尔的整个学说给各种极不相同的实践的党派观点都留下了广阔的活动场所。确实如此，无论哪个派别都能够在自己的老师的著作里找到立论的根据，只是他们各自抓住黑格尔学说的一个方面、成分、因素而加以强调、发展和运用而已。黑格尔的方法，即辩证法，按其本质来说是批判的、革命的，信守辩证法(哪怕是唯心的辩证法)就不可能长期容忍当时德国的丑恶的现实，而必然要对既存的秩序采取批判态度。因此，黑格尔左派是有理由自认为他们是黑格尔的真传弟子的。但另一方面，黑格尔的体系确实是保守的，它最后调和了矛盾，得出了粉饰现状的结论。黑格尔右派重视体系的作用，

---

① 托斯:《黑格尔主义》，第249页。

② 莱奥:《黑格尔党徒》，第43-44页。

从而主张与现实和解，维护现存秩序，这也不能说是违反了黑格尔的本意，何况黑格尔本人在晚年就站在这样的立场上。可是，话又要说回来，因为青年时期的黑格尔并非如此，他早期的相当激进的社会政治观点和对基督教的批判态度，又是接近于后来的黑格尔左派的。所以我们认为，去探讨究竟谁是黑格尔学派的“正统”并没有多大的意义，这个问题最好由历史去评判，而且确实已经由历史作出了结论：在黑格尔死后继续推动德国思想向前发展的是左派，而不是右派和中派。现在连资产阶级学者也都承认，在思想史上黑格尔左派的地位要比右派重要得多。例如洛维特就指出，虽然老年黑格尔派（海宁、霍托、弗斯特、马尔海奈凯、兴利希等人）“逐字逐句保存了黑格尔哲学，并进行个别的历史研究”，然而“对十九世纪的历史运动来说，他们却毫无意义”[①]；相反，他对黑格尔左派的评价则高得多，这从他为自己编选的资料集《黑格尔左派》一书所写的序言《黑格尔左派哲学中的哲学理论和历史实践》中可以看得很清楚。[②] 当然，在我们看来，黑格尔左派的历史意义并不在于它本身，而在于它为人类哲学思想的真正革命做了直接准备。

三

最后，我们还要来考察一下使黑格尔学派解体的原因究竟是什么。

---

① 洛维特：《从黑格尔到尼采》，第54页。

② 洛维特：《黑格尔左派》，德文版，1962年，第7-38页。

前面已经说过，在黑格尔之后真正进一步发展了他的思想的是黑格尔左派或青年黑格尔派。但说来也许有点奇怪，正是由于他们的理论活动，才导致了黑格尔学派的分崩瓦解，最终结束了它在德国思想界的统治。因此，为了弄清黑格尔学派解体的原因，需要对黑格尔左派的思想演化作一剖析。

年轻的恩格斯曾经参加过青年黑格尔派柏林小组的活动，当时他对这段历史是这样描述的。他说，“黑格尔的哲学只是在他逝世后才开始真正有生气”，“黑格尔的学说通过他那些学生的口传言谈变得更为人们所理解、更明确了”，青年人热切地扑向这类新思想，“于是，学派本身渐渐取得的进步就提供了动力，推动他们去认真探讨一切既同科学也同实践有关的迫切问题”。恩格斯指出，“黑格尔本人设置了界限，它们像堤坝一样拦蓄从他学说中得出的强有力的、有如急流般的结论”，他的政治观点明显地带有复辟王朝时期的烙印，使他无法理解七月革命的世界历史必然性。但是，他的原则总是带有独立和自由思考的印记，而结论却往往是谨小慎微的。“这时，他的一部分学生站出来了。他们是忠于原则的，如果结论找不到立论的根据，他们就把结论推翻。于是形成了左派。”来自右派阵营的批评不仅不能伤害左派，反而帮了它的大忙，激起了它的勇气：追随真理直至真理的最极端的结论，并公开而明确地把真理讲出来。左派不再掩饰自己，也不再把基督教看作自己的界限。“基督教的全部基本原则以至迄今为止凡是被称为宗教的东西，都在理性的无情批判下崩溃了；绝对观念要求成为新纪元的缔造者。”[①]

---

① 恩格斯：《谢林和启示》，《马克思恩格斯全集》，第41卷，第211-213页。

恩格斯的这些话十分重要，作为青年黑格尔运动的见证人，他向我们具体地说明了这一运动开始怎样脱胎于黑格尔学说、而后来又怎样超越黑格尔的界限的发展过程。可是，按黑格尔辩证法的理解，超越某物的界限也就是意味着对它的否定，所以黑格尔左派的思想发展达到一定程度后会不可避免地走向对黑格尔学说的否定，这甚至可以说是不依他们的主观意愿为转移的。

从理论观点来说，黑格尔左派并不是一个严密的学派，他们没有共同的哲学纲领，相互之间不仅存在着各种意见分歧，而且不断地发生争吵。从费尔巴哈、施特劳斯到鲍威尔和施蒂纳，他们之间在哲学观点上的差异之大，有时实不亚于他们同黑格尔右派的分歧。从政治观点来说，他们的立场和看法也并不统一，更不用说有什么一致的政治主张或纲领了。美国学者布拉席尔认为，卢格和埃赫特梅耶主编的《哈雷年鉴》是作为“青年黑格尔党”的机关刊物而创办的，其目的在于宣示青年黑格尔派反基督教的人道主义的“启示录”。这一看法是没有充分根据的。《哈雷年鉴》和卢格本人确实在青年黑格尔运动中起过重要的作用，不过所谓“青年黑格尔党”事实上是不存在的，而且卢格本人也不赞成党派观念，并不打算把《哈雷年鉴》办成一个党派的机关刊物。[①]但是，布拉席尔有一点还是说得有道理的，那就是指出：“启示录式的语调，这种历史革命的意识，乃是青年黑格尔派形而上学的本质要素”[②]。确实如此，如果说黑格尔派在思想上有什么共

① 见卢格于1837年12月16日给罗森克朗茨的信。托斯：《黑格尔主义》，第233-234页。

② 布拉席尔：《青年黑格尔派》，英文版，1970年，第56页。

同点的话，那么这就在于他们都怀有一种力图改造现实世界的崇高的使命感。在某种程度上，他们都是理想主义者，都想凭借在思想上对现存事物的批判去创造一个理想的新世界，但由于他们对现实社会的内在结构和社会关系的机制缺乏研究和理解，对未来社会的性质以及达到未来社会的途径和方法都没有明确的认识和说明，因此他们的言论不能不是启示录式的。这种启示录式的语调既是黑格尔左派的长处，又是他们的致命弱点。一方面，它使他们的著作具有很大的宣传鼓动力量，强烈地吸引了年轻的一代。老年黑格尔派分子兴利希曾指出，“右翼的叙述方式主要是箴言式的，左翼的叙述方式则是小册子式的。”[①] 左派的著作中虽然不乏大部头，但它们所起的作用却类似鼓动性的小册子，在文风上也一扫过去黑格尔主义抽象晦涩的毛病，使人耳目一新。另一方面，这种启示录式的著作却并不能真正给人以新的启示，它们往往过于空泛，缺乏坚实的内容。它们使人们寄予很高的期望，但到头来却经常令人失望。所以黑格尔左派虽然能够风靡一时，却缺乏持久发展的能力，在哲学史上只是昙花一现，很快就偃旗息鼓退下阵来，黑格尔主义也随之而失去了在德国思想界的统治地位。

黑格尔左派思想本身有一个发展的过程。他们的出发点无疑是黑格尔主义的，但他们不拘泥于老师的教导，不受清规戒律的约束，按自己的方向大胆地进行探索，他们往往把黑格尔的某些原则尽情地加以发挥，从而得出连黑格尔本人也不会预料到的

---

① 《科学评论年刊》(1842年3月)，第414页。

极端的结论。这种探索精神和理论勇气，正是黑格尔左派比右派远为高明的地方。当然，在今天看来，他们的结论大多是不正确的，但即使如此还是起了一定的积极作用，因为它们更清楚地进一步暴露了黑格尔唯心主义哲学的根本缺陷和错误。

施特劳斯是一个很好的例子。他的《耶稣传》被许多人看作是反黑格尔宗教哲学的著作，但他自己总是坚持认为，该书的前提和所提出的问题都源自黑格尔。[①]他在《耶稣传》前言中也说得很明白，正是他所受的黑格尔主义的哲学训练，使他“从宗教的和教条主义的偏见下获得情感和思想方面的内心解放”[②]。事实上，施特劳斯立论的基础是把宗教当作一种认识活动或一种知识，这不仅是贯串于《耶稣传》全书的基本思想，而且早在他写作该书之前于1831年的学位论文中就已经形成了。他在《耶稣传》修订本中指出，宗教是“对真理的认知，但这种认知不是像哲学的认知那样采取一种理念的形式，而是带有想象的性质”[③]。很明显，这一看法来自黑格尔，黑格尔正是把艺术、宗教和哲学作为绝对精神的自我认识过程的三个不同阶段来看待的。但是，施特劳斯通过对《新约》的深入而详尽的研究和考证，证明那些有关耶稣的生平和活动的宗教故事只不过是犹太民族集体无意识地创造出来的神话。这样，他就把基督教的宗教意识和神话看作同义语，把二者都归入人类在原始的文化阶段上所产生的低级的大众化的形而上学的范畴。诚然，在宗教神话中包含着深刻的形而

① 施特劳斯：《半数与整数：一部论战著作》，柏林，1865年，第42页。
② 施特劳斯：《耶稣传》，第1卷，图宾根，1835年，第Ⅵ页。
③ 施特劳斯：《耶稣传》，第1卷，1837年，第87-88页。

上学观念，但创造这些神话的群体却并不理解这些观念，于是这些观念被人格化了，转化为圣经故事，并成为存在于人的意识之外的客观现实。施特劳斯用这种神话观点去重新解释《新约》，批驳了要求人们盲目相信福音书中记载的一切超自然的“奇迹”的正统派神学家，也反对了力图对圣经故事加以合理化解释的那些理性主义者。他指出，作为历史人物的耶稣和基督教所信仰的耶稣根本不同，基督教所宣扬的真理只存在于人们的观念中，而不是存在于历史事实中。在当时，施特劳斯的这种离经叛道的理论引起了人们强烈的反响，沉重地打击了长期以来占统治地位的基督教传统观念。他在该书的总结中说，他所进行的研究的结果“消灭了基督徒关于耶稣所相信的一切……十八个世纪以来人类一直赖以取得滋养的无限珍贵的真理和生活的财富，看来已被无可挽救地荡尽了，最崇高的东西被降为尘埃，上帝被剥夺了他的恩典，人被剥夺了他的尊严，天地之间的联结破裂了”①。这样的结局当然远远超出了黑格尔所设置的界限，甚至可以说走向了黑格尔主义的反面。施特劳斯虽然没有公开得出无神论的结论，但实际上却摧毁了基督教信仰的理论基础。第一，在他看来，基督教的许多宗教故事和观念并不是上帝的启示，而是人们的社会集体意识自己的创造物，是无意中创作出来的神话。这就从根本上否定了基督教的绝对价值，否定了宗教观念本身所固有的形而上学的超验的性质。第二，他认为宗教意识只属于人类认识过程中的神话阶段，而同近代批判的、“科学的”意识形成尖锐的对比。②

---

① 施特劳斯：《耶稣传》，第2卷，第686页。

② 施特劳斯：《耶稣传》，第1卷，1837年，第86-87页。

这意味着宗教作为知识的一种形式在历史上已经过去了，因此黑格尔主张的宗教和哲学的同一和协调也就不能成立。且不说其他，仅仅以上这两点就足以使施特劳斯和黑格尔主义发生决裂。所以由施特劳斯开始的对基督教的批判，最后导致了黑格尔体系的崩溃，也就不奇怪了。

黑格尔左派的另一个著名代表布鲁诺•鲍威尔也差不多经历了同样的思想发展历程。当《耶稣传》出版的时候，鲍威尔还持有黑格尔正统派的观点，并且在马尔海奈凯等人的支持下，发表了批评施特劳斯的文章。他起初是赞同黑格尔关于正统的基督教信仰和近代哲学意识相协调的观点的。但到30年代末，他转入左派的阵营，并成为最极端的宗教批判者之一。鲍威尔仍然以黑格尔的精神作为出发点，但他强调的是其中的自我意识这一环节。他批评施特劳斯的神话说带有神秘主义的因素，在他看来，创造福音史的不是基督教团体的神秘的无意识的创作活动，而是抱着一定宗教目的的个别人物的完全有意识的创作活动。施特劳斯还多少承认某些事情是耶稣生平的真实历史见证，并认为某些传说是所谓神话故事的萌芽。鲍威尔却走得更远，他竭力证明福音书中没有丝毫可靠性，那些福音故事纯粹是作者的自由创造的产物①，甚至完全否定耶稣的历史存在。鲍威尔把自我意识作为全部神圣历史的全能创造者，用这种观点去解释福音书，并且认为只有这样才真正把握了黑格尔哲学的真谛。他说，虽然黑格

① 鲍威尔：《从信仰的观点来判断的黑格尔的宗教与艺术学说》，莱比锡，1842年，第61页。

尔哲学被许多人理解为“正统思想的一面镜子”，但实际上它却是一种“无神论的体系”。[①] 过去人们之所以发生误解，是因为他们只看到黑格尔公开宣扬的一套，而不理解他“秘传”的精神实质，不能打破黑格尔所使用的隐喻式的、神学的、形而上学的术语（如上帝、绝对精神之类）的外壳而理解其内在意义。鲍威尔指出，那些作为绝对的“实体”而出现的、似乎是超越人的自我意识的上帝、绝对精神，其实只是从自我意识本身中异化出来的普遍性。人的自我意识屈从于绝对的“实体”，不过是自我意识发展过程中的一个有限的阶段，即“宗教关系”阶段上的暂时现象，而现在基督教已成为自我意识进一步发展的障碍，因此必须进行批判，摆脱基督教的束缚，以达到真正的自我意识。鲍威尔写道：“运动的最后结果不是实体，而是自我意识，自我意识实际上把自身设定为无限的东西，并把实体的普遍性作为自己的本质来占有。”[②] 照他的看法，作为自我意识的活动的“自我”（das Ich）才是“真正的实体”，而作为上帝和人之间的关系的宗教关系实际上只是“自我意识对自身的内在的关系”[③]。他用这样的观点去解释黑格尔的历史观，认为“自我意识是世界上和历史上的唯一力量，历史除了自我意识的形成和发展外没有任何别的意义”。[④] 而自我意识归根到底则被他理解为自我，所以他的结论是：“对于哲学来说，上帝已经死了，只有作为自我意识的自我还存在……只有自我还

---

① 鲍威尔：《对无神论者和反基督者黑格尔的最后审判》，莱比锡，1841年，第163页。

② 同上，第64-65页。

③ 同上，第48页。

④ 同上，第70页。

活着、创造着、工作着，这就是一切。”[1] 人们一般把“上帝死了”这句名言归功于尼采，其实早在尼采之前，鲍威尔就说出了同样的话，而他是遵循黑格尔的思想路线加以彻底发挥而达到这个结论的。但这个结论明显地和黑格尔的整个体系相矛盾，所以说黑格尔体系的破产首先是它本身的内在逻辑发展的结果。

施特劳斯和鲍威尔的争论有力地促进了黑格尔左派的思想发展。按照鲍威尔的意见，这场争论是关于实体和自我意识的争论，施特劳斯是站在实体的观点上，而鲍威尔自己则是自我意识的代表。普列汉诺夫指出，他们二人之间的意见分歧，是在黑格尔的思辨的基础上的意见分歧。他们每个人都片面地强调和发展了黑格尔学说的一个方面，因而他们同样地与自己的老师发生分歧。[2] 所以，这场争论的结果也加速了黑格尔学派的解体，因为由这场争论所暴露出来的黑格尔哲学的内在矛盾在黑格尔主义的范围内是无法解决的。

这种情况促使黑格尔左派的某些代表人物试图到黑格尔体系之外去寻找出路，其中最卓越的就是费尔巴哈。费尔巴哈已经不再满足于利用黑格尔的某些原则去批判宗教，而把批判的矛头同时指向黑格尔的唯心主义，指出“黑格尔哲学是神学最后的避难所和最后的理性支柱”[3]。费尔巴哈经过艰苦的哲学探索，终于从黑格尔左派中分裂出来，彻底地同黑格尔哲学决裂而成为一

---

① 鲍威尔：《对无神论者和反基督者黑格尔的最后审判》，莱比锡，1841年，第77页。

② 参见普列汉诺夫：《从唯心主义到唯物主义》，《普列汉诺夫哲学著作选集》，第3卷，三联书店，第754-756页。

③ 费尔巴哈：《关于哲学改造的临时纲要》。

个坚定的唯物主义者。这段历史是大家比较熟悉的,在这里不必赘述。朝着与费尔巴哈相反的方向走的则是施蒂纳,他在1844年出版了《唯一者及其所有物》一书,同费尔巴哈展开论战。[1]实际上,施蒂纳是进一步把鲍威尔的观点推向极端,把一切都归结为"我"这个"唯一者",从而达到了彻头彻尾个人主义和虚无主义的结论。有些研究者认为他是最后一个黑格尔主义者[2],到他那里青年黑格尔运动最后陷入了死胡同。正如斯泰配莱维奇所说,"施蒂纳除了赤裸裸的自我确认的极端以外,没有留下任何东西。在施蒂纳那里,黑格尔主义作为一个体系已经达到了辩证的极限,并转化为自己的对立面。"[3]诚然,在施蒂纳之后,黑格尔左派还出了一个卡尔·施密特,他在1846年写了一本书,对整个青年黑格尔派的历史作了一番回顾,该学派的一切人物,连施蒂纳也包括在内,都受到了他的批评。他认为他们都是理想主义者,都未能彻底摆脱一种非批判的教条主义的影响。但那时青年黑格尔主义运动确实已经成了强弩之末,施密特自己除了得出"我只是我自己"那样同语反复的结论外,再也说不出什么新东西了。[4]

黑格尔学派的解体主要不是由于外部敌人(如谢林、特列登仑堡等人)的攻击,而是由于左派内部的进一步分化。费尔巴哈

---

① 参见戈登:"费尔巴哈与施蒂纳之间的论战",载《哲学论坛》季刊,第8卷,第2-4期。

② 阿尔冯:《论存在主义的来源:麦克斯·施蒂纳》,巴黎,1954年,第177页;麦克莱伦:《青年黑格尔派与马克思》,第124页。

③ 斯泰配莱维奇:《最早的一批黑格尔主义者》。

④ 施密特:《理解和个人》,莱比锡,1846年,第308页。

从唯物主义立场出发的批判和施蒂纳从主观唯心主义观点进行的批判，根本动摇了黑格尔哲学的基础。从理论上来说，黑格尔主义的发展到18世纪40年代末已经宣告终结。至于以后所谓“黑格尔的复兴”和新黑格尔主义，则完全是在另一种新的社会历史背景下兴起的新思潮了。

以上我们只是从理论上考察了使黑格尔学派解体的原因。但这是不够全面的，还应该指出另一个重要原因，那就是当时德国政治事态的发展和黑格尔左派的兴趣由哲学和宗教问题开始转向政治批判。在这方面，卢格扮演了一个重要的角色。卢格在哲学思维能力上并不突出，他的主要作用在于使青年黑格尔运动具有更加坚决的政治性质。他后来在《回忆录》中说，老年黑格尔派站在政治和宗教的反动势力的一边，而青年黑格尔派则保卫自由发展的原则，“施特劳斯在宗教领域内以他的《耶稣传》开始了这种自由化，正如我在政治领域内以批判黑格尔法哲学开始这种自由化一样”①。作为政治上的激进的自由主义者，卢格直接把批判的锋芒指向普鲁士国家。他认为，普鲁士本来应该像黑格尔所说的那样成为一个理性的国家，捍卫自由的原则并以此作为自己的基础，现在普鲁士却背叛了自己的历史使命，因此有必要对它进行彻底的批判。他在1841年的《德意志年鉴》第一期前言中，公开号召黑格尔主义者参加政治斗争，在反对神学和哲学方面的奴役以后还要反对政治奴役。这在当时引起了很大的反响。当黑格尔左派主要从事宗教批判的时候，统治当局虽然对此不满，

---

① 卢格：《回忆录》，第4卷，柏林，1867年，第496-497页。

但还能勉强容忍，可是当他们转向政治批判并变成普鲁士国家的反对派时，就同当局发生了直接的冲突，而这种矛盾由于普鲁士政府推行日益反动的政策而变得越来越尖锐了。那时统治阶级的政策也发生了变化，弗里德里希•威廉四世即位后，公开对自由主义的一切表现进行镇压。他在当王太子的时候就十分警惕青年黑格尔派的活动，曾在《政治周刊》上亲笔批道："我们不得不期待一次革命，一次由青年黑格尔派带头的普鲁士革命"。因此他上台执政后，青年黑格尔派就成为他的高压政策的第一批牺牲者。他们被逐出大学讲坛，他们的出版物受到书报检查令的严格的限制直至被查禁。在统治阶级的迫害下，曾经盛极一时的青年黑格尔运动充分暴露了它的全部虚弱性，显得束手无策，一筹莫展，很快就退出了历史舞台。这又一次证明：批判的武器代替不了武器的批判。

马克思和恩格斯在《德意志意识形态》一书中对青年黑格尔派思想进行了彻底的清算，他们深刻地指出，青年黑格尔派认为宗教、观念、普遍的东西统治着现存世界，是人们的真正枷锁，所以只要同意识的这些幻想进行斗争就行了。他们企图通过思想"批判"去改变人们的意识，归根到底只是要求用另一种方式来解释和承认现存的东西。因此，"尽管青年黑格尔派思想家们满口讲的都是'震撼世界'的词句，而实际上他们是最大的保守分子"。他们在哲学方面的建树也是很可怜的，"这种哲学批判所能达到的唯一结果，就是从宗教史上对基督教作一些说明，但就连这些说明也是片面的。至于他们的全部其他论断，只不过是进一步来粉饰他们的一种奢望，以为他们用这样一些微不足道的说明作出了仿佛具有世界历史意义的发现”[①]。这确实是对青年黑格尔运动所作的一个精辟的总结。

当然，这绝不是意味着青年黑格尔运动在历史上毫无作用。但它的真正的积极成果体现在马克思主义之中。马克思和恩格斯在青年时期都曾一度参加黑格尔左派的活动，受到他们的影响，然而马克思主义的产生并不是黑格尔左派思想发展的继续，而是马克思主义创始人与黑格尔左派彻底决裂的结果。青年黑格尔运动只是起了为马克思主义的建立作准备的作用，马克思和恩格斯说：“从施特劳斯开始的黑格尔体系的解体过程变成了一种席卷一切‘过去的力量’的世界性骚动……在瞬息间一些原则为另一些原则所代替，一些思想勇士为另一些思想勇士所歼灭。在1842年至1845年这三年中间，在德国所进行的清洗比过去三个世纪都要彻底得多。”[②] 青年黑格尔派所进行的这场彻底的思想清洗，一方面证明了黑格尔唯心主义的破产，另一方面则为马克思主义的诞生扫清了道路，人类思想发展史上新的一页从此开始了。

（原载《康德黑格尔研究》第二辑，
上海人民出版社1986年）

① 《马克思恩格斯全集》，第3卷，第22-23页。

② 同上，第19页。

施蒂纳的生平和著作

19世纪30至40年代，当时在德国思想界居于统治地位的黑格尔学派发生了分裂和解体。这个学派的右翼、即所谓老年黑格尔派，继承和发展了黑格尔哲学体系中保守的方面，倾向于对普鲁士容克地主封建制度及其思想支柱——宗教采取妥协的态度。与此相对立，青年黑格尔派则组成黑格尔学派的左翼，他们站在资产阶级激进主义的立场上，主张在德国实行资产阶级改革，对封建专制国家和基督教进行了尖锐的批判。另一些黑格尔主义者在两派斗争中采取中间立场，则组成所谓黑格尔中派。被恩格斯称为“现代无政府主义的先知”的麦克斯·施蒂纳，属于当时的左翼，是继施特劳斯和鲍威尔兄弟之后出现于当时德国文坛的青年黑格尔派的重要人物。

一、施蒂纳的生平

“麦克斯·施蒂纳”的原名是约翰·卡斯巴尔·施米特，由于他的前额特宽，在学童时期就获得了“施蒂纳”[①] 的绰号，后来被他用作笔名而为人所周知。我们现在所了解的关于施蒂纳的生

① 施蒂纳源自德语 Stirn（额）。

平的材料，基本上来自马凯的《麦克斯·施蒂纳的生平和著作》一书。[①] 马凯虽然和施蒂纳并无直接的交往，但他在研究施蒂纳的工作中化费了将近三十年的功夫，并且曾广泛地向施蒂纳的一些故交征集第一手材料，所以他所写的这部传记性著作中叙述的情况一般说来是比较可靠的。

施蒂纳在1806年10月25日生于德国拜罗特。他的父亲阿尔勃特·施米特是一个制笛的工匠，在施蒂纳诞生后仅六个月即猝然去世。不久，他的母亲又重新结婚。继父海因里希·巴勒施泰特经营一家药房，并携带施蒂纳迁往东普鲁士的库尔姆，他的童年就是在那里度过的。直到他十二岁的时候，他的父母才把他送回拜罗特受教育，由他的姑母照管。他进了当地有名的古典中学，在七年的学习期间成绩优良，一般在班上都处于前六名。中学毕业考试时，他排名第三，并获得了第一等毕业证书。

1826年秋，施蒂纳进柏林大学哲学系学习，在两年内他学习十分勤奋，每周听课达22小时。他的兴趣广泛，逻辑学、神学、希腊文学、地理学等等均有所涉猎。在哲学专业方面，他听过施莱尔马赫的伦理学课程，特别是受过当时名声达到最高点的黑格尔的直接教诲，听过黑格尔讲哲学史、宗教哲学和精神哲学，受到了深刻的影响。按当时的习惯，施蒂纳在柏林大学学习两年后又转往其他大学继续求学。1828年，他前往爱尔朗根大学学习神学、逻辑学和形而上学的课程，接着又去哥尼斯堡大学，但在那里却没有听课。他名义上虽然是哥尼斯堡大学的学生，实际上却

① 马凯：《麦克斯·施蒂纳的生平和著作》，柏林，1898年。

中断了学习。由于他的母亲精神开始失常，他不得不为家务事分心。直到1832年，他才回到柏林，决心完成他的学业并取得教师资格。但是，等待着他的却是挫折和失败。首先，他因病未能认真准备某几门必需考试的课程，接着他母亲精神完全错乱，到柏林住院治疗。虽然他于1834年3月就正式结束学习，但一直拖到同年11月他才交出参加考试所要求的一篇译作和一篇论文。他的论文题为“论校规”（Über Schulgesetze），它是现存最早的施蒂纳哲学作品，[①]是用非常抽象的黑格尔主义观点写成的。看来他的论文没有得到好评，在1835年4月的口试中也成绩不佳。主考人的评语指出，他除了《圣经》以外缺乏精确的知识，虽然具有“思辨的能力”，却没有足够的哲学史知识，严密的逻辑思想反而使他的思想受到窒息。因此，他只获得准许他在中学里授课的资格，但他向皇家布兰登堡学校委员会提出要求任命的申请却遭到了拒绝。在这种情况下，他只得在柏林的一个实科初级中学里担任无酬的拉丁文教员。

1837年，施蒂纳的继父去世，留给他微薄的遗产。同年12月，他和女房东的女儿布茨结婚。布茨没有受过多少教育，是个十分平庸的年轻妇女。但施蒂纳的第一次婚姻时间很短促，因为第二年他的二十二岁的妻子就死于分娩。她似乎对他没有留下任何影响。

1839年，施蒂纳已经三十三岁，那时他才第一次得到正式任命，在柏林的一个私立女子中学担任教职，讲授历史和文学。从

① 这篇论文直到1921年才初次发表于恩格特编：《关于施蒂纳研究的新论著》，德累斯顿。

1839年到1844年，他在女子中学教书的这五年是他一生中比较平稳和有成就的时期。他的工资不算高，但有固定收入，生活有保障，每天下午和晚上都有充分的时间由他自由支配。他为人谦虚而有礼貌，颇受同事和朋友们的尊敬。根据马凯的描述，施蒂纳的身材中等偏矮，长得文弱匀称，很注意衣着，但又很朴实。金色的头发和温和的蓝眼睛，加上一副钢边眼镜，薄薄的嘴唇经常带有讽刺式的微笑，使他很富有教师的派头和风度。从他的相貌和举止来看，人们一般会认为他将一辈子当个普通的教师，决想不到在这个文弱书生的头脑里竟蕴藏着如此偏激的思想。当然，施蒂纳的思想并不单纯是他个人的创造，而同时也是他积极地参加青年黑格尔派活动的结果。

19世纪40年代初，一些对现状不满的德国年轻知识分子经常在柏林的咖啡馆、酒吧间和俱乐部里集会，批评政府，谴责不合理的社会。他们中间最活跃的一个小集团自称为“自由人”（die Freien），聚会的地点在弗里德里希大街上的希配尔酒馆。这个集团的成员大多是二、三十岁的青年新闻记者、编辑、大学生、教员和军官，其中有“文学报”编辑梅因、“莱比锡总汇报”编辑朱利斯、诗人哥特夏尔和乔尔登等。青年马克思在求学时期、恩格斯在柏林服军役期间都曾先后参加过该集团的讨论会。当时初露头角的青年黑格尔派著名人物布鲁诺•鲍威尔，则是该集团公认的思想领袖。大约从1841年末开始，施蒂纳常常参加“自由人”的集会。不过他很少直接参与热烈的辩论，总是喜欢抽着雪茄烟坐在一旁静听，偶尔向他邻近的人发表几句讽刺性的评论。当时马克思已经离开柏林，所以施蒂纳和马克思并没有直接的交往，但他和青年恩格斯则常在集会上见面。后来恩格斯在晚年回忆说，“我同施蒂纳很熟，我们是好朋友，他是一个善良的人，远非像他在自己的《唯一者》一书中对自己所描写的那样坏，不过多少带点学究气。”[①] 恩格斯在《信仰的胜利》一诗中谈到施蒂纳说：

> 施蒂纳来了，一个打破清规戒律的凶恶敌人。
> 今天他喝啤酒，明天就会大叫：拿血来饮！
> 只要有谁高喊自己的口号：打倒国王，
> 他立刻就会补上：也打倒法律。[②]

从恩格斯的描述来看，施蒂纳在所谓“自由人”中间也是思想相当激进的份子，至多是外表比较温和而已。正是在希配尔酒馆的集会上，施蒂纳结识了玛丽·丹哈尔特。她是个大胆泼辣的新女性，虽然才能平平，在政治性和哲学性的学术辩论中并没有突出表现，可是在玩弹子、喝啤酒、抽雪茄方面却很在行，并享有一笔不小的遗产。施蒂纳爱上了这位丹哈尔特女士，他们在1843年10月21日举行了婚礼。

关于这次婚礼，当时地方报纸倒有所记载。从这段作为奇闻来报道的记事中很可以看到那些所谓“自由人”的不拘俗礼、狂放不羁的性格。婚礼就在施蒂纳的宿舍里举行，当婚礼主持人、以自由派观点闻名的牧师马洛特到达时，发现新娘不在，而新郎则正在和卷起衬衣袖子的两位证婚人布鲁诺·鲍威尔和路德维

① 《马克思恩格斯全集》，第37卷，第286页。
② 《马克思恩格斯全集》，第41卷，第363页。

希·布尔玩牌。后来新娘总算来到了，却穿着家常的便服。马洛特不得不要求证婚人穿上外套，临时要找一本《圣经》却怎么也找不到。当他要求新郎新娘交换誓约戴上结婚戒指时，却发现根本没有人想到要事先准备好戒指，只得当场从鲍威尔的钱袋上拆下两个铜环来代用。婚礼草草结束后，马洛特牧师被邀请留下吃饭，但他却溜走了。

在施蒂纳的一生中，他的第二次婚姻也许算是给生活稍为增添了一点光彩的愉快插曲，正是在这次婚姻前后的几年内，他的理论活动取得了较多的成果，并且富有独创性。从1842年起，施蒂纳为一些报刊杂志写了不少文章。他的第一篇重要的哲学论文“论我国教育的虚假原则，或人道主义和唯实主义”，于1842年4月发表于《莱茵报》，同年6月又发表了他的另一篇重要文章“论艺术和宗教”。此外，他还写了评论鲍威尔著作和欧仁·苏的小说《巴黎的秘密》的文章，以及好几十篇短文。马克思在负责编辑《莱茵报》后，也曾在该报发表了施蒂纳的两篇较好的文章。在那些文章里，施蒂纳基本上是站在黑格尔派左翼的立场上对现存的社会制度和观念采取批判态度的。他的早期著作明显地带有费尔巴哈和卢格的思想影响的烙印，但我们从中也已经可以觉察到他与青年黑格尔派的思想主流不一致的某些倾向。1844年11月，施蒂纳的主要代表作《唯一者及其所有物》由出版商维干德出版（当时青年黑格尔派的不少著作都是由维干德出版的），这部著作标志着他已经在思想上独树一帜，与当时青年黑格尔派的头目布鲁诺·鲍威尔等人相抗衡了。实际上，这也是他唯一具有真正独创性的重要著作。施蒂纳写明把这部著作献给他的妻子丹哈尔特，可是这位新女性却完全欣赏不了它，以致后来有人引用一句西班牙的谚语说这是“上帝把杏仁核给了那些没有牙齿的人”。

《唯一者及其所有物》一书初版印了一千部，为了逃避书报检查，维干德在书印出后迅速把它们分发出去，但还是有250部遭到扣押。可是过了几天以后，萨克森的内务部长却又撤消了禁令，理由是这一著作内容“过于荒谬”，因此没有危险性。如果说这位部长大人的哲学水平使他不能理解施蒂纳的著作的真实含义，因而认为可以对它置之不理，那么施蒂纳的那些青年黑格尔派的朋友们却不是这么看。他们虽然事先知道施蒂纳正在埋头于创建自己的哲学，但他从未向他们吐露过自己真实的思想，所以当《唯一者及其所有物》问世时，就立刻掀起了一场风波。这部著作一下子成为当时思想界和理论界人们注意的中心，在许多报刊上发表了对这部著作的评论。但情况显然对施蒂纳十分不利，因为他的著作不仅没有博得人们广泛的同情和赞赏（除了卢格以外），却反而树立了一大批论敌。无论是社会主义者，或者是自由主义者和人道主义者，都对他提出了尖锐的批评。甚至在他经常参加活动的“自由人”集团内部，大家也对他表示愤慨和不信任，除了布鲁诺·鲍威尔之外几乎都和他断绝了友好往来。接着就展开了一场激烈的论战，施里加、赫斯、费尔巴哈、库诺·费舍等人纷纷写文章对施蒂纳进行反击和批判，施蒂纳不甘示弱，也作了答辩。当然，对施蒂纳哲学作了真正毁灭性批判的是马克思和恩格斯的《德意志意识形态》，但马克思主义创始人的这部伟大著作在当时并未发表，施蒂纳本人大概也不知道，因此在他的著作里看不到对此的反应。

施蒂纳似乎错误地估计了自己的这部“杰作”的价值，他以为它将会替他赢得莫大的声誉，奠定他在理论界的地位，因此在该书出版前不久，他就辞去了女子中学里的教职。可是他的名声只是昙花一现，人们很快就对《唯一者及其所有物》失去了兴趣。他也始终未能在理论界站住脚，而不得不转入萨伊和亚当•斯密的经济学著作的翻译工作。他在生活中也遇到了困难，辞去教职后他不再有固定的收入。为了维持生活，这位毫无商业才能的书生居然异想天开决定用他妻子的钱去开办一家牛奶公司，结果由于经营不善，找不到销路，牛奶变酸，公司所在的伯恩布格大街上好几天都充满了酸牛奶的味道。公司不得不宣告倒闭，施蒂纳和妻子的感情也发生破裂。她指责他“过于自私”，既无能又爱虚荣，最后终于在1846年底离开了他，独自前往伦敦，在1850年正式办了离婚手续。五十年后，马凯在伦敦想去采访这位丹哈尔特女士，她却不愿会见他，不想再谈这段她力图忘记的生活经历，只是写信表示她从来没有爱过和尊敬过施蒂纳。

施蒂纳的晚年过得十分凄凉，他失意潦倒，在1853年和1854年曾因债务两次入狱，共禁闭了八个星期。他的才思也似乎已经枯竭，他的最后一部著作《反动史》（*Die Geschichte der Reaction*）以他的真名出版于1852年，其中没有什么创见，实际上只是柏克、孔德等人的著作的编纂，因此丝毫没有引起人们的注意。1856年5月，施蒂纳的颈部被有毒的飞虫叮咬而发高烧，延续数星期后终因血液受到感染而在6月25日默默地去世。只有少数几个朋友参加了他的简陋的葬礼，其中有过去为他证婚的两个青年黑格尔派朋友布鲁诺•鲍威尔和路德维希•布尔。一、两家报纸在事后简短地报道了《唯一者及其所有物》的作者的死讯，就这样潦潦草草地送他入墓。社会似乎已经完全遗忘了这位生活中的失败者，只是在几十年后，人们才惊异地重新发现，原来施蒂纳的思想并没有和他本人一起死去，而是以新的形式渗透在19世纪后期以来的欧洲某些重要的社会思潮中，起着在他生时所没有起过的作用。这也算得上是对历史的嘲弄吧。

二、施蒂纳的早期思想

施蒂纳的正式的著述活动开始于1842年初，从这时起到《唯一者及其所有物》一书的出版，他的思想经历了一个迅速发展和演变的过程。

施蒂纳最早发表的文章是有关宗教问题的。在当时的德国，思想斗争首先是在宗教领域内进行，施蒂纳对宗教的态度基本上和鲍威尔、费尔巴哈等青年黑格尔派的观点一致。1841年11月，鲍威尔匿名发表了《对黑格尔、无神论者和反基督教者的末日的宣告》一书，他在该书中假装成正统派，揭露黑格尔是真正的宗教的死敌，谴责黑格尔企图在调和哲学理性和基督教信仰的外衣掩护下消灭宗教。该书出版不久，施蒂纳就在汉堡的《德意志电讯报》上发表了一篇书评，他完全同意鲍威尔的看法，认为黑格尔主义的真正实质是无神论，它必然导向不信神，因而黑格尔左派是黑格尔的真正的继承者。紧接着这篇书评，施蒂纳又写了一本小册子，题为：《一个柏林社团的成员对五十七位教士所写的小册子

〈基督徒遵守星期日戒律〉的答复：对我们俗人的友好进言》。在这本小册子里，他主张宣传一种人道的宗教，反对社会奴役、道德贫乏和精神上的怯懦，认为应该教导人们去实施一种合乎理性的伦理，在自身中实现人性，并且自由地、无畏惧地生活。这些观点无疑带有费尔巴哈的色彩，但是在那时他的文章里就已经出现了虚无主义的个人利己主义的苗头，到后来就愈演愈烈，最后在《唯一者及其所有物》中达到了巅峰。

在前面提到过的“论我国教育的虚假原则，或人道主义和唯实主义”一文里，施蒂纳向以上那个方向迈进了一步。他在这篇谈教育的文章里，口头上虽然也承认教育在“使我们的社团、我们的社会生活完善”方面所起的作用，可是它起这种作用不是靠“生产出被创造者”，而是靠“造就出创造者”。[①] 他仍然利用黑格尔的“精神”概念去解释学生的自我，但却着重强调学生的“精神”的自律和自足性，正是这种自律和自足性使“精神”得以摆脱一切外在的异化，使周围的一切事物仅仅变为学生正在发展中的个性的营养品。他大谈特谈个人的“独立自主性格”的形成，照他说来，个人自身就是自己的原则，因为除此以外他们是没有任何固定原则的，所谓“自由人”本身就处于不断的毁灭和新生的过程中，他们的自由就在于不断的自我规定和自我表现。[②] 施蒂纳在这里所说的“自由人”虽然还不是他后来所竭力宣扬的极端的虚无主义者和利己主义者，或所谓“唯一者”，但在“自由人”身上显然已经

① 《施蒂纳的短篇论著和他对于他的著作〈唯一者及其所有物〉的批评的回答》，第2版，马凯编，柏林，1914年，第237-238页。

② 同上，第252-254页。

可以看到“唯一者”的那种反复无常的个人主义的特性。

“论艺术和宗教”是施蒂纳在同时期内写的另一篇重要哲学论文，它充分表现了费尔巴哈对施蒂纳的思想影响。在这篇论文发表前不久，费尔巴哈的《基督教的本质》和鲍威尔的小册子《黑格尔的宗教和艺术学说》刚刚出版。施蒂纳站在费尔巴哈这一边，向宗教发动了进攻。他指出，艺术家把人的最深刻的渴望投射到一个具体的对象、即艺术作品上面，借以宣传人的理想，而宗教则企图用使理想的对象变成一种内在的精神现实的办法去把握这个对象，结果只能使它具有感性内容的形象枯竭。[①] 因此，宗教的真正结果总是异化，信仰宗教的人追求和上帝拥抱，实际上却只是追求和他自己的影子拥抱，因为上帝不是别的，只是尚未发现自身的人性的空虚的反映。[②]

如果说，“论艺术和宗教”一文基本上是用费尔巴哈的观点写的反宗教文章，那么写于1843年春的“关于爱之国家的一些初步意见”(发表于《柏林月刊》)，则说明施蒂纳已经脱离了他原来拥护的费尔巴哈的立场，他感兴趣的领域也不再是单纯的宗教，而是政治、国家。这篇文章的出发点是讨论过去反拿破仑战争时期德国政治家冯•斯泰因提出的关于宪政改革的建议。德国的自由派人士一直为冯•斯泰因的建议未能实行而感到遗憾和不满，认为这是建立现代化的民主国家的一条可行的途径。施蒂纳则指出，冯•斯泰因所建议的那种“平等”和“自由”完全是虚假的，它们只不过是臣民们在国王的直接的中央权威(而不是在分

① 《施蒂纳的短篇论著和他对于他的著作〈唯一者及其所有物〉的批评的回答》，第2版，马凯编，柏林，1914年，第258-260页。

② 同上，第268页。

散的封建统治者们的间接的权威）面前的“平等”，只不过是臣民们出于效忠感而自觉地履行他们的公民义务的那种道德上的“自由”。[①] 在他看来冯·斯泰因的宪政国家实际上只是建立在基督教的爱的普遍义务之上的国家，它的基础是爱的原则，但正因为如此，真正的个人自由就被消灭了。他说：“我们把爱拿来同自决或自由相比较。人在爱中决定自己，使自己具有某种确定的面貌，成为自身的创造者，然而人做这一切不是为了自己，而是为了别人……相反地，自由的人既不通过别人，也不为了别人而决定自己，他只是从自己出发来决定自己，他理解自己并且在这种自我理解中找到对自决的推动力：只有理解了自己，他才能合理而又自由地行动。”他认为，爱的原则和自由的原则是正好对立的，“爱的原则是，每一个人，不管他做什么，总是为别人而做；自由的原则是，他总是为自己而做；前者使我去关心别人，后者却使我关心自己”。当然，爱可能比被动地服从本能的欲望的那种自私更高尚些，但是以爱为行动准则的人是为了上帝、为了兄弟们而行动，根本没有自己的意志，有理性的人则除去自己的意志之外不愿意执行任何人的意志，而只有意志才使人有理由把自己称为自由的人。[②]

从这里可以看得很清楚，施蒂纳对“爱之国家”的批判不仅是针对主张宪政改革的德国自由派，而且也是针对把人类之爱当作社会生活的最高原则的费尔巴哈。施蒂纳揭穿了当时颇为流

---

① 《施蒂纳的短篇论著和他对于他的著作〈唯一者及其所有物〉的批评的回答》，第2版，马凯编，柏林，1914年，第270-272页。

② 同上，第275-276页。

行的那种关于爱的空谈的虚假性，这不能说他不对。但是，他的根本立足点却是错误的。他从主张意志绝对自由的唯心主义观点出发，把鼓吹“为自己”的资产阶级利己主义奉为最高准则，以此来反对宣扬“为别人”的资产阶级博爱主义。他这样地用“自由的原则”去反对“爱的原则”，实际上只是暴露了他自己所遵循的是毫无掩饰的赤裸裸的个人主义。另一方面，施蒂纳批判了自由派所向往的那种君主立宪制下的“平等”和“自由”，这也应该承认是有积极意义的，不过他却由此而得出了否定一切国家的错误结论。在他看来，国家本身是政治异化的形式，一切国家形式都必然会导致对人的自由的压抑，甚至在革命的国家里，公民也由于必须服从国家而失去自由。施蒂纳的无政府主义思想在这篇文章里已经开始形成了。

施蒂纳在《唯一者及其所有物》出版前发表的最后一篇重要文章，是关于欧仁·苏的小说《巴黎的秘密》的书评。《巴黎的秘密》的文学价值虽然不高，但它对罪恶的黑社会的大胆暴露和它所表现的感伤的社会主义思想，却正好迎合当时相当一部分读者的口味，从而在法国以及在德国都获得了巨大的成功。不少德国评论家对这部小说是肯定的，其中包括青年黑格尔派分子施里加。施里加为这部小说写了长篇评论，吹捧说它揭露了“人类社会的秘密”、“我们时代的秘密”。为此，马克思和恩格斯在《神圣家族》一书中对他作了彻底的批判。与施里加不同，施蒂纳基本上倒是对《巴黎的秘密》采取否定态度的。他批评欧仁·苏企图用基督教的爱去解决社会问题，但用这种办法不仅不能消灭产生社会罪恶的根源、即贫困，反而使人受到新的精神奴役。他指出，小说中的玛丽脱离了社会底层的苦海之后本来已经有所醒悟，会以烈火般的愤怒清除掉冷酷无情的社会的罪恶的重压，而摆脱自己的屈辱地位。可是，作者却让这个可怜的少女皈依了基督教，于是“玛丽在脱出了‘猫头鹰’的魔掌之后又落到教士的控制之下，教士用虔信上帝的教义来摧残她的柔弱的心灵，说她从今以后必须过一种不断忏悔的生活，才可望得到上帝的宽恕”，这样，“当玛丽一旦进入道德世界并且开始遵从它的规范，她就必然变成一个受压抑的奴隶”。施蒂纳不仅谴责了基督教对被损害和被侮辱的人的精神毒害，而且嘲笑了欧仁·苏笔下的“救世主”鲁道夫的社会改革计划，认为这种博爱主义的社会改良完全是不切实际的幻想。应该承认，施蒂纳的这些看法确实要比施里加之流高出一筹。

但是，施蒂纳在评论《巴黎的秘密》时也暴露出他自己的错误思想。按照他的看法，这部小说里的人物可分为两类，一类是盲目地受动物本能驱使的平庸之辈，另一类是狂热地信仰某种原则、从事于某种事业（不论是为善或是作恶）的人。这两类人都同样可鄙。施蒂纳说，欧仁·苏的思想过于狭隘，所以他不可能想象在这两类人之外还会有这样的一种人，可以“超越于善恶之上，超越于道德和罪恶之上”。[①] 这种“超越于善恶之上的人”，也就是施蒂纳心目中真正自由的人。他应该具有“钢铁般的性格”，像“一个独立自主的人”那样地生活，完全把本能和信仰置之度外，用自己的创造力量去建造自身。对于这样的人来说，善恶之

---

① 《施蒂纳的短篇论著和他对于他的著作〈唯一者及其所有物〉的批评的回答》，第2版，马凯编，柏林，1914年，第288页。

间的全部人为的区别只不过是毫无价值的固执观念罢了，因为他根本就不承认有任何固定的道德原则。这样，施蒂纳就走向了虚无主义和非道德论，他攻击道德说："真正的道德和真正的虔诚敬神是永远不可能完全分开的，因为甚至无神论的道德家实际上也是把善、真理和德行作为他们的上帝来崇拜。"[①]这些话清楚地表明，他已经同费尔巴哈最后决裂，从他原先的自由派人道主义观点向极端的虚无主义演变。在他的思想发展中，这一演变过程大约历时一年半，其结果就是使他闻名于世的《唯一者及其所有物》。在某种意义上可以说，他以前所写的文章都是为这部著作做准备。

三、《唯一者及其所有物》

（一）一部个人主义的宣言书

《唯一者及其所有物》是施蒂纳系统地发挥他自己的哲学和社会思想的主要著作，因此研究施蒂纳的学说一般都以这部著作为依据。正是在这部著作里，他公开地批判了他的青年黑格尔派伙伴们的不彻底性，而树起了自己的虚无主义的个人主义的旗帜。

施蒂纳认为，无论是费尔巴哈也好，或是鲍威尔也好，都没有把无神论真正贯彻到底。他们虽然不承认上帝的存在，却仍然承认某种超验的事物如"人道"、"社会"、或"道德"等等的存在，而这些事物和上帝一样是虚构的，并且和上帝一样对具体的个人

---

① 《施蒂纳的短篇论著和他对于他的著作〈唯一者及其所有物〉的批评的回答》，第2版，马凯编，柏林，1914年，第282页。

实行专制的统治。因此，施蒂纳不仅要求摆脱上帝的统治，而且要求把人从各种虚构的观念和原则下解放出来。我们在《唯一者及其所有物》第一部卷首就可以看到这样的一段题辞："费尔巴哈说，人就是人的最高本质。布鲁诺·鲍威尔说，人刚刚被发现。那么，就让我们更仔细地考察一下这最高的本质和这个新发现吧。"①

在施蒂纳看来，费尔巴哈在批判宗教教条方面是有功绩的，但他并没有彻底摧毁宗教。费尔巴哈虽然正确地指出，宗教把最高本质叫作上帝，并把它看作是一种客观的本质，而实际上它却只不过是人自己的本质，可是他依然把具体的个人和人的本质分离开，基督教所造成的那种二元化并未消除，只是以另一种形式表现出来而已。施蒂纳说，"最高本质确实就是人的本质，但正因为它是他的本质而不是他本身，所以它仍然是无形的，不管我们把它置于他之外，把它看作'上帝'，还是把它置于他之内，把它叫作'人的本质'或'人'。我既不是上帝，也不是'人'，既不是最高本质，也不是我的本质，因此不管我认为这本质是在我之内还是在我之外，它都是一回事。"② 所以施蒂纳认为，归根到底费尔巴哈哲学仍然是一种神学，它只是把人的本质造成上帝的代用品，用对于"人"的信仰代替了对于上帝的信仰。

同样地，布鲁诺·鲍威尔在施蒂纳眼里也是不彻底的。鲍威尔主张对基督教进行批判，把人类从宗教的精神束缚下解放出来，以达到真正的自我意识。他把普遍的自我意识当作唯一的实

① 施蒂纳：《唯一者及其所有物》，英译本，第8页。

② 施蒂纳：《唯一者及其所有物》，第34-35页。

在，把全部人类的历史归结为普遍意识的发展。施蒂纳指出，鲍威尔尊崇普遍的自我意识同样是抹煞了个人。鲍威尔认为批判的真理是最后的真理（实际上也是基督教本身寻求的真理，基督教世界的历史最后发现的真理），这就是“人”、一般的“人”；施蒂纳则反驳说，“大写的人只不过是一个理想，类只不过是想象的东西。做一个人并不是去实现‘人’的理想，而是去表现他自己、个人。我的任务并不在于如何去实现那一般的人类的东西，而在于如何去满足我自己。”[①] 因此，施蒂纳认为鲍威尔所自诩的新发现同样是一个虚构。

施蒂纳既然对当时青年黑格尔派的两位最著名的代表人物都表示不满，所以他决心要另辟蹊径，走一条新路。在《唯一者及其所有物》一书中，他一开头就引用歌德的诗句：“我把无当作自己事业的基础”[②]，作为全书前言的标题。接着他激昂地又带有讽刺性地写道：“还有什么不是我的事业！首先第一位的是善的事业，其次是上帝的事业，人类的事业，真理的事业，自由的事业，人道的事业，正义的事业；再次是我的人民、我的君主、我的祖国的事业；最后，甚至还有精神的事业和成千种其他的事业。只有我的事业就从来不该是我的事业。‘只考虑自己的利己主义者真可耻呀！’”[③] 施蒂纳发现了一个秘密，原来上帝和人类都只关心自己的事，都是“伟大的利己主义者”。他说，既然如此，那

---

① 参阅施蒂纳：《唯一者及其所有物》，第188、190页。

② “Ich hab ‘Mein’ Sach ‘auf Nichts gestellt” 引自歌德的诗：“Vanitas! Vanitatum Vanitas!”第一行。

③ 施蒂纳：《唯一者及其所有物》，第3页。

末为什么我还要继续无私地为那些伟大的利己主义者服务，而自己不成为利己主义者呢？就让我自己去关心我自己吧，这个我就是我的一切，这个我就是“唯一者”（der Einzige）。他在结束这篇前言时大声疾呼地公开宣称：“神性的东西是上帝的事业；人类的东西是人的事业。我的事业既不是神性的，也不是人类的，同样也不是真、善、正义和自由等等，而仅仅是我的事业，我的事业并不是一般的，而是唯一的，正如我是唯一的一样。对于我来说，我自己就是一切！”[①]

《唯一者及其所有物》一书的前言虽然简短，却可以看作是一个虚无主义的个人主义者的宣言书，它毫无掩饰地表述了这样一种个人无限膨胀的极端主观唯心主义的世界观。“对于我来说，我自己就是一切”，这句话一言道破了施蒂纳的全部理论的实质。实际上，《唯一者及其所有物》全书翻来覆去不厌其烦地鼓吹的也就是这个思想。在施蒂纳看来，自我是唯一的实在，自我创造一切，在自我之外，一切都不存在。因此，我当然只关心我自己，利己主义是合乎这种个人主义逻辑的必然结果。施蒂纳自以为这是了不起的新创造，其实他只不过是把他的前辈费希特的主观唯心主义的命题“我就是我”进一步推向极端而已。这一点连资产阶级学者也早已指出过，例如哈特曼就认为，“施蒂纳把‘自我’加以绝对化，是费希特主观主义一元论的真正的实际的结果”[②]。当然，施蒂纳和费希特也有所区别，费希特还竭力想避免唯我论，因此他谈论“绝对的自我”以有别于“经验的自我”，而施蒂纳则

① 施蒂纳：《唯一者及其所有物》，第5页。

② 哈特曼：《道德意识现象学》，柏林，1922年，第634页。

以公然宣扬赤裸裸的唯我论而自鸣得意，反对谈普遍的我，强调个别的我、以自己的“唯一性”而有别于其他自我的我。施蒂纳的优点就在于坦白，敢于说出其他某些主观唯心主义者所力图掩盖的东西。

施蒂纳的唯我论的特点是带有强烈的虚无主义色彩。在他那里，无限膨胀的“我”不仅意味着对客观世界的否定（用他的话来说就是：我和上帝一样是一切他物的无），而且就“我”本身来说也同样是“无”。不过，“我不是空洞无物的意义上的无，而是创造性的无，是作为创造者的我自己所赖以创造出一切的那个无。”[①] 施蒂纳从这种虚无主义的哲学世界观出发，必然会走向道德的虚无主义：“你认为至少我应该关心‘善的事业’吗？什么是善，什么是恶？我只关心我自己，而我既不是善的，也不是恶的。对我来说，无论善恶都毫无意义。”[②] 在哲学史上，我们可以看到，施蒂纳的这种虚无主义哲学对以后欧洲思想的发展产生了多么有害的影响。

（二）施蒂纳眼里的“人”的发展

由于施蒂纳追求的是以自己的“唯一性”为标志的个别的“我”，所以他的整个体系的目的就在于论证这个“唯一者”的诞生的过程。在他看来，全部人类的历史无非就是人为了肯定自己是个别的、唯一的我而进行的斗争史。由此他把历史分为两大时期：一是人还没有被承认具有独特的“唯一性”的时期，一是人

---

① 施蒂纳：《唯一者及其所有物》，第5页。

② 施蒂纳：《唯一者及其所有物》，第5页。

肯定了自己是唯一的我而获得完全的自由的时期。与此相适应，《唯一者及其所有物》也分为两部分，即："人"和"我"。这可能是模仿费尔巴哈《基督教的本质》一书的编排，因为那部著作也是分为论宗教的人本学的本质和神学的本质两部分的。至于书的写法，施蒂纳在很大程度上参考了黑格尔的《精神现象学》，试图采用黑格尔的三段式以及逻辑与历史、个体与社会相统一的辩证的方法，去描述"唯一者"的产生和发展。但是"画虎不成反类犬"，施蒂纳的薄弱的历史知识和主观主义的任意杜撰，使《唯一者及其所有物》变成了对辩证方法的一幅绝妙的讽刺画。在他那里，黑格尔辩证法被极度主观化了。

《唯一者及其所有物》的第一部分"人"是从"人的生活"这一节开始的。在这一节里，施蒂纳描述了人怎样由儿童成长为成人的过程。照他的说法，儿童一生下来就生活在对整个世界的斗争中，他试图在混乱杂多的经验中找到自己，最初他未能摆脱物质世界而处于自然的影响之下。随着时间的推移，儿童力求洞察事物的底蕴，想了解事物背后究竟是什么，通过将世界精神化而战胜事物世界，于是他就进入了青年时期。在青年时期，"我们凌驾在世界之上，我们就是精神"，或者说，精神是人的"第一次自我发现"。青年只希望生活在纯思维的抽象王国里，按照纯理性的指令去调节他的行为，结果他又再度丧失了自身，落到了精神的统治之下。思想世界里的那些形象如真理、自由、人道、"人"等等，照耀着和鼓舞着青年的心灵，而追求精神的完善化则把他导向上帝，因为只有超验的上帝才是完善的精神。过去儿童必须和他周围的物质世界进行斗争，而现在青年则必须和他自己的良心的指令进行斗争。最后,人终于由青年变为成人,成人按照世界的本来面目去把握世界,而不像青年那样按自由的理想去构造世界,成人在和世界打交道的时候也是根据自己的利益,而不是根据自己的理想。在青年的阶段,思想成了有形体的东西,成了怪影,如上帝、皇帝、教皇、祖国等等;到了成人的阶段,我摧毁了思想的形体性,把它们收为己有,于是"我把世界作为我心目中的世界来把握;作为我的世界,我的所有物来把握;我把一切都归于我"。这可以称之为人的"第二次自我发现"。施蒂纳在最后总结人的生活的各个阶段时指出,儿童是唯实主义的,他未能从事物世界中解脱出来,青年是唯心主义的,因为他被思想世界缠住了,把精神看作事物背后的本质,而成人则是利己主义的,只有他才按自己的心意去处理事物和思想,把自己的个人利益置于一切东西之上。[①]

施蒂纳关于人的生活的各个阶段的哲学概括,是彻头彻尾的唯心主义的虚构。正如马克思和恩格斯所尖锐地指出的那样,施蒂纳的根本错误在于他把人生的各个阶段只是看作个人的"自我发现",而这些"自我发现"总被归结为一定的意识关系。施蒂纳完全不顾产生意识变化的那些物质变化和社会变化,根本不去注意个人的物质生活和社会生活,只是就个人意识来谈个人意识,完全撇开了历史时代、民族、阶级等等。而且他对意识的作用也夸大到荒谬的程度,例如,在他看来,只要成人认识到各种有关皇帝、祖国、国家等占统治地位的力量和关系仅仅是自己的观念,是

① 参阅施蒂纳:《唯一者及其所有物》,第14-15页。

自己"发热病时的胡想"，只要把这些错误想法从自己头脑中挤出去，就可以把这些力量真正摧毁。马克思和恩格斯说："事情恰恰相反：只要他不再用他的幻想的眼镜观察世界，他就得考虑这一世界的实际的相互关系，研究和顺应这些关系。只要他摧毁了他所赋予世界的幻想的形体性，他就会在自己的幻想之外发现世界的真实的形体性。"[①] 施蒂纳认为，只要"我把一切都归于我"，将世界作为我自己心目中的世界来把握，就可以把世界据为己有了。这也完全是主观唯心主义的梦呓，"实质上，他不是'把握世界'，而只是把他关于世界的'热病时的胡想'当作自己的东西来把握并占为己有"。正确的唯物主义的提法应该是："把世界作为不以我为转移的世界来把握，按照世界自身来把握。"[②]

儿童（唯实主义）——青年（唯心主义）——成人（利己主义）的公式，在施蒂纳那里具有普遍的适用性。他不仅用这个公式去说明个人生活的各个阶段，而且把它套用于整个人类历史的发展。在他看来，全部历史也无非是一部利己主义者的诞生史。

施蒂纳把历史分成三个时期：古代是人类的儿童时期，在那个时期内，人还处于自然的统治下，所以古代人是唯实主义的；从基督教兴起以后开始的近代，则是人类的青年时期，近代人摆脱了自然的统治，却又陷入了精神的奴役之下，所以近代人是唯心主义的，只有从施蒂纳提出他的理论的时候起，人类才进入了一个历史新时期，在这个时期中，人将会从自然和精神的统治下得到彻底解放，只受自己意志的支配，所以他是利己主义的。

---

① 《德意志意识形态》，《马克思恩格斯全集》，第3卷，第126页。

② 同上，第127页。

《唯一者及其所有物》一书的第一部分的主要篇幅是用来论述“古代人和近代人”的，其中特别是对“最新的近代人”或“自由人”作了详尽的评述。施蒂纳的所谓历史，实际上只是哲学史，而且是加以任意歪曲的哲学史，因为他单纯地从人的意识去看历史，把历史曲解为利己主义的“我”的自我创造。例如，古代世界的历史被他归结为古希腊罗马的哲学史，而同真实的社会历史完全割裂开，他对诡辩学派、苏格拉底、斯多葛主义、伊壁鸠鲁、怀疑论派等等的解释，也充满了牵强附会和主观武断的说法，如果作为古代哲学史的研究来说是没有多大价值的。接着下来，施蒂纳描述了由古代过渡到近代的过程。他认为，如果“对古代人来说，世界是真理”，那么“对近代人来说，精神是真理”，基督教就是从“精神世界”开始的。[①] 他把古代人对自然的关系的演变和近代人对精神的关系的演变作了类比，把基督教的历史作为后者的明显的例证。施蒂纳说，在中世纪人们深深地陷于宗教教条的束缚，在宗教改革之前的文艺复兴运动的“理智”把人从这种境况中解放出来，路德清洗了被宗教教条僵化了的欧洲人的心，但他在这样做的时候却把无情的“批判”的力量也解放出来了。结果是，对抽象的“人”的观念的纯理论的关心取代了对有血有肉的人的积极的爱，这本质上仍然是一个“神学的革命”，但它终于使精神失去了它所有的一切生动的内容，而成为一种不断地进行自我考察的空洞的活动。施蒂纳对基督教的历史的这种解释，完全脱离了基督教赖以产生和发展的社会历史条件，基本上还没有

---

① 施蒂纳:《唯一者及其所有物》,第25页。

跳出以鲍威尔为代表的青年黑格尔派宗教研究的窠臼。比较值得注意的是他关于所谓“教阶制”的论述。照他的说法，中世纪的教阶制还只是软弱的，在宗教改革之后，教阶制才发展到登峰造极的地步。什么是教阶制呢？施蒂纳说道：“教阶制就是思想的统治，精神的统治。”[①]他把人分成两类：有教养的人和无教养的人。前者从事于思想、精神的活动，他们要求人们奴隶般地尊重他们所承认的思想，诸如国家、皇帝、教会、上帝、道德、秩序等等，它们是仅仅为精神而存在的。后者没有文化教养，他们只注意自己生活的必需，对那些精神事物完全漠不关心，但却屈服于精神的威力，受精神的统治。在施蒂纳看来，这就是所谓教阶制的意义，而直至如今，我们还在实行教阶制，受那些以思想为依据的人的压迫，把思想奉为“圣物”。精神的统治从来没有像现在那样无所不包和无所不能，特别是在黑格尔那里，“现实、事物世界应该完全符合于思想，而任何概念都不应该没有现实性。这就使黑格尔体系成为最客观的体系，因为在这个体系中思想和事物结合在一起。”但是，这也是思想的暴戾的最极端的例子，是思想的专制和独裁的顶点，它是精神的胜利，也是哲学的胜利。[②]

施蒂纳指出，黑格尔哲学代表着教阶制的顶峰。德国唯心主义哲学把精神当作世界的创造主，使它具有神化的性质。这样，像世界精神、普遍意识、人的本质、国家等等观念就被赋予绝对的性质，变成为实体、固定观念。这些观念本来是人的精神的产物，却反过来统治和压迫每一个人。于是世界就成为幽灵和怪影的

---

① 施蒂纳：《唯一者及其所有物》，第77页。

② 同上书，第78页。

世界，而崇拜那些幽灵和怪影的人就好像是着了魔。因此，在施蒂纳看来，个人所受的压迫并不是来自现实的社会剥削制度，而是来自人们加以神化了的固定观念。从这种唯心主义的观点出发，他自然会得出完全错误的结论，认为个人只要批判了这些固定观念，就能在教阶制的压迫下得到解放。正如马克思和恩格斯所指出，施蒂纳“摆脱这种观念的方法很简单，就是对这种观念提出抗议并声明他没有这种观念。恰恰和我们曾在非自我一致的利己主义者身上看到的一样：人们只要改变自己的意识，世界上的一切就会安排得 all right〔很好〕。”①

（三）对所谓自由主义的三种形式的批判

应该强调指出，施蒂纳主张对固定观念展开批判，其矛头不仅是指向基督教和黑格尔哲学，而且更重要的是指向他所谓的自由主义。他说，自由主义者并不是独立于古代人和近代人之外的第三种人，而只是近代人中最近代的人，因为他们属于当今的时代。② 在《唯一者及其所有物》中有专门的一节“自由人”，对自由主义的三种形式，即政治自由主义、社会自由主义和人道自由主义进行了批判。

施蒂纳对政治自由主义的批判实质上是对近代资产阶级国家的批判。由于他把国家看作是意识所产生出来的一种固定观念，他当然不可能理解形成近代国家的客观历史条件和国家的阶级实质，也不可能正确地说明近代国家的真实的历史作用。照他

---

① 《德意志意识形态》，《马克思恩格斯全集》，第3卷，第317页。

② 施蒂纳：《唯一者及其所有物》，第103页。

说来，政治自由主义者本质上是资产阶级、即所谓“第三等级”的宣传家，他们是“政治上的新教徒”。新教的“宗教自由”使人们更厉害地服从于上帝的法律，同样地，自由主义的“公民自由”也使人们更厉害地屈服于国家的法律。虽然拥有一切特权的旧君主已经消失，可是新君主（即国家）的权力却比旧君主要大一千倍。现在国家就是一切。国家宣布一切公民“平等”，其实只是声明它根本不关心人：个人在它的法律面前只等于零。国家宣传一切公民“自由”，其实只是意味着它将不能容忍私人对私人使用暴力：只能用法律的名义对个人使用暴力。施蒂纳说，公民自由“并不意味着我的自由，而是意味着统治我和压迫我的政权的自由”，所以这个政权的自由就是对我的奴役。在国家面前，一切个人都消失了。个人的价值就在于做一个国家的公民，“每一个人都致力于‘整体的利益’，都必须溶解在国家中，把国家当作他的目标和理想”，“一个人必须放弃他自己，仅仅为国家而活着。一个人必须‘无私地’进行活动，不想为他自己谋利益，而只为国家谋利益。因此，国家就成为真正的人，在它面前，个人的个性消失了；不是我活着，而是国家在我身上活着”。[①]

施蒂纳对资产阶级国家的批判表面上看来似乎很激进，实质上却只是从小私有者的极端个人主义立场出发的一种反动的批判，其结果是为以后的无政府主义思潮提供了理论基础，因为照他的说法，不仅资产阶级的国家，而且任何国家都意味着对个人的压迫，政治革命也许可以解放人民（即给予作为公民的人们以

① 施蒂纳：《唯一者及其所有物》，第105页。

自由),却不可能解放个人,使个人获得自由。所以施蒂纳同样把攻击的矛头指向未来的无产阶级革命中将要产生的新国家,这集中地表现在他对社会自由主义的批判中。

所谓社会自由主义,施蒂纳其实指的是社会主义和共产主义。他对社会自由主义的否定态度,充分地暴露出一个无政府主义的个人利己主义者对社会主义和共产主义的仇恨心理。在施蒂纳看来,社会主义和共产主义甚至比资产阶级国家更为可恶。他说,在政治自由主义的情况下,人的自由是摆脱"主人"的自由,即没有任何人能下命令,只有法律才能下命令。但是,尽管人们有着这样的平等,他们在拥有的财产方面却是不平等的。"因此,社会自由主义得出结论说,没有任何人能拥有财产,正如按照政治自由主义,没有任何人能下命令一样;也就是说,正如在后一种情况下只有国家才能下命令那样,现在只有社会才拥有财产。"[①] 社会自由主义者认为,光是摆脱"主人"的自由还是不够的,因为还存在贫富的差别,还仍然不平等。因此,让我们取消个人财产,使任何人都不再拥有什么东西,使每个人都成为穷光蛋。让财产成为非个人的东西,使财产属于社会。这样,在那最高的所有者面前,我们大家都一律平等,因为大家都是一无所有的穷光蛋。施蒂纳污蔑说,共产主义社会的集合体就是"一群穷光蛋",胡说什么做穷光蛋就是无产阶级的理想。他指责共产主义是"为了'人类'的利益而对'个人'进行的第二次掠夺。个人既没有下命令之权,又没有财产;国家夺走了前者,社会夺去了后

① 施蒂纳:《唯一者及其所有物》,第123-124页。

者。"[1]他说，在共产主义社会里，人的尊严就在于他们"为彼此而生存"，彼此互相服务，为彼此而劳动。每一个人都只通过别人而生存，别人关心我的需求，他的需求也由我来满足，例如他（裁缝）为我的衣服而劳动，我（喜剧作家）为他的娱乐需要而劳动，如此等等。因此，"构成我们的尊严和我们的平等的是劳动"。[2]在这样的社会制度下，一切为"公共利益"工作的劳动者、即共产主义劳动者，都是平等的，因而工资也是平等的。施蒂纳攻击共产主义者是"两付面孔"，一方面宣布自由活动是人的本质，另一方面则又教人相信劳动是人的命运和天职，因此共产主义者只在星期日才把你当作人和兄弟，而在其他工作日则只把你当作劳动人手。[3]他叫嚣什么这就使个人变成了社会的奴隶，而社会则成为一个"新的主人"、"新的鬼"、"新的最高的存在"。

根据一位施蒂纳的研究者卡罗尔的看法，施蒂纳在这里所批判的共产主义主要指的是魏特林的学说。[4]魏特林的共产主义确实是粗糙的、幼稚的，并带有空想的性质。但是，施蒂纳攻击的主要不是魏特林关于平等的空想，而是共产主义的根本原则，即废除私有制。正是在这一点上，他彻底暴露了自己顽固地站在小资产者立场上维护私有财产的真面目。对于把自己鼻子底下的一点私有财产看做命根子的小资产者来说，代表大资本利益的资产阶级国家固然不好，但主张根本消除私有制的共产主义革命则无

---

① 施蒂纳：《唯一者及其所有物》，第125页。

② 同上书，第126页。

③ 同上书，第129页。

④ 参阅卡罗尔编选的《施蒂纳：唯一者及其所有物》，英文版，1971年，第100页注。

疑地更危险得多。施蒂纳反共产主义的胡言乱语正是小资产者的这种恐惧情绪的反映。

“自由人”这一节的最后一部分是对人道自由主义的批判，施蒂纳在这里批判了费尔巴哈和鲍威尔对“人”的神化。人道自由主义既反对资产阶级意识，也不赞成无产阶级意识，认为二者都过于狭隘，而要求解放普遍的人性。人道自由主义者用所谓“人的”劳动去同共产主义者的社会有用劳动相对立。在他们看来，共产主义者只为他自己劳动，他的劳动不是自由的，而是出于必要；“人的”劳动则是自觉的劳动，是“人的自我显示”，这种劳动者既不是为自己、也不是为别的个人而劳动，他是为人类和人类的进步而劳动的。[①]施蒂纳认为，人道自由主义的这种观点完全是没有根据的空谈，一个人总是为了他自己、为满足他的需要而劳动，虽然他同时也对别人、对子孙后代有用，但这并不使他的劳动失去利己主义的性质。他说，人们一般以为艺术是表现普遍性的，你说你是在显示“人”，但你所显示的“人”就是你，你只是显示你自己。“并不是人造成你的伟大，而是你创造你的伟大，因为你是比人更高、比其他人更强有力的东西。人们以为一个人不可能是高于人的东西。毋宁说，一个人不可能是低于人的东西”[②]一句话，施蒂纳用个人去对抗抽象的，普遍的“人”。他认为人道自由主义者的错误就在于使“人”变成了个人的主人，而实际上个人却是至高无上的。用他的话来说，自我在每一时刻都在设定

① 施蒂纳：《唯一者及其所有物》，第139页。

② 同上书，第141页。

自己和创造自己，自我既是创造者又是被创造物。[①]

（四）施蒂纳的“我”

《唯一者及其所有物》的第二部分“我”是论述施蒂纳所推崇备至的“唯一者”的产生和发展的，在这里指出了自我获得真正解放的道路。就其内容来说，这一部分在很多方面是前一部分的复述，只是换了另一种方式而已。

施蒂纳形象地指出，在现时代的进口处站着“上帝—人”，仅仅上帝死了，“上帝—人”还是死不了的。在我们的时代，把启蒙运动的工作进行到胜利的结局使上帝消失了，但却没有注意到“人”杀死了上帝只是为了他自己现在成为“独一无二的上帝”。上帝不得不让了位，但不是让位给我们，而是让位给“人”。因此，不仅上帝死了，而且“人”也要死了，“上帝—人”才会死去。[②]“上帝死了”的提法曾见于黑格尔的《精神现象学》，施蒂纳则赋予这一提法以新的意义，并且和“人死了”相结合，为他的极端虚无主义的利己主义者、即所谓“唯一者”鸣锣开道。后来尼采也侈谈“上帝死了”，这和施蒂纳是一脉相承的。

过去西方思想家们一般都标榜自由，特别是在德国古典哲学中，自由始终是人们努力追求的目标和理想。相反，施蒂纳则提出所谓“自有”[③]的概念来同自由的概念相对立。在他看来，自

---

① 施蒂纳：《唯一者及其所有物》，第160页。

② 同上书，第162页。

③ “自有”（Eigenheit）是施蒂纳独创的一个概念，在德语字典上，Eigenheit并没有他所赋予的那种独特的含义。施蒂纳用的这个概念很难译成中文，姑译为“自有”。

由是没有内容的空洞的东西，它是基督教的学说。尽管全世界都希望自由，所有人都渴慕自由王国的到来，自由仍然只是一个可爱的梦。所谓自由永远不过是摆脱某种东西的自由，可是一个人虽然能够摆脱许多东西，却永远不可能摆脱一切的东西而得到自由。换言之，自由的渴望是永远不可能满足的，甚至我们越是自由，就越是意识到自己受到新的束缚。所以说，只有在梦的王国里才有自由。但是，如果自由不能带给我们任何东西，那么自由对我们又有什么用呢？"自有"则正好相反，它是我的整个存在，它就是我自己。我是我的权力所能支配的或我所控制的东西的所有者，在任何时候和任何情况下，我都是我自己的所有物。施蒂纳说，"我并不反对自由，但我希望你能得到比自由更多的东西：你不应该仅仅摆脱你不想要的东西；你不应该仅仅是一个'自由人'，你还应该是一个'所有者'。"[①]几千年的文明使你看不清你自己究竟是什么，使你相信自己不是利己主义者，而是所谓的理想主义者（"好人"）。施蒂纳声嘶力竭地叫道，抛弃这种看法吧！不要去寻求什么自由，自由只是使你失去你自己，使你"自我否定"。还是去寻求你自己，成为利己主义者，使你们每一个人都成为"全能的自我"吧！

从这种个人主义的占有欲出发，施蒂纳必然会合乎逻辑地走向权力崇拜。照他的说法，只有当一个人有权力的时候，他的自由才是完全的。为什么人民的自由只是一句"空话"呢？就因为人民没有权力。"权力是一件好东西，可用来达到许多目的；因

① 施蒂纳：《唯一者及其所有物》，第164页。

为‘一个人掌握了少量的权力也比拥有满口袋的公理走得更远’。你渴望自由么？你这个傻瓜！如果你有了权力，自由自然就会来到的。”[1]这种“强权即公理”的思想当然不是什么创新，而是自从马基雅弗利（或更早从古希腊时代）以来就存在于西方政治哲学中的，不过施蒂纳使这种权力崇拜更富有强烈的个人主义色彩，请听他是怎样说的：“我的权力就是我的财产。我的权力给予我财产。我自己就是我的权力，通过我的权力，我就是我的财产。”[2]总之，对个人来说，权力就是一切，没有权力，也就一无所有。施蒂纳就是这样的一个个人权力迷。

由于施蒂纳把个人权力奉为至高无上的东西，所以他根本不承认什么权利、正义和道德。他认为生而俱来的、永恒的、不可让渡的权利是不存在的，一个人有什么样的权力，才有什么样的权利。因此，“我的一切权利和一切权威都来自我自己；我有权利去做我有权力去做的一切。如果我能够，我就有权利去推翻宙斯、耶和华、上帝等等。”[3]施蒂纳心目中的个人完全不受法律的束缚，也不顾任何道德准则，他只遵循自己的意愿和利益行事，能用武力去获取就用武力获取，而不能用武力去获取也就没有权利去获取。世界上没有什么神圣不可侵犯的东西，“凡是神圣的东西都是束缚和桎梏”，[4]在施蒂纳看来都属于该打倒之列。甚至真理也没有绝对的价值，它只是一种思想，只存在于我的头脑里，

① 施蒂纳：《唯一者及其所有物》，第175页。
② 同上书，第193页。
③ 同上书，第197页。
④ 同上书，第225页。

因此一切真理的意义和价值完全看它对我的关系如何。“只要你相信真理，你就不相信你自己，而你就是一个仆人、一个信宗教的人。只有你才是真理，或者毋宁说，你比真理更高，在你面前真理只等于零。”真理的价值不在于它本身，而在于我，也就是说，真理本身是毫无价值的，它只是人的创造物。[①] 所以施蒂纳嘲笑那些探求真理的人，在他看来，真理从来也没有赢得胜利，它永远只是我用来取得胜利的手段。真理本身是死的，是空洞的言词，它只是我能够加以利用的材料而已。就这一点而论，施蒂纳的真理观散发出浓厚的实用主义的气味。

施蒂纳心目中的个人既不讲道德，也不相信真理，只为了自己的利益而斗争，而决不为那些和自己毫不相干的东西比如上帝、真理、法律、自由、人道等等操心。他认为，只有这样的赤裸裸的利己主义者，才是真正从各种固定观念的束缚下解放出来的个人。一切他认为妨碍利己主义的个人发展的东西，如国家、人民，社会等等，都统统遭到他无情的攻击。按他的说法，国家和个人自己的意志是绝对不相容的，国家不能容许任何人有自己的意志，而要求大家奴隶般地服从于国家的意志。因此，“每个国家都是一种专制，不管专制君主是一个人或许多人”。国家的最高权力是反对个人及其“自我意志”的，它使用暴力，名之曰“法律”，但却不准个人使用暴力，说这是“犯罪”。[②] 所以施蒂纳不遗余力地反对任何形式的国家权力。所谓人民也同样与个人相对立。他说，自由主义者主张人民的自由，可是“人民的自由并不是我的

① 参阅施蒂纳:《唯一者及其所有物》，第372-374页。

② 同上，第204-205页。

自由”。人民的自由往往是靠牺牲个人的自由而建立起来的，人民越是自由，个人就越是受束缚。雅典人民正是在最自由的时期创造了贝壳流放，驱逐了无神论者，并毒死了最诚实的思想家（指苏格拉底）。[①] 至于社会，它也是强加于个人的，施蒂纳直率地把它比作“监狱”。社会并不是由你和我所建立，而是由第三种因素预先为我们创造好的，因此社会有其独立的地位，与我们这些利己主义者处于不可调和的对立状态。施蒂纳指出，今日世界的战斗就是针对这种“已经建立起来的东西”。[②]

那么，怎样才能摆脱国家、社会这些“已经建立起来的东西”呢？施蒂纳认为，这不能通过社会革命，而只能通过个人的反抗。这种个人反抗始终是一种思想的批判和斗争，就是用根本否定国家、社会等等的全部价值的办法把自己从错误观念的束缚下解放出来。只有当人们真正“从自己出发”成为“唯一者”的时候，他们才能按照自己的真实面貌彼此进行交往。那时取代国家和社会的将是利己主义者的自由联盟，这样的联盟是我自己的创造物，所以参加联盟完全可以由我自己决定。这样，在消除了对个人的一切束缚以后，“唯一者”就可以为所欲为地生活了。

《唯一者及其所有物》一书尽管以否定一切的气势汹汹的姿态出现，最后达到了结论却是这样地可怜和渺小。因此，在它结尾时喋喋不休地重复的关于个人的“唯一性”的高调，也终究只是空话而已。施蒂纳是当时德国小资产阶级的思想代表，小资产者在反抗资本主义的压迫时有时可以表现得很狂热，但本质上却

---

① 参阅施蒂纳：《唯一者及其所有物》，第223页。

② 同上，第227、233页。

是非常虚弱的。他们耽于脱离实际的思想，而根本不理解革命的社会实践的意义。像施蒂纳那样企图用思想批判和个人反抗的办法去求得个人解放，当然完全是不可能实现的空想，这也伤不了资本主义制度的一根毫毛。所以马克思和恩格斯把施蒂纳叫做“最大的保守主义者”。他们一针见血地指出，在施蒂纳那里，“唯一性永远只不过是对现存关系的粉饰，对陷于贫困中的可怜的无能的灵魂的一点安慰”。[①] 这是对《唯一者及其所有物》一书的公正的政治判决。

四、施蒂纳对后世的影响

在施蒂纳逝世时，他的著作差不多已经丧失了社会影响。直到1882年维干德出版《唯一者及其所有物》一书第二版，该书的销路仍然很差。只是到了上个世纪90年代，施蒂纳才重新引起了人们的注意。

1892年，大名鼎鼎的柏林交响乐团指挥汉斯·冯·布洛在离任前的告别音乐会(演奏了贝多芬的“英雄”交响曲)上的演说中，高度赞扬了“不幸地在生前不为人所周知而死后又被后人遗忘了的一位德国哲学家”麦克斯·施蒂纳。这标志着德国知识界的精英再度对施蒂纳发生兴趣的开始，而且这一次并不局限于德国，施蒂纳的思想影响还扩展到其他欧美国家。至20世纪初，《唯一者及其所有物》一书先后被译成法文、西班牙文、意大利

① 《德意志意识形态》，《马克思恩格斯全集》，第3卷，第517页。

文、丹麦文、俄文和英文出版，风行一时，无怪乎有人把这种现象称之为施蒂纳的“复活”。

为什么已经被历史无情地淘汰了的施蒂纳思想又能卷土重来呢？这必须从19世纪末资本主义向帝国主义阶段演变所形成的新的历史条件去求得解释。资本主义社会矛盾的加深，无产阶级和资本家阶级的斗争的尖锐化，使西方社会发生了严重的精神危机，作为这种危机的反映，尼采哲学便应运而生，并日益成为时髦品。另一方面，随着工人运动的蓬勃发展，马克思主义逐渐取得了领导地位，但是混在工人运动内部的小资产阶级分子打着无政府主义的旗号疯狂反对马克思主义，妄图夺取革命的领导权。无政府主义思潮一度泛滥成灾，像瘟疫似地迅速蔓延。尼采哲学和无政府主义思潮的兴起，促使人们去寻找它们的思想源头，于是就自然地把施蒂纳重新挖掘了出来。

关于施蒂纳对尼采的思想影响，这是一个值得研究的题目。早在上世纪末，劳特巴赫就在《唯一者及其所有物》一书1892年版序言中把尼采称为施蒂纳的“伟大继承者”。实际上，这也是大多数施蒂纳研究者的看法，他们都认为施蒂纳是尼采的思想前驱。例如，卡鲁斯指出，施带纳的《唯一者及其所有物》和尼采哲学有着许多相似之处，“当施蒂纳被人遗忘时，被移植到《查拉图斯特拉如是说》的作者著作里的同样的思想，却先在德国、随后不久又在全世界得到了共鸣”。[①] 当代西方另一个著名的学者洛维特也说：“施蒂纳常常被人拿来和尼采作比较，以至于断定施蒂纳

① 卡鲁斯：《麦克斯·施蒂纳——尼采的前驱》。

是尼采获取他的武器的‘思想武库’。”[①]应该说，这种看法是有道理的。在这两个德国思想家之间确实有不少类似的共同点，如以个人为中心的主观唯心主义的世界观，反对一切现存价值观念的虚无主义，否定善恶标准的非道德论，主张“上帝死了”的反基督教思想，权力崇拜，非理性主义等等。施蒂纳的“利己主义者”在某种程度上确实也可以说是尼采式的“超人”的雏形。有一个法国的研究者这样认为：“如果说尼采是不妥协的个人主义的诗人和音乐家，那么施蒂纳就是这种个人主义的哲学家。”[②]

但是，施蒂纳究竟对尼采哲学的形成起了什么直接的作用，却仍然是有争议的，因为尼采的研究者虽然费尽力气也找不到尼采阅读过《唯一者及其所有物》一书的直接证据。尼采在巴塞尔大学任教授时曾向他的得意门生鲍姆加特纳介绍施蒂纳的这部著作，但他自己却没有从大学图书馆借过这本书[③]。根据加斯特的查证，尼采无论在已出版的许多著作或未出版的笔记和手稿中，都从未提到过施蒂纳的名字。有人认为，尼采是故意不提施蒂纳，以保持他自己的思想的“独创性”。也有人估计尼采只是通过第二手材料(朗格的《唯物主义史》)去了解施蒂纳的思想。[④]由于没有可靠的材料可供人们作出结论，这个问题还是留待专门家去继续探讨吧。

至于施蒂纳和无政府主义的关系，一般都承认他在理论上为

---

① 洛维特：《从黑格尔到尼采》。

② 巴希：《无政府主义的个人主义》。

③ 列维：《施蒂纳和尼采》，巴黎，1904年。

④ 派特逊：《虚无主义的利己主义者麦克斯·施蒂纳》，英文版，1971年，第149页。

无政府主义奠定了基础。普列汉诺夫说,“施蒂纳有十分充分的权利取得无府政主义理论始祖的尊号”,因为他第一个叙述了无政府主义理论。他还指出,施蒂纳敢于把个人主义理论发挥到极度,是“最彻底的无政府主义者”,同他相比,克鲁泡特金和蒲鲁东之流不过是“迂腐的庸夫俗子”而已。[①] 现代的一位无政府主义的研究者阿尔冯也认为,施蒂纳是“无政府主义的最有独创性和最彻底的思想家”。[②] 尤其应该注意到,施蒂纳不仅在理论上、而且也在实践上对无政府主义运动发生了影响。早在上世纪末期,著名的美国无政府主义者特克尔就在“自由”周刊上鼓吹施蒂纳思想,并推行一条强烈地带有施蒂纳色彩的政治路线。在第一次世界大战前,施蒂纳思想在当时“无政府主义的民族主义”的中心之一,即萨拉热窝学派中也有很大影响。当然,由于无政府主义内部有各种不同的派别,因此施蒂纳的某些观点并不为所有的无政府主义者所接受。但重要的是,表现无政府主义思想本质的一些基本观点如否定一切外在的权威、反对任何国家和政府、主张个人至上等等,恰恰都可以在施蒂纳那里找到来源。这就足以说明他在无政府主义思潮中的历史地位了。

施蒂纳对现代资产阶级思想的影响也不容忽视。这主要表现在施蒂纳和存在主义哲学的亲缘关系上。许多研究者认为,存在主义、特别是无神的存在主义的思想渊源之一,就是施蒂纳学说。例如,约尔指出,施蒂纳的极端个人主义“是一种和晚近的

---

① 普列汉诺夫:《无政府主义和社会主义》,三联书店,第28、38页。

② 阿尔冯:《无政府主义》,巴黎,1951年,第39页。

存在主义的某些形式非常接近的学说”,[①]而伍德柯克则进一步断定说,施蒂纳“否认一切自然律和共同人性”,使他接近于虚无主义和存在主义。还有一些人如布勃尔和洛维特,把施蒂纳和丹麦哲学家克尔凯郭尔作比较,认为他们两人都是存在主义哲学的前驱。事实上,存在主义哲学家们,无论海德格尔或萨特,都从施蒂纳那里吸收了思想营养,正如某一个研究者所说,萨特的存在主义者、海德格尔的“真正的个人”和施蒂纳的“唯一者”所居住的本质上是同一个世界,而《唯一者及其所有物》一书在方法论和结构方面都明显地和《有和时间》、《有与无》属于同一个哲学血统。[②]另一个所谓无神的存在主义者加缪,则在名噪一时的《反叛的人》一书中用专门的一节去论述施蒂纳的“唯一者”。在他看来,施蒂纳和尼采是近代“形而上学的反叛者”中间的最高人物,施蒂纳像尼采一样,毫不畏缩地把他的无神论带进伦理学的领域,把道德当作“必需加以摧毁的上帝的最后的一面”,正是施蒂纳的“唯一者”把虚无主义引向了它的逻辑的结论,消灭了一切偶像和对永恒观念的信仰。[③]总之,存在主义思想在许多方面是和施蒂纳息息相通的,拆穿了说,存在主义的最重要的命题:“存在先于本质”,也只是施蒂纳的“自我先于本质”的思想的翻版罢了。

最后,应当指出,施蒂纳的影响不限于哲学界,他在西方文艺界也有不少追随者。在无政府主义思想一度盛行的法国,一些文

---

① 约尔:《无政府主义者》,伦敦,1964年,第172页。

② 派特逊:《虚无主义的利己主义者麦克斯·施蒂纳》,第185-186页。

③ 加缪:《反叛的人》,英译本,1956年,第62页。

化界的名人，如象征派诗人玛拉美和瓦雷里，印象派画家毕沙罗等等，都曾经在不同程度上受过这种思想的感染。在施蒂纳的祖国德国，他的传记作者马凯本人就是一位有些名气的小说家和诗人，而马凯是以施蒂纳的崇拜者著称的。另一个突出的例子是德国达达派画家麦克斯•恩斯特，他从青年时代起就深受施蒂纳的影响。在美学和文艺理论方面，英国当代著名学者赫伯特•里德也很喜欢谈论施蒂纳，他自己承认他年轻时读过而永远不忘的一本书就是《唯一者及其所有物》。

因此，我们今天批判地研究施蒂纳不仅有哲学史的意义，而且也有现实的意义。

（写于 1983 年，发表于《西方的哲学与美学》
[汝信自选集]，山西人民出版社 1987 年）

德国古典哲学

德国哲学经过了从康德、费希特、谢林、黑格尔到费尔巴哈哲学的发展，是马克思主义哲学的理论来源之一。

一、产生过程和基本特点

德国古典哲学是在18世纪末至19世纪上半叶德国资本主义发展的独特条件下产生的。当时西欧正经历着重大的社会经济变革，从英国开始的产业革命和法国资产阶级革命，推动资本主义制度取代了腐朽的封建制度。德国也面临着资产阶级民主革命的历史任务，但由于德国经济的落后和政治的不统一，新生的德国资产阶级极为软弱，它虽然向往资本主义制度，却缺乏勇气和力量去用革命手段推翻封建统治，倾向于自上而下的改良。作为德国资产阶级利益和愿望的理论表现，德国古典哲学、特别是它的辩证法，反映了英国产业革命和法国大革命所引起的急剧的社会变化，但也表现了德国资产阶级的软弱性，它的理论往往具有抽象的、思辨的形式。

德国古典哲学广泛吸收了以前哲学家们的思想成果，对它有直接影响的主要是：以笛卡儿和斯宾诺莎为代表的理性主义学派、17-18世纪英法经验主义学派和启蒙运动学派、德国莱布尼茨－沃尔夫学派和以莱辛为首的启蒙运动学派。德国古典哲学家们在总结前人哲学学说的基础上，提出并探讨了一些新的重大哲学问题，把哲学思维提高到一个新的水平。但是，德国古典哲学并不是一个统一的学派。在哲学基本问题上，康德是二元论者，费希特是主观唯心主义者（另有一种意见认为费希特后来已倾向于客观唯心主义），谢林和黑格尔是客观唯心主义者，费尔巴哈则是坚定的唯物主义者。然而德国古典哲学又有其内在的首尾一贯的发展规律，康德开始了德国哲学的革命，经过费希特和谢林的努力，最后由黑格尔集德国唯心主义之大成，完成了包罗万象的哲学体系。到了费尔巴哈，德国哲学开始向另一个方向发展。费尔巴哈对以黑格尔为代表的德国唯心主义哲学进行了批判和清算，重新确立了唯物主义的权威，但同时也充分暴露出费尔巴哈唯物主义的根本缺陷，表明它在原有的基础上已不可能继续前进了。这样，德国古典哲学就完成了它的历史使命而宣告终结。

二、发展线索

贯穿德国古典哲学整个发展过程的最重要的哲学问题，是关于思维和存在、主体与客体的关系问题。几位哲学家对此提出了各自不同的回答，对这个问题的认识日益深化。德国古典哲学的创始人康德在《纯粹理性批判》一书中提出并着重探讨了这个问题。他认为以前的唯物主义和唯心主义、理性主义和经验主义都各有偏颇，陷于不同的片面性，无论是莱布尼茨－沃尔夫学派的“独断论”，或是休谟的怀疑论，都未能解决人怎样认识世界的问题，因此应该寻找新的出发点，即在开始认识之前，应当首先研究人的认识能力本身和认识的可能性。康德承认在我们之外有某种不依赖于人的意识而存在的东西，他称之为“自在之物”，亦即“本体”。这是他的哲学中的唯物主义因素。但是，他又认为，“自在之物”本身究竟是怎样的，这在原则上是无法认识的，我们所能认识的只是由“自在之物”作用于我们的感官而在我们心中产生的表象，即现象；而现象界却离不开人们的先天的认识能力，它在某种程度上是意识自己的创造物。这样，康德就在“自在之物”和“现象”之间划下了一道不可逾越的鸿沟，把人的认识局限于现象界，从而把思维和存在形而上学地割裂开，陷入了不可知论。从这种观点出发，康德建立了他的主观唯心主义的认识论学说。在他看来，人的知识是由先天的知识形式和后天的感觉表象相结合而成的，这就是他所说的“先天综合判断”；在他看来，哲学的真正的关键就在于回答“先天综合判断”何以可能。康德把认识分为三个阶段：在感性的阶段上，人借助于先天的感性直观的纯形式，即时间和空间，把自在之物作用于感官而产生的感觉的混乱状态整理出秩序，使之成为时空中的现象；到了知性的阶段，人使用先天的知性的纯概念或范畴对感觉表象进一步加工整理，使之带有条理性和规律性，而形成具有普遍性和必然性的真正的知识；知性的范畴只能用于整理由感性所提供的现象，人也只能认识现象。所以当人们不满足于知性所获得的知识而进入理性的阶段，试图超越现象界去认识“自在之物”，如灵魂、世界、上帝之类的东西时，就必然陷于自相矛盾而遭到失败。康德把思维和存在绝对地对立起来，认为理性无力去认识世界本身，人的认识不可能达到“自在之物”，认识的对象是借助人的主观意识、即先天的感性直观形式和范畴而构成的。在他看来，带有普遍性、因果性的规律并非客观世界所固有，只是人的主观意识的产物。从这个意义上说，人是自然界的立法者，知性不是从自然界抽引出规律，而是为自然界制定规律。康德提出要根本推翻过去的一切认识都必须与对象一致的假定，而应该假定对象必须与我们的知识一致。这是用先验唯心主义的观点去解释人的认识，把自然界和人分隔了开来。特别是，康德限制知识的范围和贬低理性，为信仰留下了地盘。但是，在历史上，康德的认识论对于推翻过去陈旧的形而上学、驳斥宗教神学关于上帝存在的证明来说，起了积极作用。他提出的一些重大的认识论问题，对后继者也富有启发性，推动了德国古典哲学的发展。

费希特是在康德的影响下开始研究哲学的，但很快就对康德哲学感到不满，提出了自己的所谓“知识学”的哲学体系。费希特继承和发展了康德的主观唯心主义观点，从右面批判康德哲学。他否认康德所说的“自在之物”，认为它是毫无意义的“幽灵”。他也反对康德把思维和存在割裂开，而主张思维创造存在，在唯心主义的基础上建立二者的统一。按费希特的说法，哲学的第一个要求就是：注意你自己，把你的目光从周围收回来，回到你的内心，因为哲学所要谈的不是在你外面的东西，而只是你自己。因此，费希特把“自我”作为自己哲学的出发点，他的“知识学”的第一条基本原理就是“自我建立本身”。在他看来，“自我”的存在是不证自明的，它是唯一的实在，不依赖于任何别的东西，而是自我产生、自我肯定的。第二条基本原理是“自我建立非我”。

与“自我”相对而言，周围世界的一切事物是“非我”，“非我”以“自我”的存在为前提，归根结底是“自我”的创造物。第三条基本原理是“自我建立本身和非我”。它把“自我”与“非我”、主体与客体统一起来，而达到了某种完全无条件的、不受任何东西决定的绝对主体、“绝对自我”。在这个阶段，“自我”与“非我”的对立得到了解决。这样，主客体之间的对立就被理解为由“自我”本身产生的对立，最后又在“绝对自我”中得到统一。费希特用唯心主义的思维和存在的同一论克服了康德的二元论和不可知论。

谢林开始是费希特哲学的信奉者，但随后转而对费希特采取批判态度。谢林反对康德在思维和存在之间划下不可超越的界线，但他认为像费希特那样把“自我”作为哲学的出发点和至高无上的原则，主张一切从“自我”出发，把“非我”看作“自我”的产物，是一个错误。因为“自我”不能离开“非我”而存在，不能说“自我”产生“非我”；同样，“非我”也不能离开“自我”而无条件地存在，也不能说是“非我”产生“自我”。他说，要真正解决“自我”与“非我”的关系，就必须寻找一个超出于二者之上的最高的原则，它既不能是主体，也不能是客体，更不能同时是这两者，而只能是绝对的同一性。在这种同一性里，“自我”和“非我”、主体和客体、思维和存在都融合为一，没有任何差别；只有这种原始的无差别的同一才是真正的绝对。这就是谢林所提出的“同一哲学”。他企图用“同一哲学”去超越以往唯物主义和唯心主义的对立，但实际上他所说的“绝对的同一性”仍是一个精神实体。他明确地指出，这个“绝对的同一性”仍不外乎是“自我意识”。他只是用一个更高的精神实体代替了费希特的“自我”，以其作为世界的本原。尤其是，他把“绝对的同一性”说成是某种宇宙精神的特殊的无意识状态，认为它不是知识的对象，是“完全不能称谓的”、“绝不能用概念来理解或言传的”，而只能加以直观。因此，谢林的“同一哲学”还带有强烈的非理性主义的因素。

德国古典唯心主义在黑格尔哲学中得到了完成。黑格尔批判地继承了前人的哲学思想，建立起庞大的客观唯心主义体系，对思维和存在、主体和客体的关系这一哲学基本问题作了他自己的回答。黑格尔从客观唯心主义出发，把所谓绝对精神或绝对理念说成是第一性的永恒的本原，认为自然界和人类社会都是从精神中派生出来的。绝对理念由于自身的发展而外化为自然界，又通过进一步发展克服了外化，在人类的精神生活中回到自身，最后在精神发展的最高阶段绝对精神中认识了自身。他用这种唯心主义的思维和存在的同一论，驳斥了康德的二元论和不可知论。由于他对康德的批判贯彻了辩证法，因此在德国古典哲学的发展史上具有重大的意义。黑格尔首先指出，康德企图在认识之前先考察认识能力是完全错误的，正如要求人们在学会游泳以前切勿下水一样可笑。黑格尔认为，只有在认识过程中才有可能对人的认识能力进行考察，因为考察认识能力本身就已经是一种认识活动了。在他看来，人对世界的认识过程也就是思想本身的辩证发展过程，这就从更加彻底的唯心主义立场反驳了康德对思维和存在的割裂。黑格尔特别有力地批判了康德的“自在之物”，指责它是“不真实的、空洞的抽象”，因为它摆脱了一切规定，所以就等于“无”。他反对康德把现象同“自在之物”绝对地隔离开,认为现象和本质之间有着辩证的联系,而且是可以相互转化的。本质表现在现象中,而现象则是本质的显现。认识了现象也就可以进而认识现象的本质,因此所谓“自在之物”是可知的。黑格尔对康德不可知论的批判是深刻的。凡是从唯心主义观点所能说的,对反驳这种错误观点具有决定性的东西,都已经由他说过了。黑格尔对费希特和谢林的哲学观点也进行了批判。黑格尔认为,费希特的“自我”并不是真正地自由和自发的活动,而仍然需要来自外界的“非我”的刺激,才能达到自觉,因此并不能真正克服康德的“自在之物”。黑格尔也对谢林的“绝对的同一性”感到不满,指出这种取消思维和存在、主体和客体的一切差别的“绝对”,只不过是“空洞无物”,正如在夜间观牛,一切皆黑一样。黑格尔在批判前人的基础上建立了他自己的哲学体系,但他的体系同时又是从康德、费希特、谢林所提出和探讨的问题出发的,并且吸收了他们的思想成果。

在《精神现象学》中,黑格尔表述了自己哲学体系的中心思想,即“实体就是主体”。他认为,一切问题的关键在于,不仅把“绝对”理解和表述为实体,而且同样理解和表述为主体。作为宇宙万物本原和基础的“绝对理念”,既是实体又是主体,它不是静止不动的,而是通过自我运动辩证地发展的。整个世界和人类社会无非是“绝对理念”的自我展开和不断发展的产物。无论是从时间上或是从逻辑上说,都是理念、精神在先,自然界和人类社会则是后来发展出来的。黑格尔的哲学体系就是对这一精神的自我发展过程的描述,它从精神、纯思维开始,经过自身发展而转化为物质世界、存在，然后又回到精神、思维。与此相应，黑格尔的体系包含“逻辑学”、“自然哲学”和“精神哲学”三部分，论述了精神发展的三个基本阶段，即逻辑阶段、自然阶段和精神阶段。“逻辑学”是哲学知识或科学本身，是研究绝对理念本身的发展的，是“自然哲学”和“精神哲学”的真正的灵魂，在某种意义上，“自然哲学”和“精神哲学”则是“应用逻辑学”。在逻辑阶段，自然界和人类都还没有出现，“绝对理念”只是作为抽象的纯思维、纯概念而存在和发展着，它的自我运动表现为一个概念、范畴向另一个概念、范畴的过渡和转化，从“有”经过“本质”而达到“概念”。到自然阶段，“绝对理念”外化为自然，采取了感性事物的形式，依次经过“机械性”、“物理性”、“有机性”，最后出现了人，于是就进入了精神阶段。在自然中，精神堕落为物质。“绝对观念”处于同自己格格不入的外在的形式下。由于人的出现，“绝对观念”才重新以适合于自身的精神形式表现出来。精神阶段也分为三个小阶段：“主观精神’指的是个人意识；“客观精神”是指社会意识，包括法律、道德、伦理；“绝对精神”则是精神发展的最高阶段，通过艺术、宗教和哲学最后彻底认识了自己，认识到经过漫长而曲折的发展道路而展现的全部丰富内容原来只是精神自身的产物。黑格尔用客观唯心主义观点建立的这个庞大的体系，把自然、社会、人类思维的各种形态都包括在内，使之成为一个统一的发展过程。这个过程也就是在唯心主义的基础上思维与存在的辩证统一的过程，是主体建立客体而又把客体据为己有的过程。黑格尔以这种方式解决了康德以来的德国古典哲学所提出的问题。

19世纪20年代，黑格尔哲学在德国成为占统治地位的官方哲学。但是，到30年代末，黑格尔学派发生解体，分裂为右派、中派和左派。其中黑格尔左派用激进的观点去解释黑格尔哲学，并开始对某些原理提出怀疑。费尔巴哈是黑格尔左派中最杰出的人物，他从唯物主义的立场出发，对以康德和黑格尔为代表的德国唯心主义哲学进行了尖锐的批评。费尔巴哈坚决反对康德的不可知论，他认为思维和存在之间并没有不可逾越的鸿沟，物质世界是客观地存在于人的意识之外并不以人的意识为转移的，而人的认识、思维则是客观世界在头脑里的反映。在他看来，物质世界在原则上是可以认识的，人的认识能力是无限的。费尔巴哈还有力地驳斥了康德的主观唯心主义认识论，认为空间和时间是物质存在的根本形式，规律性和因果性也是自然界本身所固有的，而不是人为自然立法的产物。特别重要的是费尔巴哈批判黑格尔哲学的同时，把黑格尔哲学看作是登峰造极的唯心主义哲学，认为它是近代哲学的完成。因此对黑格尔的批判实际上意味着对整个唯心主义哲学的批判。他抓住哲学的基本问题，深刻地揭露黑格尔哲学的错误实质，认为它根本颠倒了思维和存在、精神和自然的关系。他指出，黑格尔错误地把精神、思维看成是一种脱离人脑而独立自在的东西，并进而颠倒本末，把自然界和人都说成是从精神、思维中产生出来的。这种从精神推出自然、从抽象的东西推出现实东西的做法，不过是一种概念游戏，但这正是黑格尔思辨哲学的秘密所在。与黑格尔相反，费尔巴哈提出，“思维与存在的真正关系只是这样的：存在是主体，思维是宾词。思维是从存在而来的，然而存在并不来自思维。”这样，费尔巴哈就从坚持物质第一性的唯物主义立场对思维与存在的关系问题，作了截然不同的回答。费尔巴哈还把对黑格尔哲学的批判同对宗教的批判紧密地联系起来。他用无神论的观点揭露了黑格尔的唯心主义和宗教神学之间的血缘关系，指出它们二者是互相支持的同盟者，是一对双生子。他认为，黑格尔的“绝对理念”就是从虚无中创造世界的基督教神学中的上帝，黑格尔的唯心主义无非是转化为哲学的神学，是“理性化了的有神论”。因此，费尔巴哈尖锐地提出，要抛弃神学，首先必须抛开黑格尔哲学，因为“黑格尔的哲学是神学最后的避难所和最后的理性支柱”。费尔巴哈对黑格尔哲学的批判虽然击中要害，但却把它连同辩证法的合理内核一起抛弃了。他自己的唯物主义学说也带有人本主义的历史局限性。他认为只有自然和人才是真实的存在，而思维和存在的同一正体现为人的肉体和灵魂的统一。他的哲学以人作为核心，称为“人本学”。但他所理解的人主要是生物学、生理学上的自然的人，是脱离具体历史和社会关系的抽象的人，仍然未能摆脱历史唯心主义的错误。因此，列宁说费尔巴哈的人本主义是关于唯物主义的不确切的、肤浅的表述。

三、主要成果

在马克思主义产生前，辩证法在德国古典哲学中得到了最详尽而全面的探究，虽然这种辩证法是建立在唯心主义基础上的。德国古典哲学的最大成就，是从世界观的高度用辩证法代替了形而上学。德国古典唯心主义哲学家反对把世界看作固定不变、没有矛盾的东西，而把它理解为具有矛盾发展的不断变化的运动过程，这就从根本上推翻了长期以来统治人们头脑的形而上学世界观。这一哲学革命的带头人康德早在"前批判时期"所写的《自然通史与天体论》中，就提出关于天体起源的"星云假说"，认为目前所有的天体都从旋转的星云团产生，因此地球和整个太阳系都表现为某种在时间的进程中逐渐生成的东西。这就动摇了认为自然界在时间上没有任何历史的观点，在主张宇宙永恒不变的形而上学观念上打开了第一个缺口，从而为辩证的自然观开辟了道路。后来康德主要探讨了认识论中的辩证法问题，提出"先验逻辑"作为普通的形式逻辑之上的逻辑的高级形式，含有辩证法的因素；提出了12个范畴并将其分成4组，每组3个范畴，相互之间存在着一定的辩证联系，他多少已经猜测到每组中第3个范畴是前两个对立范畴的综合。特别是他提出的关于理性企图去认识"自在之物"时，必然陷于自相矛盾、即所谓"二律背反"的学说，揭示出人的思想认识在一定范围内发生内在矛盾的必然性，并且探讨了像有限与无限、简单与复杂、必然与自由等概念之间的矛盾，刺激了以后辩证思维的发展。

辩证法在费希特那里得到了进一步发展。费希特承认矛盾对立是发展的必然环节，"自我"必须要设立自己的对立面"非我"，才能存在和发展，并通过矛盾斗争而达到新的更高的统一。他明确地提出了正、反、合的辩证法，作为发展的基本原则。特别是，费希特着重探讨了人的主观能动性问题。他强调"行动"，认为“自我”不仅是认识着的主体，而且更重要的是行动着的主体，因为行动才是生存的目的。在他看来，主体的能动作用不仅表现于“理论认识”，而且表现为“自我”凭自己主动的力量去克服“非我”的“实践活动”，“自我”就是“理论认识”和“实践活动”的统一。费希特的这些思想对德国古典哲学中的辩证思维的发展起了积极的作用，但由于他的唯心主义基本立场，他所说的主观能动作用和实践活动，始终只是自我意识范围内的活动，而不是真正现实的、感性的活动，因此主体的能动的方面只是被他抽象地发展了。

谢林哲学中也有不少辩证因素，他比较明确地提出了对立统一的思想。在他看来，对象本身含有内在的矛盾，正是矛盾的对立面构成对象自身的同一。例如，“自我”不是如费希特所说的那样去设立“非我”，而是本身之中就含有自己的对立物“非我”，对立的双方互相依存，没有一方就没有另一方，而“自我”的一切活动就是由这种矛盾出发的。谢林已经在某种程度上认识到事物发展的动力在于事物内部的矛盾对立，认为这是一切运动的“最终根据”。他还用辩证的观点去解释像自由和必然那样的重要哲学范畴，指出它们并不是绝对对立，而是辩证地同一的，即“自由应该是必然，必然应该是自由”。但是，谢林哲学就其总体来说以无差别的“绝对的同一性”作为出发点和归宿，因而他的辩证法思想只是在整个形而上学的体系允许的有限范围内活动。

辩证法在康德、费希特和谢林那里得到了一定的发展，只是到了黑格尔，才在唯心主义的基础上作了充分的、全面的阐述，把它作为系统的、自觉的思维方法和客观的发展规律。黑格尔明确地指出，辩证法是推动实在世界中一切运动、一切生命、一切事业的原则，又是知识范围内一切真正科学知识的灵魂。在哲学史上，他第一个全面地、有意识地叙述了辩证法的一般运动形式，阐明了辩证法的基本规律，并力求给以普遍的应用。恩格斯认为，黑格尔的巨大功绩就在于他第一次把整个自然的、历史的和精神的世界描写为一个过程，即描写为不断的运动、变化、转变和发展的序列，并企图揭示这种运动和发展的内在联系。黑格尔关于整个世界的辩证发展的思想，彻底打破了形而上学世界观的统治，其真实意义在于它永远结束了以为人的思维和行动的一切结果具有最终性质的看法。黑格尔以辩证发展的思想为基础，探讨和论证了关于对立统一、质量互变和否定之否定等辩证法的基本规律，特别着重阐述了矛盾学说。他责备康德对世界采取一种"温情主义"的态度，误认为矛盾不属于对象，而只属于理性本身。在他看来，矛盾是客观的、普遍存在的，一切事物都包含着矛盾，"天地间绝没有任何事物，我们不能或不必在它里面指出矛盾或相反的规定"。没有矛盾，就没有运动，就没有世界。黑格尔还强调指出矛盾是事物发展的内在泉源，是一切运动和生命力的根源。他说，事物只因为本身之中包含着矛盾，它才会运动，才具有趋向和活动，否则它就不是活生生的统一体。矛盾和同一也不是根本对立的，毋宁说矛盾是从同一转化而来的，同一本身就孕育着矛盾，因此在事物发展的整个过程中存在着自始至终的矛盾运动。黑格尔用对立统一的观点对以往哲学家们所探讨的许多哲学概念和范畴，都作了新的辩证的解释。如一般与个别、普遍与特殊、有与无、本质与现象、内容与形式、可能性与现实性、必然性与偶然性、因果关系与相互作用、自由与必然等等。黑格尔的另一重大贡献是把辩证法应用于认识论，把真理和人的认识看作一个辩证发展的过程，并且提出了逻辑与历史相一致的思想。关于人的主观能动性的思想，也在黑格尔那里得到了进一步发挥。他强调主体的积极能动作用，这表现为主体从自身中树立起对立面，自身分裂为二，异化为客体，然后又克服和扬弃这种异化，征服客体。所以他指出，人不仅要理解世界，而且还要去“宰制”世界。在理论活动中，人研究世界，获得知识，以纠正自己的主观片面性；在实践活动中，人要按自己的观念“陶铸锻炼”世界，认识就是理论活动和实践活动的统一。

黑格尔的辩证法是建立在唯心主义基础上的，他所说的矛盾辩证发展的主体始终是精神，而不是物质世界。因此，他只是在观念的辩证法中猜测到事物的辩证法，他不是从自然界和历史中引出辩证法规律，而是把辩证法规律强加于自然界和历史。这就把辩证法头脚倒置了。辩证法在本质上是革命的，它与黑格尔的唯心主义的保守的体系发生着经常的矛盾，这种体系与方法之间的矛盾构成了黑格尔哲学的基本矛盾。辩证法认为人类历史的发展是永无止境的，根本不承认有什么终极的绝对真理，而黑格尔的体系则要求设立一个发展的终点，似乎到了绝对精神的阶段，特别是在黑格尔本人的哲学中，精神就完成了自我认识的运动而达到绝对真理，一切发展也就此完结了。这样，在他的保守体系的重压下，辩证法终于被窒息了。

黑格尔的辩证法在其现有的形式上是完全不适用的，需要对它进行彻底的唯物主义的批判改造。但费尔巴哈在这方面却完全无能为力，他根本不理解黑格尔辩证法的真实意义，因此批判改造黑格尔辩证法的历史任务是由马克思和恩格斯担负起来的。

四、历史影响

费尔巴哈对黑格尔的批判宣告了德国古典哲学的终结，作为德国古典哲学的直接继承者，马克思主义这一无产阶级的思想体系登上了世界历史舞台。马克思和恩格斯充分肯定了德国古典哲学的积极成果，批判了黑格尔的唯心主义，把辩证法从他神秘的哲学体系的束缚下解救出来，同时又批判了费尔巴哈的人本主义，吸取了他的唯物主义哲学的基本内核。他们把辩证法与唯物主义有机地结合起来，创立了辩证唯物主义和历史唯物主义，开辟了哲学史上的新纪元。德国古典哲学的巨大历史意义在于它为马克思主义的产生提供了理论前提，成为马克思主义的理论来源之一。

德国古典哲学对以后资产阶级哲学思想的发展也有很大影响，但资产阶级哲学家们完全不能正确地分辨德国古典哲学中的精华和糟粕。他们曲解或根本抛弃辩证法，着重发挥了德国古典哲学家们的唯心主义、不可知论以及一切神秘和保守的思想。产生于19世纪60-70年代的新康德主义者李普曼、朗格、柯亨、那托尔普、文德尔班、李凯尔特等人，出现于19世纪末的新黑格尔主义者布拉德雷、鲍桑葵、克罗齐、克罗纳等人，都是直接从德国古典哲学出发，从右面来继承和进一步发挥康德和黑格尔哲学中的唯心主义的。一些现代资产阶级哲学流派，例如法国哲学家科热夫、伊波利特用存在主义去曲解黑格尔，力图把黑格尔哲学和存在主义结合起来。

（本文为《中国大百科全书》“哲学卷”词条，
中国大百科全书出版社1987年）

关于历史哲学两个问题的思考

据说古希腊德尔斐神庙里有一个题铭:“认识你自己”。千百年来,人一直在努力认识自己,只要人还存在,这种努力大概还会继续下去。

认识自己,不仅是认识人的现状,而且要认识人的过去和可能的未来。历史是人创造的,认识历史也就是去认识自己。为什么历史这样地发展?怎样去理解历史的意义?历史向何处去?思考这些古老而又常新的问题归根到底都是为了去认识人自己,因此对历史进行哲学思考是出于人的这种根本需要,历史哲学尽管遭到某些人的反对和非议,却始终有其存在的理由。连法国社会学家和历史学家雷蒙·阿隆也承认,历史哲学虽然是一种如此声誉扫地的文科行当,以致在法国竟没有人敢承认自己是研究历史哲学的,可是实际上难以把历史和哲学分割开,为了理解过去,哲学的思考还是免不了的。[①]

马克思主义是否需要有自己的历史哲学?我看还是必要的。过去有一种看法认为,有了历史唯物主义,就可以取代马克思主义的历史哲学,其实这是很难完全代替的,正像历史唯物主义不能代替马克思主义的社会学一样。下面就近来想到的两个有关

---

① 阿隆:《历史哲学导论》,载《现代西方历史哲学译文集》,上海译文出版社,1984年。

历史哲学的问题谈一点粗浅的意见。

一

历史的发展有没有规律？这是人们经常思考的第一个问题。

在某些思想家看来，这是不言而喻的事。例如，在黑格尔的《历史哲学》这部被柯林武德誉之为具有“深刻独创性的和革命性的著作”[①]中，对这个问题作了十分明确的回答。黑格尔把理性看作世界的主宰，把整个人类的历史发展说成是绝对精神自我发展的体现，因此很自然，世界历史在他眼里便呈现为一个有规律的、合理的、必然的过程。[②]对黑格尔的历史哲学观点尽可以有不同的看法和作不同的解释，但他承认历史发展的规律性这一点，应该说大家都是没有什么疑问的。事实上，在黑格尔之前的法国和德国的启蒙学派思想家中间，承认历史发展的规律性是占主导地位的普遍看法，黑格尔只是继承了这种观点并把它纳入自己的客观唯心主义哲学体系而加以独特的解释罢了。

黑格尔关于历史发展的规律性的思想，在当时的德国就有人表示反对。但是，直到19世纪末，否认历史发展的规律性才开始成为一股强大的潮流。1894年，新康德主义学派的领袖之一文德尔班在题名为《历史与自然科学》的大学校长就职讲演中，为这一潮流作了理论上的论证。他从方法论的角度提出一种经验科学分类法，原则上否定了历史规律的存在。他说：“经验科学在

① 柯林武德：《历史的观念》，中国社会科学出版社，1986年，第129页。

② 黑格尔：《历史哲学》，三联书店，1956年，第47-48页。

现实事物的认识中寻找的，要么是自然规律形式下的普遍，要么是历史规定形态下的特殊。它们所考察的，有的是常住不变的形式，有的是现实事件的一次性的，特定的内容。有一些是规律科学，有一些是事件科学。前者讲的是永远如此的东西，后者讲的是一度如此的东西。如果我们可以造一些新术语，那么可以说科学思想在前一种情况是制定法则的，在后一种场合是描述特征的。”[①] 因此，在文德尔班看来，历史学和自然科学二者截然不同，界限分明。自然科学以研究普遍规律为目的，历史学则只描述个别事实，与普遍规律无涉。他强调历史的所谓单一性和一次性，竭力反对到历史中去寻求规律，说什么这样做是企图“从历史中建立一门自然科学”，完全是徒劳无益的事。另一位新康德主义者李凯尔特继承了并进一步发展了文德尔班的这种思想，他认为，历史学的对象是不会有重复的精神现象，因此历史学的方法也应该是个体化的方法，它不仅不研究规律，而且必须把规律甚至一般概念从历史科学中排除出去。李凯尔特说：“有某种科学，其目的不在于制定规律，也根本不在于创作一般概念；这就是按照最普遍意义来理解的历史科学”。他又说：“当我们从一般的观点来观察现实的时候，它就成了自然界，而当我们从特殊的、个别的观点来看现实的时候，它就成了历史；根据这一点，我把历史的个体化的行为与自然科学的一般化的行为对立起来。”[②]

以文德尔班和李凯尔特为代表的新康德学派的这种历史哲

---

① 洪谦主编：《西方现代资产阶级哲学论著选辑》，商务印书馆，1964年，第55-56页。

② 李凯尔特：《文化科学与自然科学》。

学观点，一般被人们称之为“个别论”，它对西方历史哲学中否认历史规律的思想的流行产生了很大影响。然而这种论点却并不是什么新创造，而是来自黑格尔的一个渺小的论敌叔本华。早在文德尔班之前几十年，叔本华就在《作为意志和表象的世界》一书中指出，“历史学缺少科学的基本特征”，因为科学总是谈论种类，而历史学则总是谈论个体，说历史学是一门关于个体的科学，这就蕴涵着一种自相矛盾。[①] 就实质的内容而言，文德尔班和李凯尔特并没有超出叔本华多少。奇怪的是，这种“个别论”的观点虽然相当浅薄，却一直影响至今，甚至被某些人当作不容置疑的东西而加以接受。例如，在当代西方以富有批判精神自诩的波普尔，就毫无批判地重弹旧调，他在谈到“历史是否有意义”的问题时说，历史科学与概括的科学不同，概括的科学要研究和说明规律，历史科学则只研究个别事实，而不去探索规律，“所以，以特殊事件及其说明为对象的那些科学，与概括的科学相对立，可以称为历史科学。对于历史的这种观点说明，为什么有这么多的历史学家和历史方法论学家强调他们感兴趣的只是个别事件，而不是所谓一般的历史规律，因为从我们的观点看来，不可能存在任何历史规律。”[②]

当然，波普尔在否认历史规律这方面也并非完全没有什么新发挥，他借此猛烈攻击马克思主义的历史观。我们不妨进一步看一下他究竟还提出了别的什么论点。他在《历史主义的贫困》一

---

① 叔本华：《作为意志和表象的世界》，第2卷，“论历史”，德文版，1859年，第499-509页。

② 波普尔：《开放的社会及其敌人》，第2卷，1952年，伦敦，第264页。

书序言中，把反对所谓历史主义的理由归结为五条论证：

1. 人类历史的行程是受着人类知识增长的强烈影响的。

2. 我们不能用合理的或科学的方法来预告我们科学知识的未来增长。

3. 因此，我们不能预告人类历史的未来行程。

4. 这就意味着，我们必须摒弃理论历史学的可能性。

5. 因此，历史主义的方法的基本目的是错误的构想，于是历史主义就崩溃了。[①]

波普尔在这里所说的历史主义，指的是承认历史发展具有一定规律性的历史决定论观点，首先是指马克思主义。按他的推论，历史主义不能成立，历史规律也不可能存在。

在当代西方历史哲学中，否认历史规律存在的当然大有人在。但波普尔的思想是有代表性的，影响也很大，所以我们不妨就他提出的论据进行剖析，看看他对历史规律的否定究竟能否成立。

先看波普尔从新康德学派那里承袭得来的旧论据，即所谓“个别论”。在这里，首先要正确地解决个别与一般之间的关系。无论在自然界，或是在社会生活中，历史的发展总是由个别事件组成的。有人以为，单一性和不可重复性是社会历史事件的特征，其实这是不对的。就某一个自然现象来说，它同样也是单一的、不可重复的，比如说在某时某地看到的日出、某一次地震、某一株树上某一个苹果的落地等等，又何曾不是单一的、不可重复

① 波普尔：《历史主义的贫困》，社会科学文献出版社，1987年，第42-43页。

的现象呢？莱布尼茨早已指出过，世界上没有两片完全相同的树叶。实际上，任何个别事物、个别事件都具有单一性、不可重复性的属性，否则它也就不成其为个别的了。问题在于，个别并不是和一般绝然无关，也决不能把二者抽象地、绝对地对立起来。列宁早就指出，在每个事物中都包含着个别与一般的辩证法："个别就是一般"，"这就是说，对立面（个别跟一般相对立）是同一的：个别一定与一般相连而存在。一般只能在个别中存在，只能通过个别而存在。"[①] 因此，当我们去考察任何一个事物或事件时，个别和一般总是处于不可分离的联系之中：从个别可以导致一般，而一般则通过个别而表现出来。从存在着的各个个别的苹果概括出苹果的一般概念，一般的苹果只能通过个别的苹果而存在。苹果落地的规律是通过观察和研究许多次个别苹果落地的现象而得出来的，这一规律也只能通过这些个别现象而表现出来。在这方面，社会历史现象在本质上和自然现象并没有区别，例如在人类历史上起着巨大作用的战争，就是通过无数次大大小小的战争而得出的一般概念，每一次发生在特定的时间和地点的战争都是单一的、不可重复的，可是根据这一点难道可以得出结论说，根本就没有战争的规律吗？"个别论"的错误就在于把一般和个别抽象地、形而上学地对立起来，把二者绝对割裂开，从方法论的角度把它们凝固化而作为两种对立的科学的研究对象。

无可否认，历史科学应该有不同于自然科学的特点。一般说来，自然科学虽然也要通过个别（例如借助于观测和实验）去研

---

① 《列宁全集》，第38卷，第409页。

究一般，但它的主要兴趣集中于探索规律，集中于探索个别背后的共同的、普遍的东西，在研究过程中可以而且有时必须把个别事物和现象的具体的特殊性抽象掉和舍弃掉。历史科学则不然，它的研究对象就是个别的具体历史现象，它虽然也要去探索个别现象背后的普遍，但那不是抽象的普遍，而是带着个别现象的全部具体的特殊性和丰富性的那种普遍。史学要成为科学，不能停留于个别具体现象的描述和记载（如兰克所主张的“如实直书”式的纯记述），而必须透过现象去发现其背后的带规律性的东西，但它的主要兴趣并不是规律本身，而是通过规律性的东西去更深刻地理解和解释具体的历史现象。[①] 主张“个别论”的人，包括波普尔在内，认为历史科学只研究个别事实，对规律不感兴趣，这当然是他们的自由。可是以此为根据来根本否认历史规律的存在，则是完全站不住脚的。自然科学和历史科学研究各自领域内的规律所采取的方式和方法不同，侧重点也不同，这并不涉及规律的有无问题。历史规律是客观存在，不管你是否对它感兴趣，它总是在起作用的。

至于波普尔提出的对所谓历史主义的反驳，也完全不能用来证明历史规律的不存在。他所列举的五条论证中其实只有前两条有重要的实质性内容，后面三条都是可以从前两条中推论出来的，只要承认了前两条，就必然会得出后面的结论。但问题也就

---

①　奥克肖特认为，“一旦把历史事实当作一般规律的例证，历史也就完结了”（《经验及其样式》，伦敦，1933年，第154页）。对于马克思主义史学来说，这种担心是完全没有必要的。尊重客观事实，从顽强的事实出发，而不是先确定观念然后到历史中去找例证——这是起码的要求。

在于前两条论证只是换一种方式去重复早已被马克思主义驳倒了的唯心史观，因而是不能成立的。戳穿了说，波普尔的意思是说人类历史的发展是由人的意识（知识无疑地属于意识的范围）决定的，而意识的发展却无规律可循，因此历史规律也不可能存在。这本来是社会意识决定社会存在的旧观念，却被披上了新装。不过波普尔为了掩饰自己的立场，有意回避究竟是社会意识决定社会存在还是社会存在决定社会意识的问题，改换成人类历史进程受知识进步的强烈影响的说法罢了。但是，所谓“强烈影响”是很含混的，关键在于这种影响是否强烈到起决定作用，而马克思早已证明：决定人类历史发展的最终力量是直接物质生活资料的生产，人们的意识是在这个基础上发展起来的，因此也就必须由这一基础来加以说明，而不是相反。[①] 波普尔不是一直标榜所谓“证伪主义”吗？可是他却把早已被马克思“证伪”了的命题用来作为反驳马克思主义的论证，这至少在理论上是很不严肃的。

波普尔对马克思主义还有一个严重的误解，就是他总是强调马克思主义之所以肯定历史规律的存在，目的是为了利用这种规律来“预言”历史的未来，而他则认为历史的未来是无法预言的。但是，马克思主义者从来也不是“算命先生”，从来不想当什么“预言家”。（顺便说一下，在西方资产阶级学术界，难道各式各样的“预言家”还少吗？）他们只是通过对历史和现实社会的科学研究和分析，揭示出社会发展的内在规律，指明历史前进的必然趋势而已。波普尔攻击马克思主义者自命为“先知”，实在是无的

---

① 《马克思恩格斯选集》，第3卷，第574页。

放矢。①

依我看，从新康德派到波普尔，他们提出的否认历史规律存在的论据都不能令人信服，在理论上是站不住脚的。不过也不能因人废言，他们的有些意见值得加以思考。过去我们对历史规律的理解，在某些地方确实有简单化、机械化、教条主义的倾向，这些倾向妨碍了对这个问题的创造性的马克思主义的探索，同时也在理论上留下了漏洞，给人以可乘之机。

比如说，过去在谈论历史规律时往往片面地理解马克思所说的“自然历史过程”，过分强调它的不以人们的意志为转移的客观性，而忽视了它和人本身的特殊关系。照这种习惯的看法，自然规律和历史规律实际上并无区别，人和这些规律的关系都同样是如何去认识和利用它们，以达到自己预期的目的，人的主观能动作用仿佛仅仅表现在努力去认识和利用那些规律上。这种看法的重大缺陷就在于它忘记了自然规律和历史规律的根本区别。自然规律和历史规律固然都是客观的存在，但是在自然界，各种规律发生作用并不受人的活动的影响，在人类产生之前或甚至灭绝之后，这些规律照样发生作用。历史却完全不同，它是人的创造，离开了人就没有历史。因此，人是历史的主体，历史规律只能通过人的活动来实现。在历史规律面前，人绝不是消极的旁观

---

①　当然，波普尔在《开放的社会及其敌人》一书中攻击的不只是马克思，而且也攻击了柏拉图和黑格尔，不过马克思是他的主要目标。尽管这本书轰动一时，可是他对历史上的这三位思想巨人都缺乏专门知识，书中充满了曲解和不少不应有的错误，一些严肃的西方学者都对此提出了批评，例如考夫曼就详细地揭露了他对黑格尔的歪曲。

者，而是积极的参与者和担当者，历史规律不是在人之外的东西，可以由人超然地加以认识和利用，因为它本身就和人的活动有着不可分割的联系。既然历史是由人自己创造的，历史规律必须借助于人的实践来体现，那么难道能够说它是与人们的意志、思想、感情、愿望（这些都和实践有着密切关系）无关的吗？然而正是人这个创造历史的主体在历史规律中的作用，在过去受到了不应有的忽视，没有得到认真的研究。在谈历史规律时，人看不到了，这就像演《哈姆雷特》没有丹麦王子上场一样。本来应该体现丰富多彩的人类实践活动的无限多样性的历史规律，失去了它原有的诗意，变成了没有血肉的冷冰冰的教条。这种对历史规律的理解实际上不是马克思主义的，而是18世纪机械唯物主义思想的残余。从意大利的维柯在《新科学》中首先提出人创造历史的思想，到马克思的实践哲学观点，人类对自己在历史上的作用的认识已经前进了一大步，现在是沿着从维柯到马克思的路线认真地重新思考一下历史规律的时候了。

二

另一个需要思考的问题是：历史的发展是不是一种进步？

首先应该指出，历史学中关于进步的概念本身就有一个发展的过程。一般说来，进步概念虽然作为一种思想萌芽早已出现，但在古代思想中，无论是在中国或是在西方，进步概念都不占主导地位，相反的，人们普遍地把已经从历史上消逝了的遥远的过去看作人类的黄金时代，而把人类的当前状况说成是一种堕落或倒退。有的西方学者甚至认为,“古代人根本就没有进步的概念”。[①]

严格地说,历史中的进步概念乃是近代的思想产物,它作为一种明确的信念形成于西欧资本主义制度的上升时期。从哲学上为进步概念奠定思想基础的首推培根和笛卡儿。被马克思誉为“英国唯物主义和整个现代实验科学的真正始祖”[②]的培根,在历史上以提出“知识就是力量”这个口号而闻名,他对历史进步的信念也是基于确定人类知识具有不断向前进展的可能性之上的。培根代表着当时进步的资产阶级的利益和思想情绪,号召人们去努力认识自然和驾驭自然,对人类社会未来的进步抱着充分乐观主义的态度。相形之下,他对过去历史上所取得的进步则评价很低。在他看来,人们的祖先由于没有找到和掌握合适的方法和工具,过去长时期内只是在黑暗中摸索,浪费精力,徒劳无功,因此要在新的适当的基础上去开始完全重建科学、艺术和一切人类知识。[③]这就是他所说的借助于“新工具”来进行的“伟大的复兴”。他深信,依靠感官的证明和工具、机械的帮助,人的理解力将不断得到提高,而随着知识的增进,人类的境况也将不断改善,这种进步的可能性实际上是无限的。

在培根之后,笛卡儿进一步为历史中的进步概念作了论证。就其哲学世界观来说,笛卡儿和培根属于不同阵营。如果说培根是唯物主义的经验论者,那么笛卡儿则是二元论的唯理论者,然

① 《思想史辞典》,第3卷,纽约,1973年,第623页。

② 《马克思恩格斯全集》,第2卷,第163页。

③ 培根:《伟大的复兴》前言,《培根选集》,纽约,1965年,第299页。

而他们对历史在进步这一点的看法却基本相同。在笛卡儿看来，客观世界是有秩序的、受一定规律支配的，只要采用合适的方法，借助于我们的理性去取得知识，便将为人类的生活提供丰富的果实。他对人类具有能够认识和控制世界的能力抱着充分的信心，历史的进步概念在他那里正是以这种理性主义观点为基础的。笛卡儿派思想家如圣—彼埃尔进一步把进步概念推广于社会科学和道德的领域，他认为，依靠人类理性的力量，应用新的科学方法，不仅能够推动自然科学的发展，而且也能在道德和政治的领域内造成进步，为人类造福。[①] 他深信，一旦人们能够正确地运用理性，文明就将取得胜利，人间天堂也就近在咫尺了。

但是，近代的进步概念真正牢固地确立起来，还有赖于18世纪法国启蒙学派的努力。在这方面出力最多的恐怕要推杜尔哥和孔多塞。杜尔哥在1750年的两篇著名的讲演中，谈到人类历史上文明发展的各个阶段，认为整个人类像单独的个人一样要经历一个成长和逐渐成熟的过程。在他看来，人类虽然分成不同的民族和国家，由于自然环境的不同而发展有快慢之分，但都属于统一的历史过程，总的说来朝着越来越完善的方向前进。他说，尽管进步是不均衡的，可是人们的生活方式总是变得越来越文雅，人们的头脑也变得越来越开明，各个民族越来越互相接近，“最后，贸易和政治的联系把世界的各部分联合在一起，而整个人类通过和平和不安、幸福和灾祸的交替仍然在前进，虽然步伐缓慢，却还是走向更大的完善。”[②] 在这以前，也有人谈过社会发展

---

① 柏里：《进步的观念》，第6章，纽约，1955年。

② 米克编：《杜尔哥论进步、社会学和经济学》，剑桥，1975年。

在各方面造成的进步现象，但谁也没有像杜尔哥那样明确而充分地表述进步的概念。他把进步理解为包括一切时间和空间，涉及生活的各个方面和一切因素，适用于一切种族和阶层的发展总趋势，认为人类的进步意味着人性的逐步进化和提高，意味着真理、道德、自由和幸福的扩展，不仅过去的历史证明了这一点，而且进步还将一直继续下去。他把进步看作社会自我发展的过程，这种发展进步不是偶然地发生或是由外力推动的，而是一个有机的整体在内在力量推动下实现的。正如弗林特指出，这种进步概念的提出乃是杜尔哥对历史哲学的巨大贡献[①]。

杜尔哥的看法当然不限于他个人，而是反映了当时法国启蒙学派的主导思想。狄德罗主编的《百科全书》就是一个最好的证明，它的撰稿人包括了当时法国思想界的精华如达朗贝尔、伏尔泰、孟德斯鸠、布封、魁奈、霍尔巴赫等人，他们所写的许多条目都贯彻着这样的一个信念，即人类借助于知识的增长能够逐步学会如何去控制自然，使之为自己的目的服务，提高物质生活水平，改进政治制度和立法，提高审美鉴赏力和道德水准。他们崇尚理性，相信教育和启蒙的作用，认为这是历史不断进步的保证。

启蒙学派的进步概念在法国大革命的高潮中得到了最充分的发挥，说来也怪，其杰出的代表者竟是当时正在躲避罗伯斯庇尔革命政权迫害的一位旧贵族孔多塞侯爵。这位前法国科学院秘书在避难期间，即1793-1794年间写了《人类理智进步的历史概观》一书，对历史的进步作了强有力的论证和辩护，并且对人

---

① 弗林特：《法国和德国的历史哲学》，第1卷，伦敦，1874年，第110-111页。

类未来的进步深信不疑，寄予热烈的希望。后来孔多塞被捕后在狱中自杀，而造成他毁灭的革命正是他目为代表伟大历史进步潮流的力量。这是历史的讽刺，也是他个人的悲剧。尽管他身遭厄运，在他的这部著作里却充满着乐观精神和光明的设想。孔多塞坚信人具有趋向完善的可能性，这是他的历史进步观的理论基础。在他看来，个人具有从最简单的感觉一直发展到复杂观念的能力，整个人类理性的发展也同个人一样，“人类理智的进步服从于在个人认识能力的发展中可以观察到的相同的一般规律”。[①] 根据这一规律，人类理性不仅在过去的历史上表现为不断的进步，而且只要人类存在，这种进步还将无限地继续下去。孔多塞列举了人类社会发展的十个阶段，从最早的渔猎时期，经过畜牧、农业时期，达到古希腊和罗马时期，然后经过中世纪到近代，一直到1789年的法国大革命。在划分阶段时，他特别注意与人的认识能力的发展有关的一些社会现象如语言文字的产生、教育的进展、印刷术的发明、思想的变迁等等，因为归根到底他认为人类理智的进步是历史前进的最重要动力。例如，他把从印刷术的发明到笛卡儿所完成的哲学思维方法的革命作为第八个时期的标志，把伟大的思想革命（牛顿的物理学发现、洛克和孔狄亚克关于人性的理论、杜尔哥和卢梭的社会学说等等）看作他目前所处的第九个时期的标志。至于未来的第十个时期，那时启蒙思想和科学技术知识，将扩及全球的所有部分，自由、道德和对人权的尊重将越来越取得进展，“所有人都将成为人类的朋友，所有人都将一起

---

① 孔多塞：《人类理智进步的历史概观》，英译本，伦敦，1955年，第4页。

为人类的完善和幸福而工作”。[①] 在孔多塞看来，这是理性王国的真正实现，不仅民族之间的不平等将会消灭，而且阶级之间的不平等也将消灭，一切个人都将在智力、道德和体质上得到无限制的、自由而充分的发展。在那时，“太阳将只照耀那些自由的人们，那些人除了他们自己的理性外不知有其他的主人”。[②]

我们所以要对进步的概念在历史上的形成过程作一番回顾，是因为要说明它和启蒙运动之间的密切思想联系。启蒙学派的进步概念在当时历史条件下起过积极的作用，对后来西方思想的影响很大，同时也不可避免地具有它自己的局限性。这些局限性和启蒙运动思想的根本弱点是分不开的，主要表现在以下几方面：第一，这种进步的概念把人的理性的发展和知识的增长看作推动历史进步的终极原因，换句话说，也就是到人们的意识中去寻找社会进步的决定性动力。这显然是以历史唯心主义观点为基础的。第二，这种进步的概念实际上反映了处于上升时期的资产阶级对历史发展前景的自信和良好愿望，而缺乏对客观社会发展规律的科学研究和理解，因此它在一定程度上免不了带有空想主义的成分。第三，启蒙学派一般对社会内部矛盾的深刻性以及由此而来的历史发展的复杂性和曲折性没有足够的估计，因此他们对历史进步的乐观主义的看法并没有牢固的基础。正如列宁所指出的：“启蒙者相信当前的社会发展，因为他们看不见它所特有的矛盾。”[③] 弄得不好，他们的看法甚至会变为对现状的美化和

---

① 孔多塞：《人类理智进步的历史概观》，第184页。

② 同上书，第179页。

③ 《列宁全集》，第2卷，第464页。

辩护。

实际上,后来人们对历史中的进步的看法都或多或少地和启蒙学派的观点有关系。19世纪的一些著名人物如黑格尔、圣西门、孔德、斯宾塞,他们的哲学观点虽有很大差别,可是在他们关于历史进步的议论中都能看到启蒙运动观点的影响,只是他们的着重点不同而已。甚至某些人持相反的看法,否认历史是在不断进步,在某种意义上来说,也是对启蒙学派的进步观念所作出的反应。应该看到,启蒙学派虽然一般说来赞同历史进步的观念,但他们也不是铁板一块,像卢梭那样重要的启蒙思想家就对历史的进步抱深刻的怀疑态度。不过卢梭也仍然忠实于他当时的时代精神,把理性看作社会发展的决定性力量,只是他认为随着私有制的出现而发展起来的文明,同时也造成了人间的不平等,破坏了人人平等的原始的"自然状态",导致了贫穷、犯罪、战争和道德的沦丧。因此,文明的进步并没有带来人的自由和幸福,相反的在这种进步中包含着倒退,所谓"人是生而自由的,但却无所不在枷锁之中",这种人的处境正是文明进步所造成的恶果。卢梭对文明进步的内在矛盾性的这种批判性见解,为后来的空想社会主义学派提供了丰富的思想营养。

法国大革命一方面实现了人类历史上的巨大进步,另一方面却也带来了对这种进步的失望。正如恩格斯所深刻地指出的那样,为革命作了准备的18世纪启蒙学派把理性当作一切现存事物的唯一裁判者。他们要求建立理性的国家、理性的社会,要求无情地铲除一切和永恒理性相矛盾的东西。但事实却证明,这个理性的王国不过是资产阶级的理想化的王国,新制度不论它比旧制度如何合理，却绝不是绝对合乎理性的。理性的国家完全破产，社会契约只是在恐怖时代获得实现。“总之，和启蒙学者的华美约言比起来，由‘理性的胜利’建立起来的社会制度和政治制度竟是一幅令人极度失望的讽刺画。”[①] 这种失望情绪不能不影响到人们对进步的看法。在法国大革命以后，资产阶级陆续在西方世界建立起自己的统治，现在他们首先关心的已不再是继续推动历史前进，而是怎样巩固现存秩序并使之永恒化。特别是在资本主义制度的内部矛盾日益暴露和尖锐化，出现深刻的社会危机以后，由启蒙学派所倡导的历史中的进步观念更加越来越遭到人们的怀疑和反对，当然人们提出各种异议的出发点可能是很不相同的。例如，托克维尔站在自由派保守主义的立场上，一方面肯定扩大民主和平等是历史的必然，另一方面又忧心忡忡地谈论其消极后果，认为这会导致消灭个性，可能有利于独裁统治和为政治暴力打开方便之门。[②] 他对历史的未来是抱悲观态度的。杜克海姆认为，随着近代化生产而来的社会分工和专业化的发展，使人发生了异化，个人失去了共同的目标而成为孤独的存在，而近代社会结构则是相对地无规范的异常的东西。[③] 对历史的进步提出疑问的人中间，韦伯也许是最重要的一个。在他看来，近代西方世界社会生活的一切方面都沿着合理化的路线在发生变化，可是理性却失去了它的规范性的价值，变成了没有任何内在价值的纯

---

① 《马克思恩格斯选集》，第3卷，第408页。

② 托克维尔：《旧制度和法国革命》，英译本，纽约，1955年。

③ 阿尔蒙德等人编：《进步和对进步的不满》，加州大学出版社，1982年，第57-58页。

粹是抽象的工具，为了不合理的目的去统治世界的工具，因为没有合理的标准可应用于价值的选择。经济领域内的合理化，排斥了旧日的道德方面的关心，把最大限度的生产、为生产而生产当做人的使命。对效率的崇拜要求消灭个人的因素而加强合理的社会政治控制，这就导致社会机构的官僚化。[①] 韦伯承认近代社会中所发生的这些变化的事实，但却从价值判断上提出了问题：难道这是历史的进步吗？

除了对历史的进步表示怀疑的人以外，还有一些人根本不同意把进步观念作为衡量历史的标准。像号称“近代史学之父”的兰克和以研究文艺复兴时期的历史闻名的布克哈特，他们强调历史现象的独特性，认为对每个历史时代都应一视同仁，无所谓高低，都只能按其自己的标准去评判。持这种历史相对主义观点的最近的例子是法国的结构主义者列维-斯特劳斯。按他的说法，原始的巫术和近代科学并非属于人类心智发展的不同阶段，也不应把它们对立起来，而是“获取知识的两种平行的方式。”[②] 这样的话，当然也就不用谈什么进步了。另一些很有影响的历史哲学家如斯宾格勒和汤因比，他们认为全人类的历史是不存在的，也没有人类向着一个方向不断进步的事实，有的只是平行的各个不同的文化或文明的历史，它们就像有机体一样有着产生、生长、成熟、衰亡等发展阶段。[③] 历史运动就是在各种文化或文明的发展

---

① 韦伯：《社会学文集》，纽约，1946年，第139、155页；韦伯：《新教伦理和资本主义精神》，纽约，1958年，第181页。

② 列维-斯特劳斯：《野性的思维》，商务印书馆，1987年，第18页。

③ 斯宾格勒的《西方的没落》和汤因比的《历史研究》的基本思想都带有历史悲观主义色彩。

循环模式中进行，这就从根本上取消了历史进步的概念。

综上所述，我们认为，近代西方历史哲学思想中的进步概念是在特定历史条件下产生的，人们围绕这个问题所进行的探讨，从宣传鼓吹到怀疑反对，客观上反映着（虽然有时完全是不自觉的）资产阶级的历史地位的发展变化。当然，有的西方学者完全不是这么看的。例如尼斯贝特认为，从历史上看，进步这个观念和宗教有密切的联系，甚至是依赖于宗教的，因此近几十年来人们对进步的信念的衰退，是由于宗教信仰的衰退所造成的，只有依靠宗教信仰的复兴，才能使人们对进步的信念复苏。[①]应该说，尼斯贝特的这种说法完全违反基本的历史事实。在历史上努力鼓吹进步观念的启蒙学派，恰恰把宗教看作阻挠进步的重大障碍而主张加以扫除，而在当代最坚决地相信历史进步的则是信奉无神论的马克思主义者。相反的，对历史进步丧失信心的人倒常常要到宗教信仰中去寻求安慰。这难道不是千真万确的事实吗？

有的西方学者还认为，马克思主义的进步观念作为一种意识形态，也同样是建立在一种宗教式的假定和信仰之上的，因此要理解马克思主义的进步的辩证法就必须求助于基督教神学[②]。这种意见只能是对马克思主义的有意歪曲。马克思主义的进步观念首先是对启蒙运动的优秀传统的批判继承，同时又吸收了德国古典哲学和空想社会主义学派关于历史辩证发展的矛盾性的一切合理思想，并第一次把对历史进步的理解真正置于科学的基础

① 尼斯贝特：《进步观念的历史》，纽约，1980年，第352、354页。

② 梅耶："共产主义意识形态中的进步观念"，载《进步和对进步的不满》文集，1982年，第67-68页。

上，使进步观念由单纯的主观信念变为客观的科学预见。至于某些人把马克思主义庸俗化、教条化，使之变为僵化的宗教式的信条，那么马克思主义是完全不能对此负责的。

马克思主义对历史进步的理解有什么与其他学派不同的特点呢？

首先，我以为最重要的一点是马克思主义解决了衡量历史进步的标准问题。究竟什么是历史的进步？用什么去衡量进步？这个问题在西方资产阶级历史哲学中是说不清楚的。例如柏里所下的定义是："人类进步的观念就是说在过去、现在和将来文明都朝着人们向往的方向运动"[①]，而查尔斯·凡·多伦则把进步界说为"不可逆转地使情况改善的变化"。[②] 这些说法都过于空泛、抽象，而且把衡量进步的标准和人的主观判断联系在一起。谁都知道，在同一个社会里，不同的人"向往的方向"不同，他们对"情况改善"的感受也不同，根本不可能有一个共同的客观标准。马克思主义在评判历史的进步时反对使用这种不科学的主观标准，也反对一般地、抽象地空谈进步。马克思指出，"进步这个概念决不能在通常的抽象意义上去理解"。[③] 对历史的进步必须进行具体的分析，必须用不以人们主观上的好恶为转移的客观标准去衡量它。这个客观标准不能到人的精神领域如理性、知识等等中去寻找，而应该到决定整个社会生活的物质基础即经济领域中去寻找。由于生产力是一切社会发展的最终决定力

---

① 柏里：《进步的观念》，第2页。

② 查尔斯·凡·多伦：《进步的观念》，纽约，1967年，第7页。

③ 《马克思恩格斯选集》，第2卷，第112页。

量，所以归根到底衡量历史的进步要看它是否促进了以及在多大程度上促进了社会生产力的发展。把生产力的发展看作“社会进步的最高标准”，[①]这是列宁明确地提出来的。根据这个标准，在历史上凡是有利于生产力发展的，就是进步的；反之，凡是不利于或阻碍生产力发展的，就是反动的。过去我们有时忘记了列宁的教导，不从促进生产力发展去考虑问题，单纯用政治和道德观念去衡量历史进步，往往导致理论上的失误。离开生产力标准，用其他抽象的原则去评判历史的进步或反动，只能得出错误的结论。比如说，奴隶制在历史上的诞生，尽管它并不符合某些人向往的方向，而且使许多人的情况不仅没有改善反而大大地恶化了，但对奴隶制的历史作用不能从道德的角度去评判，应该承认奴隶制在历史上促进了生产力的发展，因此它是必要的和合理的。正如恩格斯所说：“在当时的条件下，采用奴隶制是一个巨大的进步。人类是从野兽开始的，因此，为了摆脱野蛮状态，他们必须使用野蛮的、几乎是野兽般的手段，这毕竟是事实。”[②]

其次，马克思主义根据人类历史上生产力不断发展而且发展的速度愈来愈快的事实，肯定人类社会就总体来说是在不断进步，并认为社会进步是历史发展的客观规律，而且这种历史的前进运动是不依人们的意志为转移的。但同时马克思主义者又不像启蒙学者那样对历史进步抱盲目乐观态度，把进步理解成一帆风顺的直线上升运动。他们充分理解到历史进程的复杂性，承认

① 《列宁全集》，第13卷，第223页。

② 《马克思恩格斯选集》，第3卷，第220页。

在总的人类前进运动中有时也包含着停滞、向后倒退，甚至循环发展的因素。尤其是他们深刻地认识到以往的阶级社会中的进步的矛盾性，人类为了取得这些历史进步曾经付出了多么沉重的代价。一方面是生产力的发展，另一方面则是对人的奴役、剥削和压抑，历史的进步就是在这样的矛盾中痛苦地行进。用马克思的形象化的语言来说，过去历史上人类的进步就像可怕的异教神像那样，只有用人头作酒杯才能喝下甜美的酒浆，而资产阶级只有使个人和整个民族遭受流血与污秽、贫困与屈辱，才能达到进步。[①]因此，马克思主义者虽然承认在一定的历史条件下社会进步不可避免地具有这种矛盾性，却决不会为它辩护或加以美化，而是彻底揭露其矛盾，反对把实现这种进步的社会制度永恒化和理想化。他们只是在认定这些社会制度在历史上的暂时性的前提下，才承认其相对的进步性。

最后，马克思主义者把生产力看作衡量历史进步的标准，但发展生产力本身并不是最后目的。归根到底，发展生产力还是为了人，不仅是为了满足人的直接需要，而且是为了人本身的发展，为了人的彻底解放。在以往的阶级社会里，生产力的发展虽然扩大了人对自然的统治，同时却也加强了人对人的统治。特别是在资本主义制度下，人处于严重的异化状态，人越来越变得片面和畸形，自由发展遭到最大的压制。马克思说：“资本主义生产比其他任何一种生产方式都更加浪费人和活劳动，它不仅浪费人的血和肉，而且浪费人的智慧和神经。实际上，只有通过最大地损害

---

① 《马克思恩格斯选集》，第2卷，第73、75页。

个人的发展,才能在作为人类社会主义结构的序幕的历史时期,取得一般人的发展。"[①]单靠发展生产力,当然不能消灭人对人的奴役、剥削和统治,也不能解决资本主义生产方式所固有的深刻矛盾,但它为未来新社会和新人类的诞生创造了必要的物质前提和条件,为社会革命作准备。正是在这一点上,马克思主义者和资产阶级思想家完全不同。某些现代西方学者侈谈发展科学技术,发展社会生产力,把它作为医治资本主义社会痼疾的灵丹妙药,仿佛社会生产力的迅速增长就会自然而然地使一切矛盾迎刃而解,建立一个人们所梦寐以求的人间乐园。从罗斯托的"经济增长阶段论"到贝尔的"后工业社会论",实质上都是借助于技术决定论来虚构一个新的乌托邦。马克思主义者也极其重视科学技术在社会发展中的作用,把科学技术看作最重要的社会生产力,但从不离开社会制度的变革来孤立地谈论科学技术对历史进步的作用。他们深信,当代世界所面临的伟大的科学技术革命将会使社会生产力得到前所未有的飞速发展,从而加速社会革命的到来,这场革命将会扫除套在人身上的枷锁,消灭统治人的一切异化形式,使人真正获得全面的、自由的发展的现实可能性。那时将建立走起共产主义社会,也就是《共产党宣言》中所说的"一个以各个人自由发展为一切人自由发展的条件的联合体"。[②]这将标志着人类由必然王国向自由王国的飞跃,也将是人类历史上从未有过的真正的进步。在关于历史进步的问题上,马克思主义者也是乐观主义者,他们对人类的前途充满着信心,但这种乐观

① 《马克思恩格斯全集》,第47卷,第190页。

② 《马克思恩格斯全集》,第4卷,第491页。

主义绝不是凭盲目信仰或善良愿望，而是以对历史发展规律的深刻理解为依据的。

*　　　*　　　*

归纳一下关于以上两个问题的思考，无论是历史规律或是历史进步，最后落脚点都涉及人的问题。关于人的问题的研究，过去曾被视为“禁区”，一直是我们的哲学研究中的薄弱环节。这两年来情况有所转变，但许多问题的探讨还刚刚开始。我觉得，对于历史哲学来说，人的问题尤其重要，很有必要引起大家的注意，在这方面开展研究和讨论。

（原载《世界历史》1988年第2期）